U0890793

历史课标解析与史料研习丛书

总主编　何成刚

历史课标解析与史料研习

中国古代史

主编　赵剑峰　苏　峰　何成刚

復旦大學出版社

内容提要

本书是“历史课标解析与史料研习丛书”中的一册。“历史课标解析与史料研习丛书”是高中历史教师准确把握《普通高中历史课程标准》（2017年版），并进行基于历史课标的教学的专业发展丛书。

本丛书根据《普通高中历史课程标准》（2017年版）中的单元学习主题，从“学术引领”“教学设计”“教学资源”三个角度，借助学术界的权威研究成果，为高中历史教师开展基于历史课标的史料教学，提供高质量的、系统整体的资源支持；引导广大中学历史教师认识到，史学阅读是历史教学的起点，史学阅读的广度与深度，决定历史教师史学素养的发展程度，决定学生历史核心素养的培养质量，切实推动形成重视史学阅读的教师专业发展理念。

本丛书也可供初中历史教师阅读，为初中历史教学提供参考。

总 序

毫不夸张地说，当下的中学历史教学，新理念、新思想和新主张可谓层出不穷，颇有些像春秋战国时期的“百家争鸣”，呈现出了多元丰富的特点。通过阅读《历史课程标准》和历史教学期刊上发表的各种文章，我们就能强烈地感受到这一点。这无疑反映了历史教育发展进步的一面，值得肯定。但不可否认的是，新理念、新思想和新主张，在大多数中学历史教师看来，听起来虽然很好，但如何在实践中与具体教学内容实现有机融合，确实是一个相当棘手的问题。这也是基础教育课程改革实施十多年来，历史课堂难以发生本质变化或者说变化其实并不像我们想象的那样显著的重要原因。我们认为，新理念、新思想和新主张与教学实践不能实现有机融合，固然与一些新理念、新思想和新主张“高高在上、不接地气”有关，更多的恐怕还在于广大中学历史教师对教学内容的认识和理解处于一个浅层水平，没有体现出一定的专业性，由此导致新理念、新思想和新主张与“教学实践”形成“两层皮”现象。

可见，要推动历史教学改革取得质的飞跃，不能没有“主义”（即新理念、新思想和新主张）的引领，但是，仅靠“主义”是远远不够的，因为我们在教学中遇到的一个个具体的教学内容，绝无可能完全相同，有的看似相近甚至相同，其实千差万别。这就要求我们对每一个具体的教学内容，必须达到深度把握、准确理解的程度。如何做到？实践证明，除了史学阅读，目前还没有更好的办法。

培养学生历史核心素养，无疑是当下历史教育中最重要的一种“主义”。与“三维目标”相比，“历史核心素养”的提出，更加明确要求我们必须在准确把握历史学科本质、历史学科思想、历史学科方法和深度理解教学内容的基础上，进行历史教学。如果我们做到了这一点，那么，当我们站在课堂上，自然会有充足的教学底气和勇气。试想，作为一名历史教师，如果自身对“历史核心素养”中强调的“唯物史观”“时空观念”“史料实证”“历史解释”缺乏准确把握的话，如果对教学内容一知半解的话，那么，在教学中培养学生的历史核心素养，肯定容易流于形式。

可见，培养学生的历史核心素养，关键在于提高历史教师对历史核心素养的理解水平，关键在于促进历史教师对教学内容的深度把握，这恰恰就是当前中学历史教学存在的最突出的“问题”。换句话说，中学历史教师其实并不缺“主义”的引领，最缺的恰恰就是与《历史课程标准》对教学基本要求相一致的高质量的史学成果与史料资源。

为此，我们围绕教育部颁布修订后的《历史课程标准》中的单元学习主题内容，组织北京市、安徽省、江苏省、河北省、广西壮族自治区、广东省、四川省等地的历史教学专家、优秀教研员、优秀教师，通过分工协作的方式，进行了一年多的广泛而又有深度的阅读。在阅读中，注重核心阅读、群文阅读、比较阅读，以确保阅读的专业性和综合性，保证阅读的品质。在此基础上，一是精选史学研究成果，引导历史教师比较全面地了解史学研究成果，促进历史教师在史学阅读中提高对历史核心素养的理解水平，在史学阅读中提高自身的史学素养，引导历史教师从多个方面深度把握历史教学内容；二是搜集整理有价值的教学资源，特别是史料资源，旨在为中学历史教师提供日常备课可用的素材，让广大历史教师一看就明白，拿来就会用，从根本上解决“巧妇难为无米之炊”的实际问题；三是围绕历史核心教学内容，以《历史课程标准》强调的“史料研习”理念为指导，从不同视角进行了教学设计的探索，强调将历史学科本质、历史学科思想、历史学科方法融入历史教学之中，培养学生的核心素养。可以说，这集中体现了我们团队多年来一贯坚持的根本理念。

总而言之，我们从事本项研究，一方面在于从阅读权威史学成果、合理运用史学资源入手，为中学历史教师深入理解《历史课程标准》，开展基于《历史课程标准》的史料教学，扎扎实实地将培养学生的历史核心素养落实在每一节历史课中，提供实实在在的、高质量的、系统整体的资源支持。另一方面，旨在倡导重视史学阅读的教师专业发展理念，引导广大中学历史教师认识到，史学阅读是历史教学的起点，史学阅读的广度与深度，直接决定历史教师史学素养的发展程度，直接决定学生历史学习的视野和质量。

或许这样的教学研究并不十分地“高大上”，但对于促进历史教师专业发展、提升历史教学质量，的确是一件非常重要的、接地气的“基础工程”。虽然繁重且浩大，但我们觉得很有必要，也很有意义。我们坚信，这样的教学研究，有利于在根本上推动“主义”从“浮在空中”顺利“落地”，推动“实践”从“形式”走向“卓越”。

蒙复旦大学出版社的大力支持，在繁忙的本职工作之余，我们心怀美好愿望、秉持专业态度、发扬协作精神、遵循学术规范、克服种种困难，编写了这套丛书，希望为中学历史教学贡献我们的绵薄之力，更希望大家不吝指教。

何成刚

教育部基础教育课程教材发展中心

目 录

第一单元

早期中华文明

学术引领

一、揭开文明的神秘面纱

（一）文明的内涵

探讨中国古代早期的文明及其起源，王震中在《中国文明与国家起源研究中的理论探索》（载《中国社会科学院研究生院学报》2011年第3期）一文中认为，首先必须对“文明”的含义有个明确的认识，然而有关文明的概念却众说纷纭。“文明”一词，在中国古代文献中，最早见于《易·大有》卦辞：“其德刚健而文明，应乎天而时行，是以元亨。”[①]又见于《易传·文言》：“天下文明。”[②]《尚书·舜典》也有“浚哲文明”[③]之语。都是指光明、有文采的意思。现代汉语中用“文明”来翻译英文中的civilization一词，通常是指人类社会的进步状态，与所谓“蒙昧”和“野蛮”相对而言。

尽管对于文明概念的内涵，至今学术界尚未有定论，但孙秋云在《“文明”：内涵及其变迁——人文社会科学研究中一个重要概念的探析》（载《华中科技大学学报（社会科学版）》2006年第2期）一文中认为，对于“文明”的界定可以概括为三个方面：第一，文明指人类社会发展过程中处于高级阶段的社会状态；第二，文明亦指具有自身特定生产方式、生活方式和价值观念的文化形态；第三，文明还指拥有特定人口、地域，掌握特定文化，拥有特定价值观和行为方式，具有自身政治、经济、文化和军事整合力、动员力的文化实体——文明体。

关于文明起源的问题，彭邦本在《论早期文明探索中的几个重要概念》（载《四川文物》1995年第3期）一文中认为，文明的起源，实际上是指文明诸因素的起源。对于最终将导致文明社会诞生的因素，首先应明确两点：第一，这些因素均孕育于史前晚期，确切地说是在新石器时代农业革命之后；第二，这些因素表现在三个社会层面，即组织结构及其制度层面、精神文化或意识形态层面、物质文化层面，三者是有机结合的统一关系。其中，第一、二层面的重要因素随着历史的发展变迁，早已湮没消失，今天已无从直接考察，但其物质载体，亦即

---

① 唐明邦主编：《周易评注》，39页，北京：中华书局，1995。

② 唐明邦主编：《周易评注》，175页，北京：中华书局，1995。

③ 李民、王健撰：《尚书译注》，12页，上海：上海古籍出版社，2004。

物质文化层面的历史遗存却可能程度不同地残留至今，既直接反映了当时的生产技术状况，也使我们得以从中间接考察当时社会的组织制度和意识形态。因此，探索早期文明的起源，就是运用正确的理论、方法，结合考古文献和相关学科资料，对各种标志着文明起源的出土物质文化因素进行科学的研究，从中得出符合规律的认识。

（二）文明起源的标志或要素

长期以来，学者们对文明起源的要素问题，可谓仁者见仁、智者见智。现将具有代表性的观点归纳如下：

1. 文字、国家要素说

美国人类学家路易斯·亨利·摩尔根（Lewis Henry Morgan）在《古代社会》一书中把人类社会历史分为蒙昧时代、野蛮时代和文明时代三个时代，其中，文明时代始于“表音字母的发明和文字的使用”①。德国思想家弗里德里希·冯·恩格斯（Friedrich Von Engels）在《家庭、私有制和国家的起源》一书中发展了摩尔根的观点，认为正是“由于文字的发明及其运用于文献记录而过渡到文明时代”。与此同时，恩格斯还提出“国家是文明社会的概括”的见解②。

2. 文字、城市、礼仪中心要素说

英国考古学家戈登·柴尔德（Gordon Childe）认为，城市的出现是文明时代开始的标志，他称之为“城市革命”，并指出城市生活的内容包括：高效的食物生产、具有较多的人口、有职业和阶级的分化、出现冶金术、发明了文字与记述系统、建有神庙等公共建筑、产生早期的科学和艺术等③。在此基础上，美国学者克拉克洪（Kluckhohn）认为，任何文化只要具备有城墙围绕的城市（城市居民不少于5000人），出现文字，有复杂的礼仪中心等三项因素中的两项，就可以说是一个古代文明了④。

陈雍在《关于考古学研究中国文明起源的理论与方法》（载《文物》2011年第2期）一文中总结了目前关于中国文明要素的主要说法，大体分成两类：一类是城址、宫殿、墓葬、祭坛、青铜器、玉器、空三足器、占卜甲骨等和文字；另一类是国家、社会等级或阶级、王权、私有制、礼制、占卜术和文字制度等。

3. 文字、城市、青铜礼器要素说

结合中国考古资料，夏鼐在《中国文明的起源》（载《文物》1985年第8期）一文中提出，现今史学界一般把“文明”一词用来指一个社会已由氏族制度解体而进入有了国家组织的阶级社会的阶段。这种社会除了政治组织上的国家以外，还有城市作为政治、经济、文化等各方面活动的中心。它们一般都已经发明文字和能够利用文字作记载，并且都已知道冶炼金属。文明的这些标志中，以文字最为主要。这种观点得到国内学者的广泛认同。

陈星灿也同意三要素说。他在《文明诸因素的起源与文明时代——兼论红山文化还没

---

① [美]路易斯·亨利·摩尔根（Lewis Henry Morgan）：《古代社会》上册，12页，北京：商务印书馆，1981。

② [德]弗里德里希·冯·恩格斯（Friedrich Von Engels）：《家庭、私有制和国家的起源》，174页，北京：人民出版社，1972。

③ 转引自王震中：《中国文明与国家起源研究中的理论探索》，载《中国社会科学院研究生院学报》2011年第3期。

④ 转引自安志敏：《谈谈中国文明的起源》，《河南师范大学学报（哲学社会科学版）》1991年第3期。

有进入文明时代》（载《考古》1987年第5期）一文中认为，文字、城市、复杂的礼仪中心、青铜铸造等的确是构成一个文明的最基本标志。但他同时强调由于历史、地理、经济和文化等原因，世界上各个民族进入文明时代的标志并不完全一致。任何一个地区的任何一种文化，仅具备某一个标志是不可能称其为文明社会或者说进入了文明时代的。文明是在“野蛮”的基础上建立的，探索文明的起源主要依赖于史前考古学。因此，从考古学上判断，凡具备上述诸因素中的大多数的社会，应该说是进入了文明时代；反之，不具备上述诸因素的，或只有某一非主要因素的则肯定不能称之为文明社会。文明时代的标志不仅是一个质的问题，而且还是一个量的问题，这个问题的解决只有依赖于大量的细致的田野工作。

4. 其他要素说

孙守道、郭大顺在《论辽河流域的原始文明与龙的起源》（载《文物》1984年第6期）一文中认为，龙的起源，既以原始农业的发展为前提，与农事联系的天象有关，又是原始宗教信仰、原始意识形态、原始文化艺术发达的产物，可以说是诸文明因素的一个结晶。龙的孕育、出现，意味着中国远古文明的黎明时期已经到来。陈淳在《从考古学谈人类的早期文明》（载《上海大学学报》1984年创刊号）一文中认为，工具和用火、艺术的起源、埋葬习俗等是文明的诸要素。翁其银在《论文明的起源》（载《内蒙古社会科学》1984年第4期）一文中认为，人工制火和图腾崇拜是文明的要素。

（三）文明起源的时间

1. 商代

关于中国文明起源的时期，李济主张商代是中国文明的开始。他在《中国文明的开始》（19页，南京：江苏教育出版社，2005）一书中认为，以安阳殷墟为代表的商文化，具备了熟练的铸铜技术、独立发展的文字系统和一种复杂而有效的军事与政治组织。此文化表现出富庶的物质生活、高度成熟的装饰艺术、明确的社会组织和对祖先极度崇拜的神权政治。

2. 夏代

夏鼐在《中国文明的起源》（79—80页，北京：文物出版社，1985）一书中认为，中国的文明起源应该从殷墟文化向上追溯到郑州二里岗文化和比这更为古老的偃师二里头文化，并且两者是一脉相承的关系，至少在二里头文化晚期已达到文明的阶段。

李先登在《关于中国古代文明起源的若干问题》（载《天津师大学报（社会科学版）》1988年第2期）一文中也认为，在考古工作中对中原地区夏代初期的文字、青铜礼器与城市的发现以及中国古代文献记载，确凿地说明了中国古代文明是在公元前21世纪左右的中原夏人地区首先起源的。

3. 龙山文化时期

美籍学者张光直在《中国新石器时代文化断代》（45—114页，《中国考古学论文集》，北京：生活·读书·新知三联书店，1999）一文中指出，龙山文化从仰韶文化发展而来，从仰韶到商，是一个黄河流域土生土长的文化传统的演变与进步。同时他也认为，中原地区的文化向北疆、淮河秦岭以南以及华中、华南等四方扩展，形成了所谓的“龙山形成期”或者“龙山化时期”，最终奠定了古代中国文明的基础。

严文明在《中国文明起源的探索》（载《中原文物》1996年第1期）一文中也认为，中国原始农业的发生和发展为文明的起源奠定了初步的物质基础。直到仰韶文化后期，即大约从公元前3500年开始，才迈开了走向文明的脚步。进入龙山时代以后则加速了走向文明的步伐，有的地方甚至已经建立了最初的文明社会。

4. 大汶口文化时期

大汶口文化主要分布在山东、江苏北部和河南东部一带。唐兰在《从大汶口文化的陶器文字看我国最早文化的年代》（载《光明日报》1977年7月14日）一文中对大汶口遗址中发现的陶器文字进行了解读，认为这些陶器文字已经有5500年的历史，是我国现行文字的始祖，由此表明大汶口文化已经进入了有文字可考的文明时代。

5. 黄帝时期

许顺湛在《黄帝时代是中国文明的源头》（载《中州学刊》1992年第1期）一文中把黄帝时代与考古学文化结合起来，认为当时农业生产已经社会化，部分手工业已经专门化，知识分子（包括巫师集团）已经阶层化，原始宗教（包括葬俗祭祀）已经规范化，出现了酋邦王国和政权组织的雏形，许多重大的创造发明，如雨后春笋般地在这一时期出现，黄帝时期成为远古文化的黄金时代，也是中国文明的源头。

（四）文明起源的空间

关于中国文明起源的空间问题，主要有两种认识，即“一元论”和“多元论”。

“一元论”。传统史观认为，中华民族是从黄河中下游地区最先发端，而后扩散到边疆各地，于是有了边裔民族。陈星灿在《从一元到多元：中国文明起源研究的心路历程》（载《中原文物》2002年第2期）一文中指出，司马迁综合春秋、战国诸说，在《史记·五帝本纪》中这样表述：由于共工、驩兜、三苗、鲧有罪，“于是舜归言于帝，请流共工于幽陵，以变北狄；放驩兜于崇山，以变南蛮；迁三苗于三危，以变西戎；殛[①]鲧于羽山，以变东夷”[②]。这种史观影响很大，直至近现代也还有一些学者相信中华民族与中华文明仅起源于黄河中下游地区。过去史家总是用“礼失求诸野”[③]的观点来推测区域间文化发展变化的关系，把当时的政治、经济中心当作中华文明起源的中心。这就是本土起源说中的“一元论”。

李先登在《关于中国古代文明起源的若干问题》（载《天津师大学报（社会科学版）》1988年第2期）一文中也赞同“一元论”。他强调中原地区首先进入文明，是中国古代文明的核心。随着历史的发展，中国古代文明区域以中原这个核心为中心像滚雪球一样地逐步扩大，将周围地区不断地汇入中国古代文明区域之中，同时也将周围地区的优秀文化因素不断地吸收到中国古代文明之中，使中国古代文明不断向前发展。因此，中国古代文明的起源，严格地说是一元的而不是多元的，即不是各个地区齐头并进、各自独立地同时进入文明的，而且进入文明时代以后，中国古代文明也只有一个全国性的中心，而不是有许多中心。

持有相似观点的还有范毓周。他在《中原文化在中国文明形成进程中的地位与作用》（载《郑州大学学报（哲学社会科学版）》2006年第2期）一文中认为，从已有考古资料来看，正

---

① 殛（jí），杀死。

② （西汉）司马迁撰：《史记》卷一，28页，北京：中华书局，1959。

③ “礼失求诸野”本意为遗失的道统自有民间传承。相传出自孔子之口，汉代班固所著《汉书·艺文志·诸子略序》中曾提到“仲尼有言：‘礼失而求诸野。’”

是中原地区的先民在地处黄河中下游的中原地区长期繁衍、生息，不断劳作、发展，汲取相邻地区的诸多文化因素，创造出文明形成的基本条件，最终催生出彪炳于世的中国早期文明。总之，中原地区是中国文明诞生的历史摇篮。中原文化在中国文明的形成进程中具有其他地区文化不可替代的中心地位，起到过毋庸置疑的主导作用。

但随着考古发掘的不断深入，"一元论"受到越来越多的质疑，"多元论"逐渐被学界接受。

"多元论"。所谓"多元论"，就是认为中国史前文化既不是外来的，也不是从国内某一个中心向外传播的，各地史前文化是在适应当地自然条件的基础上发展起来的，它们通过直接或间接的关系相互促进，相互影响，或多或少都对中国古代文明的形成和发展做出了自己的贡献。这个现在看起来很平常的理论，是在20世纪60年代以来考古大发现的基础上形成的。著名考古学家苏秉琦先生在20世纪70年代末期率先提出"区系类型理论"，对多元论的形成起到关键作用，他和殷玮璋在《关于考古学文化的区系类型问题》(载《文物》1981年第5期)一文中把中国古代文化划分为六个区域：

(1) 陕豫晋邻境地区。这个地区是历史进入文明时代以来我国的腹心地区，也是仰韶文化的主要分布区。(2)山东及邻省一部分地区。围绕泰山发现的被人们称为大汶口文化和龙山文化的遗存比较密集，这一地区也是我国一个重要的古文化中心。(3)湖北和邻近地区。这里的考古学文化以它们的特征和变化情况及分布地域大致可分为三块——汉水中游地区、鄂西地区、鄂东地区。(4)长江下游地区。这里也是我国重要的古文化中心之一。从这一地区古文化面貌的差异及其分布的情况来看，似可分为三个区域——宁镇地区、太湖地区、宁绍地区。(5)以鄱阳湖—珠江三角洲为中轴的南方地区。这一地区从现在提供的情况看也可分为三块——赣北地区、北江流域、珠江三角洲一带。(6)以长城地带为重心的北方地区。这里由东向西可分为以昭盟为中心的地区、河套地区、以陇东为中心的甘青宁地区。

苏秉琦和殷玮璋的这些观点对中原中心论提出明确挑战。在此基础上，苏秉琦在《满天星斗》(104—127页，《中国文明起源新探》，北京：生活·读书·新知三联书店，1999)一书中，提出了中华文明起源的"满天星斗说"。依据山西襄汾陶寺，河南登封王城岗、淮阳平粮台，山东莒县凌阳河、寿光边线王，上海青浦福泉山，江苏武进寺墩，辽西喀左东山嘴、牛河梁，内蒙古凉城老虎山，甘肃秦安大地湾以及陕西华县泉护村等地的考古发现，苏秉琦指出这些遗迹遗物的时代不限于夏商，分布地域也不限于中原，而是北至长城地带，南至长江以南的水乡，东至黄海之滨，西至秦晋黄土高原。与此同时，从中原经汾水通过山西全境到北方，再折返到中原这样一条文化连接带，在中国文化史上曾是一个最活跃的民族大熔炉，在距今六千年到四五千年间的诸文明火花中也是最早最光亮的地带，所以，它也是中国文化总根系中一个最重要的直根系。这进一步奠定了"多元论"的理论基础。

丁季华在《中国文化起源"单一中心"说质疑》(载《华东师范大学学报》1982年第4期)一文中也对中国文化起源"单一中心"说提出质疑，在苏秉琦提出"六大板块说"的基础上又进一步提出了"八大区域说"。他认为，中华民族的远古祖先是分别在八大区域创造原始文化的。这八大区域分别是：中原氏族文化区；黄河下游山东氏族文化区；江汉、三峡氏族文化区；长江下游氏族文化区；华南氏族文化区；甘、青氏族文化区；东北氏族文化区；北方草原氏族文化区。

进入20世纪90年代，张光直对中国古代文明做了进一步的探索。他在《中国相互作用圈与文明的形成》(151—189页，《中国考古学论文集》，北京：生活·读书·新知三联书店，1999)一文中提出"相互作用圈"理论，能动地看待中国古代各文化区的相互作用和关系。他把公元前四千年还没有迈过国家门槛的中国相互作用圈分为内蒙古长城地带(以兴隆洼文化为最早)、仰韶文化、大汶口文化、大溪文化、太湖长江三角洲文化、大坌坑文化等。张光直明确指出，这些区域文化在一个相当长的时间内相互作用，奠定了最早的中国历史文明的地理舞台。他还指出，每个区域的新石器时代文化在文化上和社会上都越来越复杂、越分歧、越分层，终于导致这些区域中产生了文明的基础。

李友谋在《中国古代文明的发展状况与特点》(载《中原文物》1996年第1期)一文中对中国新石器文化的发展过程进行了概括。

(1) 黄河流域新石器文化的发展一般分为三个地区。一是中游地区，已知的新石器文化有裴李岗、磁山和老官台文化，仰韶文化，龙山文化(包括陕西龙山和河南龙山)发展序列。二是上游地区，已知的有马家窑文化和齐家文化发展序列。三是下游地区，已知的有北辛文化、大汶口文化、山东龙山文化发展序列。

(2) 长江流域新石器文化的发展，目前则有两大区之分。一是中游地区，已知的有大溪文化和屈家岭文化、湖北龙山文化(或称青龙泉三期文化)发展序列。二是下游地区，已知的有河姆渡文化、马家浜文化、良渚文化发展序列。

(3) 北方地区的新石器文化，目前未进行分区。已知的有新乐文化、红山文化、小河沿类型文化发展序列。

综上所述，根据我国新石器时代考古发掘资料和文化分区研究的成果，中国古代文明起源应该是多元的，而不是一元的。具体而言如下：

1. 黄河流域

黄河流域新石器文化的发展一般分为三个地区。上游洮河流域的马家窑文化和齐家文化，中游汾、涑、伊、洛河流域的仰韶文化和龙山文化，下游海岱地区的大汶口文化和龙山文化，都具有较高的发展水平。

李友谋在《仰韶文化与中国古代文明》(载《中原文物》2002年第3期)一文中认为，仰韶文化时期由于物质文化和精神文化的发展，从而推动社会的进步，使中原地区的历史脱离野蛮时代，进入文明时代。总之，根据仰韶文化农业、手工业、家畜饲养业和精神文化的发展状况以及社会的进步等综合来看，他认为仰韶文化时期的古代文明已经起源，并处于形成的发展进程中，经过龙山文化的发展阶段，到二里头文化时期中国古代文明最终形成，由此我国的历史进入了文明时代。因此，仰韶文化在我国古代文明的发展进程中无疑占有极为重要的地位。

何德亮在《山东龙山文化与中国古代文明的起源》(载《文物春秋》2002年第1期)一文中认为，龙山文化时期是历史上一个重要的时代。文字的发明、铜器的使用、城址的大量出现、薄胎黑陶及快轮制陶技术的广泛应用，说明这一时期社会生产力获得了空前的发展，由此导致了社会内部的贫富分化和阶级对立现象的发生。特别是许多特大型墓葬的发现，大量陶器、成组玉器等的存在，不仅表明这一时期文明化程度有了很大提高，诸项文明因素或文明成果已经基本具备，而且昭示这一时期社会财富占有的不平等以及阶级和等级分化等均达到了不可调和的程度。由此推断，山东龙山文化时期已经进入了文明时代。

大汶口文化是分布在黄河下游、苏北一带的一支具有地方特色、发展水平高、分布范围广的新石器文化。孟宪武在《东方古代文明的曙光——大汶口》(112—118 页，《河南文物考古论集》，郑州：河南人民出版社，1996)一文中认为，大汶口文化已经孕育了新的文明因素——父系氏族、私有制和贫富差别等，加上图画文字的产生、青铜文化的出现，足以证明它已经踏入龙山文化的门槛，是我国古代文明的曙光。

方酉生、赵连生在《试论中原地区文明的起源》(载《史学月刊》1989 年第 2 期)一文中认为，登封王城岗遗址出土陶器的器底或器壁上发现的文字，在王城岗遗址、平粮台遗址发现的城址，郑州牛寨遗址、登封王城岗遗址、淮阳平粮台遗址、临汝煤山遗址等出现的金属器，临汝煤山遗址、邯郸涧沟遗址、洛阳锉李遗址、汤阴白营遗址、襄汾陶寺遗址等发现的水井，在河南永城王油坊、汤阴白营、安阳后岗、八里庄、临汝煤山、淮阳平粮台等河南龙山文化遗址中发现的打夯技术，占卜、水渠、轮制陶器技术的发明等现象，都是社会生产力发展到一定阶段的产物，通过以上事实可以证明中原地区文明的起源始于河南龙山文化的晚期，即夏王朝的早期。

2. 长江流域

长江流域新石器文化的发展，目前则有两大区之分。一是中游地区，已知的有大溪文化和屈家岭文化、湖北龙山文化(或称青龙泉三期文化)发展序列。二是下游地区，已知的有河姆渡文化、马家浜文化、良渚文化发展序列。

张正明在《黄河、长江与中华文明的起源》(载《湖北社会科学》1996 年第 3 期)一文中认为，黄河是中华文明的摇篮，其理由不外乎下列四点：夏、商、周三朝无不建都于黄河流域；最早的文字出现在黄河流域；最早的铜器出现在黄河流域；最早的城市出现在黄河流域。但是，先得文明风气并不等于独具文明摇篮。这样就有必要重新审视“摇篮为黄河说”的四点理由：夏朝这个最早的王朝诚然出现在黄河流域，但王朝不是早期文明必备的要素；已知年代最早的文字诚然出现在黄河流域，但它脱胎于刻划或符号，而作为文字萌芽的刻划符号在黄河流域和长江流域都有；已知年代最早的铜器诚然出现在黄河流域，但铜器离不开铜源，而铜和锡、铅等有色金属的成矿带大半在长江流域；就早期的城址来看，黄河流域和长江流域都发现了一些新石器时代的城址。因此，中华文明的摇篮应该是黄河流域和长江流域。

向一尊在《不能以“中原中心论”否定江南古文明》(载《江淮论坛》1984 年第 3 期)一文中认为，作为各族共同祖先的“炎黄”，本身就代表南北的意思，不能只跟中原文化挂钩。就自然条件而论，古代南方也并非蛮荒一片。从旧石器时代起，在黄河流域孕育中原文化的同时，南方也有了我们的先民，如元谋人、马坝人、资阳人等。到了新石器时代，江南已形成了一个古老的文化体系，是中华文化重要发源地之一。楚国可作为江南经济文化发展的代表，其先进的生产力突出表现在冶炼技术上，还表现在水利建设及手工业水平上。论自然条件，古代南北都适合人类生存发展，石器时代南方不亚于北方，青铜时代南方稍逊，而铁器时代南方又超过了北方。长江流域也同样是中华民族的发祥地，是中华民族文化的摇篮之一。

江汉地区是长江中游最重要的一个文化区，具有古老而发达的史前文化。通过分析江汉地区城背溪—大溪—屈家岭—石家河文化体系中出现巨大的城址、随葬品丰富的大墓、大型祭祀礼仪活动场所和神秘的礼仪神品等文化内涵，杨权喜在《试论中国文明起源与江汉文明》(载《浙江社会科学》1994年第5期)一文中认为，江汉地区经过从猿到人的漫长岁月，又经过鸡公山到城背溪发明我国稻作农业的创业历程，再经过大溪文化时期文明因素的萌发阶段，到距今5000多年前的屈家岭时期就跨入了文明社会的门槛。

陈剩勇在《良渚文化的礼制与中华文明的起源》(30—42页，《良渚文化研究——纪念良渚文化发现六十周年国际学术讨论会文集》，北京：科学出版社，1999)一文中认为，研究中华文明起源，评估中国文明最终形成的时代，理所当然地应以礼或礼制的出现为标准。从考古发掘资料看，礼、礼制在良渚文化中不仅已经萌生，而且具有相当的成熟度。中华文明向称礼乐文明，礼、礼制是中华文明所独有的、区别于其他古代文明的最主要的特征。以礼、礼制作为界定中华文明形成的标志，那么，从良渚文化社会中礼制的系统性、规范化和制度化的事实出发，便可以肯定地说，中华文明在距今约五千年前的良渚文化中期已经在长江流域横空出世了。

汪遵国也认为良渚文化是东方文明之光。他在《良渚文化：东方文明之光》(载《浙江学刊》1996年第5期)一文中指出，人类最早独立出现的文明，同农业发展紧密相联。良渚文化中先进的稻作农业是长江下游数千年经营栽培的成果，农业生产已从耜耕阶段发展到犁耕阶段，菜蔬瓜果的种植业、植麻种桑、养蚕缫丝、竹编木作都独具特色。独立的手工业也已广泛存在，水稻栽培、丝绸、漆器、制玉是良渚文化的特色，是长江下游先民在物质文化上的重大贡献。良渚文化的宗教信仰是与河姆渡、马家浜诸文化一脉相承的，以天神、地祇、祖先三位一体作为崇拜对象，集中反映在琮王、钺王的神徽上。良渚文字正是殷墟甲骨文的渊源之一。良渚文化的中心即浙江省余杭市以莫角山为中心的遗址群。通过对其分析，可知当时良渚文化已出现政教合一的王权和早期国家，也是距今五千年东方大地上最早的王国。良渚文化在生产、信仰、礼制、玉器、丝帛、漆器诸多方面的先进因素被融合、继承、发扬。可见，长江下游地区的良渚文化已经首先进入文明时代，为灿烂绚丽的东方文明揭开了序幕。

隗瀛涛在《一项填补空白的工作——〈三星堆文化〉序》(1页，《三星堆文化》，成都：四川人民出版社，1993)一文中指出，三星堆遗址内发现以青铜雕像群为代表的古蜀文物，以及古城墙、古祭祀礼仪中心残迹等，证明了三四千年前的川西平原已具有了可以同殷商中原文明媲美的高度发达的奴隶制文明形态，并再次确认了中华文明起源的多元化特点。

此外，段渝也认为以成都平原为中心的古蜀地区是中华文明的重要起源地和组成部分之一，是长江上游地区的古代文明中心。他在《古蜀文明的演进特点及其在先秦史上的地位》(载《社会科学战线》2011年第1期)一文中认为，先秦时代的古蜀文明，不仅是一支拥有灿烂青铜文化、大型城市和文字的高度发展的古代文明，而且通过它与中原文明互动关系的分析，也大大丰富了“中国文明多元一体形成发展”论断的理论内涵。

3. 辽河流域

北方地区的新石器文化，目前未进行分区。已知的有新乐文化、红山文化、小河沿类型文化发展序列。

在探索中国文明起源的大背景中，围绕红山文化是否进入文明时代这一主题展开了热烈的讨论。红山文化遗址大体分布在辽河以西、西辽河和西喇木伦河以南、燕山南麓长城以北、张家口以东的广大地区，其中心是老哈河、西喇木伦河、大小凌河流域。穆鸿利在《中华北方古老文明之摇篮——红山文化探论》(载《社会科学辑刊》1997年第2期)一文中指出，随着人们对红山文化认识的不断深化,红山文化被学界誉为中华五千年文明的曙光。从红山文化的时间来看,距今5000年大体相当于传说中的“三皇五帝”时期,尤其是炎黄时期。从宗教信仰来看,红山文化的先民们已从自然崇拜和图腾崇拜向诸神崇拜甚至祖先崇拜演进。从红山文化发掘出的古建筑以及玉龙等器物来看,它对中国文化形式产生了直接影响,或许也可以说明中原文化与北方文化的同一性。

刘国祥在《红山文化与西辽河流域文明起源的模式与特征》(载《内蒙古文物考古》2010年第1期)一文中,依据张光直先生划分文明时代的理论,结合西辽河流域已有的考古学研究成果,认为红山文化晚期西辽河流域已经步入初级文明社会。他认为,距今5500—5000年左右的红山文化晚期,西辽河流域的史前社会已步入初级文明社会;距今4000—3500年左右的夏家店下层文化时期,西辽河流域已进入高级文明社会。从考古学的研究结果可以看出,以建筑和玉雕为代表的高级技术能力的出现,等级化社会的确立以及复杂礼仪中心的出现是西辽河流域文明化进程中的核心要素,由此也确立了该地区在中国文明起源进程中的重要地位,为中国文明多元一体格局的形成奠定了坚实的基础。

郭大顺在《辽河文明的提出与对传统史学的冲击》(载《寻根》1995年第6期)一文中认为,以红山文化为主要代表的辽河文明对传统史学观念形成了巨大的冲击。这集中表现在以下三个方面:

(1) 按照通常的史学观点,中国文明史只能从距今4000年前的夏代算起。考古学上的二里头文化已是文明史的起点,此前的龙山时代是父系氏族社会,而仰韶时代是母系氏族社会繁荣期。然而,夏商文明都已高度发展,从夏代以前寻找中华文明的源头已是大势所趋。红山文化的考古新发现和辽河文明的提出把这一源头一下子追溯到了距今五千年前以彩陶为主要特征的仰韶时代。

(2) 多年来形成的一个观念是,中原地区古文化发展水平最高,文明起源当然也最早,中原以外地区都是在中原文化影响之下进入文明时代的。近年来学者们注意到东南沿海等地新发现的古文化,如大汶口文化和良渚文化,与同时期的中原文化在发展水平上相近,已不排除中原对周围地区文化因素的吸收,但对北方地区仍注意很少。辽河文明的提出再一次证明,中国文明起源不是一个中心而是多中心,包括辽河流域在内的燕山南北长城地带也是中华文明最早的发祥地之一。

(3) 关于文明起源的标志,一般以城市的形成、文字的出现和青铜冶铸的发明为三大要素。近年来,学者们已注意到人与人关系的变革应是社会变革的主线,考古学上反映出的礼制当是中国文明起源的一个重要标志和特点。红山文化大型祭坛、女神庙和积石冢群的结构、布局和玉葬之礼等从多方面反映出,礼制在5000年前的西辽河流域已经形成一个比较完整的体系,而且尚玉传统的从古至今持续不衰与坛庙冢三合一的组合一直延续到明清时期北京的天坛、太庙和明十三陵,两者的吻合,说明中国文明起源的过程也是中华文化传统形成的过程。这就赋予文明起源以新的含义。

(五) 中华文明起源的特点

苏秉琦和殷玮璋在《关于考古学文化的区系类型问题》(载《文物》1981年第5期)一文中指出,在历史上特别是在文明时期,黄河流域确曾起过重要的作用,并常常居于主导的地位。

但是，在同一时期内，其他地区的古代文化也以各自的特点和途径在发展着。各地考古发现的考古材料越来越多地证明了这一点。同时，影响总是相互的，中原给各地以影响，各地也给中原以影响。

丁季华在《中国文化起源"单一中心"说质疑》（载《华东师范大学学报》1982 年第 4 期）一文中也认为，八个氏族文化区，时间上有先有后，规模上有大有小，水平上有高有低，但是它们各有特点，自成系统。这就说明中国文化起源地不限于中原一个中心，而有若干中心区域；不是单一地从一个氏族文化中心区向四周传播，而是各个氏族文化区相互交流，逐渐融合，共同为以后渐渐形成的古代中国文化奠定基础。

严文明在《中国史前文化的统一性与多样性》（载《文物》1987 年第 3 期）一文中认为，由于中国史前文化已形成一种重瓣花朵式的向心结构，进入文明时期以后，很自然地发展为以华夏族为主体，同周围许多民族、部族或部落保持不同程度关系的政治格局，奠定了以汉族为主体的、统一的多民族国家的基石。这种格局不但把统一性和多样性很好地结合起来，而且产生出强大的凝聚力量。即使在某些时期政治上发生分裂割据，这种民族的和文化的凝聚力量也毫不减弱，成为中国历史发展的一个鲜明特色。

耿铁华在《中国文明起源的考古学研究》（载《中原文物》1990 年第 2 期）一文中也认为，各区域的文化，由于所处年代相近，文化发展阶段相同，文化面貌和内涵有很多相同之处。它们大多建立在农业经济基础之上，同时有家畜饲养、采集和渔猎经济。石器、骨器和陶器制造成为独立的生产部门，随葬品多寡表现出贫富的差异，还出现了类似宫殿的大型房屋和祭祀遗址、玉制礼器等。同时还应看到，各区域文化存在着明显的差异。与此同时，中国文明的起源具有极为深厚的历史渊源，它经历了数千年乃至数万年的文化积淀。迄今为止，云南、陕西、北京、广东、广西、四川、贵州、湖北、辽宁等省区都发现了古人类化石及活动遗迹、遗物。数十万年前，先民们就没有固定在一个地点上。尽管各区域文化发展不平衡，但在一个古老的农业经济基础上形成了一个中国古代文化的共同体，维系着各区域、各部落及联盟文化发展的总趋势。无论哪一地区、哪一部落最先跨进文明，它都离不开这一文化共同体。从这种意义上讲，是中国古代文明的共同体孕育了中国文明的起源，是各区域文化中的文明因素发展成了中华民族的文明。

综上所述，多元化是中华文明起源的核心特点。

二、探索早期国家的奥秘

（一）国家形成的标志及演进阶段

1. 国家形成的标志

国家是文明发展到一定阶段的产物。恩格斯在《家庭、私有制和国家的起源》（168 页，北京：人民出版社，1972）一书中指出，国家的形成有两个标志——按地区来划分它的国民以及凌驾于社会之上的公共权力的设立。将国家的出现视为文明社会的开端已成为学界的共识。然而，恩格斯按地区来划分它的国民，对于古希腊罗马来说也许是适用的，而对于其他更为古老的许多民族则有一定的局限性。

鉴于此，王震中在《中国文明起源的比较研究》(2—8 页，北京：中国社会科学出版社，2013)一书中认为，应将国家形成的标志修正为：一是阶级或阶层的存在；二是强制性权力系统的设立。阶级、阶层或等级之类的出现是国家得以建立的社会基础，凌驾于全社会之上的强制性的公共权力系统的设立则是国家的社会职能，是国家机器的本质特征。国家及其强制性的权力机构是阶级矛盾不可调和的产物，最初的统治与管理机构，是为了解决经济上的冲突而发展起来的，是统治阶级压制被统治阶级的机器。此外，早期国家中凌驾于全社会之上的公共权力，除了以阶层和阶级分化为前提外，它同时还是借助于一系列社会公众性极强的事务发展起来的，这些事务包括兴建种种公共工程、举行全社会范围的庞大的祭祀活动和宗教礼仪、进行战争防御和扩张等。尽管强制性公共权力的产生以社会的不平等为前提，但它依然是一个合理的运动过程，是应社会发展的需求而问世的。

2. 早期国家的演进阶段

关于早期国家的演进过程和发展阶段，张光直在《中国青铜时代》(49—52 页，北京：生活·读书·新知三联书店，1983)一书中介绍了西方按照社会进化的观点将民族学上的各种社会加以分类排列的理论，其演进模式为：游团(地域性的狩猎采集集团)—部落(一般与农业经济相结合)—酋邦(具有初步不平等的复杂社会)—国家(阶级社会)。张光直不仅系统地概述了“游团”“部落”“酋邦”“国家”这些概念及其所代表的社会发展阶段，同时还将它们与中国考古学文化的各个发展阶段相对应。对应的结果是：旧石器和中石器时代相当于游团阶段；仰韶文化相当于部落阶段；龙山文化相当于酋邦阶段；从三代(夏商周)到春秋、战国、秦汉相当于国家阶段。

国内学者对中国早期国家的演进阶段作了更细致的划分。王宇信、王震中、杨升南、罗琨、宋镇豪在《中国古代文明与国家形成研究》(12—13 页，北京：中国社会科学出版社，2007)一书中认为，中国早期国家形成和确立期为公元前 3000—前 2000 年的夏王朝之前的方国崛起时期，大体上相当于考古学习惯上所称的龙山时代和古史传说中的颛顼、尧、舜、禹时期。

袁建平在《中国早期国家时期的邦国与方国》(载《历史研究》2013 年第 1 期)一文中指出，中国古代国家经历了“邦国—方国—王国—帝国”四阶段，即从部落到酋邦，再从酋邦到初始的早期国家——邦国，再到典型的早期国家——方国，而后到过渡形态的早期国家——方国晚期的准王国阶段，之后步入成熟国家的王国阶段，这是早期国家的中国模式。邦国是以古城为中心的小国寡民式的地方性国家，是中国早期国家第一阶段——初始的早期国家阶段，大体相当于公元前 3500 年—前 2500 年间。方国是一个大邦国与其他众邦国的统一体，是早期国家的进一步发展。方国孕育于邦国阶段晚期，时间大致为公元前 2500—前 2000 年。王国是方国的进一步发展，到夏代进入方国联盟的王国阶段。公元前 21 世纪禹建立夏，标志着王国的产生。

(二) 夏王朝觅踪

1. 疑古学派对夏王朝的否定

汉代史学家司马迁在《史记》一书中所构建的“三皇五帝夏商周”古史体系，两千多年来未曾受到怀疑。随着 20 世纪初新文化运动的兴起，中国史学界萌生了“疑古”思潮，对以司马迁《史记》为代表所记载的夏商周三代以及五帝时代的历史提出诸多怀疑。1919 年,胡适提出:“以现在中国考古学的程度看来,我们对于东周以前的中国古史,只可存一个怀疑的态度。”①20 世纪 20 年代,以顾颉刚为代表的“古史辨”学派,通过疑古书、疑古事、疑古人的方式,提出以往的古史都是“层累地造成的”,从而彻底否定了司马迁古史体系的真实性。顾颉刚否认夏禹的存在,他通过对古史传说及《说文》的考证,认为禹在《说文》中的意思是“虫”,“禹或是九鼎上铸的一种动物”②。“疑古”思潮的流行和“古史辨”学派的形成,对中国古代历史文献的辨别有一定积极意义,但一概否定文献有关夏的任何记载是不可取的。李学勤在《走出疑古时代》(39 页,沈阳:辽宁大学出版社,1994)一书中认为,疑古思潮有其局限性和不足之处,对于古史和古代文化,在某些方面否定过度了,以致造成了古代历史文化的空白。

自 20 世纪 20 年代以来,国内外学者对夏王朝是否存在一直争议不断。究其原因,张国硕在《试析“夏王朝否定说”形成的原因》(载《华夏考古》2010 年第 4 期)一文中作了如下分析:第一,文献有关夏史的记载相对简略,缺乏出土文字准确无疑的实证。现存有关夏史的文献记载多是西周以后甚至东周秦汉时期史家追记补述的;先秦诸子中提到夏史的部分,许多是为了发挥自己理论或主张时才提及夏;有的文献资料还存在后代传抄错误、篡改的现象或可能性;一些文献材料还夹杂大量神话传说的成分。尽管考古学为研究夏文化提供了丰富的实物资料,但在夏代文字发现与研究上还未有突破性的进展。迄今为止,尚未见到夏代的青铜铭文,更未出土像商代殷墟甲骨文那样内容较为丰富的文字系统,也未见到当时的竹书、木简、石刻等文字实物;而能够看到的出土文献材料则是西周以后的青铜铭文、竹书以及商代卜辞和青铜铭文中有关夏的少量记载,证据力度相对薄弱。这些缺陷在一定程度上诱发了“夏王朝否定说”的流传。第二,国外学者对中国史学特点和研究状况了解深度不够,国内外学者之间缺乏充分的沟通。第三,部分西方学者对中国学术研究存在较为严重的偏见,中国学者不同程度地对国外有关中国古代文明的研究成果关注不够。

2. 二里头遗址与夏文化的探索

疑古学派颠覆了人们对传统古史体系的认知,而文献资料的缺乏又不足以重建夏史。因此,为了重建被否定了的夏史,学者们开始从考古学上对夏文化进行探索。

1959 年,中科院考古研究所在今河南省偃师市发现了二里头遗址,从而拉开了从考古学上探索夏文化的序幕。由于二里头遗址地处古代文献所记载的夏王朝的中心区域,因此,二里头遗址成为探索夏文化的关键性遗址。

二里头遗址的考古发掘收获颇丰。许宏在《二里头的“中国之最”》(载《中国文化遗产》2009 年第 1 期)一文中指出,二里头遗址与二里头文化对于中华文明形成史的意义重大。二里头发现了最早的城市干道网、最早的宫城(后世宫城直至明清“紫禁城”的源头)、最早的中轴线布局的建筑群(都邑与建筑上的王权表征)、最早的青铜礼乐器群(华夏青铜文明之肇始)、最早的青铜近战兵器、最早的青铜器铸造作坊、最早的绿松石器作坊、最早的使用双轮车的证据。二里头也是公元前二千纪前半叶最大的中心性城市、最早的具有明确城市规划

① 胡适:《中国哲学史大纲》,16 页,上海:上海古籍出版社,1997。
② 顾颉刚:《古史辨》第 1 册,63 页,上海:上海古籍出版社,1982。

的大型都邑。

二里头遗址为人们了解夏代文明的发展程度提供了可能。张帆在《中国古代简史》(11页,北京:北京大学出版社,2001)一书中指出,二里头文化最值得注意的是发现了宫殿遗址,包括夯土台基、殿堂、廊庑、庭院、殿门等配套建筑,还有用于排水的管道。台基面积约10000平方米,高近1米。这样大型的宫殿建筑,应当是王权的象征。宫殿周围还发现了陶器、骨器等作坊遗迹,特别是铜器、铜渣、坩埚碎片的出土,表明此时已开始进入青铜时代。文献中称禹、启都曾铸鼎,可能并非无据。二里头墓葬有很多玉器,制作工艺相当精美。陶器中占比例最大的是酒器,为前所罕见,说明粮食产量有很大增加。此外,还发现了一些深坑,据推测是水井遗址。综合来看,偃师二里头文化出现了不少新的内涵,很可能反映了夏朝的经济、文化发展水平。

二里头遗址的发现意义非凡。张国硕、李昶在《论二里头遗址发现的学术价值与意义》(载《华夏考古》2016年第1期)一文中指出,二里头遗址在夏代考古中具有独一无二和无可替代的地位。二里头遗址作为大型都邑遗址,遗存丰富,文明化程度高,为探索中国古代文明与国家的起源、形成与发展,了解夏代的都城面貌以及经济与文化生活状况提供了广阔的空间。

王宇信、王震中、杨升南、罗琨、宋镇豪在《中国古代文明与国家形成研究》(228页,北京:中国社会科学出版社,2007)一书中指出,二里头遗址的发现与发掘,表明了古代文献中有关夏代的传说并非子虚乌有,而不少是可信的。虽然见诸文献记载较晚,当为先秦人根据民间世代口耳相传的资料整理而成,只要我们剥去历代儒家文化的神圣外衣和迷信谶纬,认真分析考证其作为传说文献所透露出的史影,就可用于夏史的研究。考古发掘所取得的成果完全印证了这一点。

相对于国内学者以二里头遗址来证实夏王朝存在的观点,一些国外学者持保留意见。日本学者宫本一夫在《从神话到历史:神话时代、夏王朝》(吴菲译,332页,桂林:广西师范大学出版社,2014)一书中认为,即使夏王朝就是二里头文化,也并不等于说文献史料中所记载的有关夏王朝的内容就因此得到了证实,更不能说,由此就可以通过文献史料的内容来证明二里头文化是否完备了王朝应有的政治体制等问题。这种立论本身就不合道理,因为用作论据的文献史料是以战国时代以后的历史观为背景记述的。这与根据商王朝等甲骨文及金文资料等同时代文字资料来证实这段历史的方法大不一样。

除了二里头遗址外,考古工作者在河南省还发现了两处可能与夏文化密切相关的遗址——新密市新砦遗址和登封王城岗遗址。尽管学者们从考古学上探索夏文化已经取得不少成就,但是考古发掘尚未找到有关夏代的文字,这也是夏文化探索的"瓶颈"。因此,要彻底揭开夏文化和夏王朝的神秘面纱,尚需时日。

(三)甲骨文与商朝国家特征

1. 甲骨文的发现及意义

商朝是中国古代第一个能够得到考古资料确切证实的王朝,这得益于殷墟甲骨文的发现。19世纪末,河南安阳西北小屯村的农民将偶尔拾得的龟甲、兽骨当作中药材出售,有学者辨认出上面有古文字,于是开始大力寻访。不久古文字学家研究后确定这些古文字是商朝的文字，继而断定小屯村即是古书中提到的殷商都城遗址即殷墟。自1928年起，考古学家对殷墟进行了多次发掘，迄今已出土刻字甲骨约15万片以及大量殷商器物。甲骨文和殷墟重现于世，极大地推动了商史和中国上古史的研究。

朱凤瀚在《近百年来的殷墟甲骨文研究》(载《历史研究》1997年第1期)一文中指出，殷墟甲骨文的发现，对中国学术界产生了巨大而深远的影响。第一，甲骨文的发现证实了中国早期国家——商王国的存在。在殷墟甲骨文发现以前，人们只能从有限的文献记载中知道历史上有个商王朝，而且这些文献无一是成于商代的。殷墟甲骨文的发现，将大量的商人亲手书写、契刻的文字展现在学者面前，使商史与传说时代分离而进入历史时代。第二，王国维用甲骨文证实了《殷本纪》的史料价值，使《史记》之类历史文献有关中国古史记载的可信性增强。特别是在20世纪20年代"疑古"思潮流行时期，甲骨文资料证实了《殷本纪》与《世本》的可靠程度，也使历史学家开始摆脱困惑，对古典文献的可靠性恢复了信心。第三，引发了震撼中外学术界的殷墟发掘。正是甲骨文的发现揭开了中国现代考古学的序幕。第四，甲骨文的发现大大加速了对传统的中国文字学的改造。甲骨文的发现更提供了汉字的早期形式，其构成离小篆甚远，多有象形、会意文字，令当时学者眼界大开。《说文》以小篆为本解释字原的理论与其整个文字系统皆难以维持，从此"中国文字学就到了一个新的时期"①。

2. 商朝的国家特征

首先，商朝的王权具有浓厚的宗教色彩，利用神权来强化王权。

杨升南在《商代的王权和对王权的神化》(载《中国史研究》1997年第4期)一文中指出，商王作为国家的最高统治者，拥有至上的权力，对整个国家实施统治。这些权力包括行政权、军权和对臣民的司法权。商王朝的建立和统治主要依靠两个手段：武功和神力。如商族的始祖契被神化成其母简狄吞玄鸟蛋而降生；汤伐桀是奉上天之命而征讨；盘庚迁殷也是执行上天的指令。商王神权的实现手段是占卜。从已发现的甲骨文内容看，占卜所涉及的范围十分广泛，商王做任何事都要经过占卜，以取得上天神的应允和指示。占卜时神在龟或骨上所显示的旨令，是吉是凶，能否可行，要由商王来决断。这个决断形式，在甲骨文中就是"王占曰"。不管进行问卦的贞卜人②是谁，所有占卜的吉凶最后决断权皆在商王。商王甚至亲自充作贞卜人，主持问卦发布命辞。可见，商王也是商朝最高的宗教领袖，他作为神的化身的权威，既贯穿于占卜行动的过程中，也体现在将占卜结果契刻在甲骨上。商王权的神化，对维系和巩固商朝政权的作用很大。

商朝对王权的神化具有双重作用。晁福林在《先秦社会最高权力的变迁及其影响因素》(载《中国社会科学》2015年第2期)一文中指出，商代距离上古未远，其最高社会权力(亦即王权)除了靠初期的国家权力来巩固之外，还十分需要传统的神灵崇拜发挥作用。神灵世界实际上成为商王持有的最高权力的保护伞。商代社会比较稳定，没有出现大的动乱，也没有大规模的民众起义，这与商王恰当地采用神权维护其统治有很大关系。大大小小频繁的祀典，名目众多的祈祷，使得整个商王朝就像一座被神监视着的心灵监狱。商王依赖神灵世

① 唐兰：《古文字学导论》，379页，济南：齐鲁书社，1981。

② 贞卜人：指商朝专门从事占卜活动预测吉凶的神职人员。

界、以神为主的做法，在一定程度上达到维护其最高权力的目的，也适应了社会政治发展的需要。但是，商代的神权同时也限制了王权，使商王不得不忌惮于非王诸族及异姓方国部族的势力和影响。商代的神灵世界犹如一张巨大无比的天网，商王之权在一定程度上正是被这张天网所约束。

其次，商朝形成了较完备的官制和以内外服制为主的国家结构。

王贵民在《商朝官制及其历史特点》（载《历史研究》1986 年第 4 期）一文中指出，商朝是我国历史上初次出现有较完备的官制的时代，从朝廷到地方及其基层，从各类生产部门、政务、军事到意识形态各方面，都已设官分职，体现了国家机器的发展程度。依据殷墟甲骨文、商周金文资料以及可信的文献记载，可以将商朝的官制归纳为两大部分：王朝和地方。王朝可分为最高政务、一般政务、宗教文化、生产经济、军事等五类；地方可分为侯、甸、男、卫等行政长官和基层行政官吏即“族尹”。

王贵民还指出，商朝官制的历史特点有三个方面。第一，神职的地位较高。有些部门缺乏明确的分职，职务不固定，职人同职事不一致，由此产生“官事可摄”的现象。经常执行某种职能者，可以没有职名；相反，无此项职名者，却可摄理其职。这一特点在古代中国延续了很长时期。官制中分职的明确与否，在一定意义上表明了国家机构发展和完善的程度高低。第二，商代的政权系统与宗法系统是紧密结合的，所以商朝的官制带有明显的宗族血缘性质。在政权与宗法紧密结合的前提下，国家机构无异于是一个宗族的扩大，这些宗族长自然就是政府官员，政事任人就离不开宗亲关系。第三，“臣仆用事”官制中的“小臣”占有相当的比重。商朝的小臣职位有高有低，尽管位低的居多，可是他们分别掌管某一项事务，终究构成了国家机器一个不可或缺的部分。

卜宪群在《中国通史——从中华先祖到春秋战国》（147—148 页，北京：华夏出版社；合肥：安徽教育出版社，2016）一书中认为，内外服制滥觞于夏，形成于商，影响至周，是独特的国家结构形式。内服为王畿之地，系商朝直接控制的国家中心地区，又叫大邑商、天邑商。这里“居天下之中”，包括今天的晋东、鲁西、豫北和冀南一带的广阔平原。内服职官即中央王朝职官，数量众多，地位最高者有相、三公、尹、史等，由商王直接任免。其中，中央官僚享有世袭特权，但是官职根据王朝的利益而变动。外服是指商王畿以外的土地，外服职官有侯、甸、男等。卜辞中侯的数量有五十多个，常见的有仓侯、杞侯、侯专等。文献中还有九侯、鄂侯、翼侯等。这些侯的担任者多为商周围方国的首领，他们一方面臣服于商，接受商王赐予的封号，另一方面是土著国家的首领。但是，各诸侯国、方国的官吏，不是由商王任免的。诸侯国要担负纳贡、服役、戍边或随王出征等义务。商王还派王族的亲信“诸子”“诸妇”去地方监督当地的首领，便于控制并加强其统治。商王朝为了加强对方国的控制，还让方国的首领入朝做官。由于存在内外服制度，商王对周边地区的统治是相当松散的，周边诸侯对商王时叛时服。

再次，商朝实行兄终弟及和父死子继并存的王位继承制。

民国初年，王国维借助地下材料整理古史，强调殷周两代文化有别、政治有别、制度有别，他在《殷周制度论》（232—233 页，《观堂集林（外二种）》，石家庄：河北教育出版社，2001）一文中指出，商代的继统制度以弟及为主，以子继为辅，无弟然后传子。他认为兄弟之亲本不如父子，而兄之尊又不如父，所以兄弟间常不免有争位之事，由此影响王朝的稳定。自此之后，不少学者赞同此说并进行补充发挥。

涂白奎则在《从卜辞看商王朝的继统制度》(载《史学月刊》2004年第9期)一文中提出不同意见，他通过对文献资料《史记·殷本纪》及卜辞资料的分析后认为，商王朝实行的是以“父死子继”为主的继统制度。由于在商王祭统中表现出重直系而轻旁系，即商代祭祀中，直系祖先与旁系祖先的待遇有别，旁系祖先的地位远逊于直系祖先，因此在位的商王一般不会乐意采用“兄终弟及”的方式去转移王权。因为只有“父子相承”才能保证他在死后享受隆重的祀典，“兄终弟及”只能是在特定背景下的不得已的选择。当然，“兄终弟及”这种王权转移形式能够在商王朝某个阶段集中地、反复地有序出现，说明它也是被王室内部认可的合法形式。这种认可是以保证整个王族能延续对王权的掌握这一共同利益为前提的，它的出现实际上加强了王族对商王朝的统治。

(四) 青铜铭文与周朝典制

1. 青铜铭文——青铜上的历史记忆

青铜铭文，又称金文、钟鼎文。青铜铭文的产生和发展，与文字的产生发展以及青铜器铸造技术的进步密切相关。商周是中国青铜文明的鼎盛时期，商朝中期以后，铜器铭文的铸造开始兴起，周代更加兴盛。著名的带有铭文的周代青铜器有“利簋”“毛公鼎”“何尊”等。这些青铜铭文为今人认识周朝历史提供了更为可信的实物资料。

马承源在《中国青铜器》(349—350页，上海：上海古籍出版社，2003)一书中指出，商代自盘庚迁殷以后，青铜器铸造技术有了较大发展，铸铭铜器增多。但每器所铸字数仍不是很多，一般只有一两字，多者四五字，直到殷末，未有超过五十字的铭文，数十字的铭文也仅有几例。商代铜器铭文的内容较简单，一般不含重要意义。铸铭的目的在于标记器主的族氏，识别用途。西周时期是青铜铭文大发展的时期，铭文的性质、内容、形式、数量、书体等方面都较前有了很大变化。在大量的西周青铜器铭文中，记载着王室的政治谋划、历代君王事迹、祭典训诰、宴飨、田猎、征伐方国、政治动乱、赏赐册命、奴隶买卖、土地转让、刑事诉讼、盟誓契约，以及家史、婚媾等，都是当时社会政治、经济、军事、法制、礼仪情况的重要资料，具有明确的书史性质。这些铭文资料，可以证信古史，弥补史书的缺佚，对于研究古代历史、上古语言文字和古代书法艺术有着重要意义。

2. 周朝典制

关于周朝典制，论述最经典者莫过于王国维。王国维在《殷周制度论》(231—244页，《观堂集林(外二种)》，石家庄：河北教育出版社，2001)一文中指出，中国政治与文化之变革，莫剧于殷、周之际。周人制度和商最大的不同，一是立子立嫡之制，由此产生了宗法和丧服之制，并由此产生了分封子弟的制度；二是庙数之制[①]；三是同姓不婚之制。王国维认为，西周之前天子和诸侯之间没有君臣之分，天子是诸侯之长。西周推行封建制和宗法制，确定了天子的尊贵地位，从此天子成为诸侯之君。在西周的封建和宗法制度下，天下之国，都是王的兄弟、甥舅，而诸国之间也都有兄弟、甥舅之亲。这就是周人的一统之策。王国维对周

① 指宗庙之数。《礼记正义》记载：“天子七庙，诸侯五庙，大夫三庙，士一庙。”(李学勤主编，郑玄注、孔颖达疏：《十三经注疏·礼记正义》(标点本)，382页，北京：北京大学出版社，1999)

朝的典章制度推崇备至。他认为周朝的典制较之夏、商更加成熟，同时又具有与后世明显不同的特色，封建制、宗法制及礼乐文明正是这种特色的突出表现。这些制度大都是在继承夏、商制度因素的基础上，于西周初年基本形成或更加完备。

西周封建是历史的必然。冯天瑜在《"封建"考论》（第二版）（31—34页，武汉：武汉大学出版社，2007）一书中指出，西周确立封建制，有充分的社会根据，并发挥了重要的历史功能。其一，西周去古未远，氏族社会遗迹甚深，血缘宗亲纽带对维系国家统治至关重要，所以血亲分封是确保宗周社会稳固的不二法门。西周的封邦建国实现了以姬姓为主的贵族阶层、被征服的臣仆、封地土著三种人的结合，突破了纯粹的血缘组织框架，所以又是对殷商氏族联合国家的一大提升，封土之制较之以往仅以氏族立邦是一大进步，体现了定居农耕文明（土地为基石）主导地位的正式确立。其二，周人大力推行封建制，与其灭殷后难以实际控制东方的广土众民有关。周人起于关中，而崤关以东的华北平原及山东半岛，在商代已是文明发达区域。较落后的周人为控制先进的东方的土地、人民，只得通过"封建"以保存各地的氏族统治，与这些氏族势力分享政治权力、经济利益，通过怀柔政策实现血缘与地缘的整合。其三，周天子力量强大，西周时王室拥有重兵，周王的政治号召力通过"册命""朝聘""巡守""贡纳"等制得以展布四方，维系着封建体制下"礼乐征伐自天子出"的局面。这种周王室军政实力在握与诸侯国相对独立（诸侯在封国内有世袭政权、财权、军权）组成的二元结构，顺应了当时的社会实际，有利于社会经济发展和国家安全。其四，西周封建制与宗法制、等级制相为表里，彼此匹配，形成完整的礼制。

西周的封建制从建立到衰落经历了动态的演变发展历程。日本学者伊藤道治在《中国古代王朝的形成：以出土资料为主的殷周史研究》（江蓝生译，223—224页，北京：中华书局，2002）一书中认为，第一，西周实行的封建制度，是随着周族的东进，以治理并入统治范围内的地域并确保其交通线路为目的的。第二，封建是以对土地和臣民进行统治为基础，以赐予土地和臣民的形式实行的。第三，西周中期，西周向东方、南方的扩张停止了，相反，向远方扩张的周族跟留在洛阳、长安的周族之间产生了隔绝，周的势力局限在黄河、渭水沿岸。第四，与此相伴，在以长安为中心的地区，大小诸侯领主热衷于抢夺土地，因土地而引起的纠纷频频发生，进而领主间依力量大小互相兼并。第五，由于势力的衰退，周王朝可以新赠与的土地也减少。取代土地赠与的是，委任对直辖地内的居民等的管理权，以此作为对贵族的优惠政策，但这使得周王朝的力量日益变弱，王的权威衰退，以致失去了其控制力。第六，在西周前期，王的命令权能达到诸侯内部，但后期以大贵族为主，实行了贵族的系列化，王臣变为大贵族的私臣的倾向十分突出。

封建制下的地方封国对于维系西周的统治至关重要，这些地方封国与中央政府之间保持着频繁的联系。美籍学者李峰在《西周的政体：中国早期的官僚制度和国家》（吴敏娜、胡晓军、许景昭、侯昱文译，267—268页，北京：生活·读书·新知三联书店，2010）一书中指出，地方封国是西周政治体系中最为显著的特征之一。地方封国整体上是与西周国家类似的政治组织，有着与后者相同的一系列功能。这反映在诸侯在其国内不但拥有处理民政和军务的权力，而且掌控着司法惩罚的权力。一个地方封国空间上由散布在中心城邑周围的"邑"和根据族属进行等级划分的人口组成。其中，中心城邑里有诸侯的居宅及他们的宗庙。一个典型的地方封国的人口由周贵族、不同的周移民或非周移民以及那些处于底层且更多人口的土著族群构成。地方封国不仅拥有作为国家的权力，而且负有作为更大的西周国家的积极参与者应履行的义务。从根本上讲，诸侯有责任坚守他们的邑来保护西周国家免受外敌入侵。地方封国和中央王朝之间的关系在同时期青铜器铭文中有充分的记录。在西周早期，地方封国和中央王朝之间的联系与交流频繁发生，最明显的例子就是诸侯及其官员对周王举行国家仪式的参与。然而，最重要的交流往来则是诸侯到陕西周都进行亲身觐见。这种觐见为重申与加强周王和诸侯之间的政治关系提供了重要场合。金文资料表明，在诸侯作为封国统治者的身份得到完全认可的同时，他们也被看作是西周国家的代理者和周王的臣属。因此，诸侯不仅在发生于他们邻近地区的战役中向周王师提供军事协助，而且有时在远离他们封国的军事行动中同样对周王予以支持。

关于宗法制的概念及特点，阴法鲁、许树安、刘玉才在《中国古代文化史（插图本）》（73—83页，北京：北京大学出版社，2008）一书中指出，所谓宗法，是指一种以血缘关系为基础，标榜尊崇共同祖先，维系亲情，而在宗族内部区分尊卑长幼，并规定继承秩序以及不同地位的宗族成员各自不同的权利和义务的法则。西周宗法制度的主要特点是在严格区分嫡庶、确立嫡长子的优先继承权的前提下，在宗族内部区分大宗、小宗，无论大宗、小宗都以正嫡为宗子。宗子作为本宗始祖的嫡系继承人，是全体宗族成员尊奉的对象，具有特殊的权力，有权掌管本宗的财产以及宗族成员的婚丧等事务，对宗族成员有教导权和惩罚权。

张帆在《中国古代简史》（25—26页，北京：北京大学出版社，2001）一书中指出，宗法制是古代贵族凭借血缘关系对族人进行统辖管理的制度，从而也成为统治者维护社会和政治秩序的一种重要手段。它的核心是嫡长子继承制。宗法制在商代后期已经存在，到周朝变得更加典型和系统。

张帆指出，宗法关系的基本内容，实质上就是大宗或小宗依据自己的特殊身份，对不同范围内、包括直系与旁系亲属族人的统辖管理。从广义的角度看，周天子、诸侯与其子弟亲属的关系也带有很强的宗法关系。天子的嫡长子继承王位，余子分封为诸侯，诸侯的嫡长子继承君位，余子分封为卿大夫，其关系颇与宗法制下的大、小宗相似。只不过天子、诸侯具有特定的政治地位，他们对子弟亲属的统辖体现出国家权力亦即政权的特征，不同于大、小宗统辖族众的单纯族权特征。另一方面，天子和诸侯的地位固然不能仅仅以宗子概括，但宗子又的确是他们的一种实际身份，是他们地位在一个侧面的表现。从某种程度上说，天子即天下之大宗，诸侯即一国之大宗。同姓诸侯相当于天子之小宗，异姓诸侯则通过婚姻，与天子维持甥舅之亲，全国近似于一个大家庭。自天下大宗天子以下，逐次分出小宗，宗法制与分封制相结合，亲缘关系与政治关系相结合，有效地起到了维系社会政治秩序的作用。这也是周朝政治有别于后世的一个重要特点。

张帆进一步指出，周朝的姓氏制度也与宗法制有密切联系。上古时期，贵族有姓也有氏。姓起源于早期部落名称或部落首领名字，历史比较悠久，如夏王姓姒，商王姓子，周王姓姬。随着时代推移，一姓当中分出越来越多的氏，通常以国名、邑名、官名、职业名、祖父名字等立氏，成为姓的分支。在周朝，一个氏的建立表明一个小宗从大宗中分裂出来另立门户。贵族的姓得自远祖，百代不变，氏则得自血缘关系较近的先人，数代后即可能发生变化。从周朝贵族的名字中一般最多只能看到氏，很少带出姓，相反贵族妇女却都称姓，以表示与夫家之姓有别，同姓不婚。与宗法制行用于贵族社会相对应，拥有姓氏也是贵族及其后裔的特权，广大被统治的普通民众仅有名而无姓氏。春秋以前，史料中提到的“百姓”，通常都是指贵族成员。

宗法与分封对周王王权产生双重影响。晁福林在《先秦社会最高权力的变迁及其影响因素》（载《中国社会科学》2015 年第 2 期）一文中指出，周王拥有的最高权力因宗法分封而兴，亦因之而衰。在某种程度上可以说，分封制度乃是对于宗法王权的一个制约因素。宗法与分封固然把周王架到无与伦比的“天下共主”的最高位置，但也让他不与基层社会权力发生关系。周代等级层次纷繁，社会统治权力亦层层相叠压，周王的地位虽然至高无上，但其所直接臣属的仅限于诸侯及周王朝的公卿一级。各国诸侯虽然不敢觊觎周王之位，但很少有与周王真正同心同德者。各诸侯国的大夫、士、庶民仅对其直接的“上”（即诸侯、大夫、士）负责，而与周王无直接干系。周王所拥有的社会最高权力便层层消弭于这个层次结构之中。尽管周天子是普照的光，然而，“普照”却类乎“不照”，中下层的受赐者无须对周王直接感恩戴德。

关于礼乐制的产生，樊树志在《国史十六讲》（27—28 页，北京：中华书局，2009）一书中指出，“礼”的起源是以贫富分化、等级分化为前提的，反过来“礼”的形成又稳定了贫富分化、等级分化的社会秩序。“礼”的本质是“异”，即差异，用来显示社会中各等级之间的差异。也就是说，贵与贱、尊与卑、长与幼、亲与疏的各色人等之间，必须遵守各自的行为规范，用来显示贵贱、尊卑、长幼、亲疏之间的差异，绝对不可混淆。每个贵族从出生到死亡，从人事到祭祀，从日常生活到政治活动，都必须按照与其身份合适的“礼”行事，必须体现社会等级所制约的人际关系。社会的等级体现在“礼”中，使“礼”有了严格的等级差别，以区别不同等级的人之间的差异。如果违背了“礼”，就是“僭越”。

樊树志还指出，一个社会不承认差异，就没有动力。但是一个社会只讲差异，不讲和同，就无法和谐。因此周公在“制礼”的同时又“作乐”，使“礼”和“乐”相辅相成，或者说相反相成。“礼”讲究差异，“乐”则讲究和同。“乐”的功能就是使君臣之间、父子之间显得“和合”，万民之间显得“附亲”，增加凝聚力、亲和力。因此“礼”与“乐”，亦即“异”与“同”，两者缺一不可，否则社会就会失衡。

礼乐制对于维护西周的宗法制度和社会秩序有重要意义。姜广辉、程晓峰在《中华文明“连续性”形态形成的原因——从西周的宗法制度谈起》（载《中国史研究》2016 年第 2 期）一文中指出，在西周的政治伦理价值中，“礼”作为等级秩序的代名词成为社会总的价值原则。不同宗族之间如何相处，以及一个宗族内的各个成员地位如何界定，是由“礼”来完成的。衡量西周社会成员的行为是否符合规范，就看他知不知“礼”，守不守“礼”。西周基于血缘宗亲脉系建立的宗法制度，究其本质，乃是一种差序政治格局。西周宗法制度特别强调血缘亲疏和等级分别，这就极有可能造成族群成员之间的相互疏离，乃至分裂。因此，宗法社会又需要强调一种“和”的精神来弥缝可能出现的疏离和分裂。这样一来，把“和”作为政治伦理价值观，就西周宗法社会来讲，不仅是出于族群认同的需要，更蕴含了弥合宗法制度裂痕的可能。这是因为：一方面，建构在宗法血缘基础上的宗法制度，有其自身局限性。宗族的世代繁衍，带来的是部分族群血缘的自然疏远。因此，需要不断强调“和”的观念，来强化血缘认同，弥补血缘约束力的递减。另一方面，宗法制以嫡长子继承制为核心，这固然可以明晰权力继承秩序，稳定政治局面，但它的差序政治格局，人为制造了社会的不平等，实际上隐含了将来有人挑战宗法制度的可能性。因此，需要用“和”的观念，来引导宗法社会的成员优先考虑族群的整体利益，维护整个宗法秩序。比如，“乐”的重要功用，就是从一个有机整体的维度，对西周社会进行积极引导。《礼记》说：“乐者，天地之和也；礼者，天地之序也。和，故百物皆化；序，故群物皆别。”①西周社会十分了解和谐对于族群团结和政权巩固的意义，“和”成为一种重要的价值追求。

（五）夏商周时期国家形态的总体特征

张岂之在《中国历史十五讲》(116 页，北京：北京大学出版社，2003)一书中指出，中国古代最早的国家，是在原始社会基础上发展起来的。在原始社会，基本的社会关系是血缘关系和亲缘关系，这种社会结构在国家诞生后被较为完整地保留下来。因此，中国古代的早期国家（夏商周三代）是一种部族国家，它的政治、法律和选官制度，都带有浓厚的部族色彩，形成了以宗法制为核心的制度体系，用分封制作为治理国家的基本方式，用世卿世禄制作为选拔官吏的基本方式。

沈长云、张渭莲在《中国古代国家起源与形成研究》(149—150 页，北京：人民出版社，2009)一书中指出，作为早期国家的中国夏商周三代有着许多不同于以后时期的历史特征，除了社会结构方面的血缘亲属关系尚未被地域关系所取代的特征外，其在政治上的表现为：第一，在国家形态上，仍然维持着“天下万邦”，即整个国家由许多酋邦所构成的政治格局，它们作为国家的基本政治单位，服从于一个较大的王邦的世袭统治，并且由其与王邦的亲疏远近被划分为“内服”与“外服”，王邦的首领称“王”或“天子”，拥有对国家土地和臣民至高无上的统治权力。第二，维持着官僚系统的世官世禄制，即国家许多重要官职仍由一些氏族贵族世代承袭，他们世代享有朝廷颁赐给他们的封地作为俸禄。第三，国家军队仍维持着氏族兵的性质，即王朝的军队由各主要酋邦的军队所组成，尚无以后成熟国家的常备兵制度。第四，国家的法律制度尚不健全，尚未出现真正固定的成文法，刑法与刑罚、刑法与民法之间皆未形成很清楚的区别，执法机构亦不健全。夏商周三代的国家特征在社会经济上的表现为：第一，生产力水平尚属低下，虽然已进入青铜时代，但就生产工具而言，仍然主要使用木石工具。第二，在劳动组合上，仍然维持着某种程度的集体劳动，尚未发展成为个体的或个体家庭的劳动，从事这种劳动的基本单位乃是父系家族。在它之上的宗族则是财产的基本单位。第三，在阶级关系上，社会两大基本对立的阶级是平民与贵族，这实际上沿袭了酋邦社会的阶等划分。贵族采用的剥削方式主要是原始的劳役剥削——“助”法②，此亦当是沿袭了古老

① 李学勤主编，郑玄注、孔颖达疏：《十三经注疏·礼记正义》(标点本)，1090 页，北京：北京大学出版社，1999。

②《孟子·滕文公上》记载：“夏后氏五十而贡，殷人七十而助，周人百亩而彻，其实皆什一也。”(杨伯峻：《孟子译注》，107 页，北京：中华书局，2010)意思是：夏朝每家五十亩地而行“贡”法，商朝每家七十亩地而行“助”法，周朝每家一百亩地而行“彻”法，三种税制虽然不同，税率其实都是十分抽一。“贡”“助”“彻”是我国夏商周时期的赋税制度。所谓“贡”，即统治者按若干年的平均产量征收十分之一的实物。所谓“助”，即借民力以耕公田，公田的收获，全部归统治者所有。所谓“彻”，即“贡”和“助”兼行。由于学术界对夏、商、西周的社会性质、土地所有制和阶级关系有不同看法，因而对贡、助、彻的性质也有争论。主张西周是封建社会者，认为“助”是劳役地租，“彻”是实物地租；主张西周是奴隶社会者，认为“助”是一种奴隶制的剥削形式；而有些认为殷周实行土地国有制的人，则说“助”“彻”是地租和赋税的合一，既是地租，又是赋税。

的原始剥削方式。第四，已经出现了奴隶制，但其在整个社会中只起到极其从属的作用。夏商周三代在国家意识形态方面的特征为：第一，呈现出较为浓厚的鬼神迷信与原始宗教色彩，神职人员在国家事务中拥有较多的发言权，社会地位亦高。第二，维护宗族血缘关系及宗族整体利益的思想意识在整个意识形态中居于支配地位。第三，统治阶级中占主导地位的是民本思想。

三、寻找历史研究的方法

史料是历史研究的基础。梁启超在《中国历史研究法》(42—59页，上海：上海古籍出版社，1998)一书中指出，获得史料的途径，不外两种：一是文字记录以外的史料，二是文字记录的史料。文字记录以外的史料分为三类：现存之实迹、传述之口碑、遗下之古物；文字记录的史料包括旧史、关系史迹之文件、史部以外之群籍、类书及古逸书辑本、古逸书及古文件之再现、金石及其他镂文、外国人著述。概括而言，梁启超所指出的关于历史研究的史料包括两大类，即文献资料和考古资料，文献资料又可以进一步分为传世文献和出土文献。

(一)“二重证据法”的提出

近代以前，传统史家十分注重传世文献，常常只是运用文献记载作为唯一的研究历史的证据材料。19世纪末20世纪初，殷墟甲骨文、敦煌文书以及新疆、甘肃、内蒙古等地汉晋木简的发现，使得历史研究的材料变得异常丰富。王国维利用最新材料，将甲骨文同中国历史古籍对比来进行研究，用卜辞补正了书本记载的错误，而且进一步对殷周时期的政治制度作了探讨，先后撰写了《殷卜辞中所见先公先王考》《殷卜辞中所见先公先王续考》《殷周制度论》《殷墟卜辞中所见地名考》等著作。

1925年，王国维进一步提出了历史研究的“二重证据法”，他在《古史新证》(2—4页，北京：清华大学出版社，1994)一书中指出，“吾辈生于今日，幸于纸上之材料外，更得地下之新材料。由此种材料，我辈固得据以补正纸上之材料，亦得证明古书之某部分全为实录，即百家不雅驯之言亦不无表示一面之事实。此二重证据法，惟在今日始得为之”。王国维所说的“纸上之材料”，指的是古今流传的文献典籍。他在书中列举了他认为可靠或有价值的典籍以为例证，即《尚书》《诗》《易》《五帝德》及《帝系姓》《春秋》《左氏传》《国语》《世本》《竹书纪年》《战国策》及周秦诸子、《史记》，而“地下之新材料”指甲骨文和金文。二重证据法就是将“纸上之材料”与“地下之新材料”相互结合，彼此印证。

王国维的“二重证据法”创新了史学研究的理论，内涵丰富。陈寅恪在《王静安先生遗书序》(《金明馆丛稿二编》，247—248页，北京：生活·读书·新知三联书店，2001)一文中指出，王国维的学术内容及治学方法，可以从三方面概括：一是取地下实物与纸上遗文互相释证，二是取异族故书与我国旧籍互相补正，三是取外来观念与固有材料互相参证。

二重证据法对20世纪的史学研究产生了巨大影响。陈其泰在《王国维“二重证据法”的形成及其意义(下)》(载《北京行政学院学报》2005年第5期)一文中指出，“五四”前后的史学界，除王国维成功运用“二重证据法”外，陈垣之开创宗教史研究，胡适所提供的史学著作新范式，继其后的顾颉刚古史辨伪观点，都具有作为20世纪中国史学推进到新阶段之标志性成果的意义。然则相比较之下，“二重证据法”最享盛名，对于历史研究者影响最大。从学术史发展的角度看，其价值有三项。第一，“二重证据法”是20世纪中国史学科学化进程的重要界标。第二，“二重证据法”富有时代特点，为研究者打开广大法门，成为20世纪历史考证学者应用最广的一种有效的研究方法。第三，为研究者提供了如何运用史料的成功示范，丰富了古史研究的可信资料，扩大了史学工作者的视野。

当然，也有学者认为不应夸大“二重证据法”的价值。乔治忠在《王国维“二重证据法”蕴义与影响的再审视》(载《南开学报》(哲学社会科学版)2010年第4期)一文中指出，王国维提出“二重证据法”，主要依托于他利用甲骨文字对商代诸王世系的考订，但在方法论上根本算不得“二重证据法”，因为他实际运用的乃是甲骨片上的文字记录。既是文字记载，就与古籍记载实际属于同一性质，不过更加可信而已。王国维的“二重证据法”，其实是个很模糊的概念，怎样的史料才算是“二重”？“二重”的材料怎样结合成证据？这种结合有什么规范？如此等等，皆属朦胧状态，极易被人任意发挥，引入歧途，变为荒唐的穿凿附会。因此，王国维之“二重证据法”，实际不过是以新的文字材料印证原有的文字材料。这种方法仅强调“印证”而排斥否定，具有片面性和学术思想的守旧性。因其守旧观念作出的推想，在逻辑上是错误的。因此，将“二重证据法”夸大和发挥，将会使历史研究更多地进入误区。

还有学者从“二重证据法”的学术理据上探讨其局限性。李锐在《“二重证据法”的界定及规则探析》(载《历史研究》2012年第4期)一文中指出，“二重证据法”的学术理据既然是让地下之直接史料补正纸上之间接史料，证明古书之某部分全为“实录”，百家不雅驯之言也表示一面之“事实”，那么“二重证据法”的使用就主要是证实、补正而不是证伪，是求同而非立异，这容易导致为了较多地求同而附会，这是“二重证据法”本身所具有的第一个局限。另外，“二重证据法”的学术理据既然说明处于传说与史实之间的古史人物可以证明，并且很多人物都得到了证明，这就容易让人相信处于传说与史实之间的人物全部可证。即使有些人物现在一时不可证，也相信将来可以得证。这种想法，其实是一种由已知推未知、不完全归纳的思维陷阱，是“二重证据法”的第二个局限。

(二)“二重证据法”的补充发展

后世学者认识到王国维“二重证据法”的不足，不断对历史研究的方法进行补充完善。

饶宗颐在“二重证据法”的基础上，提出了“三重证据法”。他在《谈三重证据法——十干与立主》[①](《饶宗颐二十世纪学术文集》卷一，16页，台北：新文丰出版股份有限公司，2003)一文中指出，在甲骨文中有许多关于商代先公先王的记载，在时间上应该属于夏代的范畴，可看作是商人对于夏代情况的实录，比起一般传世文献来要可靠和重要得多。探索夏文化，必须将田野考古、文献记载和甲骨文的研究三个方面结合起来，即用“三重证据法”进行研

① 饶宗颐在这篇文章里以商王天干命名和丧礼立主两件事，来考察殷人是如何因袭夏礼的。

究。饶宗颐在《古史重建与地域扩张》(《饶宗颐新出土文献论证》,67—68页,上海:上海古籍出版社,2005)一文中对“第三重证据”进一步加以强调。他提倡三种史料,较王国维增加一种,认为文物之器物本身与文物之文字记录,宜分别处理;而出土物品的文字记录,其为直接史料,价值更高,尤应强调其重要性。采取的途径有三:一是尽量运用出土文物上的文字记录;二是充分利用各地区新出土的文物,详细考察其历史背景,作深入的探究;三是在可能的范围下,使用同时代的其他古国的事物进行比较研究,经过互相比勘之后,取得同样事物在不同空间的一种新的认识与理解。

宁可强调历史研究要与实物、文献、调查和实验相结合,将其称之为“四重证据”。他在《从“二重证据法”说开去——漫谈历史研究与实物、文献、调查和实验的结合》(载《文史哲》2011年第6期)一文中指出,王国维运用“二重证据法”的重要贡献,从他的《殷卜辞中所见先王先公考》等论著中可见一斑。但王国维所注重的地下材料其实是专指出土实物上的文字,即青铜器、甲骨、敦煌写本、汉晋简牍上的文字,而不及未见文字的地下实物,这和他所谓的“纸上之材料”外的“地下之新材料”不免有相去一间之憾。王国维把文献与实物结合起来研究称之为“二重证据法”,文献、考古和现实调查三者的结合互相印证,或者可以称之为“三重证据法”,它能大大促进对历史真相的认识,还可以把实验和模拟从现实调查中分出来,作为认识历史的四个途径。

有的学者亦提出“四重证据法”,但内涵不同。叶舒宪在《物的叙事:中华文明探源的四重证据法》(载《兰州大学学报(社会科学版)》2010年第6期)一文中指出,一直以来,中国的学术传统围绕传世文献这个唯一的核心展开,而在经史子集四类文献中又以经书的地位至高无上。虽然也有金石学和名物学的名目,却充其量只能充当经史之学的附庸和技术性补充,其在整体知识格局中长久以来被忽略和边缘化。自王国维在20世纪初年提出利用地下材料甲骨文和金文作为第二重证据,唯文献至上的国学研究倾向才显露出重要变化的格局。不过,不论是作为一重证据的文献,还是作为二重证据的甲骨文和金文,都还没有超出汉字记载的媒介范围。为此,叶舒宪提出由人类学、神话学视角进入中华文明探源工程的整合研究思路,以大量考古学实物为基础材料,从中探索无文字记载的远古时代的社会和文化信息,从而重构出失落的历史线索。从研究方法上概括,叶舒宪主张将文化研究的多重叙事概念与国学研究的所谓四重证据法联系起来。一重证据指传世文献;二重证据指出土文献和文字;三重证据指人类学的口传与非物质文化遗产方面,包括民俗学的民族学的大量参照材料;四重证据指图像和实物。

随着历史研究的不断推进,由二重证据法到三重证据法、四重证据法的演变成为学术发展的必然趋势。杨骊在《反思二重证据法的局限——兼论多重证据法的演变之必然》(载《西南民族大学学报(人文社会科学版)》2014年第4期)一文中指出,考察二重证据法到四重证据法的学术演变,在证据方面呈现出从文字文本→口传文本→文化文本的突破,在证明方法上体现了考据学阐释→金石学实证→人类学阐释→考古学、图像学实证与阐释渐次融合的超越路径。从史学角度看,多重证据法把史学与人类学研究方法融为一体,利用证据间性进行立体释古,用人类学方法解读历史的多重叙事,努力突破史学与文学研究之间的界限。

教学设计

设计一：远古寻踪——中华文明起源的空间探索

设计意图

中华文明是世界古代文明中唯一没有中断、一直绵延流传至今的人类文明。然而，中华文明的起源究竟在哪里？是一个源头还是多个源头？它的核心特征是什么？等等。关于这些问题，具体到教学之中，由于年代久远，概念抽象，难于理解，所以选好切入点至关重要。

时空观念是历史学科的核心素养之一，它主要是指历史时序观念和历史地理观念。任何历史事物都是在特定的、具体的历史时间和地理条件下发生的。只有将史事置于历史进程的时空框架当中，才能显示出它们存在的意义。历史学科的知识是建构在历史时空基础上的，历史学习必须依托时空观念。

本课精选了大量的历史考古图片，直观形象地展示了文明起源的广阔空间，包括黄河流域、长江流域和辽河流域的文化遗址，并辅以相关的文字史料，旨在引导学生理解中华文明起源的空间分布，并且更好地把握中华文明起源多元化的特点。

设计方案

一、文献的记载——传说中的文明起源

材料一　黄帝者，少典之子，姓公孙，名曰轩辕。……轩辕乃修德振兵，治五气，艺五种，抚万民，度四方，教熊罴貔貅貙虎，以与炎帝战于阪泉之野。三战，然后得其志。蚩尤作乱，不用帝命。于是黄帝乃征师诸侯，与蚩尤战于涿鹿之野，遂禽杀蚩尤。而诸侯咸尊轩辕为天子，代神农氏，是为黄帝。

——(西汉)司马迁撰：《史记》卷一，1、3页，北京：中华书局，1959

教师讲述：这段材料摘自司马迁撰写的《史记·五帝本纪》，也是全书的开篇之作，记述了远古传说时期黄帝的主要事迹。

教师设问：请仔细阅读材料，找出传说时期两次主要的部落战争。(参考答案：阪泉之战和涿鹿之战)

教师讲述：大约5000多年前，相传在黄河流域有两个强大的部落，分别由炎帝、黄帝领导。在东方，蚩尤领导的部落力量也很大。后来，三大部落不断向外扩张，彼此之间经常发生摩擦和冲突。为争夺土地和财富，黄帝部落和炎帝部落产生尖锐矛盾，终于爆发阪泉之战。经过激战，黄帝最后取得胜利。战败的炎帝表示愿意服从黄帝的领导，黄、炎部落结成黄炎联盟。黄帝部落和炎帝部落结为联盟后，实力更加强大。后来，蚩尤带领他的部落不断向西发展，造成对黄炎联盟的威胁。黄帝率领各部落的人，与蚩尤战于涿鹿的原野上，蚩尤战败被杀。黄炎联盟得到更大发展，黄帝的地位也更加显赫。

教师设问：这两次部落战争对后来的中华文明产生了什么影响？(参考答案：中华民族有了共同的人文始祖)

教师讲述：这两次重要的部落战争打破了氏族之间狭隘的界限，黄帝被推举为部落联盟首领。这一部落联盟以后逐渐形成为华夏族，因此后人尊崇炎帝和黄帝为中华民族的人文始祖，海内外的华人也以"炎黄子孙"自称。

与此同时，长期以来，人们拘于《史记》将黄帝尊为人文始祖，作为中国古代史的开端，结果造成中华文明和中国历史的一元论：一个始祖——黄帝；一条母亲河——黄河；一块发源地——中原地区。

但20世纪以来，随着历史研究的深入，尤其是大量地下考古资料的出土，学术界开始认识到，中国在东西南北都有早期文明的生长点，中华文明的起源和发展不是单一的、直线的，而是多元的。

二、遗物的诉说——考古中的文明起源

教师设问：结合所学知识，指出我国新石器时代的主要文化遗址及其分布区域。（参考答案：黄河流域的大汶口文化和龙山文化等；长江流域的良渚文化和河姆渡文化等；辽河流域的红山文化等）

材料二　现今史学界一般把"文明"一词用来以指一个社会已由氏族制度解体而进入有了国家组织的阶级社会的阶段。这种社会中，除了政治组织上的国家以外，已有城市作为政治、经济、文化各方面活动的中心。它们一般都已经发明文字和能够利用文字作记载，并且都已知道冶炼金属。文明的这些标志中，以文字最为主要。

——夏鼐：《中国文明的起源》，载《文物》1985年第8期

教师设问：根据材料，请思考构成文明的标志有哪些？（参考答案：国家、城市、文字、冶炼金属）

教师讲述：由此可知，构成文明的要素不仅包括国家的形成，还包括城市、文字、冶炼金属三项要素。其实，文明的起源，实际上是指文明诸要素的起源。请同学们观察黄河、长江和辽河三大流域的考古遗存。

材料三

（一）黄河流域

1. 山东文化区：北辛文化—大汶口文化—龙山文化

大汶口文化图画文字①

龙山文化蛋壳黑陶杯②

① 白寿彝总主编：《中国通史》第二卷，277页，上海：上海人民出版社，2007。

② 陈望衡：《迈入文明的大门：龙山文化的审美解读》，载《武汉科技大学学报（社会科学版）》2013年第6期。

2. 中原文化区：磁山文化—仰韶文化—中原龙山文化

仰韶文化的陶文符号①

仰韶文化姜寨遗址复原图②

3. 甘青文化区：仰韶文化—马家窑文化—齐家文化

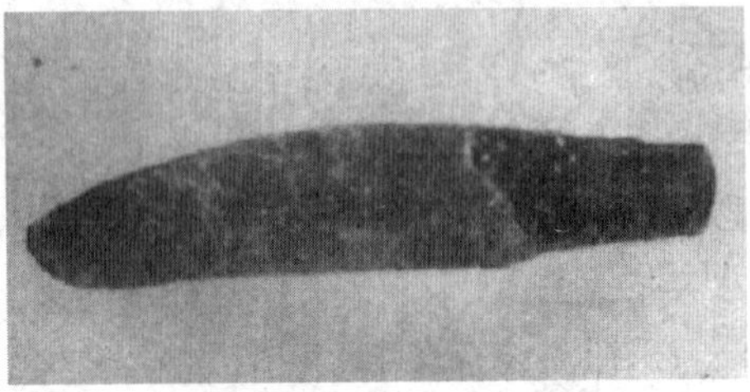

马家窑文化遗址出土的铜刀③

齐家文化尕④马台出土的铜镜⑤

（二）长江流域

1. 江浙文化区：河姆渡文化—马家浜文化—崧泽文化—良渚文化

河姆渡文化猪纹钵⑥

良渚文化兽面纹玉琮⑦

---

① 刘民钢：《试论仰韶陶符》，载《华夏考古》1997 年第 4 期。
② 邵小翠：《姜寨遗址保护困境与未来展望》，载《新丝路》2016 年第 10 期。
③ 孙淑云、韩汝玢：《甘肃早期铜器发现与冶炼、制造技术的研究》，载《文物》1997 年第 7 期。
④ 尕（gǎ）。
⑤ 安志敏：《中国早期铜器的几个问题》，载《考古学报》1981 年第 3 期。
⑥ 龚良主编：《中国考古大发现》（上集），21 页，济南：山东画报出版社，1999。
⑦ 陈江、陈同乐主编：《良渚玉器》，10 页，南京：江苏美术出版社，1999。

2. 长江中游文化区：大溪文化—屈家岭文化—石家河文化

大溪文化彩陶碗①

屈家岭文化彩陶杯②

（三）辽河流域—兴隆洼文化—红山文化—小河沿文化

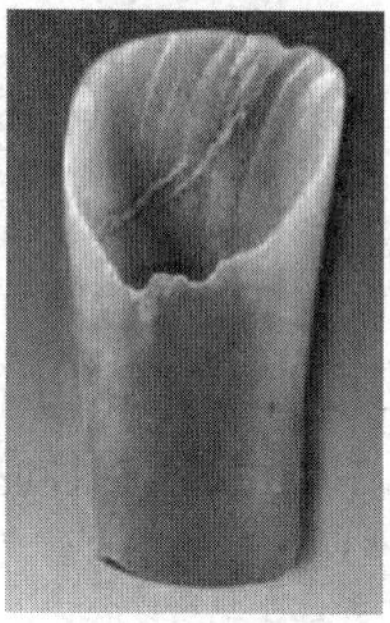

红山文化出土的玉发箍③

红山文化出土的玉龙④

教师设问：三大流域出土的文物可以分为哪几类？思考上述文化遗址具备文明起源的要素吗？（参考答案：陶器、玉器、文字、青铜、城址等；已经具备）

材料四 20世纪70年代后期至1985年期间发掘山西襄汾陶寺，河南登封王城岗、淮阳平粮台，山东莒县凌阳河、寿光边线王，上海青浦福泉山，江苏武进寺墩，辽宁喀左东山嘴、建平牛河梁，内蒙古凉城老虎山等遗址发现的城址、墓葬以及陶礼器、玉器等距今四五千年的高层次的文化遗存。

——朱乃诚：《从考古学角度探索中国古史的一部传世著作——读〈华人·龙的传人·中国人——考古寻根记〉》，载《南方文物》2008年第2期

材料五 这些遗迹遗物的时代不限于夏商，分布地区地域也不限于中原，而是北至长城地带，南至长江以南的水乡，东至黄海之滨，西至秦晋黄土高原。……正是从中原到北方再折返到中原这样一条文化连结带，它在中国文化史上曾是一个最活跃的民族大熔炉，这里是升起最早也是最光亮的地方，所以它也是中国文化总根系中一个最重要的直根系。

——苏秉琦：《中国文明起源新探》，105页，125—126页，北京：生活·读书·新知

---

① 刘庆柱主编：《二十世纪中国百项考古大发现》，84页，北京：中国社会科学出版社，2002。
② 刘庆柱主编：《二十世纪中国百项考古大发现》，92页，北京：中国社会科学出版社，2002。
③ 刘庆柱主编：《二十世纪中国百项考古大发现》，109页，北京：中国社会科学出版社，2002。
④ 刘庆柱主编：《二十世纪中国百项考古大发现》，24页，北京：中国社会科学出版社，2002。

三联书店，1999

教师设问：根据三大流域的考古遗存和以上两则材料，请归纳中华文明起源的主要特点。（参考答案：多元化）

教师小结：中华文明的起源，从远古时期的传说到20世纪以来的考古发现，经过漫长的演化，"一元化"的观念终于被打破，尤其是远古的文化遗址和文明要素广泛地分布于中国辽阔的空间范围内，正如图片所展示的那样，中华文明的起源如同满天星斗，遍地开花，而不是仅仅局限于黄河流域的中原地区。所以说，中华文明的起源不是一元，而是多元的，这也是中华文明起源的一个核心特点。

设计二：记忆与认同——"中国"概念的历史演进

设计意图

"中国"一词蕴含的意义极其丰富。本设计通过对"中国"概念历史演进的考察，让学生能够在不同的时空框架下理解历史上"中国"的变化与延续，认识到"中国"既是一个地域概念，也是一个文化概念、政治概念、民族概念。"中国"是一个具有特定空间、由不同民族和不同文化在漫长的历史中不断融合而成的共同体。从历史角度理解"中国"，使学生具有家国情怀，理解中华民族多元一体的历史发展趋势，形成对中华民族的认同感。

设计方案

材料一

国宝"何尊"

国宝"何尊"底部铭文

——许宏：《最早的中国》，5—6页，北京：科学出版社，2009

教师讲述：这件精美的青铜器被称为"何尊"，是周代初期一位名叫"何"的贵族铸造的一件酒器。何尊的珍贵之处除了它凝重大气的造型和神秘华丽的纹饰外，更在于尊内底部发现了一篇12行共122字的铭文。铭文记载了周成王营建洛邑、建筑陪都的重要历史事件，极具史料价值，而其中"宅兹中国"更是目前已知"中国"一词最早的文字记载。那么，"中国"一词是什么意思呢？

材料二 "中"指居中集众之旗，引申为中心、中央；"国"指执戈捍卫之城，进而指称军事、政治中心地。……"中国"初义是"中央之城"，即周天子所居京师（首都），与"四方"对称。

——冯天瑜：《"中国"的古今演绎》，载《湖北大学学报（哲学社会科学版）》2012年第3期

教师设问：“中国”一词最初的含义是什么？（参考答案：中央之城）

教师讲述：最接近“中国”一词本来意义的是“王国都城及京畿地区”，那里是王权国家的权力中心所在。其地理位置居中，有地利之便，因此又称为“国中”“土中”或“中原”。最早的中国在哪里呢？

材料三 二里头时代的二里头都邑，就是当时的“中央之邦”；二里头文化所处的洛阳盆地乃至中原地区，就是最早的“中国”。作为世界几大原生文明发祥地之一的东亚大陆，只是到了二里头时代，才正式拥有了可以与其他文明古国相提并论的文明实体。二里头文化与后来的商周文明一道，构成华夏早期文明的主流，确立了以礼乐文化为根本的华夏文明的基本特质。因此可以说，二里头时代的出现在中华文明发展史上具有划时代的历史意义。

——许宏：《最早的中国》，15 页，北京：科学出版社，2009

教师设问：材料认为“最早的中国”在哪里？（参考答案：二里头）

教师讲述：何尊的铭文把“中国”最早的地理位置确指为洛邑所在的洛阳盆地及以其为中心的中原地区。这一地区被夏、商、周三朝所青睐，被认为是“天下之中”而营建东都的洛阳盆地，在长达 2000 多年的时间里，先后有数十个王朝建都于此。这在世界文明史上是极为罕见的。其中，二里头遗址就是洛阳盆地这一最早的“中国”区域内最早的一座大型都邑。

早期的二里头国家是否有疆域呢？

材料四 常识告诉我们，有国家就有疆域。但早期国家的疆域又很不同于现代国家。它没有“疆界”或“边界”的概念，没有非此即彼的一条“线”的区隔。那时人口虽较新石器时代有所增长，但还没到人挤人的地步。各聚落群团间还有大量的山谷森林绿地旷野相隔，同一族团的聚落也不一定全连成片，准确地说它们是一些“点”的集合。间或还有“非我族类”的敌对势力横在中间，也未可知。所以，即便有“疆域”也是相对的、模糊的甚至跳跃的。

——许宏：《何以中国：公元前 2000 年的中原图景》，148 页，北京：生活·读书·新知三联书店，2016

教师讲述：显然，由于受生产力发展水平的限制，我国先民的活动范围是有限的，最早的“中国”的疆界也是模糊的。经过几千年历史的发展，“中国”的疆域经历了哪些变化？

材料五 历史上的“中国”是一个移动的“中国”，因为不仅各个王朝分分合合是常有的事情，历代王朝中央政府所控制的空间边界，更是常常变化。

——葛兆光：《宅兹中国：重建有关“中国”的历史论述》，31 页，北京：中华书局，2011

教师讲述：领土或疆域是一个国家存在的基本要素。最早的中国的地域范围只在洛阳盆地一带，然而经过长期发展，中国最终熔铸为一个人数众多的文化、经济、政治共同体。作为一个国家，中国的疆域有多大？边界在哪里？这个问题非常复杂。历史上的中国有很多政权，各个历史时期中国的版图都不同。现在的东北、西藏虽然在中国的疆域范围内，但是，历史上它们成为中国领土的一部分却有一个长期的过程，因此，很难以现代中国的政治边界反观历史中国；另一方面，今天的越南、朝鲜、蒙古国等或曾经依附中国，或曾为中国的领土，而今天它们已不在中国的版图之内，因此，很难以历史中国来看待现代中国。

材料六 “中国”一词出现后，仅在古代中国就衍生出多种含义，如王国都城及京畿地区、中原地区、国内或内地、诸夏族居地乃至华夏国家等。“中国”成为具有近代国家概念的正式名称，始于“中华民国”，“中国”是它的简称；现在也是“中华人民共和国”的简称。其中，最接近“中国”一词本来意义的是“王国都城及京畿地区”，那里是王权国家的权力中心之所在，已形成具有向心力和辐射性的强势文化“磁场”。其地理位置居中，有地利之便，因此又称为“国中”、“土中”或“中原”。

——许宏：《前中国时代与“中国”的初兴》，载《读书》2016年第4期

教师设问：“中国”一词的含义发生了哪些变化？（参考答案：京师、首都；天子直接统治的王国；中原地区；华夏族或汉族居住的地区或建立的国家；近代国家的代称）

教师引导学生分析：可见，“中国”一词的含义极其丰富。中国古籍中的“中国”一词是个具有地理、族群、文化、政权四层含义的综合性概念。它最初是作为一个地理概念出现的，指一国的都城，因方位上处在一国之中而得名。此后，“中国”一词的地理指称范围逐渐扩大为中原乃至九州之地；狭义的“中国”即指中原地区。其次，“中国”也是与“四夷”相对立的“华夏”族群概念，汉代以后渐称汉族。再次，“中国”与“四夷”的分野主要是文化上的意义。最后，“中国”还是一个政权概念。自秦汉起，华夏族与周边所谓的戎狄蛮夷诸族渐渐融合，以华夏族为主体的统一国家形成后，“中国”一词开始泛指中原王朝所建立的政权。中国自古就是一个多民族国家，中国现在的五十六个民族及其祖先，几千年来就一直共同生活在中国这片土地上。民族关系是我们理解“中国”内涵的重要内容。从民族的角度，古人是如何认识“中国”的呢？

材料七 孔子作《春秋》也，诸侯用夷礼则夷之，进于中国则中国之。

——（唐）韩愈撰，马其昶校注：《韩昌黎文集校注》，17页，上海：上海古籍出版社，1986

材料八 居天地之中者曰中国，居天地之偏者曰四夷。四夷外也，中国内也。天地为之乎内外，所以限也。夫中国者，君臣所自立也，礼乐所自作也，衣冠所自出也，冠婚祭祀所自用也，缞麻丧泣所自制也，果瓜菜茹所自殖也，稻麻黍稷所自有也。东方曰“夷”，被发文身，有不火食者矣；南方曰“蛮”，雕题交趾，有不火食者矣；西方曰“戎”，被发衣皮，有不粒食者矣；北方曰“狄”，毛衣穴居，有不粒食者矣。其俗皆自安也，相易则乱。

——（北宋）石介：《徂徕石先生文集》，116页，北京：中华书局，1984

教师设问：韩愈和石介对于“中国”的认识有何异同？（参考答案：同：韩愈和石介都认为华夏族的文化比少数民族优越，中国特指华夏族，将少数民族排除在“中国”之外。不同：韩愈认为华夏族与少数民族的区别在于文化，与地域、血缘无关；而石介坚持“华夷之别”，在地域、血缘及文化上都有差别）

韩愈和石介的观点代表了古代华夏族对中国的理解，那么，古代的少数民族对“中国”又是如何认识的呢？

材料九 在辽宋夏金对峙时期，金人一直自称“中国”。……金人自称“中国”的理论依据之一，就是“夷而进于中国则中国之”。……金人进据中原之后，即沿袭汉族儒士这种“中原政权即是中国”的传统观念，认为自己占据中原，就是占据“中国”。……金人自称“中国”的另一理论依据是“夷狄用‘中国’（中原）之礼则中国之”。金人继承了这种按文明区分“中国”与“夷狄”的思想，进入中原以后，受汉儒思想影响，有时不将夷狄看成一种民族，而认为夷狄是汉人所说的野蛮落后的代名词，不愿意称自己为夷。……金朝争正统的意识十分强

烈，其实金人争正统，并不是为了将同时存在的其他政权排除在“中国”之外，不过是为金朝争得一定的政治地位，以便得到各个政权的承认，更有利于他们的统治而已。

——赵永春：《试论金人的“中国观”》，载《中国边疆史地研究》2009年第4期

教师设问： 金人为什么要自称“中国”？金人自称“中国”的理由是什么？（参考答案：得到其他政权承认，有利于统治；占有中原即中国，懂礼即中国）

教师讲述： 金人的这种“中国”意识只是古代少数民族对于“中国”认同的一个缩影，在中国历史上，相继征服过中原地区的有鲜卑、契丹、女真、蒙古和满族。他们在进入中原以前，都处于比中原的汉族较低的发展阶段，因此当他们进入中原以后，不仅未能改变汉族原有的生产方式和文化，反而逐渐被汉族文化所同化，最终形成“中华民族多元一体”的格局。

有趣的是，在古代，“中国”一词并非我国的专称。

材料十 中国之名，别于四裔而为言。印度亦称摩伽陀为中国，日本亦称山阳为中国，此本非汉土所独有者。

——章太炎：《章太炎全集：太炎文录初编》，257页，上海：上海人民出版社，2014

材料十一 释者皆以印度为中国，他方为边地。……天主教则以如德亚①为中国，而回教以天方国②为中国。

——（清）魏源：《海国图志》，1849页，长沙：岳麓书社，1998

教师设问： 其他国家和地区使用的“中国”一词是什么含义？（参考答案：印度和日本称自己国家为中心；宗教信仰者将宗教起源之地视为中心）

教师讲述： 可见，“中国”一词体现了我国古人的一种自我中心意识。当然，古代中国政治制度十分成熟，农耕经济高度繁荣，思想文化亦领先世界，这种自我中心意识由此支撑才绵延数千年。到了近代，中国备受列强欺凌，“中国”意识已不再有原本的文化优越。这样，当中心意识的“中国”观念崩溃以后，并与近代基于国家主权的国际关系体系相结合，从而催生出一种仅仅作为种族或地域的国家观念，即民族国家。因此，不论是中华民国，还是中华人民共和国，当以“中国”这种简名而自称时，不再有相对于夷狄的文化上的优越感，而仅仅指称一个中华各民族共同生活在一起的政治地理区域。

引导学生总结：“中国”，既是一个地域概念，也是一个文化概念、政治概念、民族概念。随着历史的不断演进，“中国”一词的内在含义日益丰富和扩大，包含着文化的渐趋认同，政治的渐趋一统，民族的渐趋融合。“中国”是一个具有特定空间、由不同民族和不同文化在漫长的历史中不断融合而成的共同体。

教学资源

资源1：地理环境与文明

中华文明是有着五千年悠久历史的世界上最古老的文明之一，它的形成与发展受到了我国固有的自然地理环境的影响。正由于地理环境的作用，中华文明的形成才有了独自发

---

① 如德亚指古犹太国。

② 天方国指阿拉伯地区。

生、多元发展等特点。

第一，中华文明是在相对隔离的自然环境中独自发生发展的。中国自然地理条件的一大特点就是它的相对独立性。……中华文明的产生，是中国旧石器时代文化、新石器时代文化连续发展的产物。受处于相对隔离状态的中国地理环境的影响，中国史前文化的起源具有土著性的特点。同样，早期的中华文明便有了本土起源的特点。

第二，中华文明是多元起源的。中华文明起源的多元化、多样性一方面受到了中国自然条件的多样性、复杂性、区域相似性与差异性等特点的影响，另一方面又受到了史前文化特别是新石器时代我国文化发展的多元性的影响，是二者共同作用的结果。

第三，中华文明发生发展具有地域的不平衡性。受地理环境的影响，中国新石器时代的文化发展已具有地域的不平衡性，黄河、长江两河流域的文化发展速度与水平超出了周围地区，两河流域成为史前文化的中心地域、发达区域。过去以为中华文明仅起源于黄河流域，实际上长江流域也是中华文明起源的重要地区。……在距今5000—4000年间，在长江流域，中游有屈家岭文化发展而来的石家河文化，下游是由崧泽文化发展而来的良渚文化。在这些文化遗存中，发现有设防城堡、大型礼制性建筑、祭祀用的玉器、大小悬殊的墓葬等，说明长江中下游地区已处于文明时代。到了龙山文化时代的晚期……黄河流域成为中华文明的核心地区，特别是晋南、豫西地区，成为中华文明发展的中心，中原龙山文化之后的二里头文化即夏文化，标志着中华文明多元一体化格局的形成。

——毛曦：《中华文明形成的地理条件分析》，载《西安联合大学学报》2002年第3期

资源2：农业与文明

在物质文化的发展中，原始农业的发展是根本。原始农业的发展，之所以与古代文明的形成有因果关系，主要是因为原始农业的发展，不仅促进了原始手工业和家畜饲养业等物质文化的发展，同时也促进了精神文化的发展，从而推动社会的不断进步，出现文明社会。

在原始农业还没有出现之前，人类的经济生活主要依靠采集和渔猎为生，这种攫取经济是很不稳定的，亦没有可靠的生活保障。当原始农业出现和发展起来之后，人类就有了可靠的生活保障。在此基础上，发展手工业以及家畜饲养业，也就有了条件。当原始农业、手工业和家畜饲养业都相继发展起来后，人类的物质生活不断提高，因此在精神生活上，亦提出了新的要求，从而促进了精神文化的发展。

在原始农业、手工业、家畜饲养业相继得到一定的发展之后，人类所创造的社会财富就日渐丰富，社会财富的积累亦逐渐增多，在人们的头脑中，便孳生出对社会财富的追求和对物质的贪欲。氏族首领受这种思想观念的支配，往往就利用自己所掌握的权力，想方设法化公为私，占有社会财富。一旦社会财富被私人所占有，氏族社会的公有制便遭到破坏，私有制便产生，进而导致阶级的产生。一旦阶级和阶级矛盾在氏族社会中出现，人类社会的历史，便开始向文明时代跨进了，文明社会即将到来。

——李友谋：《仰韶文化与中国古代文明》，载《中原文物》2002年第3期

资源3：原始宗教与文明

……原始宗教对中国古代文明的影响，除了表现在社会形态方面之外，还有其他方面的多种反映，作为余论，兹简述如下：

一、原始宗教促成了中国文字的产生。文字的发明是文明出现的重要标志。但东西方文字产生的动因并不一样。西方文字的产生是由于商业贸易广泛交流的需要。而中国文字的产生是由于宗教祭祀的需要。因此，最早的文字符号应该就是祭祀活动中对神灵形象的描绘刻划。如大汶口文化中的陶器刻划符号"炅""炅山"，与良渚文化玉琮、玉璧上的刻划符号"炅"，都描绘出一个太阳或太阳升起于山顶之上的形象。这显然是初民们在祭祀太阳活动时将心中太阳神的形象刻划在陶器、玉器上面的真实反映，而这些陶器和玉器正是用来祭祀天神、沟通天神的专用工具，所谓"神器""法器"。

二、宗教促成了史诗、舞蹈、音乐等艺术的发展。由于氏族贵族祭司阶层在宗教祭祀活动中创造了文字，然后由这些文字记录神灵的喻示，记录祭司们歌颂、祈福神灵的颂辞、祝辞、祷祝。后来这些文字综合起来，就成了中国五帝至夏、商、西周长达二千多年历史长河中特有的文化承传形式——史诗。而祭司们在祭祀活动中口诵史诗时是伴随着音乐与舞蹈的，是诗、乐、舞的三位一体，从而促成了中国艺术的发展与繁荣。

三、宗教促成了中国古代天文历法的繁荣。中国处于北半球温带地区，处于黄河、长江两岸，农业耕作是其最基本的生产方式。中国宗教时代之所以热烈崇拜日月星辰等天体神、崇拜山川自然神、崇拜土地神，其根本原因即在于农耕生产需要阳光雨露，需要土地肥沃。因此，中国的宗教促成了天文历法的繁荣。

四、宗教促成了医学的发展和礼法的形成。中国古代巫医不分，繁体的"医"作"醫"或"毉"，其从"酉"表示用酒祭祀神灵，其从"巫"则表示主持宗教祭祀活动者为巫师祭司阶层。古人又从宗教祭祀活动中所获得的神灵喻示作为判断现实世界中有关是非的标准，即所谓"神判法"，在此基础上发展出之后中国独有的"礼"和"法"。

——江林昌：《论原始宗教对中国古代文明起源发展的影响——以"绝地天通""铸鼎象物"为例》，载《东岳论丛》2010年第10期

资源4：服饰与文明

美从"头"开始。头上戴的冠古代又叫首服，起初很可能既有审美的需要又有束发的实用功能。《说文解字》："冠，拳也。所以拳发。"[①]"拳"即"束缚之意"。在文明起源和发展过程中冠的礼制功能日渐突出。《礼记·冠义》称："冠者，礼之始也，是故，古者圣王重冠。""冠而后备，服备而后容体正、颜色齐、辞令顺。"[②]反映新石器时代冠饰物的形象资料在彩陶中不乏发现。铜石并用时代的长江中游石家河文化遗址出土玉人冠饰则有凹形、箍形、尖顶形、平冠、浅冠等，冠上有装饰物，安徽凌家滩1号墓出土玉人像，头戴饰方格纹的圆冠[③]，玉发笄在此期的应用则和先民的结发形式有密切关系。束发于顶或着某种冠须用笄方能约束。因此

① 柴剑虹、李肇翔主编：《说文解字》，434页，北京：九州出版社，2001。

② 李学勤主编，郑玄注、孔颖达疏：《十三经注疏·礼记正义》（标点本），1614—1615页，北京：北京大学出版社，1999。

③ 赵宏伟：《长江中、下游史前玉人的比较》，载《东南文化》2002年第4期。

笄也同冠一样有了审美、礼仪乃至巫术的功能。

文明起源发展过程中作为上衣下裳的服装的颜色、纹饰、款式更是通过外在形式彰显了内在的意蕴。《左传》定公十年疏云“中国有礼仪之大，故称夏；有服章之美，谓之华”①。囿于发现，文明起源期完整服装我们只能从一些形象资料中窥见。彩陶和岩画描述了当时的服饰情况。如甘肃辛店文化中出土彩陶上面有剪影式的人物形象，较为写实。其衣服上衣下裳相连，腰间束带。在云南沧源，甘肃黑山、靖远吴家川以及内蒙西部狼山地区发现了许多岩画，这些岩画较早部分所反映的服饰与辛店文化彩陶彩绘服饰相类同。按沈从文、王㐨研究认为这种服饰在新石器时代出现纺织物以后，可能是逐步规范化了的、普遍流行的一种衣服，其名称应叫贯头衣②。它以一幅宽足够人体的衣料对折拼缝，上部中间保留口以出人头。这种服装缝纫简便，对织物也能充分利用，尽管这种衣不很完备，但具备了上衣下裳相连、被体深邃这些深衣的基本特征，因此笔者认为它是最原始的深衣，是深衣的源头③。……服饰作为文明起源的重要因素礼仪功能不能忽略。这种上下衣裳相连的款式在文明起源、发展过程中出现，奠定了我国文明社会数千年冠服制度服装款式的基础。

——袁建平：《论服饰是中国文明起源的重要因素》，载《求索》2010年第8期

资源5：玉器与文明

中华文明的重要特征便是礼制文明，它不仅体现一个国家政治教化的手段、法令制度的准绳，也是统治者手中的重要工具，用以维护关系他们利益的等级制度。王国维考证殷墟卜辞中的“禮”(礼)字，认为古人最初“行礼以玉”④，即以玉为敬神求福的重要“礼品”，这是首次将玉器具有沟通天地神人功能的这种神性或灵性与礼相联系。由此可见，礼与玉在史前社会即有着密切的关系。礼始于祭祀，《礼记·祭统》：“礼有五经，莫重于祭。”⑤《周礼》及先秦文献中记载了不同玉器在当时的祭祀功能。

在史前诸文化中，一些特殊玉器的使用已有相当严格的限制，具有一套基本固定的使用模式，其使用器类，在不同文化、不同时期也有一定的变化。如红山文化中的勾云形器，良渚文化中的琮、璧、钺，龙山文化中的圭、璋、刀等，这些玉器的种类和造型，作为三代时期玉礼器之源，已初具“礼”的雏形。从考古材料看，良渚文化等玉器墓中，存在随葬用玉不等的现象，这种等级差别应是早期玉礼制在埋葬制度上的反映，而处在江淮地区的凌家滩遗址和薛家岗遗址的墓葬均存在这种现象。《周礼·冬官·玉人》记有：“天子用全，上公用龙，侯用瓒，伯用埒，玉石半，相埒也。”⑥按照《说文解字》里许慎的解读，全即纯玉，龙为四玉一石，瓒为三玉二石，埒是玉石皆半。《周礼》中的这段内容其实就是体现了不同等级人物之间用玉的差别。

① 李学勤主编，郑玄注、孔颖达疏：《十三经注疏·春秋左传正义》(标点本)，1587页，北京：北京大学出版社，1999。

② 沈从文：《中国古代服饰研究》，19页，上海：上海书店出版社，1997。

③ 袁建平：《中国古代服饰中的深衣研究》，载《求索》2000年第2期。

④ 王国维：《观堂集林(外二种)》，144页，石家庄：河北教育出版社，2001。

⑤ 李学勤主编，郑玄注、孔颖达疏：《十三经注疏·礼记正义》(标点本)，1345页，北京：北京大学出版社，1999。

⑥ 杨天宇：《周礼译注》，644页，上海：上海古籍出版社，2004；另，原文为“将”，学者以为是“埒”字之误，戴震曰“伯用埒，玉、石半相埒也”。

以玉喻礼，是与当时的社会变革紧密联系的。它反映了此时氏族、部落内部原有的血缘关系和氏族习惯法则已被打破，神权与王权的建立需要一种新的秩序来维持。这些特殊玉器的出现，是社会变革的产物，是新秩序建立的物化表现形式，表明在社会观念上已赋予了礼制的内涵，礼制已逐步成为上层建筑规范社会行为、维系社会秩序的重要手段①。凌家滩出土的玉礼器，不但工艺精美而且品位极高，突出反映了原始宗教在凌家滩社会组织中占有重要的地位和作用，体现社会组织结构的变化和文明的进步②。像玉鹰、玉龟、玉龙、玉猪等器物既是工艺品，也是原始崇拜的产物，而一套玉龟板则与原始巫术密切相关。凌家滩出土了两组玉人，分立姿、坐姿两种，每种三件，上部造型一致，均头戴冠饰作祈祷状，这应该是偶像崇拜，是人神结合的产物。凌家滩神人偶像和大型祭坛的出现，表明当时氏族社会内神权的存在，以及所拥有的至高无上的权力③。

新石器时代江淮地区用玉器随葬比较常见，玉器中除珠、管、饰外，镯、环、璜、玦较多，此外还有鱼、龙、鹰等特殊器形。从凌家滩、薛家岗等遗址中出土大量玉器的现象看，在当时的社会从崇玉、佩玉到葬玉十分流行，大量使用玉器隐喻着一种礼制文明。礼制文明的出现应是氏族传统文化的延续，并不断赋予新的内涵，目的是维系氏族部落内部的秩序和稳定，保障氏族社会组织正常运行。

——沈薇、李修松：《玉文化与史前文明化进程——江淮地区的历史证据》，载《重庆大学学报(社会科学版)》2014 年第 1 期

资源 6：国家与文明

古代文明国家的形成不能仅仅以铜器、文字和城市的出现为标志，更重要的是社会关系的变化。就这方面的发展行程而言，一般是母系氏族分解为母系大家族，由母系大家族转变为父系大家族，再从共产制的父系大家族发展为奴隶制的父权家族，进入文明社会。早期华夏文化的各个类型都已达到了这个阶段。

父权家族的出现意味着氏族制度的最后解体，即使它还有残余，也无足轻重了。所以，说早期华夏文化是什么父系氏族社会，是不确切的。那个时期的村落结构一般是排房或组房，间或有高台建筑，这分明是父系家族的各个家庭的住所，怎能得出父系氏族社会的结论呢？不过，就部落而言，它远未解体。部落是由氏族发展而成的，但它可以延续到奴隶社会以至封建社会中。古代国家一般都是部落国家。尧时万国，禹会万国，反映的就是这种情况。只是这时的部落已不再是以氏族为内容，而是以父权家族为内容了。或者说，这时的部落是由少数奴隶制父权家族支配的，因而它具有部落的形式和国家的实质，可称为部落国家。

——田昌五：《对中国文明起源的探索》，载《殷都学刊》1986 年第 4 期

---

① 河南省文物考古研究所编：《华夏文明的形成与发展——河南省文物考古研究所建所五十周年庆祝会暨华夏文明的形成与发展学术研讨会论文集》，117—124 页，河南：大象出版社，2003。

② 安徽省文物考古研究所编：《道远集——安徽省文物考古研究所五十年文集(1958—2008)》，110—115 页，合肥：黄山书社，2008。

③ 杨立新：《江湖地区史前文明化进程初探》，载《中国社会科学院古代文明研究中心通讯》，2002 年第 5 期。

资源 7：城址与文明

山东地区所发现的龙山文化城址，基本上呈东西向排列。鲁西地区是以阳谷景阳冈城址为中心的 8 座龙山文化城址，向东是城子崖城址，在最东边的是边线王城址，而丁公、田旺两城址位居其间，只有丹土城址在其东南部。城址的面积各不相同，大的 40 余万平方米，小的不足 10 万平方米，这种差异可能与社会经济实力的强弱有关，城址的面积，可能有了大、中、小等级上的差异。这种现象绝不是偶然的，它是伴随着战争的出现而产生的，是残酷的掠夺性战争的产物，是原始社会行将进入文明社会的一个重要标志。由于生产力的不断发展，剩余产品的出现，商品交换的产生，加深了贫富分化的进程，出现了部落之间为掠夺财富和扩张领土而进行的战争。正是由于这些战争，才促进了各聚落间全方位、多角度、深层次的迅速交流与融合，从而汇聚出国家文明的形成。所以说，城的产生是人类社会发展到一定阶段的产物，是中国古代社会进入文明时代的重要标志之一。

——何德亮：《山东龙山文化与中国古代文明的起源》，载《文物春秋》2002 年第 1 期

资源 8：关于我国文明与国家起源的多种假说

中国考古界关于文明与国家起源的考古学探索，在 20 世纪下半叶以来有过多种认知模式。除“中原中心说”外，还有“满天星斗说”、“中国相互作用圈说”、以中原为中心的“重瓣花朵说”或“多元一体说”、“以中原为中心的历史趋势说”、“新中原中心说”等等。

“中原中心说”以外的其他各说，大致可以看作是多元认知视角下的新中原中心论，其基本思路和结论是认为各区域的史前文化虽相对独立但联系密切，大体连续进化，最终“百川归海”。

——许宏：《从证经补史到独步史前：考古学对“中国”诞生史的探索》，载《南方文物》2016 年第 1 期

资源 9：“中国”的演变发展

整个中国是一个“天下”，“天下”没有边，也没有界线，只有向远处扩散而逐渐淡化的影响力。而且，这种影响力不一定是统治的权力，而是通过文化交融而构成的一个新文化，其中包含了各种地方文化。将各种地方文化吸纳入中原文化，使“天下”的文化多元而渐变，共存而不排他。这样一个核心，加上其放射的影响力，终于形成了后世的“中国”。于是，即使在古代各地的居民原来可能是有不同基因的族群，经过如此布局，实际上所谓的“中原”居民，已经是来源复杂的混合体。“中原”向四周扩散，又不断融合，终于熔铸为一个人数众多的文化、经济、政治共同体。

——许倬云：《说中国》，47 页，桂林：广西师范大学出版社，2015

资源 10：甲骨卜辞与青铜铭文记载内容的不同

现在已经面世的甲骨卜辞，除了极少数是记事刻辞之外，绝大部分是对于祖先神灵的贞问。大量的卜辞材料所表现的思想，乃是神灵为历史的主宰，神意左右着历史的发展。然而，应当看到的是，殷卜辞所见虽然绝大多数是对于神灵的祈祷与贞问，但其间所活跃着的

是人，而不是神，只不过是人在求取神的庇佑。到了称为青铜时代的西周时期，彝器铭文则多载人事，而少言神灵。历史记忆主要以文字记载为主要形式，从而进入了一个新阶段，文明的历史进程逐渐呈现着阔步前进的状态。

——晁福林：《试析上古时期的历史记忆与历史记载》，载《安徽史学》2007 年第 6 期

资源 11：商朝官制的特点

目前所知，商朝是我国历史上初次出现有较完备的官制的时代，从朝廷到地方及其基层，从各类生产部门、政务、军事到意识形态各方面，都已设官分职，体现了国家机器的发展程度，同时也与这时的奴隶制社会较为发展的历史阶段相适应。但是，它毕竟是早期的官制，带有一些原始状态，那就是：神职地位较高；官职分工不明确，“官事可摄”；选官制度上浓厚的宗族血缘习惯，典型的“任人唯亲”政治；较为普遍的“臣仆用事”等。这些也是与中国古代奴隶制的特征相联系的。

——王贵民：《商朝官制及其历史特点》，载《历史研究》1986 年第 4 期

资源 12：商王神权的实现手段——占卜

从所发现的十万多片甲骨文的内容看，有两个特点值得注意：一是占卜所涉及的范围十分广泛。凡商王做任何事，都要经过占卜，以取得上天神的应允和指示。这样，凡是商王所要办的事，就都是神下达的旨意。既然是神下达的旨意，那就非办不可。像盘庚迁都，他用以解释非迁不可的最重要的理由就是“非敢违卜”，迁都是上帝的旨意，在占卜时已明示出来了。……二是占卜时神在龟或骨上所显示的旨令，是吉是凶，能否可行，要由商王来作决断。这个决断形式，在甲骨文中就是“王占曰”。

——杨升南：《商代的王权和对王权的神化》，载《中国史研究》1997 年第 4 期

资源 13：西周的社会形态及其经济特点

西周为宗法封建制社会。宗族为社会基本组织形式，周代的分封不仅是政治关系的确立，也是经济关系的确立。西周宗法封建制的特点表现为：第一，作为最重要的生产资料的土地，在周代经过层层分封以后，虽然表面上属于各级贵族所有，但实际上属于贵族所在的宗族所有。各级贵族对于本宗族的土地虽然有无可置疑的首要的占有权和使用权，但却非贵族私有，或者说并非完全的贵族私有。从土地的占有、使用情况看，无论是贵族，还是普通成员，其与土地的关系都是通过宗族来实现的；第二，宗族对于土地的占有和使用制度是井田制。井田制明确了农民对于一定数量的土地的占有和使用权力；第三，在宗法封建制度下，封建剥削方式主要是孟子所说的“彻”法。“彻”法以力役地租为主，可是也不排除实物贡纳的形式。这种封建剥削被掩盖在充满温情的宗法血缘关系之下。

——晁福林、高瑞瑞：《探索华夏文明的起源——晁福林先生访谈》，载《历史教学问题》2016 年第 2 期

资源 14：周代的政治格局——内外服制

周承殷制，王朝政治架构的大格局是内外服：周天子有其直接控制的"王家"土地，王室中的公、三有事等执政诸侯（多称"伯"）各有封邑，是为内服，即王朝核心地区；拱卫、效力于王室的侯、男等贵族则处于王朝东部（东国）、南部（南国）、北部，藩篱于外，是为外服。王室贵族的封邑远近不同，且有变化、迁徙，故王室内服区域虽有其大致范围，所谓"邦畿千里"，但并无一个明确界线。外服贵族中，从数量上看侯是大宗，从实力上看侯亦为中坚，侯事实上也存在着大小强弱的差异。归服于周王室的殷代之侯，以及边境地区方国、部族之君长，也基本纳入周王朝外服区域，或袭封为侯，或称多邦伯。无论内服贵族、抑或外服贵族，均有其世袭封邑，经济上自给自足，又有其宗族、臣属、军队或私家武装，故随着王室的衰微，外服诸侯及若干内服贵族日渐强大和独立。在此趋势的推动下，内外服的界限逐渐模糊。

——刘源：《"五等爵"制与殷周贵族政治体系》，载《历史研究》2014 年第 1 期

资源 15：对二重证据法的认识

"二重证据法"的提出和近年对它的反思，与中国古典学的两次重建密切相关，第一次古典学重建以"疑古"与"新证"为主线，疑古思潮成为主流；第二次古典学重建以"走出疑古"与"疑古"为主线，讨论正在深入进行，"走出疑古"逐渐成为学界热点，讨论"二重证据法"必须明确这一背景。"二重证据法"自提出之日起，它本身就不是一个封闭的系统，随着材料的进一步分类和证据的进一步增补，"二重证据法"先是扩展为"三重证据法"，进而又扩展为"多重证据法"，这更进一步印证了当初王国维先生提出"二重证据法"的坚实可信，有效可行。近年来对"二重证据法"的反思深化了我们对它的认识，提示我们在运用中注意方法的针对性，在操作过程中应当审慎，以保证所得研究结论的正确性。"二重证据法"作为一种方法论，在出土文献研究中，必将继续其指导作用。

——陈荣军：《二重证据法考论》，载《求索》2008 年第 4 期

第二单元

春秋战国时期的政治、社会及思想变动

学术引领

一、春秋战国时期的社会变革

（一）春秋战国时期经济的发展

春秋中后期，牛耕已成为一种常见现象。战国时期，牛耕进一步推广，铁犁开始使用，耕作技术进一步提高。随着生产力的发展，农业生产组织形式也发生了很大的变化，并进一步促进了经济的发展。洪煜在《战国秦汉时期的小农经济》（载《史学月刊》1994年第5期）一文中指出，随着私有观念的深入人心和铁农具的出现，农业生产由集体耕作的生产方式向个体生产方式转变。铁农具的广泛使用，促使春秋战国时期土地所有权发生变化，井田制遭到破坏，出现了自耕农小土地所有制。私有观念的发展，刺激了人们对于财产的私人占有欲，尤其是对于土地、生产工具的占有。两者的有机结合，使西周时期的集体耕作生产的劳动形式迅速崩溃，小农经济随之产生。另外，西周时期集体耕作方式的迅速瓦解也是由当时的政治形势决定的：周室衰微、诸侯争霸，统治者单纯依靠井田制度和劳役地租的有限收入已不能应付他们日益庞大的军费开支，在这种客观条件下，他们开始改变剥削方式，把大块土地分割成小块，实行按亩征税。这些迹象表明，小农经济在春秋时期就已经普遍地存在了。

于凯在《战国史》（60—70页，上海：上海人民出版社，2015）一书中指出，战国时期随着授田制的实行，个体小农经济为主体的精耕农业生产方式确立并产生了重大的历史影响。授田制是以土地国有为前提，通过国家权力进行调配，按照一定标准将土地直接分给个体农户耕种，使农业生产者与耕地紧密结合起来，并由国家直接向农户征收赋役的一种土地分配形式，它包括制土分民、计户授田、计亩征税等几个方面。除授田制外，各国还推行名田制，对有军功的平民阶层实施赐予田宅的奖励政策。战国授田采取以户属地、以地征赋的原则，以严密的户籍管理为基础。伴随授田制的推行，战国户籍管理也日渐强化与完善，最终导致了“编户齐民”[①]的出现。“编户齐民”政策的推行使国家进一步强化了农民与土地的结合程

① 政府控制的户口都必须按姓名、年龄、籍贯、身份、相貌、财富情况等项目一一载入户籍，被正式编入政府户籍的平民百姓，称为“编户齐民”。

度，既稳定了农业劳动力的投入，也便利了国家对农民的有效控制。

于凯进一步指出，授田制的推行催生出了以个体家庭为单位的小农生产方式。授田制将个体农户紧紧限定于“百亩”耕地之上，由此促进了家庭结构的变化，形成了战国小农家庭的主流形态——“五口百亩之家”。这种个体小农家庭，以“百亩之田”为基本生产单位，以精细化农业为基本生产形态，在经营农业的同时还兼营副业，由此确立了“男耕女织”模式。这种生产模式，可以充分调动农民从事生产的积极性。授田制及其配套政策的推行，造就了广泛的个体小农群体，为古代集权国家的发展提供了稳定的社会基石，国家也获得了对农业劳动力和农村社会的强力控制；另一方面，小农经济的脆弱性，又要求国家承担更多的责任和义务，由此决定了战国时期小农和国家之间具有共生互动关系。

在农业经济发展的基础上，春秋战国时期的手工业和商业也有了长足的发展。冷鹏飞在《春秋战国时期商品经济形态的变革》（载《学术研究》1999 年第 10 期）一文中指出，春秋战国时期中国社会商品经济形态产生了重大变革。第一，春秋战国时期商品生产由手工业领域扩展到农业领域，其商品生产形态主要分为官营和私营两种。战国时期，私营手工业迅速发展起来，个体家庭和作坊手工业生产普遍存在，奠定了中国古代私营手工业生产方式的基本格局。官营手工业产品主要是为了满足官府贵族自身的需要，但随着商品经济的发展，官营手工业参与或从事商品生产的现象进一步显露并有所扩大。第二，春秋战国时期商品生产的发展带来了商品交易的繁荣。这时的商业贸易形态主要分为转运、囤积、加工以及混合型四种。至春秋战国时期，转运贸易已有相当突出的发展，有些商品甚至被转运到域外。公元前 4 世纪的古希腊人已称我国为“塞勒斯”（丝），可见我国通往西方的“丝绸之路”在战国时期就已开辟。贸易形态的发达促进了交易市场的繁荣，这时的市场形态多种多样，主要有市井、草市、墟市、邑市、城市等。第三，春秋战国时期商品经济结构的变化首先体现在特殊商品——货币方面，原来通行的海贝等自然货币形态被逐步淘汰，代之以铸币和贵金属。这一变化还反映在商人的构成及其经营方式等方面。商人的主体，已经不是官府、贵族或官僚商人，而是平民商人，此时的平民商人已经是完全以经商为职业之人。春秋战国时期的商人与其他社会职业还处在频繁的流动之中，这与殷商西周时期商人子弟永远经商的封闭状态决然不同。

春秋战国时期社会经济能够迅速发展，除了生产力和农业发展因素以外，交通的改善也起到了非常重要的作用。吴继轩在《春秋战国时期商品经济发达原因探析》（载《山东师范大学学报（人文社会科学版）》2007 年第 2 期）一文中指出，发达的交通为春秋战国时期商品经济的发展提供了重要的社会条件。春秋时期因战争和争霸的需要，地区间的交通有了很大发展。除了以东周都城洛邑为中心的交通道路外，还出现了若干地区性的交通中心。战国时期由于诸侯国兼并战争的需要，逐步形成了以各国都城为中心向外辐射的交通网络，都城所在地则成为重要的交通枢纽。春秋战国时期不仅陆路交通得到了发展，水运交通也日益发达起来。人们不仅利用自然河流，还进一步开凿运河。春秋战国时期的交通已是四通八达，形成了一个巨大的水陆交通网。这一时期海上交通也开始有所发展，一些沿海诸侯国已经开始有意识地利用海道。商人们在这些交通要道上往来不绝，打破了春秋战国以前那种各地区间闭塞不通的局面，地区间的物资交流得到加强，商品经济得以发达繁荣。伴随着道路交通和商品经济的发展，春秋战国时期兴起了一些区域性的或全国性的经济都会。

另外，各国政府的政策对社会经济的发展也起到了很大的作用。吴继轩在《春秋战国时期的重商政策与商品经济的发展》（载《经济研究导刊》2009 年第 12 期）一文中指出，春秋战国时期诸侯国实行的重商政策为商品经济发展繁荣提供了重要政治保障。春秋战国时期诸侯国之间相互兼并，为求得生存与发展，诸侯国推行重商政策，以发展经济，巩固统治。商品经济的发展繁荣必然给国家带来大量的商业税收，增强其经济实力，有利于巩固统治和争霸战争。春秋战国时期，商人的身份得以确认，并取得了与士、农、工同等的社会地位，其所从事的商业贸易也就顺理成章地成为社会经济生活的重要组成部分。商业贸易和农业、手工业生产一样成为社会发展不可或缺的经济活动。商人在给统治者带来巨大经济利益的同时，还直接参与一些政治活动，和统治者建立了密切联系，以自己的实际行动捍卫国家的利益。而作为回报，统治者也给予商人一定的特权，提高商人的政治地位，有利于商业活动的正常开展，促进商品经济的发展繁荣。

吴继轩进一步指出，春秋战国时期诸侯国普遍采取了"通商"政策。为了维护列国之间的正常商业贸易，在春秋时期的诸侯会盟上，也都把维护正常商业交往作为重要的内容写入盟约。诸侯国还普遍降低了关税税率，减轻了关税负担，保障了交通畅通，有利于吸引商人进入本国市场，促进了商品经济的发展。商品经济发展繁荣的表现之一就是市场的发展和完善。春秋时期，"市"的数量明显增加，这时各诸侯国的都城都设有市。战国时期，"市"的建立更为普遍，商品种类更为丰富，商品交换的地域范围更广。伴随着商品经济的发展，当时还出现了一批繁荣的商业城市，出现了一批拥有雄厚商业资本的豪富巨商。春秋战国时期，诸侯国还设立了较为完善的市场管理机构。

（二）春秋战国时期的政治变动

春秋战国时期社会生产力的进步与经济的发展，必然会对原有的政治体制造成巨大的冲击。苏辉在《春秋战国之际的动荡格局与权力更迭》（载《中国史研究》2015 年第 1 期）一文中指出，春秋战国时期各国内部政治格局出现了重大变动。春秋后期，原先因为对外战乱而被掩盖的内部权力纷争相继爆发，引发一轮新的动荡，影响较大的是鲁国三桓四分公室，晋国六卿倾轧和齐国田氏的逐渐专政。所有这些政局的动荡都发生在春秋战国之际，可见不是特例，而是在大多数国家接连发生并且具有普遍性质的事件。春秋、战国两个时期革新最核心的差异在于是否以君主集权为旨归。郡县制、选官制、俸禄制的施行为君主掌控国内庞大的官僚系统和军队提供了制度上的保证，原有的世族世官逐渐淡出了历史舞台，战国时期大臣专权并威胁到君位的少之又少。春秋时期权力渐次下移，从大夫执国命到陪臣执国命，乱象丛生。战国时期，各国无一例外都通过变法来削弱世卿大族的权势，选用出身低层的可控人才，培养忠于国君的官僚群体。所有的变法都是在国君的主导下完成，隐含在一系列措施后面的宗旨就是君主集权。

韩连琪在《春秋战国时代政治的变化》（载《文史哲》1984 年第 2 期）一文中指出，春秋初年，由于王室衰弱，诸侯实力上升，后又出现了大夫专政的局面。春秋时各国的大夫有两种，一是与诸侯同姓的世卿，称为公族；二是与诸侯异姓的世卿，称为卿族。由于他们世世代代拥有土地和权力，所以称为世族，在春秋时期各国的权力差不多都掌握在他们手中，这就形成了所谓世族世官制度。到春秋中期以后，由于各诸侯间长期的互相兼并，强大的大夫在战争中都掠得了大量的财富，分得了大量的土地，力量越发充实。由于各诸侯间战争的减少，大夫间的斗争越演越烈，春秋后期，如田齐、三晋在建国之前已陆续兼并了公室和大夫的私邑，削弱和破坏了原来的世族世官制度，并先后建立了郡县制度。进入到战国以后，各诸侯当然不愿再蹈大夫专政的覆辙，在内政上先后进行了改革，进一步打击和破坏了宗法贵族的权力。从春秋中叶以后到战国时代，各国一方面陆续削弱和废除了世卿世禄制度，另一方面逐渐提拔新兴的士大夫来掌管军政。到战国时代，随着世族世官制的进一步破坏，公室与私门养士之风更盛，除个别国家外，上至各国的将相，下至郡、县的守、令，已都不属于世族，而是属于士的阶层了。

沈长云、杨善群在《战国史与战国文明》(85—96 页，上海：上海科学技术文献出版社，2012)一书中指出，战国时期社会组织的性质普遍发生变化，由原来的血缘亲属关系组成的人群结构进化为按地区划分的组织。社会组织的变化首先体现在按血缘亲属关系组成的宗族组织的解体上。自春秋末期以来，各个宗族组织纷纷解体，表现在上层社会是旧氏族在国内激烈的兼并斗争中不断消失，同时，不断发展的世家大族适应新的形势，不再在家庭内部采取旧的分封制；表现在民间主要是众多家长制家族的解体。随着宗族结构的解体，社会不再讲求血缘出身，建立在氏族血缘关系基础之上的姓氏制度也发生了质的变化，姓的“别婚姻”作用越来越小，氏则无区别贵贱的功能，姓和氏都成了反映父系小家庭出身的标识符号。

沈长云、杨善群进一步指出，战国时期社会结构发生变化的最重要的依据是编户制的实行。所谓编户，就是将人口编制于户籍中，是国家对国民按地区进行划分的做法，是适应氏族组织解体而采取的对于民众的新的管理制度。编户制或曰户籍制在我国的施行，应发生在春秋战国之际，进入战国之后，户口编制更趋细密，一些国家采取“什伍”的编制，这样国家就通过各级行政机构，层层控制到每一家户头之上。对民众的户籍严加管理的目的，很大程度上是为了给国家征派租赋徭役提供保障。从社会发展史的角度看，编户制对组织社会人群起过很大作用。

（三）春秋战国时期各国的变法运动

面对政治的变动和新的时代发展形势，各国纷纷进行了变法，进行制度上的革新，以实现富国强兵。于凯在《战国史》(39—41 页，上海：上海人民出版社，2015)一书中指出，战国变法运动是各国在兼并战争压力下，围绕“耕战”目标，为增强国家集权能力、提高国家的资源汲取能力和社会动员能力而实施的改革举措。战国政治改革的趋势是古代社会历史演进的必然结果。其具体表现为：第一，随着列国疆域的扩大及人口的增长，如何处理好“大地域”国家治理的问题，成为各国所面临的关键性难题。第二，日益严峻的列强兼并形势，对各国生存及国家能力建设提出了更高的要求。第三，人口流动的频繁和旧有村社传统的解体，要求进一步加强对居民的行政控制能力。第四，各国在兼并战争下吸引人才的内在要求。

所谓变法，即变更现行法令制度，包括使用法律手段对社会进行移风易俗的改造。至于各国变法的目的，沈长云、杨善群在《战国史与战国文明》(97—108 页，上海：上海科学技术文献出版社，2012)一书中指出，各国变法的目的主要有：第一，为了适应经济和上层建筑领域正在发生的巨大变革；第二，要打击旧贵族势力，建立起有利于中央集权的新的官僚制度及相关俸禄制度；第三，在社会风俗和社区管理方面，要通过改革以适应新的社会机制；第四，变法最功利的考虑是要实现各自国家的“富国强兵”。

沈长云、杨善群进一步指出，这场变法运动自战国初期起，直至战国中期，席卷了当时的主要国家。战国时期的变法都是自上而下地对社会进行的改良运动。魏文侯即位后，任用战国法家鼻祖李悝率先进行变法，其内容主要是废除世卿世禄制、挖掘土地潜力以增加粮食产量、实行平粜法以及制定《法经》等。李悝在魏国的变法收到了明显成效，使魏国在战国初期长期占据霸主地位。吴起在楚国掀起了一场更为激进的变法，其措施主要集中在政治领域，重点在打击旧贵族和整顿吏治。吴起的变法虽然收到一定成效，但在楚国旧贵族的反对下最终夭折。战国时期持续时间最长、涉及面最广、对社会触动最大的一次变法是秦国的商鞅变法。商鞅在秦孝公的支持下，在秦国实行奖励耕织、抑制商业、奖励军功、废除贵族特权、推行县制等一系列措施。商鞅变法进一步完善了秦国专制主义的政治经济制度，使秦国迅速实现了富国强兵，为日后的统一打下了坚实的基础。除此之外，赵国在公仲连、韩国在申不害、齐国在齐威王的主持下也先后进行了改革。

这场变法运动最终导致了以君主制为核心的集权国家体制的逐步形成。萧平汉在《战国变法运动与大一统的中央集权》(载《学术交流》2001 年第 3 期)一文中指出，战国时期的变法运动是实现大一统的必然要求。大一统是历史发展的必然趋势，早在春秋时期就已露出端倪，春秋时期的争霸结果是实现了局部的统一。进入战国，各国都将统一天下作为自己的使命。当时，只有解决好诸侯国内部国君与大夫之间的矛盾，尤其是防止大夫专权或诸公子的争权夺权，才能通过变法实现富国强兵和完成统一的目标。所以，战国时期的各国变法，其基本内容可以分为三个部分，即富国、强兵与君主集权。富国是这时变法的重点，通过发展生产，奖励农民或保护农民的切身利益来调动和提高劳动者的生产积极性，从而实现国家富裕的目的，为统一天下奠定雄厚的物质基础。强兵是这时变法的另一项重要措施，它是直接为战争服务的，各国都把重点放在军队的建设和改革上。加强君主的权力，强化中央集权是改革的第三项内容，也是这一时期改革的主题和高潮，它以打击旧贵族抑制分裂叛逆势力为核心。

(四) 春秋时期思想的发展

春秋战国时期，随着经济发展与政治变动，思想文化也趋向转型。宋丁羿在《古典文化与春秋战国之际政治转型》(载《西南大学学报(社会科学版)》2015 年第 5 期)一文中指出，随着春秋末期社会的剧烈变动，具有审美意义的礼乐政治逐渐被取代。春秋时期的政治是贵族化的礼乐政治。这里的“礼”不仅仅是一个规定等级秩序的政治框架，更有超越制度层面的精神内涵，具有道德和审美意义。贵族文化的一个重要表现是：在礼观念的支配下，贵族阶层内部衍生出了一套特定的言谈方式。贵族们熟读古典文本，一方面是为了增长智慧、熟悉礼仪、提升个人的道德修养；另一方面是为了掌握断章取义的言谈技巧来表达自己的志向。春秋时代的贵族教育是完全建立在古典文化的基础之上的。春秋时期的平民往往会用自己特有的表达方式来抒发情感、提出建议、评论政治，这种表达方式就是歌谣。从思想表达方式上看，在这种差异的背后，实际上隐隐体现着两个阶层不同的处世态度，贵族是审美性的，而平民是功利性的。

宋丁羿进一步指出，纵观战国时期的政治特征和春秋时期高雅庄重的古典气质截然不同。各诸侯国都以富国强兵、兼并土地为主要目标，由此建立起一套专业化的官僚体制。活跃在战国政治舞台上的人物，多属于辩士、变法者和职业将领，他们是可以直接给国家带来利益的人，因而受到各国国君的青睐。战国时期的政治风气是功利主义的，这种政治风气的转变和平民阶层大量参与是有关系的。他们中很多人都抱有功利性的政治观，而古典学术的下移使他们掌握了统治阶层的言谈方式，平民的思想也披上了古典文化的外衣。随着时间的推移，越来越多的平民获得做官的机会，并且发挥出巨大的作用。当这些平民势力在政治领域中形成一定气候时，就可以用自身固有的言说方式表达政治观点，反过来批判古典文化的迂腐而不切实用。

李雷东在《“礼仪之辨”对春秋政治的影响》(载《武陵学刊》2014 年第 6 期)一文中指出，春秋时期，通过对礼进行改造，加强了礼的政治效用。春秋时期“威仪”和“礼”逐渐分立，各自承担着不同的功能。贵族卿大夫并不看重礼的威仪方面的内容，更注重礼所具有的社会规范作用。礼与仪的区别不在名词的不同，也不是政治行为在表现形式上的不同，政治效用决定了时人对两者的取舍和区别。对政治效用的看重，体现出春秋时期贵族社会由仪式化和伦理秩序向关注现实社会的转变。当时的卿大夫在政治实践中关注现实社会，力图建立稳定的秩序。旧有的礼仪容止虽不适用于新的形势，但是贵族们并没有完全放弃这一传统政治形式，而是力图改造这一传统，加强它的政治效用。

刘宝才在《春秋思想的过渡性质与老子孔子学说的诞生》(载《管子学刊》2001 年第 1 期)一文中指出，西周末年以来天子权威下降，天命神学遭到普遍怀疑，思想学术从天命神学向诸子学说过渡。春秋时代思想学术的过渡性质，可以从三个方面体现：从重神向重人发展、从德治向礼制演化、从“天人合一”向“天道”“人道”相分嬗变。怀疑上帝和祖先神的情绪首先发生在社会生活中。由于政治混乱和自然灾害造成人间苦难加深，西周末年到春秋初期“变风”“变雅”大量出现，抱怨神对人间灾难的冷漠，怀疑神的公正，已经成为社会思潮。接着，在人神关系方面出现重人轻神的思想，怀疑天命神学已经从社会情绪深化为理性思考。季梁、内史过等人虽然还没有否定神的作用，但他们一致认为神是依据人民的愿望行事的，人民一致希望国家兴旺，神就会让国家兴旺，所以治理国家应该把修政和民摆在第一位。传统天命神学认定神主宰人，他们认为人主宰神，把传统对神人关系的看法颠倒过来。这种思想虽没有超出天命神学的神的作用与人的作用相统一的观念，但将侧重点从神的一面转移到人的一面。

晁福林在《春秋战国的社会变迁》上册(917—930 页，北京：商务印书馆，2011)一书中指出，《老子》一书出现在春秋后期并非偶然，从外部来看，主要是社会结构的迅速变动，促使人们去探讨事物发展的某些规律；从哲学体系本身的发展看，春秋时期许多人已经有了比较深刻的哲学观念。在先秦时期，老子对于宇宙本原及其运动规律的思考最为深刻，他对于“道”的观念和以贵柔[①]为核心的辩证法的阐述，开辟了我国古代哲学发展的新纪元。

晁福林指出，孔子是古代真正深刻地思考人的价值，把劳动群众作为人看待的第一位思想家。孔子以仁学为核心，“仁”是孔子思想的最高道德标准，主张实行仁政。在孔子的礼学体系中，首先孔子将“仁”作为礼学体系的精髓，使礼成为“爱人”之礼。仁的精神的注入，使

① 贵柔：以柔弱为尊贵。

礼更多地重视人的自我内省。其次，孔子把和谐精神注入礼，强调等级之间应当和谐。再次，孔子主张对于古礼不必墨守旧章。从孔子的学说体系看，无论是其“仁”“礼”学说，还是其政治、教育、伦理、哲学等方面的深刻理论，都是对古代文化熔铸和创新的结晶。

（五）战国时期的百家争鸣

春秋战国时期生产力的发展和政治经济的变动促进了思想的发展，在春秋时期思想发展的基础上，到了战国时期形成了中国历史上一个思想发展的高潮，出现了百家争鸣的局面。

1. 百家争鸣的历史背景

于凯在《战国史》（133—135 页，上海：上海人民出版社，2015）一书中认为，战国诸子之学的兴起，具有特殊的时代背景，是当时社会变迁过程中多种因素综合作用的结果。首先，诸子之学兴起，与古代知识系统的生产与传播机制的变化有着密切关系。西周时期，知识的生产与传播，通常都被官府所垄断。从春秋晚期开始，随着周王权威的丧失，原有的“学在官府”的知识垄断局面被打破，学术知识开始向下层散布。随着私学教育的出现，普通人也可以接受教育，知识传播面更加广泛，直接催生了“士”阶层的兴起，促进了学术思想和知识文化的广泛传播，刺激了思想文化的重组与更新。其次，春秋战国之际的社会动荡局面，催生了社会思想的变化，刺激了各派学说的兴起。春秋战国之际，旧有社会秩序解体、新的社会因素诞生，带来了社会格局的巨大变动，必然会引发社会思潮的潜在变化。面对战国时期社会变局所带来的一系列问题，不同流派依据不同的价值判断，提出不同的解决方案，各种流派的交锋必然会带来学术思想体系的更新与交融。第三，列国在兼并形势下，竞相颁布优惠的人才政策，对不同的学说采取宽松政策，意图实现富国强兵的目标。此时，统一的意识形态尚未形成，从而为不同流派的思想传播提供了可能的空间。

“百家争鸣”的开展也需要一些客观条件。李杏丽在《春秋战国时期图书流通与诸子百家争鸣》（载《图书馆学刊》2011 年第 11 期）一文中指出，春秋战国时期，书籍传入民间，使图书获得日益广泛的社会性，不再为极少数上层贵族所垄断。士阶层成为官府藏书的读者群，使得图书更能够发挥它的社会功能。由于图书的社会流通量逐步增加，私人藏书日益普遍，广泛地涉猎书籍，对士阶层自身文化知识的丰富、学术思想的提高有着重要作用。士阶层从藏书、读书，进而著书立说，经历了由读者到作者的演进过程。最终促成了思想解放、学派林立、自由争辩的学术风气，形成了“百家争鸣”的学术局面。

薛国中在《论战国时期“百家争鸣”的历史条件》（载《武汉大学学报》2015 年第 3 期）一文中指出，战国时期“百家争鸣”能够发生的历史条件，在于春秋时期为之奠定了人才和思想资源两大基础。“百家”是指诸多颇具相当学识而又各有一定理念的个人或群体。他们因其所获得的知识不同，思想观点各异，形成许多不同的“家”，即现代所说的学派，因此称“诸子百家”，这些人才是“争鸣”的前提。人才是经过一定的教育方式和途径培育出来的，教育的载体主要是学校。学校之兴，据传始于虞舜时代，周代有较完备的教育体系及庠、序、校教育机构。学校的建立须有必备的条件，除校舍外，更重要的是书籍和教师。西周能建立学校，是由于有了成熟的文字和积累的文书，这是此前所不具备的。当时的学校还没有设置专职教师，而是“以吏为师”，或者说“官师为一”。在西周的教育体系中执行教育任务的，有“师”

“儒”两种人，无论“师”“儒”都是官吏，专职教师是在东周时期才出现的。此后周天子日益衰微，官师分离，原为官吏的“师”“儒”相继从官府教育领域中分离出来，流入民间。那些“失职之士”不得不分别从事社会各种独立的职业，其中有的继续从事教育。再者，处于政体基层的“乡校”，有的脱离官府，成为民间私塾。春秋时期教育发达，培养出人数众多的人才，就是前面所说的“士”阶层的形成。这些“士”有各自的学识才能，分为不同群体，构成不同的学派。由此可见，春秋时期教育的发展，学校的普及，为战国时期“百家”的出现准备了人才。

薛国中还指出，“百家争鸣”既是中国古典文化的展示，又是战国时期不同学术思想的交锋，而其思想资源都来自《六经》。《六经》不仅是儒家的经典，也是战国整个“诸子百家”的思想资源。但应看到战国的士子们，接受前代思想资源后，并不是照本宣科，固守先王之道，而是随时代变迁、自己的理解、社会的需要和自己的处境，从古代经典理论中各取所需，加以发挥，各论短长。

齐国的稷下学宫是“百家争鸣”的一个重要场所。颜世安在《从“稷下学宫”看战国百家争鸣》(载《历史教学》1985 年第 7 期)一文中认为，齐国的稷下学宫，可看作是战国百家争鸣局面的一个缩影。稷下学宫是齐宣王在齐国都城临淄设立的一个招徕四方文士讲学议政的官办学术机构。各家各派在稷下学宫这个学术王国之中互相汇通，在辩驳、争鸣中综合发展。儒、道、名、法、阴阳、农、纵横、杂家等都曾有重要人物出入稷下，其思想互相影响。

颜世安进一步指出，诸子百家学说的直接创造者是战国时代极为活跃的士阶层。他们尽管代表不同的阶级和社会集团，流派也十分复杂，但基本上都倾向于在新的政治形势中谋求出路，或是为诸侯国的强盛献计献策，或是希望以学说思想打动诸侯王，能把代表某一阶层、某一社会集团利益的社会改革方案或是政治理想付诸实践。而各国统治者为了巩固政权，振兴国力，以在争取统一的兼并战争中取胜，也十分重视利用士人的才智和学问，于是在士人的旺盛创造力和诸侯国的政治实践之间结起牢固的纽带。齐国在田氏掌权以后兴办的稷下学宫，就是统治集团政治实践和文人学者学术文化活动之间紧密联系的典型实例。学术争鸣繁盛局面的形成，以社会变革为土壤，但也凭借了新兴统治集团的赞助、扶持。如果没有这个中间环节，战国学术文化的局面也许是另外一个样子。从这个意义上看，稷下学宫为我们深入理解战国百家争鸣形势打开了一扇窗口。

2. “争论”中的“共鸣”

“百家争鸣”也存在着共识。桓占伟在《百家争鸣中的共鸣——以战国诸子“义”思想为中心的考察》(载《史学月刊》2014 年第 6 期)一文中指出，战国时期，诸子对“义”进行了继承和改造，反映了百家争鸣中存在共鸣。虽然诸子对“义”内涵的认同和接受各有侧重，但从整体上看，又的确存在众多交集和共同之处。这些共同之处表明：战国诸子的思想不是凭空想象得来，而是建构在一定文化基础之上的。在缺乏外来文化参照的时代条件下，战国诸子要建构自身的学说，必须植根于传统文化的基础，必须对传统思想观念有所继承。诸子不约而同地对传统“义”的内涵作了有选择的继承，正是这一历史事实的客观反映。诸子在认同“义”之概念名称的基础上，争相发表对义内核的新见解和新认识，形成了关于“义”的争鸣。诸子虽然共用“义”的概念名称，均从义之“亲亲尊尊”内核入手进行理论改造，都要确立自己理想中的“义”，客观上使“义”成为其共同的思想原点和学术对象。但是，在究竟要确立什么样的“义”这个问题上，诸子之间却表现出了明显的分野。在这同、异之间，包含着诸子共同的学术宗旨和共同的政治理想，也体现着诸子不同的学术思想和路径选择。

于凯在《战国史》(136 页，上海：上海人民出版社，2015)一书中指出，战国后期，随着统一趋势的出现，诸子之学也出现了学术整合的趋势，其中最有代表性的是齐国的稷下学派和吕不韦召集门客编撰的《吕氏春秋》。齐国的稷下学派，实质是各派学说争鸣辩论的产物。田齐政权以优厚待遇，吸引各国谈说之士，会聚于稷下学宫，史称“稷下学士”。稷下之学不以一家一派学说为主，而是由政府提供场所和待遇，让各派学说自由辩论，彼此争鸣。稷下学宫的开设，吸引了当时几乎所有的著名学派，诸家争辩的议题也非常广泛。这样的做法，有利于各派思想的发展和思想文化的进一步交融。吕不韦编《吕氏春秋》，则采取了思想整合的策略，期望糅合诸家观点，整合成一种新的学说。

3. 百家争鸣的影响

谭风雷在《对春秋战国之际“百家争鸣”的几点分析》(载《史学月刊》1982 年第 4 期)一文中指出，春秋战国之际的百家争鸣在许多方面是值得肯定的，起了推动历史发展的积极作用。春秋战国之际，这些学派在当时都有一定的社会基础和影响力，使得整个时期呈现文化多元化，门派林立，相互影响又相互促进的欣欣向荣的局面，对当时社会和后世都有着深远的影响。首先，百家争鸣在经济上促进了农业生产的繁荣，同时经济的发展又反过来促进文化的进一步繁荣，推动了中国的社会转型；在政治上，百家争鸣的局面也映射了各种力量的壮大崛起，动摇了周天子的地位，丰富繁荣的文化又影响着各个诸侯国的政治改革；在文化上，百家争鸣使文化由原来的教育仅限于统治阶级内部进行的“学在官府”发展成为人人都能够通过不同渠道获取知识，对世界观和社会现象进行思考，使文化传播和文明进步都跨入了一个新的阶段。其次，百家争鸣当中形成的学术派别构成了中国传统文化的基础，在构建和谐社会的今天，也要汲取这些传统文化的精华。

百家争鸣在另一方面却又隐含着专制色彩。李朝远在《春秋战国的百家争鸣与士阶层的独尊意识》(载《探索与争鸣》1990 年第 1 期)一文中指出，春秋战国时代的百家争鸣与汉代独尊儒术之间的连缀是一种必然。诸子百家的独尊意识为百家争鸣最后走上独尊构筑了最初的阶梯。各个学派均以自己的学说为不刊之论。诸子百家谋求的不是本阶层的意识和利益，而是个人狭隘的自我发现。

李朝远进一步指出，百家争鸣的发生发展，是在思想统制失灵的条件下出现的。时代失去权威，思想得到解放，使得新生的知识阶层有可能把本阶层的个性发展到极致，把民族从“一尊”的统治下彻底解放出来。但士阶层自身的独尊意识，使百家争鸣的价值变成不在于对旧社会、旧制度的批判，而在于能否为统治者所用。恰恰是在这种价值追求中，士阶层最终失去了自己的价值。士阶层的独尊意识及其表现出来的政治功利意识，使文化系统淹没在政治系统之中，致使士阶层的价值取向堕入了追求王权认同的陷阱之中。王权和士阶层在“独尊一家”这一点上异曲同工，共同谱就了百家争鸣的葬歌。

刘泽华在《战国百家争鸣与君主专制主义理论的发展》(载《学术月刊》1986 年第 12 期)一文中指出，百家争鸣极大地促进了君主专制主义理论的发展与完善。战国时期把神秘的天命作为宇宙之本的观念仍十分流行，君权神授观念影响很大，但在理论上缺乏内在的逻辑力量。先秦思想家认为天地固然是化育万物之本，如果万物不经君主圣人整治梳理，只能以散漫的形式存在；只有经过君主圣人之功，万物，特别是人类，才能各得其所，井然有序。这就把君主、圣人抬到超人的地位。思想家从不同角度出发论证了一个问题，即君主、圣人是社会秩序的体现和创造者。先秦思想家对这个问题所作的说明虽然还不是科学的，但在当时又是认识所能达到的最高水平。这种认识在政治上最直接的后果便是对君主地位的肯定，君主不仅是必然的，也是合理的，各家各派都赞同，并为之作了论证。论证越深入，越全面，君主的地位就越突出、越巩固、越神圣。先秦的思想家们不仅不怀疑君主专制制度，相反，对君主热切的希望促进并加强了君主专制制度。

二、“华夏”观念的形成

（一）“华夏”的概念

张国硕在《先秦人口流动民族迁徙与民族认同研究》(211—214 页，郑州：大象出版社，2011)一书中指出，华夏观念形成于春秋时期。“夏”字在传统文献中最早见于周初，“华”字至迟出现于春秋时期。大约从春秋时代起，我国古籍上开始将“华”与“夏”连用，合称“华夏”。华夏意识是在华夏民族形成的过程中逐渐产生的。夏商时期，人们尚无清晰的民族意识，对于居住在周边的其他部落，一般称之为“方”。殷墟甲骨文中“夷”“戎”字样所指仍是部族。“蛮”“夷”“戎”“狄”是西周时期称呼周边部落或部族的名号，尚未有贬斥的含义，而且这些名称尚未与“华夏”“中国”对举。西周中晚期，玁狁等部族的崛起，对周人的侵扰和掠夺日益频繁。严酷的历史事实使人们意识到华夏族的生死存亡与戎狄蛮夷的兴亡盛衰有密切的关系，民族意识日趋鲜明。春秋时期，夷狄进一步包围着周人，华夏族的存亡决定于抵抗蛮夷戎狄的成败，于是“尊王攘夷”成为维护华夏生存发展的一面旗帜，又是华夏民族意识确立的一个显著标志。从此，华夏族与蛮夷戎狄之间出现了壁垒森严的界限，“华夏”意识随之产生。“夷夏观”是华夏意识的真实体现。夷夏观确立了以华夏族利益为准则来处理华夏族与其他民族之间的关系，着重强调华夏文化优于其他民族文化的华夏文化中心观。“夷夏观”最突出部分就是“夷夏之辨”或“华夷之辨”，主旨就是华夏族与夷族的区别。第一，华夏族表现出诸夏一体的意识。第二，贵“华”贱“夷”，贬低蔑视非华夏族的民族，其实就是以华夏族的文化礼仪制度为贵，贬“夷俗”，确立“夷”必须从“华”的观念。第三，强调夷、夏有别。第四，突出夷、夏之别主要在于文化的差异和地域的不同，而非血统和种族的差异。

需要强调的是，我们要准确使用、诠释“华夏族”这一概念。叶林生在《“华夏族”正义》(载《民族研究》2002 年第 6 期)一文中指出，关于“华夏族”的起源问题，学者们一致认为：华夏并不是自古有之的，它形成于一定的历史阶段。“中国”一词起源于殷商，大量使用于西周；与“中国”同义的“夏”出现于西周中期；与之互通的“华”“华夏”见于春秋战国之世。尽管古籍所见“华夏”一词的时间未必是华夏族形成的确切时间，但由春秋、战国中期前偶一用之的特点推断，其形成时间不会相去太远。因此，可以肯定，将华夏族视为与苗蛮、东夷并列的古远部族是没有根据的。夏、华、华夏作为中国的代称，从一开始便是一个复合概念，而不专指古代某一个部族或部族集团。许多学者将发祥于黄土高原的古部族称为“华夏族”，这其实是误会。第一，中原的新石器时代考古文化不是仰韶文化。第二，新石器时代的中原居民也不是所谓华夏族。第三，所谓中原“炎黄集团”的说法是造成将西部羌人族团和中原远古居民当作“华夏族”的主要原因。今天我们用“华夏”作中华民族的代称是可以的，但倘若仅认为“华夏族”是汉族的前身，就失其本义了。

（二）华夏族的形成

“华夏”观念的形成与华夏族的形成有着密切的关系，而华夏族的形成又与区域文化互动、交融密切相关。曾文芳、郭妍利在《从考古看区域文化互动与华夏族的形成》（载《宜春学院学报》2013 年第 11 期）一文中指出，区域文化互动、交融促进了华夏族的形成。新石器时代晚期，考古文化形成七大区域，文化交汇更为频繁，参差交错。此后，四方文化凝聚在中原文化周围，组成以仰韶文化、红山文化、大汶口文化为主体，屈家岭文化、良渚文化、马家窑文化为辅，百越文化为补充的多元文化分布及相应的民族部落联盟。大量遗存均反映出南北文化的广泛交融，黄淮之间的颍水流域处于南北交通要冲，也是东西方文化频繁接触地带，发现了多种文化因素，成为后来的夏族活动中心区域。在诸多文化的碰撞中，中原文化区地位逐渐上升，并因其平坦的地势、肥沃的土地以及多种农作物的经济形式，不断在文化包容中丰富、发展和传播了自己，很多同期文化遗存中出现了大量中原文化因素。约公元前4200—前 4000 年，全球范围内气候突变，洪水泛滥，促使各部族迅速凝聚，产生新的统治秩序。以夏禹为中心的中原集团通过治理洪水的成功而得以担任盟主，统一施行华夏文化理念指导下的各种文治武功。禹还铸九鼎、分九州，至启时正式建立夏王朝，以各种制度进行统一的政治管理。这样，在新石器时代晚期之后的各族群文化政治大动荡中，初由区域相邻文化间的不断交融和各自向外辐射，到后来众文化的汇聚中原、发展中原，利用礼器构筑社会等级制度和新的法则，再以九州和服事制度①加以巩固，最终实现了夏初我国古代民族社会的统一和发展。在这个过程中，由于中原文化代表的诸夏民族地位逐渐凸显，凭借其优越的地理环境和先进的农业文明而蒸蒸日上，并最终取得四方文化的认可和臣服，以夏后氏为宗主的国家便应运而生，以华夏族团之文化为代表的华夏民族的政治地位得以确立。

炎黄尧舜也为华夏传统文化的形成做出了重要贡献。钱宗范、朱文涛在《先秦史十二讲》（8—18 页，北京：中国国际广播出版社，2009）一书中指出，炎黄尧舜开拓了华夏的早期文明，奠定了华夏传统文化的基础。炎帝神农氏对上古华夏文明的发展起了重要作用。炎帝精神突出体现在重农务本、开拓进取、勤劳智慧等方面，而黄帝精神除了有自己的创造发明外，突出表现在民族联合、国家统一、开创华夏基业等方面。比如：黄帝顺应历史发展的要求，废除了神农氏时代的母系氏族的民主制，采用武力平定了当时中国北方氏族的分裂势力，完成了对黄河流域的统一，初步建立了在氏族宗法制基础上的统治，使华夏历史迈入了文明史的阶段。尧在仁德的基础上，亲睦家族，团结各族，联合万邦，达成了万邦内的和谐联合，使广大人民得到了安宁。舜任命禹去治水，加强部落联盟首长的权力，选贤任能，经常考察民风习俗。正是炎黄尧舜等先祖圣贤奠定了几千年中华和谐文化的基础，比如：和平结盟，和亲通婚，因俗而治，互学兼收，德化怀柔等。

郑师渠在《中华民族精神研究》（3—11 页，北京：北京师范大学出版社，2009）一书中指

---

① 服事制度有五服、七服、九服等服事制度的记载。这些服事制度都间接或直接的反映了历代王朝与周边国家、民族政治上、经济上、军事上的关系。

出，华夏族在形成发展过程中带着兼容并包的精神，与诸族相互交融和交流。华夏族起源于炎黄部落，虽然各部落间有碰撞、冲突和战争，但是相互包容和融汇是其关系的主流。炎黄部落后来发展成为华夏部的主干，而华夏族历经长期发展，成为汉族的前身。春秋战国时期是华夏族形成的重要时期，华夏族与诸少数族群加快了相互交融的速度，各族间频繁往来，经济上相互补充，文化上相互吸取精华，政治上各少数族群的国家并入泱泱大国的版图，使得相互影响、相互交融有了更便利的条件。经过春秋战国时期社会的剧烈动荡和迅速发展，诸少数族群或多或少地在社会生活的各个方面，都在向华夏族诸国靠近，创造出辉煌灿烂的诸少数族群的经济与文化，并且对于华夏族也产生着重要影响。

周人尊夏同样有利于华夏族的形成，张国硕在《先秦人口流动民族迁徙与民族认同研究》(209—211页，郑州：大象出版社，2011)一书中指出，周族与夏族属于不同的族群，周王朝灭商后，周人对夏人十分尊崇，标榜自己是夏人之后，还声称与夏人的来源相同。周人以夏之后人自居，宣扬自己与夏有密切关系，目的就是巩固自己的统治。周人从西方来到中原，灭掉中原大邦殷商王朝，本是不易之事，而在这之后怎样巩固自己的统治则更为困难。为此周人除了采取一系列经济、政治和军事手段外，还有意加强了"宣传攻势"，一再表明夏、周关系之密切。周人尊夏确实使周人达到了维护统治的目的，使周边民族纷纷前来朝贡，政治上取得统一，同时有利于民族交融。随着时间推移，夏、商、周三族逐渐皆以"夏"为共同族称。在西周，中原各族群来源不同的祖神，已开始纳入黄帝谱系中；夏、商、周三族逐渐承认以黄帝为共同始祖，并且周人还宣布商、周二族都是黄帝之后帝喾的子孙。通过周人尊夏，至西周后期，夏、商、周三族已基本交融在一起，这对于华夏民族的形成以及诸族群对华夏的认同起到了重要的促进作用。

（三）"华夏"观念的形成及发展

1. "华夏"观念的形成

对于"华夏"观念形成的过程，颜世安在《华夏族群形成的重要阶段：西周初年的"夏"》(载《江海学刊》2004年第2期)一文中指出，周初"夏"是代表王族文化圈的概念，它还不能代表华夏观念，但它标志着华夏交融史上一个重要发展阶段。周人自称"夏"乃是认为本邦在文王时已由小邦成为伟大的王族。不论以"夏"称商王族是始于商代还是周初，王族共同名号的抽象概念在周初肯定已经出现。周初还有另一个概念与"夏"概念含义相近，便是"中国"。"中国"指若干王族前后控制过的天下之"中"的中央王国区，"夏"指获得此中央王国区控制权的王族身份，两个概念都表明在周初人观念中已有某种超越本邦之上的王族共同圈意识。西周初年，一种新宗教观把天命转移与人的努力结合起来，认为只有"敬德"才能得到上帝嘉勉，获得天授的王权。可见，周人那时不仅意识到夏商周前后都曾具有王族身份，而且意识到在这几个王族的历史中延续着共同的文化，这就是"敬德"的努力和对"德"的内涵的理解。这样，王族身份的圈子同时是一个共同文化的圈子。由于周人意识到他们作为新王族是身处一个大文化圈的传统中，而不仅仅是身处本族的传统中，所以在谈论"德"的重要性时，周人常能越出本族传统的范围，到前王族的传统中寻求"德"的渊源。周初之"夏"就是一个王族资格的概念，但抽象王族资格意识(夏)，抽象中原王国区意识(中国)，夏商周三王族共属于一个文化圈的意识，以及以"敬德"努力争取天授王权的宗教意识显然是相互关联的，几种意识共同构成商末周初的观念大转变。所以在较有弹性的意义上，可以认为周初

"夏"即代表王族文化圈概念。商末周初是氏族王国的时代,那时人的传统共同体认同是宗庙和血缘关系(祖先谱系)涵盖的氏族群体。以"认同"这个尺度来衡量,便可知周初之"夏"尚不可谓华夏族群。周初的"夏"固然是涵盖了一个王族的共同圈子,可是这只是周人创造的概念,我们看不到夏、商两族对这个圈子的认同。直到春秋时代"诸夏"观念兴起,才有各氏族集团成员对自己身属"夏"族群的一致认同。周初之"夏"不仅找不到周族以外的认同,而且在周人自己,似乎也没有认同夏商两族为同一群体的意思。"夏"是王族的符号,代表一个神圣光荣的圈子,周人以进入这个圈子为自豪。周人相信在争夺"天命"和保持"天命"的政治活动中自己与两个前王族分享共同的行为规则,并且他们因此愿意学习继承前王族的精神遗产以及礼仪制度,但这些都不意味着族群认同。但是周初"夏"概念的出现却为春秋"诸夏"观念大流行作好了准备。华夏不是由某一特定族系发展而来,而是由许多氏族集团在争夺黄河中游农垦区的长期互动关系中交融形成的。在此互动过程之中,由只有具体族名,发展到有一个涵盖众多族系的共名,是一个意义重大的进展。"夏"虽来自具体族名,西周初年却在周人的使用中提升为一个共名。这个共名的出现标志着众多氏族在争夺王权的长期交往中已经达成某种共性,此种共性便构成周人王族文化圈意识的基础。西周中期"夏"观念虽未进一步发展,但西周礼制充分吸纳前王族礼仪文化,西周封邦建国把周人与殷人及其他东方旧族组合在一起,造成作为后来"诸夏"认同基石的黄河中下游诸多地缘国家,这些进展全与周初的文化圈观念有关。

2. "华夏"观念的发展

对于"华夏"观念形成后的发展状况,郭玮在《春秋战国时期的夏、夷观》(载《中州大学学报》2004 年第 4 期)一文中指出,春秋战国时期,华夏一体与天下一统最终成为夏夷思想的理想抉择。起初并不存在后世所谓的"华夷之辨""夷夏之防"等观念。夏夷思想是从春秋、战国时期到秦汉统一中国的漫长历史过程中产生而日渐系统化的。经过数世纪的激烈兼并与民族交融,以夏、商、周为主体的华夏民族逐渐占据了中原地区,而大量异族被驱赶至边远地区,在人们的心目中形成了中国之人的"夏"和"西戎""南蛮""北狄""东夷"的约定俗成的四夷概念。在当时人们的心目中,华夏族所占据的地带当为天下之中心,故在汉代人们心目中只有华夏才是所谓的"中国之人"。华夏族由于占据了自然环境优越、经济文化发达的中原地带,自然而然地产生了对周边四夷的歧视心理和敌对态度。除了狭隘的民族心理在起作用以外,西周中叶以后,这些少数民族或不服王事,或以武力侵犯,对诸夏构成巨大威胁,从而使这种狭隘的民族意识与敌对心理不断加强。与此同时,战国秦汉时期对周边地区大规模的政治军事经营,却又具有一统天下夷狄诸族的意义,容纳夷狄和统一夷狄的思想遂构成春秋、战国和秦汉时期夏夷思想的一个重要组成部分。春秋、战国时期既是夏夷思想的形成时期,同时也是这一思想逐渐得以实践的阶段。春秋时期"尊王攘夷"曾是中原华夏大国号令天下诸侯的一面旗帜。到战国时期,现实生活中的夷、夏区别已基本上清楚可见。大国争霸促成了华夏一体、天下一统的要求自然强烈起来。诸子百家在精心构筑"大一统"政治模式的同时,也对"大一统"思想充满了热情的期待与渴望。战国时期的兼并战争加速了消除分裂割据,实现天下一统的步伐。而社会经济的发展,水陆交通线的开辟,各地区的经济贸易往来日趋频繁,在一定程度上形成了各个地区在经济上相互依赖的局面。经济上交往日益密切,又加速了各地区、各民族之间文化上的交流,从政治、军事、外交体制到一般劳动人民的语言、风俗都在广泛的交流过程中渐趋划一,民族交融以空前的速度进行着。到战国晚期，已形成了“四海之内若一家”的密不可分的局面，秦汉大一统政治局面的历史基础和广泛的社会基础在战国时期已经日渐巩固，在各种合力的作用下，统一逐步成为人心所向、不可逆转的历史大趋势。华夏一体与天下一统最终成为夏夷思想的理想抉择。

（四）“华夏”观念的影响

1. “华夏”观念促进了民族融合

彭丰文在《从边缘到中心：秦人认同华夏民族的心理历程及其历史意义》（载《河北学刊》2015 年第 4 期）一文中指出，秦人用了数百年时间逐步融入并认同华夏民族，这一重要的民族心理变迁历程，在华夏民族形成发展史上具有样本意义。秦人、楚人等周边族群经过春秋战国数百年的与周边民族的交融互动而融入了华夏民族，为华夏民族补充了新的血液，华夏民族得以进一步向周边扩展，标志着华夏民族进入了一个新的历史时期。华夏民族的形成壮大，就是中原诸夏与周边“四夷”不断相互吸引、交融互动的结果。秦人与中原诸夏以及周边其他各族的共同努力，推动了华夏民族的发展壮大，推动了中国古代统一多民族国家的形成发展。秦人融入并认同华夏民族的心理历程，体现了华夏文明巨大的包容性和凝聚力，揭示了中华民族发展壮大生生不息的根本原因，为中华民族的形成与发展发挥了重要的主导凝聚作用，为中国古代统一多民族国家的形成与发展提供了重要的社会心理基础。同时，秦人融入华夏并吞灭六国，统一华夏，创建中国历史上第一个统一多民族国家，这一历史现象充分显示，历史上的华夏周边族群，对于中华民族的发展壮大、对于中国统一多民族国家的形成与发展具有独特的历史贡献。他们与华夏民族共同创造了中华传统文明的辉煌。

马兴在《春秋时期山西境内北狄的华夏化及其对华夏族的影响》（载《贵州民族研究》2005 年第 2 期）一文中指出，春秋时期，山西境内北狄与华夏族的交融，缔造了山西的古文明。北狄华夏化的过程实质上就是北狄接受中原先进文化的过程。在北狄华夏化的过程中，华夏族对北狄的影响主要表现在以下几个方面：经济方面，北狄受中原先进生产方式的影响，由游牧生活过渡到了农业定居生活，个体家庭出现，商品货币关系也得到了一定的发展。政治方面，北狄在与华夏族的长期交往中，有了自己的姓氏。同时，北狄也由部落联盟逐渐过渡到阶级社会。文化方面，狄族接受了华夏先进文化。相应地，华夏族也受到了北狄的影响，如骑马、经营畜牧业的先进方法。在狄族与华夏族的交往中，北狄吸收了华夏的先进生产方式及文化，最终完成了华夏化，华狄间的交融得以加强，华夏族和狄族为创造中国古代山西文明做出了不可磨灭的贡献。

彭邦本在《先秦古蜀与华夏的交流互动与融汇初探——中华文明多元一体格局早期历程的重要个案》（载《中原文化研究》2016 年第 1 期）一文中指出，先秦古蜀与华夏的交流互动与融汇，是中华文明多元一体格局早期历程的重要个案。先秦时期，至迟从五帝以来，长江上游的蜀地或曰古蜀王国，与黄河流域的中原或曰华夏经历了长达数千年的交流互动，终于在秦并巴蜀后画上了圆满的句号，在政治上与华夏整合为一。但是，蜀地文化在融入华夏以后仍然长期保持了鲜明的地方特色，正好揭示了中华文明多元一体、和而不同的巨大包容性。其后与华夏或曰中原之间的交流互动日益频繁，不仅促进了双方在政治、经济等方面互相影响，而且文化上的彼此渗透交融也逐渐深化，从不同层次上多方促成了统一的历史大势，同样证明包容古蜀的中华文明多元一体宏大格局的形成延续，乃是历史发展的注定归宿和规律。因此，在政治上大一统的背景下，蜀地文化历秦至西汉中期而全方位融入华夏，就可谓事有必至、理有固然了。

2. “华夏”观念有利于民族精神和民族心理的形成

郑师渠在《中华民族精神研究》(3—11 页，北京：北京师范大学出版社，2009）一书中指出，在西周春秋时期诸少数民族与华夏族的互动影响中，我们可以清楚地看到中华民族博大的胸怀和兼容精神。当时，少数民族主要有戎族、狄族、夷族等。其中，夷族起源很早，作为少数民族的通称，“夷”在春秋战国时期多被称为“四夷”。在当时的观念里，“四夷”与“中国”相对应，包括了华夏族以外的所有少数民族。“辽远”是“夷”的重要含义，而社会文化的进步情况是区分是否“夷”族的重要标准，居住在东部地区的少数民族称“夷”者居多。当时，自视高贵的国家，不管自己是否被别国称为夷，但却总要称比自己落后的国家为夷。历经夏、商、周三代的发展，以华夏族为主体的诸族逐渐交融和交流，使得华夏族不断发展壮大。这在社会成员构成方面奠定了秦汉大帝国出现的基础，锤炼了华夏民族精神，再经春秋战国时期诸子百家思想精华的总结与升华，可以说中华伟大的民族精神在先秦时期已经基本形成。

何成轩在《春秋战国时期中原华夏文化南渐述略》(载《学术论坛》1999 年第 6 期)一文中指出，春秋战国时期，中原华夏文化南渐并产生深远影响。春秋战国时期是民族大交融浪潮奔涌的时期，中原华夏族与周边各地区各民族的联系更加密切，彼此之间的文化交流更加频繁。这种交流是双向的，它推动了民族的大交融和社会的进步。中原华夏文化在双向交流中起了主导的作用，对周边各地区各民族产生了更广泛更深刻的影响。可以说，中原华夏文化与周边各族文化的交流，特别是华夏文化向周边地区的传播，在我国多民族统一国家形成的历史过程中，起了纽带的作用，影响深远。在中原华夏文化南渐的过程中，楚文化曾经起了主要的媒介和桥梁的作用。中原华夏文化传入岭南，是和楚国势力向南扩展分不开的。中原华夏文化的南渐，由远古传说时期开始，中经夏、商、西周三代的发扬光大，至春秋战国而形成潮流。华夏文化在岭南地区的长期、广泛而深入的传播，为秦始皇统一岭南，将岭南正式划入中国的版图，奠定了坚实的基础。自秦统一全国以后，中原人大量南迁，与当地民族杂居，彼此能够友好相处，互相交融，共同开发和保卫祖国的南疆，与华夏文化、汉文化的长期传播和影响有直接的关系。秦末汉初，中原战乱，岭南人民僻处边陲，仍与内地人民保持密切联系，没有脱离祖国的大家庭。此后我国经历多次分裂或战乱，岭南始终都在祖国的怀抱之中。这说明岭南各族人民对祖国、对中华民族具有强大的向心力和凝聚力，能够顺应历史发展的潮流，这与春秋战国时期中原华夏文化的南渐有着不可忽视的渊源关系。

3. “华夏”观念为多元一体格局奠定了基础

李龙海在《春秋战国时期民族分布格局的变迁》(载《贵州民族研究》2008 年第 6 期)一文中指出，春秋战国时期民族分布格局的变迁影响深远。春秋时期，戎狄蛮夷与诸夏出现了分布上的交错杂处的局面。随着人口的增加与列国疆域的扩展，诸夏与戎狄蛮夷之间的战争就因对资源的争夺不可避免地爆发了。同时，诸夏与少数民族之间的政治、经济、文化交流也在进行之中，这大大推动了民族交融。而就是这种民族间的交融，最终使春秋至战国时期的民族分布格局发生了很大的变化。从民族斗争发展总的趋势来看，华夏在与四方诸族的关系中，以北方戎、狄之族和南方楚族的活动，对华夏产生的影响最大。经过春秋战国五百余年的斗争交融，今陕甘豫晋冀一带的戎狄族已无迹可寻。在南方，楚国灭越灭鲁，势力发展到云南滇池一带；秦国兼并了巴蜀，又夺取了楚的巴黔中郡。中原的诸夏和东南沿海的越族、西南方的西南夷的交融也加速了。民族斗争和交融的结果，大大促进了华夏族群的发展，并为秦王朝建立统一的大帝国创造了条件。战国时期，中国与夷蛮戎狄配以东南西北，“五方之民”公为天下、同居四海的统一格局形成了。战国时期形成的华夷五方格局，无论在思想认识上还是在地理分布上对后世中国的民族分布都产生了深远影响。后世持正统史观的学者都有汉族居中、少数民族居于四夷的思想观念。后世王朝虽都有民族间的迁徙，但内迁的少数民族后来大都同化为汉族了。所以，其基本格局并没有发生根本改变。直到现在，虽然我国是“大杂居，小聚居”的民族分布格局，但汉族主要居住在中原，少数民族中的大多数则主要居住于四边仍是一个基本事实。

4. “华夏”观念有利于国家认同

李禹阶在《华夏民族与国家认同意识的演变》(载《历史研究》2011 年第 3 期)一文中指出，华夏民族与国家在演进和互动中，形成古代中国自己的历史发展道路和特有的民族认同与国家认同的同一性传统，并由此导致华夏民族意识和国家意识在历史发展中相互交叉、合一的特殊性。从三代起始的华夏境域内，邦国与族类的同构既是一种客观的存在，又是一种观念上的认识。随着历史的发展和民族、国家的一体化进程，华夏民族、国家意识的同一性更明显地表现出来。华夏国家、民族从春秋战国起就逐渐加快了它的一体化进程。这种一体化进程打破“邦国”“宗族”壁障，使国家、人民不论在政治制度、个人身份、族类从属上都发生极大变化。但是，国家与民族毕竟不是完全同一的概念。国家是阶级统治的工具，同时也起着社会整合的作用，它的规范性与制度化特征十分鲜明。民族则是具有共同语言、共同地域、共同经济生活和表现于共同文化上的共同心理素质的稳定共同体。在中国，民族的文化及心理特点十分突出，在内容上比外显的国家制度化特点具有更多内在的思想意识上的特征，即民族成员表现在民族意识上的自觉认同以及这种文化及心理认同的深沉性、继承性和强大性。秦统一中国以后，随着专制主义中央集权制度的确立，统一的国家机制更加规范和完善。同时，华夏民族在秦以前的多元一体化格局仍被继承下来，并且在民族交融与同化中，一方面不断扩大华夏民族队伍，使它成为当今一个人口众多的民族；另一方面东亚大陆的地理生态环境和华夏民族先进文化，又不断吸附许多新的民族，形成新的多元一体化民族格局。华夏民族正是在这种多元一体的转化中发展壮大，这成为世界上一种特殊的民族现象。华夏民族与国家在独自发展的历程中，在政治、文化、民族意识上都表现出一种开放、兼容、内聚的形式与态度，这在本质上对华夏国家与民族的发展方向起了定位作用，也促成民族、国家几千年来不断发展，并形成一些重要的民族与国家认同的特点，如种族的兼容性、国家对民族的安全性义务、文化的互融性与开放性等。民族认同与国家认同的一致性使我们的民族、国家具有十分顽强的生命力。积淀深厚的民族自我认同意识和对国家机器公共职能的实际需求，以及长此以往所产生的对祖国、民众的情感相互交织在一起，形成一种华夏(汉)民族广大民众的生命价值取向，凝聚成为一股巨大的精神力量。这股精神力量从古到今激励着千千万万仁人志士，它的深刻内涵还值得进一步探讨。进入近代以后，传统“家天下”的国家与民族意识受到严峻挑战，其认同观念也面临一个断裂和重新阐释、再塑的问题。面对民族、国家的危亡和近代化建设的重任，近代仁人志士积极探索民族国家的重建途径，他们在吸取西方近代民族、国家思想的基础上，创造性地提出政治革命与民族革命相统一的思想，并以此为核心构建新的中华民族国家，努力达到民族认同与国家认同相一致，为中华民族的多元一体格局奠定了基础。孙中山近代化的民族、国家思想及其实践，就是这种观念的杰出代表。

教学设计

设计一：一碗甲鱼汤折射的礼崩乐坏

设计意图

春秋战国时期是中国历史上一个重要的历史时期，在政治、经济与思想文化方面都有突出的特点和辉煌的成就。如果想让学生更好地理解这一时期的历史发展，就需要创设一些具体的情境，以增强学生学习的兴趣，提高学生的理解能力。本教学设计通过《春秋》中郑国臣下弑君事件的分析，展示了春秋时期一些重要人物的活动，让学生回到历史现场，了解“礼崩乐坏”的史实，理解春秋时期的政治变动，从而更好地了解这一时期的时代特征。

设计方案

教师讲述：春秋时期，周王室衰微，诸侯混战，原有的礼乐秩序被破坏。鲁国的史书《春秋》记载了鲁宣公四年(公元前605年)发生在郑国的一次重大事件。

材料一　夏六月乙酉，郑公子归生①弑其君夷。

——杨伯峻编著：《春秋左传注》，北京：中华书局，1990年，第676页

教师设问：材料描述的是什么事件？(参考答案：郑国公子归生以下犯上，杀死郑国的国君)

教师讲述：《春秋》讲究微言大义，同样是“杀人”，“弑”这个字带有明显的贬义，用于以下犯上这种大逆不道的行为。但是事实究竟是怎么一回事？郑国的公子归生与国君之间到底有怎样的仇恨或者利益冲突，促使归生要杀掉郑国的国君？

材料二　楚人献鼋②于郑灵公。公子宋③与子家将见。子公之食指动，以示子家，曰：“他日我如此，必尝异味。”及入，宰夫将解鼋，相视而笑。公问之，子家以告，及食大夫鼋，召子公而弗与也。子公怒，染指于鼎，尝之而出。公怒，欲杀子公。子公与子家谋先。子家曰：“畜老犹惮杀之，而况君乎？”反谮④子家，子家惧而从之。夏，弑灵公。

——杨伯峻编著：《春秋左传注》，北京：中华书局，1990年，677—678页

教师讲述：这个故事为我们留下了两个著名的成语：食指大动和染指于鼎。公子宋和子家都是郑国的公卿，在将要去见郑灵公的路上，公子宋的食指忽然自己动了起来，他说：“以往我遇到这种情况，一定可以尝到美味。”等到进去以后，厨师正准备切甲鱼，两人相视而

---

① 归生：春秋时郑国执政大臣，郑文公之子。姬姓，名归生，字子家。

② 一种大甲鱼。

③ 公子宋：郑国大夫，姬姓，名宋，字子公。

④ 谮：诬陷。

笑。郑灵公问他们为什么笑，子家就把刚才的情况告诉郑灵公。等到郑灵公把甲鱼赐给大夫们吃的时候，也把公子宋召来但偏不给他吃。公子宋发怒，用手指头在鼎里蘸了蘸，尝到味道后才退出去。郑灵公发怒，要杀死公子宋。公子宋和子家策划先下手。这年夏天，公子宋带人杀死了郑灵公。

教师设问：因为一碗甲鱼汤，导致君臣矛盾激化，最后酿成了一次弑君事件。公子宋没有喝上甲鱼汤为什么会如此生气？（参考答案：公子宋觉得自己受到了侮辱）

教师讲述：按照周礼的规定，天子、诸侯和大夫都要遵循一定的饮食礼仪。国君不应该在进食时召见大臣，既然召见，就应该赐给食物，如果不这样做，就是对大臣的不尊重。

教师设问：郑灵公为何也会生气？（参考答案：国君没有赐给食物，大臣就将手伸到鼎里，是对国君的大不敬，也属于失礼行为）

教师讲述：在这一事件中，国君和大臣都存在严重的失礼行为，折射出这一时期礼乐制度已经逐渐动摇，在政治活动中，严肃的礼仪规范没有被认真地执行。

教师设问：郑国的这一弑君事件实际上是由公子宋策划与实施的，但是《春秋》记载为何要把弑君的罪名安在公子归生头上呢？

材料三　子家之位似高于子公，故言“权不足”。杜注云：“子家权不足以御乱，惧谮而从弑君，故书以首恶。”

——杨伯峻编著：《春秋左传注》，北京：中华书局，1990年，678页

教师讲述：公子归生的地位要高于公子宋，但是没能阻止公子宋弑君，没有尽到臣子的责任，所以要担负首恶之名。

教师设问：郑国的这次弑君事件是因为一只楚国送来的大甲鱼而引起的。楚国在郑灵公刚即位的时候送礼物给郑国，背后的意图可能是什么？

材料四

（郑文公）四十一年（公元前632年），助楚击晋。

（郑穆公）三年（公元前625年），郑发兵从晋伐秦，败秦兵于汪。

（郑穆公）二十一年（公元前607年），与宋华元伐郑。

灵公元年春（公元前605年），楚献鼋于灵公。

襄公元年（公元前604年），楚怒郑受宋赂纵华元，伐郑。郑背楚，与晋亲。

（郑襄公）五年（公元前600年），楚复伐郑，晋来救之。

——（西汉）司马迁撰：《史记》卷四十二《郑世家》，北京：中华书局，1982年，1766—1768页

（参考答案：楚国为了拉拢郑国，在争霸战争中寻找盟友）

教师讲述：从公元前632年到公元前600年这短短的33年时间里，郑国先后参与了多次战争，而且在外交上从与楚结盟到与晋结盟。公元前605年出现的这只甲鱼，不仅引发了郑国内部的混乱，也见证了诸侯国之间的相互征战，再次证明这一时期分封制已经处于瓦解之中。

教师总结：通过这样一个有意思的事情，我们能够感受到这一时期在诸侯国内部君臣之间紧张的关系，能够发现原有的礼制规范已经出现了明显的松动，春秋战国时期的政治发展已经具有了新的时代特征。

设计二：何谓华夏

设计意图

千百年来，华夏含义的变迁在一定程度上折射出中华各民族之间的互动与交融，而华夏的含义是理解华夏观念形成的关键。因此，在教学设计中，以追溯华夏的含义为切入点，通过史料分析与问题探讨，使学生知道华、夏以及华夏的含义、含义的演变历程及其原因，从而对华夏观念有更加深入的了解，进而更好地理解华夏观念的形成。

设计方案

教师讲述： 在华夏观念形成的过程中，华、夏以及华夏的含义是不断变化的。华和夏最初是分开的，而且原意并不相同。金文的“华”，字形就像是一朵绽放着的花朵，上方是花瓣，向两侧下垂，下面是弯曲的花枝[①]。

材料一

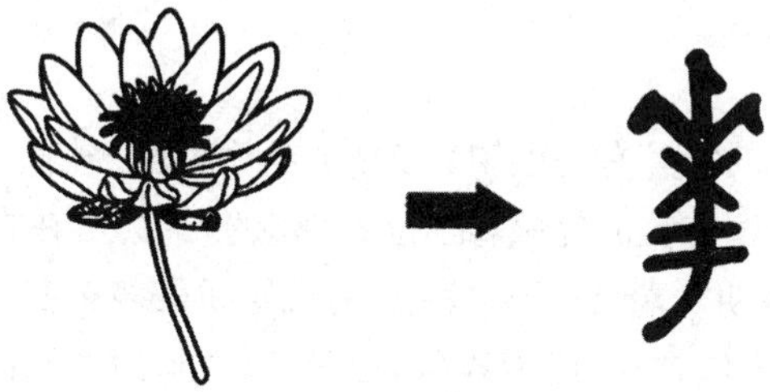

——(东汉)许慎著，吴苏仪编：《图解说文解字(图说汉字)》，西安：陕西师范大学出版社，2010 年，141 页

在金文中，“夏”字为一个人形，头部在上边，躯干在中间，手在两侧，足在下边。甲骨文中的身躯不见了，只有一只大脚[②]。

材料二

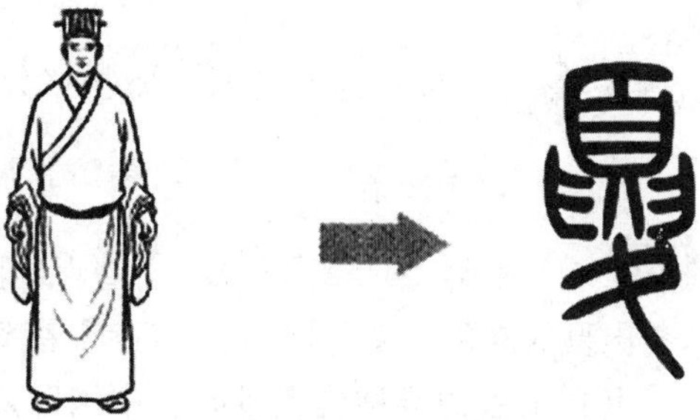

——(东汉)许慎著，吴苏仪编：《图解说文解字(图说汉字)》，西安：陕西师范大学出版社，2010 年，383 页

除此之外，华和夏还有其他含义。

---

① (东汉)许慎著，吴苏仪编：《图解说文解字(图说汉字)》，141 页，西安：陕西师范大学出版社，2010。
② (东汉)许慎著，吴苏仪编：《图解说文解字(图说汉字)》，383 页，西安：陕西师范大学出版社，2010。

材料三 中国有礼仪之大，故称夏；有服章之美，谓之华。

——李学勤主编：《十三经注疏·春秋左传正义》(下)，北京：北京大学出版社，1999年，1587页

教师设问： 材料三中的"华"和"夏"有何含义？(参考答案：华：美丽；夏：盛大)

教师讲述： 不仅如此，华和夏还都曾是地名。其中，华指华山，这一理解应该将华山看作是一个很大的区域，这里曾是中原文化的重要发祥地，在距今4000年左右周边文化相继衰落消亡之时，却只有中原文化一脉相承下来。代表中原文化的夏文化在这一地区发达起来，并成为当时中国诸文明的中心，夏人并在此建立了第一个国家政权。所以，这一地域的人们以华作为自己的名称。夏指山西南部，随着夏王朝的建立与政治中心东迁至豫西地区，夏的内涵与外延也随之发生着变化。夏不但为地名，还是国家名，并且其区域已经超出原有范围。然而，华、夏的含义是在不断变化的。西周时期形成了以周礼为代表的华夏礼乐文化，相对于那些落后"野蛮"的民族，华夏文化无疑是当时最先进的，华、花同义，正暗示了诸夏成员对本民族先进文化的自信。

材料四 恭天成命，冕服采章曰华，大国曰夏，及四夷皆相率而使奉天成命。

——李学勤主编：《十三经注疏·尚书正义》，北京：北京大学出版社，1999年，292页

教师设问： 材料四中的"华"有何引申含义？(参考答案：礼仪文化)

教师讲述： 冕服是中国传统的礼服，是礼仪文化的一部分，在古代彰显着等级、秩序、信仰与习俗。冕服从殷商时期发端，到西周完备，两千年间虽多有变异，但一直不出周礼框架。春秋时期，华夏面临外族入侵，"礼"成为春秋时期华夷之辨的主要内容。而华即指礼仪文化及具有礼仪文化之人。这一时期，华又有中国之义。

材料五 劳师于戎，而楚伐陈，必弗能救，是弃陈也。诸华必叛。

——杨伯峻编著：《春秋左传注(修订本)》第3册，北京：中华书局，1990年，936页

教师讲述： 中原诸夏不但自称为华，其他族群也称华夏为华。华作为华夏的族称，无论是自称还是他称，都已经完全具备了。汉民族形成后，华仍是中原汉民族的自称，后在魏晋时，又出现了中华的自称。

西周春秋时期，夏已完全具备文化与族称的含义。那些被分封到东方的诸侯即称为"东夏"。

材料六 诸夏，中国也。

——(晋)杜预：《春秋经传集解》第1册，上海：上海古籍出版社，1988年，214页

教师设问： 据材料六，指出夏的族称含义是指什么？(参考答案：中国)

教师讲述： 夷夏对称，可以看出夏的族称含义，即指"中国"。汉民族形成后，夏或可指汉族这一族体，也可指汉族生活的区域以及汉族统治的中原王朝。

到了西周春秋时期，华和夏分别具有了文化与族称的含义，并且含义合一，同指中国。

春秋时期，面对戎狄蛮夷的侵扰，诸夏族群意识显著增强，出现了"尊王攘夷""华夷之辨"等重大行动。而"华夏"一词能更加自觉地、全面地强调自己的民族文化特征，意指具有礼仪文化的中国人，以与他族相区别。于是，在春秋时期，华、夏连称，出现了"华夏"一词。华、夏、华夏，其意均指中国。

之后,“华夏”的含义在发生微妙的变化。其由专指汉族及其前身到现今泛指中国各民族的人民,族称含义淡化,而政治性成分增多,比如通常所称的“华夏大地”“华夏儿女”“华夏文明”等即为此意。现在“华夏”也与“中华”含义基本相同,如“华夏大地”“华夏儿女”“华夏文明”就可以分别说成“中华大地”“中华儿女”“中华文明”。并在日常使用上,其往往被“中华”一词代之。只是向国外多称“中华”,而在国内多称“华夏”。“华”之单称不但可指全体中国人,而且也指加入了外国籍的中国人,他们可统称为“华人”。而“夏”的单称已没有了任何族称与政治上的含义,它只有在与“华”连称时才有此含义。华夏含义的变化及华夏被中华取代,有其特定原因。

材料七 孔子之作《春秋》也,诸侯用夷礼,则夷之;进于中国,则中国之。

——(唐)韩愈撰、马其昶校注、马茂元整理:《韩昌黎文集校注》,上海:上海古籍出版社,1986 年,17 页

材料八 汉族当牺牲其血统、历史与夫自尊自大之名称,而与满、蒙、回、藏之人民相见于诚,合为一炉而冶之,以成一中华民族之新主义,如美利坚之合黑白数十种之人民,而冶成一世界之冠之美利坚民族主义,斯为积极之目的也。

——孙中山:《孙中山全集》第五卷,北京:中华书局,1985 年,187—188 页

教师设问: 据材料七、八,分析指出华夏含义变化的原因有哪些?(参考答案:华夏文化的包容性;中国近代遭受外国列强入侵)

教师讲述: 此外,华夏含义的变化也与新中国成立后国家在培育中华民族的整体观念以及近年来中华民族多元一体格局的理论建构有着密切关系。如今,中华民族的观念已深入人心。

教师引导学生小结: 华和夏最初是分开的且原意不同,二者含义始终处于不断变化之中。至西周春秋时期,二者含义趋同。春秋时期,华、夏连称,出现了“华夏”一词。华夏含义因特定原因而发生变化。通过掌握华、夏、华夏的含义,有利于我们深入了解华夏观念这一概念。

教学资源

资源 1:牛耕的产生与推广

牛耕法大约起源于春秋后期或春秋战国之际。牛耕的推广和普及是一个缓慢的过程。战国时代牛耕的使用还很稀少,这可以从当时的文献对牛耕记载的缺乏以及铁犁出土的罕见得到验证。出土的极为有限的战国铁犁主要分布在黄河中下游一带,犁的型制也比较简单,主要是 V 型犁,其犁首钝角 120 度左右,两侧铁叶长不及十厘米。这种犁是木制犁床,冠以铁制犁头,纵使牛耕起土也不能太深。直到西汉前期,牛耕的使用还只局限在某些特定地区,主要是黄河中下游一带,在幅员广大的其他地区并不通晓铁犁与牛耕,而且即使在黄河中下游地区,也只有少数农家有能力使用它们。汉武帝末年,搜粟都尉赵过大力推广牛耕,并改进田器,牛耕遂逐渐普及。

——李恒全、李天石:《铁农具和牛耕导致春秋战国土地制度变革说质疑》,载《中国社会经济史研究》2005 年第 4 期

资源 2：战国秦汉时期小农家庭的形成原因

战国秦汉时期小农家庭一般是五口、占地百亩。男耕女织似乎是中国封建社会前期的一个标准的小农经济家庭生产模式。这种人口数量的形成，主要是由于商鞅变法，在其废井田、开阡陌、使民得买卖的同时，又规定“民有二男不分异者，倍其赋”①，商鞅的规定，对秦朝小农家庭人口结构有影响。汉承秦制，贾谊在《陈时政疏》中亦云：“故秦人家富子壮则出分，家贫子壮则出赘”②，所以晁错谈到农家人口时仍说“今农夫五口之家”③，这也反映出是由于中国的多子继承制度所造成的，这种制度在战国时便已成为社会习惯，到了汉代，诸子平分财产的继承制度，即已完全确立。这可以说明，五口之家一方面是受传统的理想蓝图影响，另一方面诸子平分财产制度也造成了中国封建社会小农家庭人口长期在五口上下浮动。

——洪煜：《战国秦汉时期的小农经济》，载《史学月刊》1994 年第 5 期

资源 3：春秋战国时期一些诸侯国实行重商政策的原因

商品经济的发展繁荣必然给国家带来大量的商业税收，增强其经济实力，有利于巩固统治和争霸战争。虽然春秋战国时期田税是国家主要的财政收入，但源源不断的商业税收无疑也是各诸侯国财政收入的重要组成部分，对巩固统治和争霸战争发挥着重要作用。《战国策》里面的一段话说得很明白：“夫存韩安魏而利天下，此亦王之大时已。通韩之上党于共、莫，使道已通，因而关之，出入者赋之……共有其赋，足以富国。”④这里，就把征收关税作为“富国”“存韩安魏”的一个重要途径，说明关税收入是相当可观的。由此可以看出，商品经济带来的直接关税收入对于诸侯国的重要性。对此，《管子》说得更明了，把“修道途，便关市”作为“输之以财”⑤的重要方式之一。《孟子》曾记载了宋国大夫戴盈之和孟子商量关税税率的事情说：“去关市之征，今兹未能，请轻之，以待来年，然后已，何如？”⑥在戴盈之看来，如果免征关税或降低税率，就有可能要影响到国家的政治统治。

——吴继轩：《春秋战国时期的重商政策与商品经济的发展》，载《经济研究导刊》2009 年第 12 期

资源 4：春秋战国时期城市的发展

伴随着道路交通和商品经济的发展，春秋战国时期兴起了一些区域性的或全国性的经济都会，如秦国的栎邑和雍、赵国的邯郸、楚国的郢、齐国的临淄等。栎邑“北却戎翟，东通三晋”，占据着通往三晋的要道，同时也在秦国通向北方边陲的道路上，因而发展成为一大都会。邯郸“北通燕、涿，南有郑、卫”；雒邑则“东贾齐、鲁，南贾梁、楚”⑦，这些都是当时

① (西汉)司马迁撰：《史记》卷六十八《商君列传第八》，2230 页，北京：中华书局，1982。
② (东汉)班固撰：《汉书卷》四十八《贾谊传第十八》，2245 页，北京：中华书局，1962。
③ (东汉)班固撰：《汉书卷》二十四上《食货志第四上》，1133 页，北京：中华书局，1962。
④ (东汉)刘向撰：《战国策》，877 页，上海：上海古籍出版社，1985。
⑤ (清)黎翔凤撰：《管子校注》，194 页，北京：中华书局，2004。
⑥ (宋)朱熹撰：《四书章句集注》，270 页，北京：中华书局，1983。
⑦ (西汉)司马迁撰：《史记》卷一百二十九《货殖列传第六十九》，3261、3264、3265 页，北京：中华书局，1982。

闻名天下的大都会。这一时期因交通发达而迅速崛起的当首推被称为“天下之中”的定陶。

——吴继轩：《春秋战国时期商品经济发达原因探析》，载《山东师范大学学报(人文社会科学版)》2007年第2期

资源5：春秋战国时期的转运贸易

转运贸易是我国最古老的商业活动。在早期文明时代，由于交通不便，从事转运贸易非常困难。至春秋战国时期，转运贸易已具有相当突出的发展。当时贩运的商品除各地土特产外，手工业产品也是重要的商品来源，如布帛、盐铁、陶器、铜器、漆器等。甚至有些商品被转运到域外。如在公元前几个世纪的朝鲜墓葬和遗址中，曾多次出土我国制造的铜镜、铜剑和燕国的“明”字刀币。这种“明”字刀币在日本冲绳岛也有出土。另在湖南等地的战国墓葬中，出土一种被称为“蜻蜓眼”的琉璃珠，与古代西亚同类产品如出一辙。且公元前4世纪的古希腊人已称我国为“塞勒斯”(丝)，可见我国通往西方的“丝绸之路”在战国就已开辟，世界贸易开始兴起①。

——冷鹏飞：《春秋战国时期商品经济形态的变革》，载《学术研究》1999年第10期

资源6：战国时期郡县制的发展

战国时期，由于生产的发展，边地逐渐繁荣，就在郡下分设若干县。在内地，由于征战频繁，也需置郡专司军事，最终便形成以郡统县的行政格局。这一时期郡县制的特点是：一是各国普遍设置郡县。二是各国郡县的大小规模开始趋向一致。齐虽无郡制，但实行五都制，下面设县，与郡同。三是各国郡县的性质开始趋于一致，原来的分封制逐渐取消。四是各国郡县之间有了统属关系。因而郡统县的关系也逐渐确立。尽管如此，由于战国时期各诸侯国之间长期战争，因而制度无法统一，与采邑制并存。郡县制度尚未完备。

——王明德：《论春秋战国时期贵族政治向官僚政治的转变》，载《理论导刊》2009年第3期

资源7：春秋战国之际君臣易位

《左传》昭公三年载晋叔向与齐晏子之间的对话，晏子曰：“此季世也，吾弗知齐其为陈氏矣。公弃其民，而归于陈氏……”叔向曰：“虽吾公室，今亦季世也……政在家门，民无所依。君日不悛，以乐慆忧。公室之卑，其何日之有？”②两人对于本国君主的失政已经确信不移，其中的原因就在于失民。《左传》昭公三十二年载赵简子与史墨探讨“季氏出其君，而民服焉”的原因，史墨的回答是：“鲁君世从其失，季氏世修其勤，民忘君矣。虽死于外，其谁矜之？社稷无常奉，君臣无常位，自古以然……民不知君，何以得国？”③史墨的话清楚地表明，春战之际世人对于君臣易位的评判标准在于得民与否，与晏子的观点是一致的，“社稷无常奉，君臣

① 参见李学勤《海外访古记》，载《文博》，1987(3)；又李学勤撰：《东周与秦代文明》，303页，北京：文物出版社，1984。

② 杨伯峻编著：《春秋左传注》，1234—1237页，北京：中华书局，1990。

③ 杨伯峻编著：《春秋左传注》，1519—1520页，北京：中华书局，1990。

无常位，自古以然”道出了其中的残酷现实与客观规律。

——苏辉：《春秋战国之际的动荡格局与权力更迭》，载《中国史研究》2015 年第 1 期

资源 8：赵氏在晋国的改革

赵氏主观上为实现自身发展所做出的各项变革，客观上是促进社会性质转变的有益尝试；其最终的成功，无疑为社会的发展起到了榜样作用。其一，据《吴问》记载，赵简子进行了扩大亩制的改革，将周制的“步百为亩”变为“二百四十步”为亩，从而提高了属民的生产积极性。其二，赵简子时期，赵氏已实行田税与户税制度，往昔籍而不税的籍田制显然已被废除，此堪当赋税制度的一大进步。其三，春秋时期的郡县之设是后世中国地方行政建制的源头，铁之战①前赵简子誓师辞即表明赵氏领地在当时已有郡县之设。可见，在郡县制的形成过程中，也有赵氏之力。其四，铁之战时作为应急措施出台的各级军功赏，扩大了军功奖赏的范围，有利于调动全军上下的战斗积极性，实是后世军功爵赏制之滥觞。其五，赵襄子时期，新型的君臣关系逐渐确立，君主的绝对权威得到强化，文武分职的官僚体制也在初创之中，这些均是后世国家制度中不可或缺的组成部分。赵氏之先进性由此可见一斑。

——白国红：《世族的崛起与春秋政治格局的演变——以晋国赵氏为个案》，载《青海社会科学》2006 年第 1 期

资源 9：“礼仪之辨”的历史作用

在这一时期，“礼仪之辨”被反复讨论，“礼”被特别强调，而“威仪”则逐渐淡出，反映了春秋时期贵族在认识方式方面的转变。贵族社会从人伦社会之外去寻找当时社会秩序的合理根据，逐渐摆脱神学认识方式，为政治社会秩序寻找客观合理的根据。这一认识方式的转变是随着宗法制度的破坏和衰落，新的政治秩序的建立而发生的。

春秋时期，经历着礼崩乐坏，然而不能忽视的是当时贵族们在这一时期建立新秩序的努力。在当时的维新政治发展过程中，礼、仪分立扮演了重要角色。通过对礼与仪的分辨，仪式化的政治行为由于较低的政治效用而被春秋时期的贵族们放逐到政治之外，对礼则进行了改造，贵族们或仰仗武力，或抽绎传统文化，加强了礼的政治效用。可以说，春秋时期的维新政治是伴随着礼仪分立而进行的。这种分立无疑表明了当时贵族社会认识方式的变化，甚至可以说认识方式的变化是这一时期维新政治更为核心的内容。

——李雷东：《“礼仪之辨”对春秋政治的影响》，载《武陵学刊》2014 年第 6 期

资源 10：稷下学宫对百家争鸣的贡献

齐国著名的稷下学宫便是这一时期的典型例证。稷下学宫首先就是私人藏书的集中地，是聚书、读书的好地方，因而是学术研究的中心。在它存在的 150 余年中，先后延揽天下贤士近千人，其中代表人物有邹衍、慎到、尹文、荀子等，成为一个学者荟萃的文化中心，许多学术著作在这里问世，已知的有《管子》《宋子》《蜎子》等。学官内容纳道、法、儒、名、农、阴阳

① 公元前 493 年，晋国的范氏、中行氏联合郑国和齐国进攻赵氏，这就是铁（在今河南濮阳西北）之战。

等各家学说，共同切磋，自由争辩，互相诘难，各抒己见，为百家争鸣创造了良好的文化氛围和活跃的学术空气，促进了学术文化的繁荣。稷下学宫虽仅昙花一现，但在中国文化史上的意义则是永恒的。

——李杏丽：《春秋战国时期图书流通与诸子百家争鸣》，载《图书馆学刊》2011 年第 11 期

资源 11：蜀、夏文化互动

蜀、夏同源并长期有密切互动，在考古学方面还有若干印证。广汉三星堆遗址和河南偃师二里头遗址（学界长期以来寻踪夏文化的重点考古遗址）出土的资料中，都有玉质礼器牙璋，在陶器方面都有封口盉、敞口觚、高柄豆；尤其是镶嵌绿松石的铜牌饰，只见于三星堆和二里头，显示了两地文化之间非同一般的关系①。两者器物之间容或有早晚，但属于双向互动则是无疑的。而作为文化因素的器物及其形制、纹饰等，一定是通过人的流动，亦即人群之间的互动，才能实现传播。

——彭邦本：《先秦古蜀与华夏的交流互动与融汇初探——中华文明多元一体格局早期历程的重要个案》，载《中原文化研究》2016 年第 1 期

资源 12：周初之“夏”与华夏族群认同的差异

商末周初是氏族王国的时代，那时人的传统共同体认同是宗庙和血缘关系（祖先谱系）涵盖的氏族群体。“夏”是否代表新的共同体认同呢？这是西周初年华夏族群是否形成的关键。以“认同”这个尺度来衡量，便可知周初之“夏”尚不可谓华夏族群。周初的“夏”固然是涵盖了一个王族的共同圈子，可是这只是周人创造的概念，我们看不到夏、商两族的人对这个圈子的认同。直到春秋时代“诸夏”观念兴起，才有各氏族集团成员对自己身属“夏”族群的一致认同。周初之“夏”不仅找不到周族以外的认同，而且在周人自己，似乎也没有认同夏商两族为同一群体的意思。“夏”是王族的符号，代表一个神圣光荣的圈子，周人以进入这个圈子为自豪。周人相信在争夺“天命”和保持“天命”的政治活动中自己与两个前王族分享共同的行为规则，并且他们因此愿意学习继承前王族的精神遗产以及礼仪制度，但这些都不意味着族群认同。在西周初年的共同文化圈意识中，周人观念之核心不在于认异族为一体，而在于强调与异族的竞争关系。周初文诰颠来倒去便是如下意思：我们是由“敬德”而获得天命的，如果我们沾染恶习而背弃“德”，便会像前王族一样失去天命。这种恐惧王权地位会再次丧失的“忧患意识”，便是周初王族文化圈观念的灵魂。正因为周初之“夏”概念并不代表新的族群认同，它只是在一个超出传统氏族眼界的大文化圈中重新理解本邦作为新王族的地位，所以周人那时并不多言自己是“夏”，他们更多地还是自称“周”，称商人为“殷”。尤可注意的是，到了西周中期的文献中，无论铜器铭文还是《诗经》大、小雅，均不再见周人谈论作为王族身份和共同文化圈的“夏”，这肯定不是偶然疏漏。《大雅》是西周王畿地区的庙堂诗，从中可看出宗周贵族比较系统的政治观念，诗歌中既不再以“夏”称周邦，也不提夏、商两族先王德行遗言，只是处处言“周”，突出周王室的中心地位，这就是反映了周人政治地位巩固以后的观念变化。何以西周宗法制度确立，周人政治地位稳固便不再言“夏”，眼光反而又从

① 江章华、李明斌：《古国循踪——三星堆文化的兴起及其影响》，87—89 页，成都：巴蜀书社，2002。

大文化圈退缩到狭隘的本族中心，这个问题值得探究，因超出本文范围，容当另文商讨。但西周中期文献不再言“夏”，不再谈论大文化圈是确凿无疑的。这一事实进一步证明周初之“夏”决非华夏族群认同，否则断无此种认同再度消失的道理。

——颜世安：《华夏族群形成的重要阶段：西周初年的“夏”》，载《江海学刊》2004年第2期

资源13：夏、商、周三族有着明显的民族认同的意识

夏、商、周三族有着明显的民族认同的意识。据《国语·鲁语上》记述，有虞氏和夏、商、周三族祭祀的时候，不仅上推到本族的先王、先公，还更进一步把本族来源与黄帝族系联系起来，都自认是黄帝族的后裔。商族本属东夷族的一支，不是黄帝族的后裔，但商族也将他们的来源与黄帝联系起来。这也不是没有原因的，因为自颛顼推行宗教改革以后，东夷许多部落与黄帝族系文化已经成功的交融起来。夏、商、周三族关于本族来源的观念反映出夏、商、周三族有着一致的认同意识和归依意识。

——张岂之：《中国历史·先秦卷》，55页，北京：高等教育出版社，2002

资源14：秦人吸收中原文化

诸夏人才的西向入秦，不仅充实了秦国的政治智囊，而且促进了诸夏学术文化向西部的传播，促使秦人吸收中原文化，从文化和社会心理上走近及融入华夏。春秋战国时期百家争鸣，作为重要学术流派之一的法家思想，不仅流传到秦国，而且成为秦国的政治指导思想。在秦国主持朝政者如商鞅、李斯均为法家代表人物，韩非子虽未及在秦国施展政治抱负，但是其政治学说对秦国影响深远。他们的活动和著述，对秦国君主专制中央集权的形成与确立发挥了极其重要的作用。墨家、兵家、纵横家在秦国的活动也十分频繁。据《吕氏春秋》的《去私》《去宥》《首时》等篇章，秦惠文王在位时，不少墨家学派人士来到秦国，其中留下姓名的有腹黄享、唐姑果、谢子、田鸠等人。在此之后，著名儒家学者荀子造访秦国。他对秦国的所见所思，保存在《荀子》的《儒效》《强国》《性恶》《议兵》等篇章中。总之，随着中原诸夏人才西向入秦的潮流，“百家争鸣”的学术文化风气也从中原西向扩展到秦国，对秦国的政治与文化产生深刻影响。

——彭丰文：《从边缘到中心：秦人认同华夏民族的心理历程及其历史意义》，载《河北学刊》2015年第4期

资源15：华夏和少数民族的文化交流

在先秦时的历史上，少数民族主动学习华夏文化，积极吸收中原文明的例子，在古代文献中有颇多记载。据《左传》襄公十四年记载，戎子驹支对历史和现实国际政治，了如指掌，并且能赋《诗》言志。与其类似的还有吴公子季札，也是通晓《诗》《乐》，对于中原华夏文化颇为熟悉和赏识。《史记·吴太伯世家》中有详细记载。除以上所举两例外，见于《左传》《史记》等文献记载的还有晋文公之舅狐偃深明大义，精通历史，学识过人。这一切，均说明在夷狄的心目中，华夏文化对其具有强大的吸引力，这些，正是夷狄能够逐渐接受华夏文化，并在广泛的文化交流与经济往来过程中，文化差异逐渐缩小，而最终得以互相渗透混融的思想基础。

——郭玮：《春秋战国时期的夏、夷观》，载《中州大学学报》2004年第4期

第三单元

秦汉大一统国家的建立与巩固

学术引领

一、统一多民族国家的建立

（一）秦朝统一

1. 秦统一的有利条件

（1）政治方面

冯正安在《从开明到专横——秦皇历史演变跟踪》（载《史学月刊》1993 年第 3 期）一文中指出，秦王嬴政决策方式具有一定的民主特色。如行间计①、统一战争、权力世袭与禅贤的争议、皇帝之号、郡县制和焚书等国家重大决策要令，秦始皇均通过智囊团来决定。智囊团是以秦皇为首，包括文臣、武将、百官、博士、客卿等组成。不否认秦皇在决策上的个人倾向和最后的决定作用，但其决策形式是具有一定的民主特色的。

秦善于吸纳人才，外来人才在秦统一大业的实现上，功不可没。蔡靖泉在《楚人事秦与秦朝统一》（载《江汉论坛》1997 年第 1 期）一文中指出，秦在吞灭六国、统一天下的过程中，“楚材秦用”现象突出，尤其是楚人甘茂、魏冉和李斯发挥了重要作用。秦武王在位仅四年，对秦国统一有两大伟绩——创立丞相制度和攻夺宜阳，而这皆与甘茂有关联。甘茂是秦国首任丞相，他谋划并指挥了宜阳之战。秦攻取宜阳，可以控制崤关、渑池，两地临二周之郊，使秦国有了东进的前哨阵地，吞灭六国指日可待。宜阳之役是秦国正式发动统一战争的标志，秦国从此揭开了统一战争的序幕。秦昭襄王时期的楚人魏冉，为推动秦国的统一事业，举贤授能，力举智勇超群的白起。令白起攻韩、魏而伐荆楚，这两大战役，既消灭了韩、魏的精锐之师，致使其再也无力阻抗秦国东进的战车；又占领了楚国北上的根据地，迫使楚国断绝了争夺天下的念头，确定了秦国独霸天下的局势。魏冉采用远交近攻之计，诱使齐国与秦结立盟约，共同讨伐赵国。魏冉明确地将秦国的霸业追求推进为帝业开创，标志着秦国的统一战争进入了一个新的发展阶段。魏冉五任秦相，前后在位二十五年，他应变有方、大智卓

---

① 行间计：指离间敌人的将领和君主，使他们有间隙。最典型的是战国末秦王收买了赵国奸臣郭开，让郭开向赵王进谗言，最后赵王中离间计，夺前方主帅李牧的兵权并杀之，三个月后赵国即灭亡。

识，败韩挫赵，益地拓境，草创了秦国的帝业。楚人李斯对秦的统一贡献最大，李斯首先为秦王定下灭诸侯、成帝业，实现天下一统局面的目标。他建议秦国实施的离间计和大规模征伐，使六国内外交困、衰弱不堪，大大加快了秦国统一天下的进程。其次，李斯上《谏逐客书》，阻止了秦国对外来客卿的驱逐，顺应了时代潮流，打击了反对势力。秦国坚定不移地依从李斯的谋划，随后囊括四海、统一天下。

（2）经济方面

秦国农业改革主要从赋税制度和土地制度入手。高士荣在《秦国农业改革探析》（载《西安财经学院学报》2012年第5期）一文中指出，秦简公在井田制的基础上实行的“初租禾”政策，就是按各户实际占有的土地面积征收实物田租的一种税制改革。秦孝公任用商鞅进行变法，实行土地制度变革和奖励农耕的政策。商鞅实行的土地政策，实际上是把秦孝公以前分封给所有人的公田、私田收归国有，包括宗室贵族、世袭大臣的采邑和农民的份地，按户口和军功爵重新分配土地，这就剥夺了贵族奴隶主的土地所有权。而受田农民除了给国家交纳租税之外，还要服兵役和徭役，这使秦国确立了封建土地所有制，形成了封建生产关系。此外，商鞅通过奖励垦荒、强制推行由一夫一妻及其未成年子女构成的小家庭制、利用赋税和徭役调节农业生产、以粮换爵等措施，鼓励农民勤耕务农。这些措施有利于扩大秦国的耕地面积，增加劳动人手，以利益为导向，鼓励农民男耕女织，把富国强兵与发展农业紧密地结合起来，大大地增强了秦国争霸的实力。

刘本锋在《从云梦秦简析秦国农业经济管理特色》（载《农业考古》2008年第6期）一文中指出，通过云梦秦简可以反映出秦国自商鞅变法以来，形成了特色鲜明的农业经济管理办法。一是秦国对农业经济高度掌控，对国有土地和国有苑囿，都由国家委派官吏直接管理，并形成了一套完备的主管经济的官吏体制。在出土秦简中管理经济的基层官吏“啬夫”有十几种之多，数量也很庞大。秦国对经济的控制，涉及农业、田猎、道路、仓储、畜牧、建筑工程和手工业等各生产领域。二是秦国对农业的管理全面而且精细，从出土秦简看，秦国各个生产领域的管理指标十分具体详细，从粮食生产、加工，到劳动者饮食标准、衣物的供给等，都有精确的规定。秦简还记载了有关度量衡的规范使用和会计制度的种种规定，这都反映了秦人精确化管理的水平。三是秦国的农业经济管理以法律为保障，为了保障经济平稳运行和持续发展，秦国设立了种种法律来调整经济关系。可以说，睡虎地出土的秦简就是秦国一部较完备的经济法规。如农业税法保障了国家的财政来源；国家在粮食管理方面作了封印、登记、核验、负偿、人事、宿卫等一系列法律规定。以法律为保障的经济管理政策促进了经济发展，增加了国家粮食储备，为秦统一全国奠定了物质基础。

（3）思想文化方面

陆青松在《论学术在秦统一中的作用》（载《社会科学论坛》2011年第7期）一文中指出，战国中期以后，秦国以法家学说为主导，吸收和整合了“富国强兵”“君臣关系”和“政权运作”等方面的诸子学说，实现了秦国国富兵强和政权的高效运转，完成了统一六国的任务。法家在批判地吸收了儒墨两派“义利观”的基础上，从战争的现实需要，把能否为国耕战作为判断社会行为的价值标准。法家利用儒家和道家的“刑名”之学，用名与利对耕战之民众进行奖赏，调动民众的耕战积极性。富国强兵的改革为秦进行统一战争奠定了物质基础。在“君臣关系”上，法家吸收并利用了儒家和道家的理论来树立君主的绝对权威。儒家的君权理论依托于由宗法制而来的天命论，认为“君权神授”。道家认为只有经过君主圣人之功，万物和人类才能井然有序，道家突出了君主、圣人在天人关系中的中枢角色，这都为君主独尊提供了理论基石。为保证秦国政权的高效运转，秦国的统治者们整合诸子学说，创立了一套做官的准则，对澄清吏治起到了重要作用。利用儒家的道德标准，提倡官员慎言和安贫乐道；利用墨家兼爱学说，倡导官吏要为民除害、慈爱天下百姓；利用道家思想，告诫官吏在实际行政中要把握做事的分寸等。

秦的学术文化具有重视实用之学的特点，在秦统一战争中，对兵学的重视，无疑对军事的成功有积极意义。黄留珠在《重新认识秦文化》（载《西北大学学报（哲学社会科学版）》1996 年第 2 期）一文中指出，秦文化具有浓厚的军事色彩。秦国实行的王位继承法，其选择标准是作战勇猛者。在战争的特定环境下，这种特有的继承法突出反映了秦文化的军事性质。秦国还实行特殊的庶长制，庶长即后世之将军，商鞅变法及其以后的军功爵制正是以此为基础发展而来，如大庶长、庶长、左庶长等，是秦国特有的爵名。秦国以置县作为主要统治形式，最初的县是属于中央的边远城邑，而且多为新开拓的领土。这类边地所置之县，为了有效地实施统治和保证领土的安全，必须依靠军事力量，其机构必然是军政合一的，因而具有十分突出的军事性质。

(4) 军事方面

正确的军事策略的采用，是秦实现统一不可或缺的条件之一。徐敏在《论秦统一中国的战略》（载《中国社会科学院研究生院学报》1989 年第 3 期）一文中指出，秦统一中国的战略关键有三个。一是据河山之固，东制诸侯。秦地西起西垂，东至丰、镐，处在泾、渭与秦岭之间的狭长地带。由于地形被山带河，故进可以攻，退可以守。二是西取巴蜀，建立战略基地。巴蜀地势险要，物产富饶，得巴蜀，可富国强兵。三是破纵连横，远交近攻，兼并天下。秦灭巴蜀之后，力量增强，诸侯产生两种政治思潮，即纵横的思想。“纵”即合纵反秦，抑制秦国向东发展；“横”即连横西向事秦，求得暂时的平安。昭襄王执行的是远交近攻的战略方针，这个方针包括了破纵连横。对燕，主要是争取其中立，利用燕从北面牵制齐或牵制赵。公元前 246 年，嬴政即位时秦国差不多占领半个中国了，按照远交近攻的战略方针，嬴政用十年的时间先后灭了韩、赵、魏、楚、燕、齐，完成了统一中国的大业。

技术条件对于秦的统一有着非常重要的作用。王子今在《秦统一原因的技术层面考察》（载《社会科学战线》2009 年第 9 期）一文中指出，强劲的交通实力是完成统一不可缺少的条件。因为秦人在军事扩张的历程中，较早创大军团长距离远征的历史记录，没有强大的运输能力，无法应对。在机械发明上，秦国也有独特优势。弩是储蓄弹力、伺机发矢的远射程复合武器，而秦弩有较强的力量和较远的射程，秦兵器还有一次可以发射三至五支箭的“连弩”。另外在动力革命上，秦国也走在前列。推行牛耕，使秦国能抽出更多的壮丁和积聚更多的粮食进行长期的战争。灵渠的遗存，提供了秦人在统一战争期间开发水利工程以水力解决军运的实例。

2. 秦统一的意义

(1) 结束分裂，天下归一

秦王朝结束了春秋战国以来的分裂局面，使天下归一，对统一多民族国家的形成与发展有着重要意义。邹纪万在《秦汉史》（8—9 页，北京：九州出版社，2010）一书中指出，秦的大一统局面的形成,是诸夏民族和若干外族在种族和文化方面融合的结果,这是一件惊天动地的伟大事业,在中国历史上具有重大意义。在此之前,无论名义上如何,中国实际上是分裂的,所谓“诸夏”或“中国”,只是一个笼统的概念,并无确切的范围和实际的组织。直到秦统一,“中国”二字才有具体的表现,它代表着一个具有明确政治制度的庞大帝国和明确地理区域的广大国土和民众。这个划时代的变革,不但结束了列国的局部战争,废除了列国间重重的关隘和限制,而且更重要的是“大一统”的观念从此深入人心,促使中国人产生融合智慧、发展共同文化的伟大理想。秦的统一顺应了春秋、战国以来历史的发展趋势,在政治制度上、思想文化上、经济形态上都使中国出现亘古未有的新局面。甚至在疆域方面,亦因统一事业的完成而有了进一步的扩展:一方面可以集中全国的力量以抵御北方匈奴的入侵,另一方面对东南及南方边疆地区也发挥了巨大的开拓作用,奠定了此后两千年中国版图的基础。

(2) 有利于民族交融和文化认同

邓曦泽在《中华认同的形成》(载《国际社会科学杂志(中文版)》2010年第1期)一文中指出,中华认同的形成需要三个条件:经济政治基础、天下一家的观念和代代相承的教育体系。春秋战国时期诸侯异政,思想异说纷纭,大大削弱了周文道统[①]的权威性。其中战国七雄发展己国文字成为诸侯异政的主要表现。因汉语在语音上地区间的差异很大,统一的文字是各地交往的重要平台。如果文字再不统一,交往平台就会大大削弱,建立共同的中华认同或天下认同就会更难。秦始皇开启了大一统工程,统一度量衡、车轨、文字,整合了天下的经济政治秩序,确立了大一统格局。所以,秦朝的统一有利于中华认同的形成。

政治的统一,不等于文化的统一,秦始皇为消除民族隔阂和民族差异,还做了大量工作。彭丰文在《秦始皇东巡与秦王朝国家认同的建构》(载《东岳论丛》2014年第9期)一文中指出,秦始皇东巡是经略关东、消弭心理隔阂的重要举措,为中国古代统一多民族国家认同的建构和发展奠定了重要基础,其历史意义应当肯定。秦国信奉法家而漠视儒学,而关东地区奉儒学为政治根基,秦国与关东六国在政治文化上也有显著差异和隔阂。秦始皇东巡有效地加强了秦王朝疆域内各地区、特别是关东与关中以及关东内部的政治经济联系、文化交流和民族交融,为统一多民族国家的形成奠定了重要基础;东巡过程中的系列文化活动,例如泰山封禅,祭祀文化名山和舜、禹等华夏先王,有利于强化华夏民族的祖先认同和文化认同,从而有利于增强中华民族的凝聚力。

王子今在《秦皇扫六合　虎视何雄哉——论秦始皇嬴政的统一功业》(载《光明日报》2009年7月28日)一文中指出,在秦始皇的统一事业中,有以秦人传统为基点的文化扩张和文化征服的鲜明特征。而另一方面,嬴政也表现出对东方文化发出内心的尊重。在咸阳一一复制被征服国的宫殿,在建筑文化史上传为美谈。秦的“博士”制度,迎纳包括以儒生为主的众多东方知识人士参与议政与行政。“客卿”[②]的任用和对优秀文化的吸收促成了秦文化的发展。就学术文化而言,法家思想、墨家思想和东方兵学,都在秦地发挥了显著的效能。

① 周文道统:“文”指西周到春秋时期贵族制度或贵族文化的总称,“周文”指周代的典章制度和礼仪文化,被誉为诸子百家的母体;“道统”指儒家传道的脉络和系统,也就是儒家的正统思想发展的脉络。

② 客卿:源于秦,秦有客卿之官。请其他诸侯国的人来秦国做官,其位为卿,而以客礼待之,故称。秦朝以后亦泛指在本国做官的外国人。

统一的完成和疆域的拓展，为不同文化的融汇提供了条件。

国外学者对秦统一的意义也给予充分的肯定。美国学者陆威仪在《哈佛中国史·早期中华帝国：秦与汉》(王兴亮译，2—5页，北京：中信出版社，2016)一书中指出，秦和汉两个帝国构成了中华文明的“古典”时代，如同古希腊和古罗马之于西方，并从以下几个方面进行了说明。第一，中华帝国有辽阔的疆土和多元的族群。秦帝国以前的人，要么以“秦人”“齐人”“楚人”等诸侯国的国名命名，要么以某个特定地域命名，如“关内人”。秦的征伐把这些不同的人群在政治上联结起来，但是，各地独特的地域文化和“人性”仍然留存了下来。帝国设法把这些帝国中心流行的优越文化和有限的、特殊的地域文化之间的等级差别合法化，来使帝国本身合法化。第二，发明了皇帝这个角色。皇帝不仅是至高无上的统治者、首席大法官、最高祭司，还是政治统治的真正体现。整个国家都以他为核心向外辐射：国家的每个公职人员都是他的仆人，并且在他的命令下履行职守。国家就意味着皇帝及其身边的庸从；同样，没有皇帝，国家也就不可能存在。第三，统一的表意文字的广泛使用。秦国规范了此前相互之间无法用语言沟通的人群的书写方式，这个革新把帝国内所有的地区联结为一体，并建立起一个国家认可的文化典籍体系。共同的文化体系把所有从事帝国事务以及渴望为帝国服务的人都联结起来。在后来的若干个世纪里，通过传统戏曲、大众文学以及启蒙读本等方式，文化开始渗透到社会底层。第四，帝国内部的去军事化和对国家边境的边缘族群所开展的军事活动。在秦征服之后的世纪里，农民和城市人口逐渐非军事化，而帝国的兵役也渐渐由社会的边缘人群来代理，这个趋势扭转了早期诸国为了竞争而把兵役扩展到整个农民阶层的潮流。帝国内部的去军事化有效地防止了地方武装发展到挑战帝国权威的可能，但同时也导致一种时常出现的情形，即外来民族征服及其对中国的统治。以上几个特征在中华帝国两千年历史中发挥着作用，影响着一个国家和社会的理念。这种国家和社会的理念至今仍在塑造着中华文化，影响着当代世界。

（二）秦巩固统一的举措及重要意义

秦灭六国，疆域空前辽阔，面对如此辽阔的疆域，如何进行有效治理，如何使国家机构正常运转，是摆在秦帝国开创者们面前的重要问题。他们创立了一套行之有效的行政管理体制，包括皇帝制度、中央三公九卿制、地方郡县制度及其乡里基层管理的政治体制，维护秦王朝的统治。

1. 创立专制主义中央集权制度

(1) 皇帝制度

邢义田在《天下一家：皇帝、官僚与社会》(2—5页，北京：中华书局，2011)一书中指出，皇帝制度的出现绝非偶然，皇是对君主的尊称，帝是对宇宙万物至高的主宰神的尊称。战国时期，秦昭襄王和齐湣王曾称东西二帝，时间虽短，但可以说明帝号已从天上降到人间。秦王嬴政通过朝议，拟定“皇帝”为名号来彰显其丰功伟业，此名一立，两千年不更改。秦始皇还运用齐国邹衍提出的五德终始论宣传秦得天下的正当性和神圣性，另外，他还利用带有古老天命观意味的“天子”称号来强化其获得天下的神秘性，据说他的玉玺就有“受命于天”四个字。

全根先在《试论中国古代皇帝制度》(载《国家图书馆学刊》1993年第12期)一文中对中

国古代皇帝制度的发展与演变、皇帝制度存在的基础进行了深入的探讨。他在文中指出皇帝制度的发展经历了三个发展阶段：一是从夏商周至秦始皇时期，是由王变为皇帝的时期；二是自秦汉至宋元时期，皇帝的统治权与宰相的行政权相对分离，且相互抗衡，皇权不断被加强，相权不断被削弱，这也反映了中国古代专制主义的不断加深；三是自洪武十三年明太祖改制——永废丞相一职以来，皇帝集中了统治权与行政权，成为绝对专制君主，标志着中国绝对专制君主的出现。

全根先还论及中国皇帝制度的基础——宗法制。在宗法制社会里，伦理被披上政治色彩，运用伦理手段达到政治目的。在家庭中，为自然秩序的命运所规定的父子关系，使人们从降生就习惯于这种伦理秩序的限制，在社会政治生活中，进而由对父亲的服从与崇敬扩大为对君主的服从与崇敬，使整个社会形成下对上、幼对长绝对的服从。古代社会最基本的道德行为规范是忠与孝，忠是全国范围的孝，孝的最终目的是忠。建立于宗法制度之上的伦理道德成为维护皇帝制度的社会基础。皇帝制度存在的经济基础是小农经济，尤其是直接占有土地、一家一户独自经营的自耕农。自耕农数量的增多是国家兴盛的先兆，他们是封建国家赋税、兵役、徭役的主要承担者，是国家赖以存在的物质基础。自耕农的阶级特性利于皇权的稳固与发展，如自耕农对皇权有依赖性——他们需要好皇帝、清官保障他们的生存条件；自耕农对封建剥削有一定的承受性——他们并不根本反对封建剥削，只是反对过度的剥削；另外，小农经济的脆弱性和自耕农心理上对封建专制的认同对皇权的巩固与发展也极为有利。儒家思想是皇帝制度存在与发展有力的思想基础，孔子所提倡的谦让、与世无争的生活态度和他推崇的人的内在的精神生活，对外在的专制统治采取较为容忍、退让的态度，使儒家思想成为统治者巩固统治的得心应手的工具。

秦海轩、卢路在《皇帝制度与中国文明——〈中国皇帝制度〉序》(载《沧桑》1999 年第 3 期)一文中认为，中国文明造就了皇帝制度，皇帝制度也深刻地影响着中国文明。中国古代文明以农业文明占绝对优势，呈现民族多元化的特色，并具有统一性和延续性，这是中国皇帝制度产生并长期存在的土壤。农业文明中以家庭结构为模式统治国家、管理社会的特征，体现于政权结构上，形成皇帝制度的三大特征：皇权不可分割、皇权不能转让、皇位世袭。这些特征与农业文明的内涵相吻合，反过来又对农业文明起着长期的稳定作用。中国文明是多民族的文明，皇帝制度也具有多民族色彩，特别是几个大的民族，如蒙古、女真、满族等入主中原，建立封建王朝，每次都为皇帝制度增添新的民族色彩，强化着皇帝制度的力度。不了解皇帝制度，就难以真正了解中国古代文明。皇帝制度是庞杂的，从皇帝的名位、皇权的行使、皇位的继替，到后宫、外戚、宦官，乃至于都城、宗庙陵寝、礼仪、警卫服御、贡赋等，有关皇帝的一切规制，几乎无所不包，以突出皇权的至高无上。皇帝制度曾以其特有方式统治着中国，也以其细密的手段维护了古代多民族国家的统一、社会的安定，保持了中国古代文明的连续性。农业文明一度造就了中国领先世界的特殊地位，但是，农业文明的弊端和缺陷也渗透于皇帝制度，影响着皇帝制度的内涵。皇帝制度在其形成、发展、完善的过程中又不断地肯定着农业文明的种种缺陷，形成历史发展的惰性力量，从政治、经济乃至文化观念上制约中国社会的进步。

(2) 中央制度——三公九卿

林剑鸣在《秦代中央官制简论》(载《西北大学学报(哲学社会科学版)》1983 年第 1 期)一

文中对秦代的主要官职——丞相、御史大夫、太尉和博士逐一进行考证，指出它们在地位、职责和权力方面处于相互牵制的状态，任何人也无法独揽朝政，军国大权最后均操纵在皇帝一人手中。丞相在秦时称为相邦，是皇帝以下最重要的官职，历来被视为“百官之首”。为控制相权，秦在开始置相时就分设左、右职，设两相的目的之一，无疑是分散相权，易于国君控制。另一措施就是缩小相权。统一前，丞相不仅是国内最高行政官，也可率兵出征，为最高军事首领。统一后秦王朝的丞相则仅系文官之长，武事另由“太尉”负责。这时的丞相已无兵权。相权的缩小还不足以解除对君权的威胁，于是秦代又设立牵制相权的官职——御史大夫。统一六国后，秦国才有御史、御史大夫的官名。“御史”是给事皇帝文书的小吏，其官微位低，根本不可能对皇权构成任何威胁。所以秦始皇为防止相权过大，又不能事事躬亲，于是御史被委以重任。御史还司有审判之责，地方上奏给朝廷的一切文书，均由御史审阅。可见，御史大夫虽为秦的副丞相，但他的许多职权，则为丞相所无。尉、太尉，其具体官名由其所在机构、职司大小而定。在县者为“县尉”，在郡者为“郡尉”，总领全国军事的武官，称“太尉”。秦代太尉虚有其位而实无其人，因此说秦之“三公”实有其二。诸卿之中的廷尉为全国最高司法官，秦始皇器重廷尉。从虚设太尉和器重廷尉，也可看出秦始皇加强皇权的良苦用心。秦始皇特别迷信，对熟通古今的博士特别信赖，甚至不离左右。尽管秦代的博士既不列于“三公”，亦不视为“九卿”，却对秦代政治有很大影响。

对于秦朝的三公九卿制度，学界还有其他观点。如李福泉在《秦无三公九卿制考辨》(载《求索》1992 年第 3 期)一文中指出，“三公九卿制”，并非秦制，实为汉制。秦无“三公”制度。终秦一代，只设将军领兵作战，皇帝牢牢地掌握着最高的兵权，始终没有职掌武事的太尉的设置。因此，秦代中央官职中只有丞相和御史大夫，而无太尉，所谓“三公”其实缺其一。另外，秦代中央官职中，也无大臣分权、相互牵制的“三公”制度。所以“三公”并非秦制。第二，秦代九卿制度不可信。一是秦代见于记载的只有九卿中的郎中令、卫尉、廷尉和少府，其余五官或不见记载，或只有其属官而无其主管。既然是九缺其五，秦代“九卿”之配置就令人难以置信了。二是在“三公九卿”制度下，九卿应隶属于三公，但在秦代，“九卿”的地位并非定位于“三公”之下，九卿各官职的地位也并非等同一列。如李斯，在秦代初期身为廷尉，其职权远在一般“九卿”之上，达到了与丞相、御史大夫平起平坐的地位。秦代博士经常在皇帝左右，凡军国大政他们无不参与意见，在秦代的政治生活中其作用是不可低估的，将博士置于九卿属官之列，显然是不符合秦代实际情况的。秦代三公九卿制度的说法形成并流传于世，是班固根据司马迁所称“汉承秦制”的原则，将汉代的三公九卿推定为秦代三公九卿而导致的结果。

关于秦朝中央机构的运作和重大决策的产生程序，刘太祥在《秦汉中央行政决策体制研究》(载《史学月刊》1999 年第 6 期)一文中指出，秦汉中央行政决策体制不仅决策体系完备，决策类型多样，而且决策按一定程序运行，决策有一定的法律制度作保障。秦朝的中央行政决策体系完备，由五大系统组成。决策中枢系统：最高决策权在皇帝，但丞相参与行政决策或主持有关官吏参加的决策会议，御史大夫为副丞相，协助丞相参议决策。凡政务决策，皆由丞相或御史大夫主持百官会议讨论议定，然后上奏皇帝取旨。信息系统：御史府是全国的信息总汇，负责信息上传下达。御史大夫的属官御史中丞受理全国各地呈报的政治、军事、经济等各种动态信息。同时还建立了较严密的信息传递程序，信息系统为中央行政决策提供依据,同时也对行政决策进行有效的监督。智囊系统:主要由博士、光禄大夫、太中大夫、中散大夫、谏议大夫、议郎、侍中等组成,主要为决策者提供方案或对方案进行审议,纠正决策违失。监督系统:决策中枢机关互相制衡,保证了决策正确;行政组织内部设有专司监督行政执行工作的官吏,从而对决策的过程、决策的执行都有监督。对决策执行效果则是通过弹劾、纠举、纠正、审计和视察(包括巡视和调查)等方式来完成。执行系统:全国最高行政执行机关是三公府。但三公无权下令九卿,政令是以皇帝诏令的形式下达九卿的,然后监督他们的执行情况。政令大多由制令机关御史大夫寺(尚书台)发到三公府,三公府下达到郡,郡下达到县,县下达到乡。刘太祥还指出,秦中央行政决策的类型有廷议和朝议,廷议就是皇帝临时召集公卿百官在朝廷讨论国家政务,决定方针政策的大臣会议。廷议决策肇始于秦朝,皇帝制度和郡县制度就是通过廷议形成的。朝议是群臣朝见君主时商议国家大事的例行决策会议。

(3) 地方制度——郡县制度

宋亚平在《郡县制度:君主专制与中央集权的坚实基石——历史发展与反思》(载《浙江学刊》2012年第6期)一文中指出,郡、县制度的产生是有区别的。"县"作为中国历史上新的社会组织结构和新的行政管理体系,创于春秋而盛于战国,其产生方式多样。而郡设立的主要动机是为了防备强邻的武力侵袭,而不是正常的行政区划。郡主要承担着镇守边疆、保卫国土的军事责任。故县一级长官的职务为"令",而郡一级长官的职务却为"守"。镇守这个特殊区域的首长,一般是由比县级地方行政长官官阶高的军事指挥员即武将来担任的。为巩固国防的需要,朝廷往往会授予这些"郡守"们节制周边县域文武官员,统一调度县域人、财、物以应对紧急突发事件的权力,确保对敌军事斗争的胜利。因此,郡守比县令的官阶高、权力大,并有国君的授权,这也为后来郡管县的体制的形成奠定了基础。

黄栋法在《综论秦国秦朝实行郡县制的原因》(载《船山学刊》2009年第2期)一文中指出了秦国和秦朝实行郡县制的原因。秦国从初设县至商鞅变法确立郡县制,历经十九代国君,三百三十多年。郡县制的实行,使秦王能最大限度地调动全国人力、物力、财力资源,推进统一事业。统一后的秦朝实行郡县制,首先是由秦朝政治制度和行政制度的特点决定的。长期采用官僚制使贵族势力不断地削弱,庞大的官僚集团也拒绝分封制。其次,实行郡县制可以加强秦朝对六国故地及边远地区的管理,由于郡县的集权特征和其军事性质能够很好地调动一切资源,能有效地组织军事力量镇守边关,进而巩固统治。

宋亚平在《论中国古代"内重外轻"与"外重内轻"的博弈——以郡县制为视阈》(载《华中师范大学学报(人文社会科学版)》2012年第11期)一文中指出,针对中央与地方的关系,中国历来就主张"内外相权"和"轻重相维",秦汉两代对于中央政府与地方政府之间关系的妥善处理,被认为是中国古代社会中行政管理体制层次简明、相互协调、富有活力的一个历史时期。首先,秦汉王朝重视郡县制建设。秦代以常住人口的一万户来作为设置县域范围或衡量县域规模的根据,量化操作的标准客观,办法简单而实用。其次,秦汉时期的郡县政治地位高,社会效能好。中央政府并不只是单向地强化对地方政府的控制,也赋予各级地方政府一定的自主管理的职能。如放权让各地郡守县令们积极地、创造性地去治理地方,还赋予县官自主选聘佐官以下干部的用人权。

商爱玲、张鸿在《大国治理中的国家结构形式选择——基于封建与郡县之争的考察》(载

《广西社会科学》2013年第8期)一文中指出,中国历史上的封建与郡县之争,是两种国家结构形式之争,根本目的都是为皇权的实现寻找恰当的途径和手段,寻求国家统一与地方活力之间的合理平衡。古代的国家结构主要有两种:一是宗法等级君主政体,其典型是西周王制,简称为"王制";二是中央集权君主政体,其典型是秦朝帝制,简称为"帝制"。王制以"封建"为基本特征,而帝制以"郡县"为基本特征。王制属于非常典型的家国一体,帝制则在一定程度上家国相分,两者存在明显差异。王制与帝制的区别集中体现在以下几个方面:王制通常实行普遍分封制,帝制通常实行郡县制;王制实行世官制,帝制实行官僚制;王制实行等级君主制,帝制实行中央集权制;王制实行礼制,帝制实行法制;王制的等级制僵化森严,帝制的等级制灵活多样。两者制度设计都旨在维护天子权威和王位世袭。一般说来,"封建"是典型的"家天下"和"私天下",即王族的宗族体系构成各类国家政权的主干,各级地方行政区划大多属于某一家族的世袭领地,而"郡县"则为"家天下"注入了一些"公天下"的成分,各级地方官员从大众中选任,不能世袭,甚至不能久任。郡县制及与之相匹配的官僚制基本杜绝了封君依恃土地、臣民、政权与中央政府相抗衡的问题,更有利于维护国家统一和政治稳定。

刘明辉在《试论"一"政治思维对秦帝制初创之影响》(载《四川师范大学学报(社会科学版)》2009年第9期)一文中指出,秦朝郡县制的实行,使得政令在全国范围内通畅无阻,提高了行政效率。郡县制把全国划分为各级行政区域,且各级行政长官由皇帝任免,保障各级权力可以一统于皇帝本人。中央通过考课和监察以加强对地方政权的控制,郡县制使地方政权集中于中央,进而为皇帝独揽权力提供了制度保障,皇帝总揽中央与地方大权。郡县制最终内化为中华帝制的基本组成部分。

郡县取代分封制是历史的进步,但郡县制度也有弊端。宋亚平在《郡县制度:君主专制与中央集权的坚实基石——历史发展与反思》(载《浙江学刊》2012年第6期)一文中指出了郡县制度的一些弊端。郡县制易形成"内重外轻"的模式,从而导致闭关自守、积贫积弱的格局。从春秋战国以来,我国国家结构形式与权力体系就一直以单一制为目标朝前发展,强调以君主专制为内核的中央政府这个政治中心。推行郡县制的根本动机与目的,就是要尽可能地把地方的各种权力都收上来,避免地方权力过大,进而威胁中央政府或分裂国家。封建帝王防内胜于防外、防下胜于防上的结果,必然导致国家只重视地方的稳定而轻视地方的发展。久而久之,地方积贫积弱,经不起任何外来异己力量的冲击。郡县制下官员只顾上面脸色、不向下面负责,短期化、形式主义、官官相护逐成致命缺陷。

秦始皇重视运用法律加强对官吏的控制。陆威仪在《哈佛中国史・早期中华帝国:秦与汉》(王兴亮译,232—233页,北京:中信出版社,2016)一书中指出,从云梦秦简可以很明显地看出,法律集中在皇帝对官吏的控制方面,对普通人的控制则居于次要的地位。在这些文书中,被当时《秦律十八种》的编者集中使用最早、最长的部分几乎都是关于官吏行为的法律、记录档案的准则、考核官员的方法。第二部分是《仓律》,指出了官仓的维护和档案的记录等。第三部分是《杂律》,与前二者紧密相关。第四部分《法律答问》界定秦律的条文,规定其诉讼程序,以便于官吏能够按照朝廷的意图来解释和执行律文。第五部分是《封诊式》,指导官员在调查和审讯过程中,要有合适得体的行为,以确保精确的结果,并把它们上报朝廷。对控制地方官吏的强调还出现在同一墓中出土的《为吏之道》这种法律文书上。官吏必须服从上级，抑制私念，并且修建道路，以便中央可以迅速直接、不费周折地到达本地。它赞扬忠诚、无私无偏、正视现实的品质，视其为最高的道德。它抨击个人欲望、断于已见、抵制上级、专注于私务的品质，视其为最大的错误。简而言之，它提倡一种新思想：官员就像导管一样，他向朝廷传送他的忠诚，把朝廷的决策传输到边境，丝毫不夹杂自己的意愿或想法。

2. 消除原六国地区的分裂因素

邹纪万在《秦汉史》(16—17 页，北京：九州出版社，2010)一书中指出，秦始皇为消除原六国地区的分裂因素，采取的措施主要有：第一，销毁兵器。秦统一之后，为消除人民反抗，秦始皇下令没收、销毁各地的兵器，铸成无数大钟和十二个各重二十四万斤的金人。第二，拆毁内地长城与军事要塞。战国时期，为防范匈奴，各国在边界上修筑长城并建立军事要塞，统一后，秦始皇除了保留燕、赵两国长城，并加以连贯以防匈奴外，将内地长城与军事要塞全部拆毁，一方面防止据城塞造反，另一方面也铲除了地区间的交通阻碍。第三，决通列国川防。秦始皇要求决通各国过去在河流险要地方修筑的堤防，疏浚鸿沟，在吴、楚、齐、蜀等地大兴水利和航运，消除战国以来决水或壅水以害邻国的破坏行为，既可避免反对者据险自守，又可保障农民生产，也便利了水路交通。第四，建设首都，迁徙豪富。秦始皇把六国宫殿按原来的形制，重建于咸阳北阪之上，汇集了古代营造艺术之大成，使咸阳成为全国共仰的政治、经济、文化中心。秦始皇勒令全国十二万户富豪家族迁徙到咸阳，以便于加强对他们的监视。

3. 统一文字、度量衡和货币

白寿彝在其主编的《中国通史》第四卷上册(207—214 页，上海：上海人民出版社，2004)一书中指出，统一文字、度量衡和货币是秦始皇巩固统治、维护统一的重要举措，对中国产生深远影响。

第一，统一文字。春秋战国时期，政治的分裂割据，言语异声、字形歧异的现象普遍存在，这不但妨碍了文化的发展，也给初建的秦王朝的各种文书、档案书写、阅览和传播造成困难。秦始皇统一六国后，接受李斯建议，统一文字，其内容包括：以秦文为基础，废除与秦文不同的六国异体字；简化字形，把小篆作为通行全国规范化的文字；小篆字体整齐划一，布局紧凑，笔划匀称，改变了原六国文字构造繁杂，难写难认的弱点。另外，在秦代，除法定的小篆外，在社会上还流传着一种更为简易的隶书。由于隶书笔画平正，便于书写辨认，因此在社会上广为传播，并成为全国常用的通行字体。秦代文字的统一，隶书的通用，有利于统一多民族国家的形成和文化的发展，在我国文字发展史上占有重要地位。从此，汉字的字形基本定型，而秦代以前的古文则由此断绝。

第二，统一度量衡。战国时期，各国的度量衡制度很混乱，计量单位很不一致。以长度而言，出土的战国铜尺就长短不一；在量制方面，魏以益、斗、斛为单位，齐以升、豆、区、釜、钟为单位，而且进制也不统一；至于衡制则更为杂乱，单位和名称都有很大区别。如赵以镒为单位，楚的衡器以铢、两、斤为单位。秦在商鞅变法时，秦国度量、衡量比较一致，因而统一六国后，秦始皇便以秦制为基础，下诏统一全国度量衡，将商鞅方升和秦高奴铜权加刻其诏文，推行全国。据考古发现，在陕西、甘肃、江苏、山东都先后出土过秦代的标准衡器或量器，甚至，在内蒙古、吉林等地也发现了秦代的瓦量。这说明秦代这一制度确实在全国范围内实施了。度量衡是商品交换的必需工具，又和国家的赋税收入有着直接的关系。统一度量衡既可避免经济混乱，又可限定群众如数向国家缴纳赋税。统一度量衡有利于全国范围内商品经济的发展，确保国家的财政收入。

第三，统一货币。战国时期的货币制度十分混乱，不同的国家，对铸币权的规定有所不同。秦、楚由国家铸币，魏、赵、韩、齐等国，除国家有铸币权外，地方及一些大城市也可以独立铸币。由于诸侯割据，各国货币的形状、大小、轻重、使用价值以及计量单位，往往各不相同。币制的混乱，不利于商品交换，更不利于国家的财政收入及社会管理。因此，秦灭六国后，下令统一全国货币。主要措施有：由国家统一铸币。法定全国通行的两种货币，一是黄金，属上币，以溢（镒）为名，每溢二十两；一为铜钱，属下币，圆形，方孔，有郭，径寸二分，铸文“半两”，每钱重十二铢，这就是通称的“秦半两”。废除原六国形制不一的旧币，改铸秦以前的旧币，不准以龟币、珠玉、银锡之类充当货币。秦始皇统一货币政策的实施，从根本上改变了长期以来币制的混乱状态，秦钱通行于全国，有利于商品经济的发展和国家的统一。此后，各代王朝大都掌握铸币权，钱的形制也保持着类似“秦半两”的圆形方孔模式。

对于秦朝统一文字，有学者提出其他看法。晁福林在《如何评价秦始皇“书同文字”的历史作用》（载《学习与探索》1981 年第 2 期）一文中指出，对秦始皇“书同文字”的评价要重新考量。春秋战国时期，诸国之间已存在着“文字同形”的情况。诸国所使用的绝大部分文字的形、音、义等方面都是统一的。许多常用字在逐步简化，产生了隶书，而且隶书已经遍及楚、秦、晋诸大国，使用范围也十分广泛，包括法律的抄写、殉葬遗册、盟誓载书等，甚至有的私人印章也以隶书为之。“书同文字”当然是件好事，但是这里还有一个“同”于何种文字的问题。秦始皇从维护其皇帝尊严出发，以小篆“书同文字”违背了文字发展的客观规律，也阻碍了隶书的发展，甚至影响到汉代。

4. 加强思想统一

秦朝在治国指导思想的选择上，可以从《吕氏春秋》的命运和“焚书坑儒”事件的发生反映出来。李健胜在《文本与政治变迁——思想文化史视域中的秦汉君主专制及其建构》（载《中国史研究》2014 年第 3 期）一文中指出，战国末年，享有世卿世禄之特权的旧贵族势力逐步被瓦解，以军功贵族为代表的新兴贵族势力迅速成长，吕不韦就是其中最具代表性的一员。新兴贵族一方面想借助君权来扩充、巩固权势，另一方面又深怕专制君权随时抑制、瓦解其合法性，进而对法家思想主导下的中央集权产生抗拒心理，并试图构建他们理想中的中央集权体制。《吕氏春秋》希望借助儒、道二家的思想，形成定义、限制君主专制的理论体系，这显然与秦的集权体制格格不入。嬴政亲政后，吕不韦受嫪毐叛乱牵累被贬，后饮鸩自裁。吕不韦与秦始皇在政治上的矛盾和思想上的分歧最终使《吕氏春秋》的治国理论没能得以实施。从吕不韦的个人命运反观秦的君主专制及其建构方式，它显然是以法家化的政治结构为基础的，也说明新兴政治体制的建构方式，即以消解贵族政治及其文化传统中的离心倾向为其施政宗旨。

李禹阶在《秦始皇“焚书坑儒”新论——秦王朝文化政策的矛盾冲突与演变论》（载《重庆师范大学学报（哲学社会科学版）》2004 年第 6 期）一文中指出，秦始皇“焚书坑儒”标志着秦王朝在文化政策上由“兼”“融”向专制、禁锢转化，亦是秦始皇本人求仙受挫后偏激的个性心理特征在政策上的反映。“焚书坑儒”昭示秦帝国文化政策的取向是以“力”制文，实质是文化专制。

5. 北击匈奴，南攻越族

王子今在《秦统一局面的再认识》(载《辽宁大学学报(哲学社会科学版)》2013 年第 1 期)一文中指出，秦帝国在公元前 214 年征服北河①和南海，使统一的规模更为宏大，意义更为深远。王子今认为，公元前 221 年秦兼并六国，实现了统一的第一层次；公元前 214 年征服北河和南海，实现了统一的第二层次。秦统一史上这两个关键点之间的七年，秦人其实经历了艰苦的战争进程。蒙恬攻击匈奴将战线推进到战国长城以北，此后修筑长城和开通直道；秦又征服岭南，设立桂林、南海、象郡三郡，军事进攻一方面向世人表明了秦始皇的政治志向和秦人的进取精神，另一方面也使秦帝国的版图空前扩张。

6. 大规模移民

随着秦帝国疆域的扩大，为巩固统治，秦始皇还进行了大规模的移民工程。朱丁睿在《秦始皇移民政策的思想动因研究》(载《黑龙江史志》2015 年第 12 期)一文中指出，秦始皇移民政策的思想动因之一是要建立大一统、多民族的国家。秦朝疆域不断拓展，西北击退匈奴，西南开发蜀地，向南攻占南越，向东巩固并逐步开拓新土。秦始皇为平衡国内人口，将中原人口密集区的部分人口迁徙至经济落后地区或原少数民族占领区，以实现其更为深远的政治战略布局。所以，边境移民是受"大一统"思想的影响，让中原汉族人在夷蛮之地落户生根，传播中原先进的技术和文化，以实现对少数民族的融合，服务于建设庞大秦帝国的需要，有利于统一多民族国家的形成。也有学者提出类似观点，郑承燕在《秦始皇时期的北方边政经略》(载《内蒙古文物考古》2006 年第 1 期)一文中指出，秦始皇时期实行的北方边防政策之一——移民实边，发展农业，对内蒙古地区产生了深远影响。

二、汉朝统一多民族国家的巩固和发展

(一)"独尊儒术"

1. "独尊儒术"的原因

从战国到汉初，学派众多，汉武帝之所以"独尊儒术"，这其中肯定有着多方面的因素，绝非汉武帝听了董仲舒的建言一时心血来潮。究其原因，冯友兰在《中国哲学史》(330 页，重庆：重庆出版社，2012)一书中指出：第一，原来的宗法社会并没有被完全破坏，汉初的平民乐于使用昔日贵族的礼教制度；第二，汉完成统一之后，制定各种新制度，离不开儒家学者的帮助，在这方面，其他学派远不能与儒家相比；第三，儒家六艺兼容并包，儒家独尊后，其他学说仍可在六艺的大帽子下，改头换面，保持存在。

相对于冯友兰的观点，张玉书、杨晓青二人提出了不同的看法。他们在《"焚书坑儒"与"独尊儒术"》(载《管子学刊》2001 年第 3 期)一文中将独尊儒术的原因归纳为两个方面：一方面是黄老思想的消极作用逐渐显露。长期的"清静无为"导致中央政府对一部分农民失去控制，不利于中央集权的加强；同时，一些皇室贵族、官僚和大地主、大商人的势力膨胀，成为中央集权的潜在威胁；还有匈奴的势力一天天扩大，直接关系着西汉政权的生死存亡。另一

① "北河"，指的就是古黄河故道，即今已干涸的乌加河，亦名五加河。古代黄河从今内蒙古磴口县以下，分为南北二支，北支约为当今乌加河，秦汉时为黄河正流，水量充沛，其对南支而言为北河。

方面是随着“挟书律”[1]的废除，各家思想都不同程度地活跃起来，思想活跃不利于思想的统一，不利于大一统中央集权统治的巩固和加强。而要强化专制，首先就要改革相对散漫、软弱、无为而治的统治思想，这样，虽不能争天下却可以守成的儒家思想恰恰符合时代的需要。该文进一步指出，汉武帝不是安于守成的人，他不仅要使自己的江山得到巩固和加强，而且还要扩充版图，开拓疆域，这样以儒家思想作为施政的主导思想，就成了汉武帝的必然选择。

秦始皇曾以政治手段强制推行思想文化上的统一，这种做法客观上对建构新的国族意识起到了不自觉的作用，但毕竟这种粗暴的做法无法长久。汉承秦制，在秦朝统一六国族属的基础上尽力开拓边疆，域内所需整合的对象更多。然殷鉴不远，自然不能重蹈覆辙，于是把关注点放在了文化的层面之上。张宏斌在《秦汉国家形态建构中的儒教因素——以董仲舒思想为中心进行的考察》(81—86 页，中国社会科学院研究生院 2012 年博士论文)一文中指出，要建立文化上的认同感，最好的办法莫过于借鉴周朝的礼乐制度。孔子以及儒家学者接续了历史文化传统，六经典籍作为三代损益的历史文化精神和信念的代表，是合理秩序和价值、信仰的源泉，天下大一统以及合理政治操作的理据亦源于此。儒家最能代表全社会普遍认同的文化价值观念，以及整个华夏民族的共同生活方式的常态，以儒家为核心进行整合、建构新的国族意识理所当然。

2. “独尊儒术”的影响

汉武帝时代影响最为久远的文化政策，就是确定了儒学在百家之学中的主导地位。纪兴、宋阳在《独尊儒术与汉武帝的思想文化建设》(载《燕山大学学报(哲学社会科学版)》2009 年第 3 期)一文中指出，“独尊儒术”使儒学由私学转化为官学，学术与政治融为一体。儒学的官学化表现在以下几个方面：第一，儒学与学校教育结合，使儒学的传授官方化、制度化。汉武帝独尊儒术后，由政府出面组织、建立了一套完整的儒学教育亦即国家教育体制。第二，儒学与选士制度结合，使儒生成为官僚阶层的基本来源，导致官吏儒生化与文官制度的建立。第三，儒学被确定为统一社会思想、指导国家政治生活的根本原则。汉武帝“独尊儒术”，使儒学的经典教义成为判断人们言行正确与否的最高标准。

儒学的官学化，结束了自春秋以来学术与政治的分离状态，标志着以儒学为主体的大一统思想的形成。王子今、方光华在《中国历史·秦汉魏晋南北朝卷》(61—63 页，北京：高等教育出版社，2002)一书中认为，汉武帝时代实行“独尊儒术”的重大变革，结束了各派学术思想平等竞争的局面，对于学术思想的自由发展则有限制和遏止的消极作用。

但“大一统”思想对于维护社会稳定、巩固国家统一、促进民族发展具有重要意义。“大一统”的民族观不仅深得汉武帝认可，而且在统治集团内部也逐渐形成一种共识，成为汉王朝文武百官共同尊奉的政治原则。李克建在《西汉儒学改造对中华传统民族观的影响》(载《西南民族大学学报(人文社会科学版)》2012 年第 6 期)一文中指出，从武帝时期开始，中华大地从东北到西南，从草原到岭南，凡是中央王朝统治所及之地，无不渐染儒风，最终都成为儒学的教化之地。正是在儒学的传播过程中，儒家传统的“大一统”民族观日渐在人们头脑中生根，并逐渐发展成为各族人民普遍接受和认可的政治理念，它不仅直接推动着汉民族这个民族实体向前发展，而且也直接推动着中国古代各民族朝着中华民族这个民族实体向前

① “挟书律”是秦始皇在进行焚书时实行的一项法令。“敢有挟书者族”，即对收藏违禁书籍的人处以灭族的酷刑。

发展。在中华民族的发展历史中,能够承担这个使命的,只能是儒家文化。

3. "罢黜百家"

汉代史书以"罢黜百家"来表述董仲舒的建议,但是董仲舒自己从未用过这个词。因此,有学者对"罢黜百家"提出了不同看法。刘桂生在《论近代学人对"罢黜百家、独尊儒术"的曲解》(载《北大史学》1994 年第 2 辑)一文中指出,"罢黜百家,独尊儒术"只是统一入学、入仕的思想学术标准,不是统一全社会的思想。近代以来众多的论著与史书径直将这"罢黜"等同于禁止、禁绝、摧毁,这是连望文生义都说不上的。因为就字义讲"罢黜"绝无下令禁止之意。颜师古曾在《汉书》的一条注中指出,"罢"就是"罢之令归"。黜与罢义近,是斥之令其退归而已。"罢黜百家",就董仲舒对策的内容看,也就是要朝廷对并非修治儒学而被举为贤良的人,不予录用,令其归去;同样,非治儒学的也不能被用为博士,或录为博士弟子。

尤其值得注意的是,汉武帝在尊儒术过程中又非常重法治。杨生民在《汉武帝"罢黜百家、独尊儒术"新探——兼论汉武帝"尊儒术"与"悉延(引)百端之学"》(载《首都师范大学学报(社会科学版)》2000 年第 5 期)一文中指出,汉武帝尊儒术,是尊其为国家、社会的指导思想或统治思想,同时又重法治,兼用百家。在尊儒过程中及其以后,其他各学派因失去国立博士官而地位不断下降。然而,汉武帝并未采纳董仲舒的建议,所以各学派的著作均可收藏、流传,供人学习、研究。并且,汉武帝还通过任子、赀选、征召、公车上书等途径,把法、道、纵横、杂以至方术之士罗致在左右,让他们做官,辅佐自己治理国家。因此,汉武帝并未"罢黜百家",而是兼用百家。由于客观形势的需要,汉武帝任用酷吏,以严刑峻法打击诸侯王叛乱和豪强、商贾、农民反抗。因此,汉武帝又以重法治出名。

朱子彦则直接指出,汉武帝"罢黜百家,独尊儒术"之说是不符合历史原貌的。他在《汉武帝"罢黜百家,独尊儒术"质疑》(载《上海大学学报(社会科学版)》2004 年第 6 期)一文中对此作如下分析:

第一,提法不够科学。秦汉之际各个学派已频繁地进行互相渗透,通过渗透,汉代儒学与诸子学已失去先秦时代的原始与单纯面貌,儒与非儒学派的差异在逐步缩小。既然汉代儒术注入了诸子学的血液,诸子学也吸取了儒学的养料,互相融合,那么汉武帝的"独尊儒术"也必附带惠及诸子百家,何来"罢黜"可言?

第二,各派枢臣兼收并用,而不罢黜。汉武帝在位 53 年,共任命丞相、御史大夫正副枢臣 29 人,其中多数为非儒家,儒家只占少数,怎能解释为"罢黜百家"呢?

第三,博采众长的人才观不可能"罢黜百家"。汉武帝为了建功立业,思贤若渴,广求贤才。起自州郡吏民有不少是出身低贱的贫士,只要他们具备将相之才,或不辱外交使命,即可破格提拔重用,而不问其是否为儒生。

(二)削藩事业

1. 削藩的原因

封国问题是西汉前期的严重问题,西汉学者多认为王国尾大不掉之祸突出,主张大力削藩,而汉朝中央政府也基本上采纳了削藩主张。岳庆平在《西汉削藩的两个问题》(载《山西大学学报(哲学社会科学版)》1989 年第 1 期)一文中指出,削藩的原因主要有四个方面:

第一,皇帝的猜嫌心理。有汉一代,在皇位继承上未能建立一种常规制度,而是决定于皇帝一念的爱憎及皇帝死时的形势。因此，凡是皇子被封为诸侯王的，都有继承大统的可能，便都在皇帝的猜嫌之列。

第二，悬隔的地理位置。封国一般离京城较远，所以诸侯王或列侯如一旦就国，则极易遭到在朝别有用心或贪功好事之徒的毁谤。外戚、宦官或朝官常常得势的重要原因是其不离皇帝左右，而诸侯王、藩臣或地方官常常失势的重要原因是其距离皇帝太远。

第三，大一统的思想基础。西汉初年由于客观形势的限制，大一统的思想曾一度不太盛行，但随着中央政治、经济和军事力量的不断增强，大一统的思想必然东山再起。根据大一统的思想，很多人认为中央集权的统一国家是中国政治上的最高理想，是治世的起码条件，而地方分权是乱世的重要标志。

第四，政治家的夸大之词。贾谊和晁错等人的政治见解有些是言过其实。需要指出的是，夸大之词的出现有时还与政论家的个人恩怨有关。如晁错建议削藩主要是打击吴国，在一定程度上是因为其不共戴天之政敌袁盎曾断言吴王不会反叛。

也有学者提出了其他观点，董平均在《西汉分封制度研究——西汉诸侯王的隆替兴衰考略》(2—3 页，首都师范大学 2002 年博士论文)一文中指出，随着诸侯王实力的增长，他们逐渐产生了同汉王朝分庭抗礼的野心，于是“削藩”便成为文、景、武时期解决地方割据势力的首要问题。库晓慧也提出了类似的观点，她在《从汉初郡国并行制的演变看中央集权的逐步加强》(载《沈阳大学学报》2009 年第 6 期)一文中认为，随着社会经济的恢复和发展，诸侯王势力日益膨胀，严重削弱了中央集权，并对皇权构成极大威胁。

2. 削藩的措施

自高祖经文景到汉武，汉初各帝对分封政策进行调整，使封国不断郡县化，中央集权得到逐步加强。

高祖时期，奉行的是“强本弱末”方略。丁邦友在《试论西汉前期的“强本弱末”方略》(载《理论学刊》2006 年第 1 期)一文中指出，所谓“强本弱末”，从内容上说，就是增强中央势力和权威，削弱地方特别是诸侯王的势力和权威；从地域上说，就是巩固和发展西汉首都长安所在的关中地区，对关中以外的地区则采取相当严厉的限制措施。汉初，贯彻这一方略的措施主要有：第一，西都关中；第二，徙民于关中；第三，在汉与诸侯国相接的国境线上设立据点，驻兵防守；第四，严设关防，禁止重要物资出关；第五，步步进逼，最终铲除异姓王；第六，改革分封制，限制同姓王。刘邦实行的“强本弱末”方略收到了可观的成效，这是汉中央政权在与诸侯王国作斗争时始终能够占据主动并最终取得胜利的重要原因所在。

文帝时期，贾谊认为济北王、淮南王先后谋反是严重的信号。他看到同姓诸侯王势力的膨胀已构成对西汉的威胁，于是向文帝上《治安策》。白寿彝在其主编的《中国通史》第四卷上册(304—308 页，上海：上海人民出版社，1996)一书中对贾谊的观点作了归纳：第一，异姓王被除掉之后，同姓王将成为严重问题；第二，同姓王势力膨胀，朝廷无法制服；第三，同是诸侯王，规律是强者先反。因此，贾谊明确得出处理诸侯王的结论：“众建诸侯而少其力。”皇帝广泛地推恩，把大国分成小国。贾谊的主张后来成为西汉朝廷处理和最后解决藩国问题的指导思想。

董平均在《西汉分封制度研究——西汉诸侯王的隆替兴衰考略》(首都师范大学 2002 年博士论文，64 页)一文中指出，文帝时期，政府对王国共进行了两次重大调整。第一次调整发生在文帝元年，旨在拨乱反正，废除吕后将分封诸侯王扩大至吕氏外戚的制度，恢复白马之盟下“非刘氏不王”的分封制度，重新确立刘家的政治地位。随着文帝的政治地位日益巩固，围绕着齐、代、淮南三国有关皇帝继承权的纠葛进行了第二次王国调整。文帝采纳贾谊“众建诸侯”的建议，结果齐被分割为七国，淮南被分割为三国，实力大减，汉政府也开始对王国实行抑制政策。

景帝时期，汉代的封国制度发生了重大变化。董平均认为：首先，景帝即位之初，采纳晁错的“削藩”建议，削夺王国的封地，直接导致了吴、楚七国之乱的爆发；七国之乱后，汉政府大力推行“削藩”政策，削夺王国的支郡、边郡。其次，景帝继续采取“众建诸侯”的策略，将梁国分为五国，赵国分为六国。经过对王国的军事打击和分削，王国之势如江河日下，逐步走向衰微。

吴楚七国之乱，是西汉中央和诸侯王国的一场关键性战争。唐赞功在《吴楚七国之乱与西汉诸侯王国》(载《北京师范大学学报》1989 年第 1 期)一文中指出，吴楚七国叛乱失败后，景帝抓住这一有利时机，对诸侯王国的设置进行了大调整。

第一，对参加叛乱的吴楚七国进行处置。参加叛乱的诸侯王，或被杀或自杀。七国之中，除楚国另立王以续其后外，其他六国均被废掉。这显然是对汉初以来诸侯王国的一次沉重打击。

第二，新置与复置一批诸侯王国。景帝共有 14 个儿子，七国乱前已有 6 子封王，七国乱后陆续立其余 8 子为王，并对原来的封王加以调整，这是以亲制疏的政策。通过这些王国，可以有效地加强对吴楚七国地区的控制，并在一定程度上收到了加强中央集权的作用。

第三，继续大力推行削藩。景帝把“北边郡”“南边郡”①收归中央直接管辖。这一举措不仅削弱了诸侯国，而且有利于边防建设，为后来武帝击匈奴、征南越创造了有利条件。

第四，剥夺诸侯的治国权。汉初诸侯王在自己的封国内拥有治民权，这是诸侯王国势力膨胀的一个重要原因。景帝下令剥夺了诸侯王的“治国”权，诸侯王国半独立地位被取消，已同汉郡无异。

第五，废除诸侯王国的经济特权。由于丧失经济特权，租税收入又遭削减，诸侯王财源萎缩，其经济实力大大削弱。此后，诸侯王财政入不敷出，甚至出现贫弱的诸侯乘坐牛车的现象。随着经济的衰败，诸侯王已经不再具有同中央相对抗的物质条件，汉初以来的王国问题基本上获得解决。

武帝时期，继续削弱地方封国割据势力。库晓慧在《从汉初郡国并行制的演变看中央集权的逐步加强》(载《沈阳大学学报》2009 年第 6 期)一文中指出，武帝接受主父偃建议，颁行“推恩令”，规定诸侯王除由嫡长子继承王位外，其余诸子皆在王国范围内分到封地，作为侯国，由汉廷定封号。武帝把大的王国分为若干个小侯国，封国越分越小，不再成为中央政权的威胁。武帝还实行了“左官律”和“附益法”。“左官律”规定凡在诸侯国任官者，其地位低于中央官吏，且不得任中央官吏，以此阻止诸侯王网罗人才图谋不轨。“附益法”严禁封国官吏与诸侯王串通一气，结党营私，以此孤立诸侯王。同时，武帝还利用各种机会，对诸侯王实行削爵、夺地、除国。

---

① 北边郡、南边郡是指秦汉时期毗邻匈奴、南越的诸边郡，是中原地区与匈奴、南越相对峙的主要区域。

汉武帝实施的“推恩令”是解决中央和封国之间历史遗留问题的最佳方案，通过“推恩令”，中央集权制度得以加强。邓瑞全、张振利在《略论汉武帝对封国的处置》（载《浙江师范大学学报（社会科学版）》2008 年第 2 期）一文中指出，当诸侯王的势力不足以威胁中央集权时，汉武帝的眼光便转移到列侯身上，打压分封的范围，进一步扫荡中央集权的障碍。根据记载，遭汉武帝处置的列侯多达几十人，大多因无后、有罪而被削夺封国。列侯所获罪名大致分为政治、经济两大类。政治罪范围较广，主要有危害政权罪、亵渎皇权与危害皇帝人身安全罪、职务犯罪、思想言论罪、违反伦常罪等；经济罪可以视为政治罪在经济领域的延伸，大致有贿赂罪、买田宅不法等。从这些皇室宗子身死国除上可以窥见，汉代法律具有不可侵犯的权威性，这也反映了汉代法律具有的相对公平性和绝对严酷性。

众建诸侯、削地、推恩制度一脉相承，构成西汉前期削藩的三部曲。中央除了在政治措施上大举压缩诸侯王的生存空间外，也通过“礼制”剥夺诸侯王觊觎大位的正当性，借着礼制的重新整顿，达到尊君、强干弱枝的目标。林聪舜在《西汉郡国庙之兴废——礼制兴革与统治秩序维护的关系之一例》（载《南都学坛（南阳师范学院人文社会科学学报）》2007 年第 3 期）一文中指出，从西汉郡国庙的兴废可以看到礼制兴革与维护统治秩序的关系。郡国庙是西汉特有的产物。从汉高帝令诸侯王“立太上皇庙于国都”①开始，惠帝又“令诸侯王立高庙”②，此后陆续增加，形成庞大的“庙群”。高帝、惠帝时期建立郡国庙，是为了神圣化出身寒微的统治家族，是为了将刘氏的神圣化权威植入政治力尚无法完全进入的地区，同时也是伸张刘氏统治权力的一种有效方式。郡国庙制到了文、景、武帝阶段，已明显丧失原先维护统治秩序的政治作用，反而让同姓诸侯王分享宗法上的特权，朝廷面临神圣权力被分享的窘境。亦即诸侯国由于立有先帝的宗庙，等于有了“礼制”给予的入承大统的正当性。至元帝时期，中央政府取得了罢郡国庙的彻底胜利。

3. 削藩的影响

削藩对汉代历史的发展具有十分重要的影响。岳庆平在《西汉景武时期的削藩及其后果》（载《社会科学辑刊》1993 年第 6 期）一文中指出，影响主要表现在以下四个方面：第一，加强了中央集权。景武时期削藩的主要成果是解决了王国问题，加强了中央集权，逐渐形成了内重外轻的局面。终两汉之世，分封诸侯王的制度虽仍存在，但诸侯王在政治生活中已无足轻重，对中央已不具威胁。第二，为整个汉代设立了常规。自景武时期大力推行削藩政策后，两汉各朝无不竞相效法，皆以大力推行削藩政策为能事。如果说文景武三朝鉴于王国尾大不掉现象开始出现，大力推行削藩政策有其针对性和可取之处，那么在武帝后诸侯王一蹶不振、王国问题已不复存在时，汉朝仍然大力推行削藩政策，就不能不说是神经过敏或墨守成规了。第三，为王莽代汉提供了方便。经过汉朝的大力削藩，至成帝时，外戚王氏盛极一时。所以在刘秀之前，刘氏宗室纵使有人讨伐王莽，也终因势孤力单而无济于事。第四，经济方面为统制政策扫平了道路。经过汉朝的大力削藩，王国名存实亡，其经济自主权也丧失殆尽。汉代的经济由汉初的中央和地方互补型变为武帝后的中央单一型。

除上述影响之外，尚绪芝则在《汉初对地方分封势力的打击及其影响》（载《社会科学辑

---

① （东汉）班固撰：《汉书》卷一下《高帝纪第一下》，68 页，北京：中华书局，1964。

② （东汉）班固撰：《汉书》卷二《惠帝纪第二》，88 页，北京：中华书局，1964。

刊》2008 年第 5 期)一文中提出了新的观点:

第一,为西汉王朝的强盛营造了较好的环境。经过几代皇帝近百年对分封势力的打击,到汉武帝统治时期,分封势力基本被压制。内部良好的政治环境也促成社会经济的发展,为解决匈奴问题提供了政治、经济、军事等方面的强大保障。经过三次反击匈奴的重大战役,终于打败了匈奴,解除了匈奴的威胁,营造了国家发展的外部环境。

第二,宗法制对政治生活的影响渐趋缩小。汉代对地方割据势力的打击产生了两个副产品:一个是强化了郡县制,另一个是产生了新的选官制度——察举制。这两种制度对减少宗法制在政治生活方面的影响起到了巨大的作用。

第三,开创了依法处理中央与地方关系的传统。汉武帝注重运用法律手段打击地方割据势力,不仅成为汉代法律制度的一大特色,而且对地方割据势力的抑制更为成功。不仅如此,还留给后世一笔宝贵的遗产,即通过法律手段解决中央与地方关系这样一种传统。这种传统也影响到后世王朝对边疆少数民族的处理方式。许多朝代都注重运用法律手段调控与周边少数民族的关系,而不是一味地征战和征服。从这个意义上讲,汉代打击地方割据势力对后世运用法律手段维护统一的多民族国家存续和发展也产生了重要影响。

(三)构建"大一统"王朝

1. 开疆拓土

随着"大一统"思想的形成,汉武帝开始将其实践于重新构筑"天下"秩序。李大龙在《汉武帝"大一统"思想的形成及实践》(载《北方民族大学学报(哲学社会科学版)》2013 年第 1 期)一文中指出,汉武帝实践的对象首先选择了改变与匈奴的关系上,其后出兵南越、北灭朝鲜、张骞出使西域等,都是汉武帝实施"大一统"思想计划的组成部分。

在北方,匈奴称雄,成为西汉王朝的最大外部威胁,正确处理汉匈关系成为西汉政府巩固疆域、开地拓土的关键。刘宏煊在《中国疆域史》(102—110 页,武汉:武汉出版社,1995)一书中指出,汉初,由于国内政局动荡,加上"无为而治"的黄老思想的指导,自高祖至文、景,都对匈奴采取了一种屈辱性的"和亲"政策。即便如此,匈奴的贪欲仍不能满足,界约未被信守,掠夺性的战争仍频繁发生。汉王朝忍受巨大的牺牲,并未换来国家和北方人民生产、生活的安定,更无补于汉匈两族人民友好相处。汉武帝即位后,一改过去的屈辱政策,实行积极的抵抗政策。汉武帝领导的对匈奴战争虽然付出了沉重代价,但基本上解除了来自匈奴的威胁。公元前 51 年,呼韩邪单于自动前来称臣,接受中央领导。匈奴的归附在中国历史上具有重要意义:第一,结束了汉匈的战争状态,开创了长期友好合作的新局面,促进了中华民族的交融和匈奴地区经济、文化的发展;第二,开塞北地方政权自愿接受汉中央政权领导的先河,中国疆域开拓至贝加尔湖一带,稳定了通过战争开拓的领土;第三,使汉朝在西域的声威日盛,为汉通西域奠定了基础;第四,促进了东北地区各族同汉中央政权的密切联系,最后归附于汉。

汉武帝在用兵匈奴的同时并没有放弃经济文化的渗透。马勇在《汉武帝对匈奴政策新论》(载《中国边疆史地研究》2004 年第 3 期)一文中指出,汉武帝解决匈奴问题的过程,实际上就是在儒家思想影响下"用夏变夷",进而力图实现汉匈一统的过程。在汉匈边地建立的属国实际上是汉族文明的样板,西汉王朝用汉族的价值观念、生活方式去同化匈奴。儒家思想认为，华夏和夷狄都是天子的臣民，但华夏是有礼仪的先进民族，夷狄是无礼仪的落后民族，因而主张“用夏变夷”而反对用夷变夏。正是在汉武帝一武一文的政策作用下，匈奴最终走上了奉藩称臣的道路。

在西北地区，汉武帝开疆拓土的计划具体实施开始于张骞出使西域。李大龙在《汉武帝“大一统”思想的形成及实践》（载《北方民族大学学报（哲学社会科学版）》2013 年第 1 期）一文中指出，汉武帝对西域的经营和解决匈奴问题紧密联系在一起，正是有了对西域的积极经营，汉武帝不仅顺利地解决了匈奴带来的威胁，而且将辽阔的西域纳入到了西域都护的有效管辖之下，也密切了中原和西域乃至东亚和中亚、欧洲之间的经济联系，此行动又因丝绸之路而闻名于世。杨东晨在《论秦汉王朝向西方开拓政策的成败与得失——兼论人才在封建王朝向西方拓土中的重要作用》（载《秦汉研究》2011 年第 5 辑）一文中指出，向西北开疆拓土以维护国家统一，具有重要战略意义。汉通西域，开辟“丝绸之路”，使西北边陲回到了中国的怀抱；匈奴大部分的内徙和汉化，少部分羌人的归服和内徙，对形成多民族的国家有着重要的作用；促进了羌族荒远地区经济的发展，尤其是护羌校尉的设置，加强了汉朝与羌族的联系。

在西南地区，汉初与西南夷没有建立政治联系，双方各设边关，只有邻近的巴蜀地区与之有暗中民间贸易。汉武帝即位以后，积极开展边疆的经略，他接受唐蒙的建议，试图借助夜郎兵力来消灭南越国势力，由此拉开了两汉王朝经略西南夷的序幕。彭丰文在《从两汉西南夷经略看中国古代疆域的形成》（载《中国边疆史地研究》2015 年第 4 期）一文中指出，汉王朝对西南夷的经略，开启了西南夷融入中国古代统一多民族国家的历史进程，奠定了中国古代西南边疆的雏形，具有重要的历史意义。“西南夷”是秦汉时期对巴蜀地区以西、以南少数民族的总称，主要分布于今四川西部、南部和贵州、云南等地。元鼎六年（公元前 111 年），汉武帝借助灭南越的兵威和实力在西南夷地区所向披靡，先后设置益州等七郡，初步建立起郡县行政体系，将西南夷地区正式纳入西汉王朝版图。此后两汉王朝对西南夷的经略转入以维护和发展已有成果为主的阶段。

经过长期的经营，蜀地民众在国家认同上不仅经历了从秦到汉的变化，也经历了对汉大一统国家从外在认同到精神认同的转化。王瑰在《汉兴一百年蜀地民众国家认同的发展和深化》（载《成都大学学报（社会科学版）》2012 年第 6 期）一文中指出，汉代建立后，连续几代统治者都推行轻徭薄赋、休养生息的政策，社会经济逐步恢复并发展，蜀地也不例外。景帝年间，政府送蜀地学生到长安学习，又在蜀地开办学校，为学生免除徭役，学优者随带出巡，有的还授以官职，蜀地民众大为羡慕。数年之间，蜀地民众感受到了国家对民众的好处，开始乐意进入政府机构服务，他们对国家的认同随之日益增强。武帝在开发西南夷的过程中派遣蜀人司马相如进行安抚，司马相如发布了著名的《喻巴蜀檄》和《难蜀父老》两篇文告。这两篇文告实际上是司马相如站在“天子”的立场上，积极推动蜀地民众对国家认同层次深化的努力，使之融入大一统国家的理想之中，上下同心，最终达到儒者所追求的国家境界。之后，蜀地民众逐渐接受了大一统精神。

在东北地区，设置郡县自先秦燕国始，有辽东、辽西、右北平三郡。此后秦承燕制，汉又承秦制。李路在《汉代东北边疆民族文化和汉文化交流研究》（151—152 页，东北师范大学 2014 年博士论文）一文中指出，汉代有相当一部分东北边疆民族接受了郡县的直接管辖，被纳入到中央集权体系之内。汉初，辽东、辽西二郡是东北地区最重要的两个郡。在这两个郡的基础上，东北设置郡县的地区不断扩大，基本上覆盖了汉长城以南、辽东障塞和清川江下游以西的广大区域。郡县制度在东北地区的发展，对汉王朝而言，保证了中央政府对该地区的有效经营与管理；对东北边疆各民族而言，使他们有了与先进汉文化深入接触的机会，促进了本民族经济文化的发展。

在海疆地区，公元前 214 年，秦发兵占领岭南之地，置桂林郡、象郡、南海郡，使秦的统治达到今天越南的北部，海疆延伸到南海。根据史籍记载，秦时临海的郡有 16 个，海岸线则从山东半岛一直延伸到越南。安京在《秦汉时期海疆的经略》(载《中国边疆史地研究》1995 年第 1 期)一文中指出，秦汉时期是我国统一海疆形成的时期。统一的海疆既是统一国家的产物，又是统一国家的象征。公元前 112 年，汉武帝派五路大军平定南越，南部海疆重归中央政权控制。公元前 110 年，汉朝的军队攻入东越，汉武帝进而统一东南部沿海，同年又把海南岛划入版图，设置了儋耳郡和珠崖郡。公元前 109 年至公元前 108 年，消灭卫氏朝鲜，设置玄菟、乐浪、真番、临屯四郡。西汉时临海的郡有 20 多个，海岸线不断延伸。

安京还指出，在秦始皇统一全国后，六国贵族并未平伏，而是蠢蠢欲动，意欲复辟，尤其是地处偏远的临海诸国更是难于对付。为了防止旧势力的反抗，秦始皇除了把一些六国遗族迁到京畿地区外，还利用对海内外的巡视，显示秦王朝的强大。汉武帝时期，海外亦未平伏，新开辟的临海郡县并未得到巩固。北方朝鲜半岛与南方的百越地区都出现了激烈的反抗。因此，汉王朝大力建设海军，并通过巡狩戍防海疆，威示海外。秦皇汉武海上巡狩的主要目的是为了巩固其统治，反映了这一时期中央政府在军政上致力于海疆经略的事实。

秦汉时期中央政府对海疆的经略，反映了当时中国国力的强盛，也反映了当时“中央王国”意识的形成和扩展自身文明的强烈愿望。这种代表了先进生产力和先进文明的拓展，蕴含了一定的进步意义。刘彦威在《西汉王朝的边疆经略》(载《中国边疆史地研究》1997 年第 3 期)一文中指出，汉武帝采取北击匈奴、通使西域、兴兵南越、击西南夷等措施稳固了边疆，从此边疆地区置于西汉政权的直接管辖之下，为现代中国的疆域奠定了初步基础，促进了中国多民族国家的形成。

2. 边疆政策

汉王朝在开疆拓土的过程中，成功采取了一系列行之有效的边疆政策，促进了疆域的巩固和发展，增强了国家的凝聚力。马大正在《中国边疆经略史》(47—51 页，郑州：中州古籍出版社，2000)一书中指出，汉王朝的边疆政策主要有三点：第一，汉王朝对匈奴采取了优待和赏赐匈奴降众的政策，尊重他们的政治地位，保护他们的经济利益，给他们提供必要的生产和生活条件，并扶助其发展生产，引起匈奴降众纷至沓来。另外，汉通西域时初设的官员为使者，任务是“护田积粟”，后升为使者校尉、都护，属员不多。但是由于这些官员能够尊重西域各国的制度、习俗，得到诸国的拥护，成为汉王朝领辖和监护西域的重要官员。第二，扶植和发展边疆的农业。中央政府动员内地的各类人员去边疆，由官员供给种子、农具、耕畜、房屋，选择荒地，开垦经营，在关津要害修筑城池，移民围绕而居，在边塞地区建立起一个个新的居民点。把中原地区由来已久的一套地方村镇的管辖制度和措施，有效地推广到边疆地区。边疆地区经济的发展，逐渐缩小了与中原地区经济上的差距；各地区因地制宜形成的经济特点，又为相互交换提出了要求。当时中国的商品交易已相当发达，全国经济开始成为一个整体。第三，推进文化交流。随着汉朝政治、经济建设的推进，相互间的影响日益增加。当时，汉语中吸收了大量少数民族词汇，少数民族也吸收了汉语词汇。另外，汉朝的历法等逐渐为边疆人民接受。汉王朝在边疆地区实行的鼓励文化发展、文化交流的政策，丰富了中国文化的内容，促进了中华民族文化的共同提高。

刘宏煊则在《中国疆域史》(121—128 页，武汉：武汉出版社，1995)一书中将汉王朝的边疆政策归纳为四点：

第一，属国、道制。所谓属国制，即在边疆少数民族地区，实行一种与内地郡县基本一致而又有所区别的行政区划制度，建立"属国"和"道"两级行政机构。属国相当于郡，道相当于县。按汉时属国制度，中央政府对郡和属国的管辖一视同仁，郡守对县和道的管辖也是一视同仁，但汉对属国、道是因俗而治。其一，属国各级首领皆根据部落而设；其二，中央在属国所设最高长官为都尉，基本任务是保卫疆域完整；其三，为了发展边疆地区生产，促进社会安定，汉对边疆属国赋予不承担赋税的权利。

第二，都护、中郎将制。汉时西域都护、使匈奴中郎将管辖之地，实行与属国不同的民族政策，各民族保留着更多的自主权，基本上适应了新开辟边疆地区社会生产力的发展和各族人民生活的需要。

第三，屯田实边制。汉时屯田制度的实施，起到了实边、固边的良好效果：其一，解决了大规模军事行动和来往行人的粮食供给问题；其二，内地先进农业生产技术传到边疆地区，促进了边疆地区生产的发展；其三，内地与边疆地区人民的杂居，促进了民族交融。

第四，优抚少数民族。汉王朝不仅在政府、军队中重用少数民族，而且对边疆各族的生活、生产上的资助也做到了尽其所能。另外，"和亲"也加强了中央政权与边疆少数民族地区的联系，加速了民族交融。

刘宏煊认为汉王朝的边疆政策对我国统一的多民族国家的发展和疆域的巩固，无疑起到了巨大的推动作用。尤其是北平强胡，南定劲越，第一次将北方草原游牧文化区、黄河流域旱田农业文化区、长江流域及其以南的水田农业文化区比较稳定地统一在一个完整的疆域内，为中华民族的多元一体格局的形成，奠定了坚实的基础。

三、秦汉的衰亡

(一) 秦的衰亡

1. 秦亡原因综述

(1) 司马迁论秦亡原因

对于秦朝速亡的原因，现代学者对古代史家的观点进行了梳理。李炳海在《以秦鉴汉贯通古今——司马迁对秦亡历史教训的总结》(载《天府新论》1999 年第 5 期)一文中指出，《史记》通过人物传记总结秦亡的教训。司马迁认为秦朝的天子应当对秦王朝的短命负主要责任。同时司马迁把秦朝君臣所应承担的历史责任进行分摊、认定。司马迁通过李斯、蒙恬、王翦的传记，认为他们都是秦朝重臣，或为将，或为相，对朝廷政策的制定和施行都有参与权，可以施加自己的影响。但是，他们未能在这方面提出正确的主张，没有去纠正天子的过失，所以，理应对秦朝的灭亡各自承担自己的责任。不过，他们毕竟是朝臣，最后要听命于天子，于是司马迁主要批评他们奉承迎合，不能强谏。至于祸国殃民的乱臣赵高，则分别在秦始皇、李斯、蒙恬等人的传记中揭露他的恶行，指出他对秦朝灭亡是罪责难逃，干系更大。

李炳海还指出，司马迁探索秦朝迅速灭亡的原因，没有停留在历史现象的陈列和描述层面，而是深入到人的心灵深处。司马迁认为秦始皇、秦二世都把自己封闭起来，和群臣几乎处于隔绝状态，做法虽然相似，心理动机却不同。秦始皇为的是得到不死之药，使自己成为长生的仙人；秦二世则是怕把自己的短处暴露于臣下，为了维护自己的尊严而远离群臣，是受虚荣心的左右。秦始皇、秦二世的心理活动都很微妙，卢生、赵高投其所好，乘机进言，使他们愈加自我膨胀，独断专行，根本听不进大臣的劝谏，在各地起义已经风起云涌的形势下，皇帝的自我封闭终致秦的灭亡。

李炳海又指出，司马迁也认为暴政是导致秦亡的重要原因，但他通过人物传记，写了暴政在反秦队伍中的重演，从而对历史的总结更有深度和辩证性。司马迁在《史记・项羽本纪》中指责项羽身为反秦义军的领袖，坑杀二十万秦卒，暴虐残酷和秦始皇有相似之处。司马迁在《史记・陈涉世家》中指出，陈涉首先对秦朝发难，率众起义，可悲的是他本人又重蹈秦亡的覆辙，信用苛察之人，滥用刑罚，杀害无辜，最终导致众叛亲离。司马迁所叙述的项羽、陈涉的暴行向人们昭示，暴政并不是由个别人的罪恶造成的，而是在历史转型期出现的普遍现象。暴政的实行者为的是长久维持自己的统治，但暴政却加速了政权的灭亡。

(2)《淮南子》论秦亡原因

高旭在《记忆反思民权——〈淮南子〉视阈中的秦末陈胜起义》(载《江南大学学报(人文社会科学版)》2015 年第 4 期)一文中指出，淮南王刘安及其宾客在所著《淮南子》中认为，秦王朝的政治失败，根源于统治者背离了义为兵本、民为国本和君为政本的治国原则。

第一，在战争行为上，《淮南子》认为秦政之失在于背离了“义为兵本”的治国原则，严重损害了社会民众的生存利益。秦王朝建立之后，统治者没有以发展经济、安定民生为首务，而是为满足自身好大喜功的政治私欲，长期延续军国主义的战争政策，在击胡攻越的扩张战争中耗尽民财国力。秦王朝统治者的这种战争行为，是用无辜百姓的鲜血来维护自身的统治，是用天下的财富来满足自身的贪婪，其结局就是灭国灾难的降临。

第二，在社会民生上，《淮南子》认为秦政之失在于蔑弃“民为国本”的治国原则，在秦王朝建立后没有及时转向文治化的政策方向。现实的生存需求，是社会民众必须面对的最大实际，同样也是统治者在治国理政中的当务之急。但秦始皇及二世胡亥对社会民生漠而视之，只知纵欲侈靡，丝毫不顾百姓饥寒。和统治者享乐纵欲形成鲜明对照的是，社会底层的广大民众要承担极其沉重的徭役赋税，随时面临来自严刑峻法的残酷戕害。正是由于秦始皇及二世胡亥在社会民生问题上的恶性作为，将其自身置于社会各阶层的对立面，不论是普通民众，还是政府官吏，最终都已无法忍受秦王朝的继续存在。

第三，在君治实践上，《淮南子》认为秦政之失在于统治者严重忽视“君为政本”的治国原则，不仅没有合理节制自身嗜欲，反而奉行极欲主义的政治理念，君民之间的利益关系日益恶化。专制君主是王朝政治发展的关键所在，其自身政治修养及能力的优劣，直接关系到民众的现实生存和王朝的秩序稳定。统治者对自身物质欲望的过度放纵，必然造成扰民政治，甚至于产生残民政治。秦末陈胜起义极为迅猛的产生、发展，并不是历史的偶然，而是秦王朝统治者长期奉行极欲主义的法家功利化路线，严重漠视广大民众生存利益的必然结果。

2. 秦亡原因争议

(1) 秦亡于吏治败坏

在对古代史家观点进行梳理的同时，不少学者还从某一特定的视角阐述自己的观点。王绍东在《论统一后秦吏治败坏的原因及与秦朝速亡之关系》(载《咸阳师范学院学报》2007年第3期)一文中指出，秦朝吏治的迅速败坏，是其速亡的一个重要诱因。吏治败坏的后果主要体现在以下三方面：

第一，加重了官吏与人民的对立。官吏作为秦朝政策的具体执行者和赋役的催征者，被百姓看作国家的化身和反抗的对象。再加上秦朝法律本就细密严酷，吏治逐渐败坏，就使得官吏可以借法欺民，缘法为奸，进一步增强了苛法的破坏作用，把自己推向了人民的对立面。官吏在民众中失去了威信和号召力，人民则对官吏充满了痛恨之情。反秦起义开始后，积压在民众心头的仇恨爆发出来，全国各地都出现了“诸郡县皆多杀其长吏以应陈涉”①的情况。

第二，使官吏丧失了对秦政权的信心。秦朝末年，官吏队伍几乎处于两难的境地：忠诚于秦王朝，必然处于人民的对立面；如果维护民众的生存权利，就会受到朝廷律令的制裁。秦以严法督责臣下，官吏也往往成为掠夺刑杀的对象，他们除了以各种理由被处以经济惩罚外，还会以“治狱不直”②等罪名，被谪戍远方。二世上台后，按自己的好恶对官吏队伍进行清洗和镇压，这使得秦朝官吏队伍进一步分化。一些官吏继续助纣为虐；一些官吏则千方百计把维护自己的生存作为根本，他们放弃了责任和原则，经常处于恐惧与怨望之中，谨慎小心地生活；另外一些官吏则在谋划着反秦的活动，由秦政权的支柱变成了秦政权的掘墓人。

第三，促使部分官吏成为反秦队伍的领导者。萧何、曹参、周昌、夏侯婴等刘邦反秦集团的骨干成员，很大一部分是来自秦朝的基层官吏。在秦朝政权任职的经历，锻炼了这些人干练的组织能力和高超的宣传能力，为他们进行反秦斗争创造了良好的条件。大批官吏尤其是低层官吏加入反秦队伍，并以他们的政治、军事斗争经验与力量强大的农民结合，秦朝的灭亡也就指日可待了。

(2) 秦亡于过急、过广地推行郡县制

吴刚、刘小洪在《秦亡汉兴之因再探》(载《学术月刊》1996年第8期)一文中指出，秦亡的根本原因在于过急、过广地强行全面废除分封制，推行郡县制。战国时期，各国的变法都在不同程度上对分封世袭制有过冲击，但以战功裂土封王仍是一种普遍的社会观念和价值观念。即便在经过商鞅变法、改革最彻底的秦国和以后的秦朝，这种观念也是十分普遍的。秦国的县制只是在秦国实行了一百多年，其他六国并未实行。秦统一以后，要将此政策在全国推行，应该有一个过渡阶段，对其他六国来说，也要有一个适应的过程，尤其是要让原来六国之民逐渐适应。但是秦始皇依仗他的威严，一下将郡县制推行到全国，慑于秦始皇的淫威，六国贵族的不满情绪只能在其他方面反映或发泄出来。为了防止这种不满情绪的流露，秦始皇只能依靠残酷的镇压，由此导致了秦朝刑罚的严酷。正因为如此，那些反对秦始皇的人，只要打着分封的旗号，就能得到人们的支持。秦朝末年，面对无能的秦二世，原六国的贵

① (西汉)司马迁撰：《史记》卷八《高祖本纪第八》，349页，北京：中华书局，1959。

② (西汉)司马迁撰：《史记》卷六《秦始皇本纪第六》，253页，北京：中华书局，1959。

族加上秦朝那些一直对废除分封耿耿于怀的将领，他们的分封欲望犹如地下的岩浆一样喷涌出来，使偌大的秦王朝转眼败落。

(3) 秦亡于北伐匈奴

李福泉在《北伐匈奴是秦亡的重要原因》(载《学术月刊》1985年第9期)一文中指出，秦始皇北伐匈奴，是导致秦朝暴亡的重要因素，其后患主要体现在以下三方面：

第一，继续拓边战争，妨碍了统治政策重心的转移。统一战争胜利之后，秦始皇本应顺应历史趋势，及时地把统治政策重心由战争转移到生产上来。但统一刚完成，秦始皇就派蒙恬率三十万大军北伐匈奴。为了维护北伐成果，秦始皇又不得不征用数十万民夫修筑延绵五千余里的长城，这势必把巨大的财力、物力和人力投入进去。因此秦始皇不可能、实际上也没有把统治政策的重心转移到稳定统一局面、恢复经济和发展生产上去。但这种政策重心的转移，又正是当时形势所需，关系到秦帝国统治的成败。

第二，大量徭役的征发，破坏了社会生产。北伐匈奴后，为防备匈奴卷土重来，蒙恬所部三十万众常驻河南地，同时以四十万众北筑长城。戍卒、筑城者的粮食、物资，全靠内地转运，又需数十万众。残酷的环境，导致大量劳动者死于北部边防之中，使得社会生产受到严重影响。至于北伐匈奴所耗费的社会财富，就以粮食、物资的转输损耗而言，长远辗转，十剩其一。粮草的输送损耗即已如此，其他财富的消耗可想而知。

第三，制造刑徒谪戍，激化了社会矛盾，加速了秦的灭亡。北击匈奴动员的丁壮规模极大，又有宫殿、坟墓的修筑，要抽调大批正常的徭役北去是较困难的。加之北地水土不适，条件险恶，靠正常的徭役征发就更难保证北伐的需要。为此，秦始皇不惜动用国家机器，以严刑酷法，制造了无数的刑徒，输往长城戍守。刑徒还不够，又将一般罪人迁徙于此。除罪徒之外，更以大批谪戍作补充。谪戍征发的对象是罪吏、赘婿、商贾和贫苦农民，贫苦农民占多数。故谪戍的征发对农业生产影响重大，农民受苦最深，这导致了农民阶级与秦朝统治者极其严重的冲突。最终，由于谪戍，引发陈胜吴广起义，掀起了反秦大起义的狂澜。

(4) 秦亡于文化政策

在从政治、军事、思想等角度论述秦亡原因的同时，也有部分学者站在文化交融与排斥的角度阐释秦的速亡。如胡鸣焕在《秦亡新论》(载《咸阳师范学院学报》2002年第3期)一文中指出，秦由于忽视了文化对统一的功用，用相对落后的秦文化来兼并和统一先进的六国文化，终为其所累，导致自身灭亡。早在春秋战国时期，中国不同区域已形成不同的文化圈。质朴、单纯、务实、外向、功利是秦文化的主要特征。相较六国文化而言，秦文化是落后的。秦文化是秦人的传统，秦人是秦文化的继承者，所以秦王朝文化政策以秦文化为主体是必然的。秦人虽然历史短暂，文化底蕴较薄，但秦国较其他各国发展都快，最早完成新体制的变法，最早强大起来，第一个实现了统一。秦国的胜利，与其说是战争的胜利，不如说是秦文化政策的胜利，这种胜利是秦文化成功的有力证明。正是这种实践的成功，助长了秦人的功利主义，导致了功利主义的膨胀，驱使秦始皇继续执行秦国文化政策，并以秦国文化政策为本，兼并其他文化。但这种功利的文化政策是有时间和空间限制的，秦人的文化随着秦的统一而结束了使命，秦的统治者并没有意识到这一点。秦始皇没有及时反思秦文化本身，也没有客观地审视其他文化，而是摒弃这些比秦文化先进的文化，用相对落后的秦文化来兼并和统一先进的文化。秦文化资源稀缺，可供利用和发掘的内容不是很丰富。但秦始皇实行垄断和摒弃的文化政策，使原本就苍白的秦文化更加乏力、枯竭。加之秦始皇急风暴雨般、大刀阔斧地想尽快完成文化的统一，忽视了文化之间的深深鸿沟，没有考虑到平抚文化的裂痕需要一定的时间。秦始皇一味地使用军事手段，以军事强势代替文化的交融，用军事征服的方法对待文化统一，加速了秦文化统一政策的失败，也加速了秦的灭亡。

王绍东、孙志敏在《秦亡于二世的历史文化因素考察》(载《内蒙古大学学报(人文社会科学版)》2003 年第 5 期)一文中指出，秦朝的短命有着深刻的历史文化背景。

第一，沙丘政变这一偶然事件的背后包含着必然的社会文化因素。秦始皇在最后一次巡游全国时，于沙丘病逝。赵高联合丞相李斯将秦始皇遗书内容改为赐长子扶苏自杀，致胡亥成为秦始皇的继承者，这一事件史称沙丘政变。在促成沙丘政变的各种因素中，包含着深刻的历史文化背景。专制主义、皇帝集权的政治体制，使秦始皇为了长生，企图超越自然规律和生命周期的欲望不断得到周围的赞同和鼓励，这导致秦始皇对死亡缺乏应有而必要的安排与准备。神化皇权，导致秦始皇自我禁锢，自我封闭，大臣们也把他身边的宦官当成了皇帝的化身，这为赵高、李斯隐匿死讯创造了条件。绝对皇权下的文化氛围，压抑了李斯性格中好的一面，促使其走向助纣为虐之路。李斯对政变的支持，成为胡亥篡权成功的必要条件。

第二，秦二世没能转变政策，从而挽救秦始皇时期暴虐统治带来的危机，有着深刻的历史文化背景。胡亥从出生起，就处于秦国特殊的文化环境和法家思想的熏陶之下。随着统一战争的胜利，秦始皇独裁专断，贪婪残暴，法家学说的合理因素和积极方面逐渐被抛弃。作为秦始皇所喜爱的幼子，常常跟随父亲左右，耳闻目睹、潜移默化之间，皇权至上、唯我独尊的观念已经深深烙印于胡亥的心灵。胡亥 10 岁时，秦始皇为胡亥所选的老师是赵高。赵高虽精通书法和法律，但他是一个身心备受摧残，对社会充满仇视和报复情绪的人。赵高向胡亥所传授的，无疑是法家学说中最负面、最暴虐的内容。胡亥 18 岁时，秦始皇下达焚书之令，百家之学受到禁止，法家思想成为胡亥所能接触到的唯一的系统学说。这使得胡亥的思想局限于法家学说的圈子里面，只能在严刑酷法、残忍暴虐的道路上越走越远。

(5) 秦亡于王国初建

对于秦速亡的原因，国内学者在自身研究的同时，还参考借鉴了国外学者的成果。张林发、唐德荣在《从〈君王论〉看暴政亡秦》(载《唐都学刊》，1999 年第 2 期)一文中指出，根据马基雅维里《君王论》的理论，秦朝的暴亡，原因在于秦是新建的王国。马基雅维里在《君王论》中将王国分为世袭的王国和新建的王国。世袭王国除非是某种非常力量的破坏，否则它是能够长久存在的。新建王国的人民因为希望改善自身的处境，才愿意拿起武器来反对他们原来的统治者。但是当新君夺得领土之后，由于军事上的暴行，以及实行占领所产生的无数其他不当行为，使人们发现预期的利益无法获得。于是，一切因新君的占领而遭受损害的人都成了新君的仇敌，随之而来的动乱便不可避免地使新建王国走向解体。

张林发、唐德荣认为，根据这一理论，作为新建王国君主的秦始皇，虽然他的残暴并不见得超过后来的许多帝王，但是他的国家却因为他军事上的暴行和无数其他不当行为导致了暴亡。秦王朝军事上的暴行，表现为秦国长达数十年的兼并战争和统一后对匈奴、南越等周边少数民族旷日持久的征战，正是这些连年不断的征战导致了秦王朝的迅速崩溃。秦王朝的无数其他不当行为，如秦始皇泰山封禅，松树下避一场雨，就把松树封为五大夫；过湘江遇点风浪，就发三千刑徒伐尽湘山树、赭其山等。而其他王朝虽有君主的残暴，但依然存在下去的根本原因，在于他们所在的王朝不同于秦始皇的新建王朝，而是从祖宗手上因袭下来的世袭王国，故他们才能暴而不亡。

(6) 秦亡于六国贵族复辟

吴毅在《秦朝速亡原因新论》(载《宝鸡文理学院学报(社会科学版)》1999 年第 3 期)一文中指出，英国著名的历史学家汤因比认为，秦始皇犯了一个难以想象的大错，他试图以原先的征服工具来维护其征服得来的土地，显然这项武器已不合时宜了。始皇帝吞并六国之后，进而废置各国的王室和封建贵族，并由秦国的官僚处理政事，这项激烈的措施使得这些牺牲者感到难以忍受，而秦王朝推广政策时的强硬作风使得他们更加难以忍受。始皇帝无视这项急进政策引起的不断增加的反抗，不愿把这项措施稍作放宽。由于他这样鲁莽地关闭了每一个安抚之道，所以在他去世后一年内，暴乱便发生了。所以，真正焚烧秦王朝的是六国旧贵族的复辟势力。

(7) 秦是否亡于民心向背

秦朝成为短命王朝，传统多认为是“酷刑”“暴政”所致，是“失民心”的结果。张秋升在《民心向背与秦亡汉兴》(载《人民论坛》2012 年第 3 期)一文中也指出，秦始皇没有号准百姓的心脉，逆民心而行，故秦朝迅速土崩瓦解。秦扫荡六国之后，秦始皇自以为古今天下第一，自以为强力刑罚可以解决所有问题，自以为一统王朝可以万世长存，于是把帝国当作自己逞强好胜的舞台，将臣民变成自己膨胀私欲的工具，视士民为粪土，将百姓作刍狗，无视人民盼望统一的真正目的是安居乐业，逆民心所向而动，崇尚暴力，笃信刑律，迷恋专制，致使百姓热念成灰。秦始皇逆民心而行，秦二世在其父的路上也一直不回头地走了下去，结果帝国到了崩溃的边缘，最终灭亡。

然而，刘巍在《“民心”决定论的困境——以秦亡汉兴为例》(载《北京理工大学学报(社会科学版)》2015 年第 4 期)一文中却指出，民心向背无法决定政权的归属，暴力竞争才是决定天下归属的根本性条件。用“得民心者得天下，失民心者失天下”[①]这样的“民心决定论”来解释秦亡汉兴，是不准确的。秦朝在很多方面的确不得人心，但是，秦之覆亡却不能仅仅用丧失民心来解释，秦朝的灭亡直接是由战争胜负决定的。项羽先后在巨鹿之战和漳污之战中取胜，此后刘邦兵临咸阳，灭掉了秦朝。归根到底，在古代中国的政治设计中，就没有提供民意的表达平台，民众的态度并不能够左右天下的归属；相反，只有得到了精英、权臣、将领和军队的支持，才能行废立之事，也才有机会在角逐天下的暴力战争中笑到最后。

(8) 秦是否亡于法家思想

秦王朝的速亡，传统观点除认为是酷刑、暴政所致外，还把其归结为法家思想在秦朝的继续实施所致。陈延嘉在《秦亡与法家法律思想之关系——与王占通先生商榷》(载《古籍整理研究学刊》2014 年第 5 期)一文中指出，秦统一中国后，仍实行法家思想，尤其是在法家思想指导下实施的严酷律法，是秦朝灭亡的重要原因。陈延嘉认为，秦亡的具体原因，从法律层面讲，首先要看立法指导思想有没有问题。韩非立法的指导思想建立在人性恶且永不可改变这一前提上，主张通过轻罪而判重刑即“重刑轻罪”达到震慑作用，从而使犯罪现象减少。“重刑轻罪”有一定的震慑作用，可以达到部分目的，但从根本上说做不到。重刑加速秦

① 金良年撰：《孟子译注》，154 页，上海：上海古籍出版社，2004。

王朝的灭亡，最直接最有力的证据就是陈涉起义。陈涉等九百人因遇大雨失期，按秦律“失期皆斩”[①]，此律令迫使他们揭竿而起。这充分说明，秦律本身有重大缺陷，这缺陷的根本原因就出在“重刑轻罪”上。轻罪而判重刑，正是失期皆斩的法理根据，也是秦朝灭亡的原因之一。所以，秦亡与秦法密切相关。

王占通、薛福临在《秦朝亡于政而非亡于制——答陈延嘉先生之“商榷”》（载《古籍整理研究学刊》2014 年第 5 期）一文中，针对陈延嘉的观点指出，历史上没有哪个政权是由于重刑而倒台。秦孝公开始行商鞅之法，实现了富国强兵，使秦由一个弱小的诸侯国发展为强国，最终战胜山东六国。同是法家之法，同样用重刑，结果却大相径庭，原因在于重刑保护的是经济生产还是保护了对经济生产的破坏。汉武帝外征内兴不谓不盛，刑罚不谓不重，然没有出现政权危机，其基本原因是文景之治使经济得到了极大的恢复，人们有了安定的生活。明初之刑罚残酷是出了名的，但江山依旧稳固、经济持续发展，其原因是明之重刑是指向官吏的，不会危害百姓的正常生活。宋之大儒朱熹成理学，倡天理，但他主张重刑治民，甚至提倡“肉刑”，可见以仁爱为旗帜的儒家也不反对重刑。重刑是否危害政权的稳定取决于刑罚维护的是什么政治经济秩序，只要不是民无活路，重刑是不会引起百姓造反的。秦亡是由很多偶然因素和举措失当造成的，和法家思想并没有直接关系。

3. 秦的衰亡对后世的影响

王绍东在《论“亡秦之鉴”对中国古代政治的影响》（载《秦汉研究（第三辑）》，145—152 页，西安：陕西人民出版社，2009）一文中指出，秦朝从统一到灭亡，尽管只存在 15 年，但“秦亡之鉴”留给后世王朝的教训是深刻、巨大的，这主要体现在以下四方面：

第一，儒家独尊地位的确立。秦朝统一全国后，秦始皇执着于倡导绝对君权的法家学说。到二世皇帝时，更是把法家学说发展为“督责之术”，使法家学说的负面效应发展到极致，终使秦朝短命而亡。秦朝的速亡说明把法家作为国家唯一的政治统治思想是根本行不通的。汉武帝接受了董仲舒的意见，把改造后的儒家思想作为王朝的正统思想，贬抑黄老刑名百家之言，正式开启了中国历史上儒学成为学术文化思想主流的时代。从此，儒家的行为准则得到了社会的公认，得到了历代王朝的支持并被法律化，从汉至清两千年间未有改变。

第二，民本思想的有限回归。秦朝统治者完全无视人民的意愿，不顾人民的死活，导致人民揭竿而起，最终使秦王朝被农民起义的浪潮所吞没。秦朝的覆亡充分展示了人民的力量，给统治阶级以极大的震撼，这使统治者不得不对民众的力量与作用重新加以认识。历史也充分证明，凡是强调以民为本，注重把对人民的盘剥限制在一定范围内的时代，往往会保持较为长久的繁荣和稳定。虽然由于地主阶级的剥削本性，“以民为本”往往成为一种理论宣传或政治理想，但民本思想毕竟承认了君与民的相对性，其力图在不改变君主民仆地位的前提下，保持两者的平衡、和谐，有利于君主自我调整治民政策，有利于人民的休养生息和王朝统治的长治久安。

第三，君主权力的适度制约。秦统一中国后，君主专制制度把君主的权力提高到无以复加的地步。绝对的权力使秦始皇父子得以把统治者残忍自私、贪欲无限的劣根性无所顾忌地展现出来，不但激化了社会矛盾，而且为赵高利用，是秦朝二世而亡的重要因素。秦朝灭

---

① （西汉）司马迁撰：《史记》卷四十八《陈涉世家第十八》，1950 页，北京：中华书局，1959。

亡后，后世君主与思想家深刻反思：在承认君权至上的前提下，如何对君主权力加以适度限制，以防范君权走向极端而失控。如用"天人合一""天人感应"的学说限制君权；以道德因素制约皇权；用从道说、崇圣说、纳谏说等理论对封建皇权加以调节和制约，以保证君主政治的正常运行，从而提高了君主政治的弹性和安全系数。

第四，民族问题上的羁縻政策。秦统一中国后，对于各少数民族，采取了武力征服的单一手段。崇尚武力，敌视和轻视少数民族，不惜代价地用战争手段加以打击，是导致秦朝速亡的重要因素。汉代以来，统治阶级总结了秦朝民族政策上的教训，确定了中国历代王朝在民族关系上的羁縻政策。"羁縻"有牵制、笼络、怀柔之意，包含了对民族地区政治现状的宽容和默认，以及通过分化实现"以夷制夷"。羁縻政策有利于解决复杂的地方矛盾和民族矛盾，有利于消解旷日持久的边境冲突，对于民族间的和解与沟通、地方社会的稳定与发展以及中央集权的加强都起到了积极作用。

李双雄在《浅谈秦朝灭亡的原因》(载《赤峰学院学报(汉文哲学社会科学版)》2011年第10期)一文中指出，秦速亡的主要教训在于没有在统一之后尽快调整策略，以适应不同的文化需求。所以，一个王朝要长治久安，除了对统治思想的正确解读，建立健全的制度，选择英明的领导之外，最重要的就是要尊重文化的多元性，且能够在尊重多元文化的同时建立一种让全国百姓认同的意识形态和文化思想。只有使民众对其文化有认同感和归属感，才能增强人民的向心力和凝聚力。总之，"治国之道"还需要到文化资源中去寻找，只有契合了人民的文化心理，才能让老百姓把对制度的遵从看作一件心甘情愿而不是被迫的事情。

(二) 两汉的衰亡

1. 西汉衰亡的原因

朱绍侯、张海鹏、齐涛在《中国古代史(上册)》(286—290页，福州：福建人民出版社，2000)一书中指出，西汉后期，统治阶级奢侈、荒淫、昏庸，土地兼并导致大量农民破产，使百姓生活陷入绝境，起义不断。在西汉统治危机严重之时，出身外戚世家的王莽，趁机夺取权力，最终导致了西汉的灭亡。

朱绍侯等学者指出，西汉末年，皇族、贵戚、官僚、豪强地主、富商大贾等疯狂地兼并土地，强占民田，这加速了农民的贫困、破产。劳动人民生活陷入绝境，不得不起而反抗，促使阶级矛盾日益尖锐，西汉王朝的统治出现危机。统治集团为了缓和社会矛盾，采取过一些措施，但大都成为一纸空文。社会危机越来越严重，大规模农民起义已迫在眉睫，出身于外戚世家的王莽，一方面排斥异己，另一方面又采取一些笼络人心的措施，取得了一部分贵族、官僚、地主及其知识分子的拥护。王莽在这些地主官僚的拥护下，趁机夺取权力，终使西汉灭亡。

李峰在《宣帝弊政及对西汉后期政局的影响》(载《北方论丛》2012年第1期)一文中指出，汉宣帝在位时期出现了乞灵鬼神、诛杀功臣贤臣、任用宦官外戚、奢侈享乐等诸多弊政，这些弊政成为西汉灭亡的重要推动力量。宣帝受当时神学思想流行的影响，迷信鬼神。宣帝在乞灵鬼神过程中，耗费人力、物力甚巨，造成国家大量财富的浪费与流失。宣帝全面接受天人感应之说，在褒贬祥瑞的同时，对灾异现象也给予重视，认可了灾异天谴说。这样一来，等于解除了此前不准论说灾异的禁忌，每个人都可以对祥瑞灾异现象发表看法，这使国家对舆论的主导权渐渐丧失；同时元成哀平时期频繁的灾异现象，又使汉家即将灭亡的观点深入人心，易代思潮随之而起。宣帝诛除霍氏集团及盖宽饶等贤臣，导致汉代的官风由进取转向保守。由于宣帝疑忌臣僚，故当其临终托付之际，虽拜贤臣萧望之、周堪为辅政大臣，但同时又拜外戚史高为大司马车骑将军总揽朝政，中书宦官弘恭、石显居中用事。萧望之、周堪在施政过程中处处受到外戚、宦官的限制，最终矛盾激化，萧望之等被清除，由此开启了西汉后期外戚主政的新政治格局。凡此种种原因，促使西汉由盛转衰。

魏文清在《汉亡探源》(载《北方论丛》1993 年第 4 期)一文中指出，探讨西汉王朝灭亡的原因，不能只就西汉后期去寻找，应从西汉前期，特别是武帝鼎盛时期去寻找。实际上整个西汉王朝相对于秦朝而言依然是一个专制王朝。刘邦从建国之日起就对农民进行残酷的经济剥削和政治压迫，豪强地主兼并土地，统治阶级生活奢侈腐朽就已经使汉王朝表现出衰败的迹象。到武帝所谓西汉鼎盛时期，豪强兼并，统治阶级腐朽有增无减，并且到昭宣以至西汉末年都没能解决。武帝在位 54 年，他把汉代推向鼎盛时期。但就是在鼎盛的背后，出现了“物盛而衰”的局面。武帝的穷奢极欲，繁刑重敛，迷信神仙，巡游无度，使百姓疲敝，其行为同秦始皇极为相似。武帝在变更统治方针后不久死去，而休养生息政策由昭宣继承，使其“免于亡秦之祸”，免遭速亡的结局。就在武帝当世，司马迁就曾暗示汉王朝表面上似乎很强大，但实际上已开始衰亡。

白寿彝在《中国通史》第四卷上册(345—350 页，上海：上海人民出版社，2007)一书中指出，西汉的衰落，与国家大政方针的改变和外戚、宦官窃取权力的斗争密切相关。

白寿彝指出，汉元帝改变了汉家“王霸道杂用”的大政方针，片面地推崇儒家，削弱了国家权力，汉家政权趋向衰落。元帝即位之初，重用儒生。儒生津津乐道的治国主张，如减刑宽政、不与民争利等，得到了实行，但是这些政策的施行并没有达到预期的效果。宽弛的政策使权贵、官吏、地主们如同脱缰之马，贪残暴虐，对百姓进行敲骨吸髓的压榨。成帝刘骜继续执行以儒术治国的方针，但下层民众从中得到的恩惠甚少，宽弛的吏治给他们造成的灾祸却在变本加厉。哀帝刘欣也采取了一些恤民政策，但在外家掣肘、权臣作梗的阻力面前，他丧失了重整朝纲的锐气，由畏难而失望，由失望而颓唐。他面对汉家天下江河日下的局面，无所作为。元帝以儒术治国的方针，为成帝、哀帝、平帝相继承袭，以至政权落于外家之手，终现王莽篡汉的局面。

白寿彝还指出，宣帝时重用外戚，同时任用宦官掌握宫中大权。外戚、宦官窃取权力的斗争成为西汉末期政局混乱的根源。外戚借着与帝王的特殊关系发展权势，帝王也借重外家势力以维系统治。外戚一旦羽翼丰满，又要回过头来与帝王展开你死我活的厮杀。成、哀、平三朝的政治舞台上演的，正是皇家与外戚、外戚与外戚你争我夺的历史闹剧。哀帝短祚，在位六年病死。以王莽为代表的王氏集团在元后王政君的支持下，再整旗鼓，卷土重来。王莽在王家累世擅权的基础上，经过多年苦心经营，终于推翻了西汉政权，建立起王氏的新朝。

除探讨西汉是从何时开始真正衰亡及其衰亡的政治经济因素外，有学者还从思想角度探讨西汉灭亡的原因。孙景坛在《董仲舒的“〈春秋〉公羊学”与西汉政权的覆亡》(载《中共南京市委党校南京市行政学院学报》2006 年第 3 期)一文中指出，董氏公羊学的核心思想“阴阳五行天人感应”和“授命之符”等神学政治论，是西汉覆亡的思想根源。董仲舒“《春秋》公羊学”的根本思想，就是以“阴阳五行天人感应”为核心的神学政治论。该理论认为，具有神性的天是最高的主宰，君权是神授的，君权虽至上，但要按天意行事；天表示意图主要靠示警，示警的方式主要靠“阴阳”“五行”的运行。如“阴阳”“五行”错行，就会发生“灾异”，而顺行，就会有“祥瑞”，有时还会有“符箓”即“受命之符”①出现。君王要靠对“灾异”包括“符箓”的解读，来理解天意。君王能按天意办事就会成功、获福。反之，就会失败，乃至杀身亡国。

孙景坛指出，董仲舒这一理论对西汉统治有不可估量的颠覆作用，在汉昭帝时期它就首次试图颠覆西汉政权。当时，董仲舒的正宗再传弟子睦弘明目张胆地以董仲舒的“阴阳五行天人感应”说和元凤三年的“灾异”“符箓”为依据，要求汉昭帝退位、让贤。多亏当时第一辅政霍光是个忠臣，不想篡位，否则就会以此为理论依据，早于王莽代汉。宣帝继位后亲手培植《春秋》谷梁学，用学术方式结束了《春秋》公羊学的官学地位，使《春秋》公羊学成了私学。但元寿元年，哀帝驾崩，平帝即位，外戚王莽被封为安汉公，任第一执政，这为《春秋》公羊学派最终颠覆西汉政权创造了契机。王莽一上台，就受到了被董仲舒《春秋》公羊学腐蚀的博士们的“颂扬”。王莽也开始拉拢这些所谓的学者。平帝驾崩后，子婴即位。这些学者中有人上奏：从井中得一白石，上圆下方，石上有丹书曰“告安汉公莽为皇帝”②。王莽据此“授命之符”开始摄行皇帝之事。梓潼人哀章见王莽摄政，即作铜匮(柜)书言工莽为真天子。工莽持匮(柜)至高庙拜受，正式代汉做了新朝的开国皇帝。可见，王莽代汉用的就是董仲舒《春秋》公羊学“阴阳五行天人感应”和“授命之符”的思想。综上可见，董仲舒的《春秋》公羊学对西汉灭亡负重要责任。

2. 东汉衰亡的原因

东汉王朝经历195年而亡。赵长欣在《政治腐败下东汉的灭亡》(载《长江大学学报(社会科学版)》2011年第6期)一文中指出，导致东汉中后期社会危机不断加深，直至国家灭亡的原因可以归纳为两方面：

第一，豪强地主田庄经济的恶性膨胀。东汉王朝是在豪强地主支持下建立起来的政权，东汉社会的发展和豪强地主休戚相关。由于政府的放任，豪强地主大量侵占并掠夺农民的土地，致使土地高度集中。同时，豪强地主还超额占有大量的社会劳动力。占有了大量土地和人口之后，豪强地主以田庄的方式进行经营，使其成为自给自足程度较高的经济实体。经济上，它们不断膨胀的势力是对国家小农经济的严重破坏；政治上，它们是中央集权的离心力量；军事上，它们拥有不断壮大的私人武装力量，是对国家统一局面的严重威胁。在黄巾大起义和汉末大乱中，许多豪强大族乘机割据称雄，最终发展为全国性混战，促使东汉王朝在三国形成的过程中寿终正寝。

第二，统治者的奢侈腐化现象恶性蔓延。和帝永元年间，社会风气由东汉初期的注重节俭渐变为奢侈之风日益滋长。奢侈之风不但促使统治者千方百计地榨取人民的血汗，而且必然导致奢侈性工商业的畸形发展，刺激大批农民纷纷离开土地。于是，农业生产的危机出现，进而动摇了整个封建制度的经济基础。当过度的奢侈导致社会再生产停滞萎缩时，潜伏的危机就会变成现实的危机。这样，东汉王朝的灭亡就为时不远了。

靳宝在《范晔对东汉衰亡的记述与思考》(载《唐都学刊》2006年第5期)一文中指出，范晔史识的卓越之处，就是把女后临朝称制、外戚专横、宦官专权与党锢之祸这几个方面联系

① (东汉)班固撰：《汉书》卷五十六《董仲舒传第二十六》(第8册)，2500页，北京：中华书局，1964。

② (东汉)班固撰：《汉书》卷九十九上《王莽传第六十九上》(第12册)，4079页，北京：中华书局，1964。

起来加以综合分析，多角度、多层次地思考东汉衰亡的原因。

靳宝指出，范晔认为纵观东汉一代有其自身的特殊性，即皇帝大都早殇，继位者必年幼，母后必易临朝称制，外戚易专权。女后临朝称制，动摇了刘姓皇朝的根基，政治统治和社会秩序开始动荡，这开启了东汉一代长期“失根统”的政治现实。“失根统”不仅使外戚本身败亡之祸不可避免地接连不断地发生，更严重的是引发了宦官、外戚、党人这几大集团之间的矛盾和斗争。其中，宦官专权是三大集团斗争的重要起源。东汉永平之后，一方面是皇帝年幼，女后临朝称制，后主多任用自己的父兄，造成外戚把政。朝廷内外臣僚，无法亲自与皇帝接触，与皇帝相处的只有宦官而已，而且这在东汉是一个长期的现象。所以，当皇帝年长，联络宦官除去外戚，就成为必然的选择。而这又使得宦官与皇权的利益取得一致，宦官因此得到皇帝更加的重赏和宠信，随之地位和权势日益趋涨。另一方面则是太后女主秉政，由于客观条件的限制，她代皇帝下达诏令不出后妃居处，大臣们议论国事又无法到宫内亲自参与决断，因而不能不使用宦官，把国家政令寄托在他们身上。这样做的后果，使宦官们的权力极度膨胀，忠于王室的大臣被排斥，进而引发宦官与外戚、党人集团的不断斗争。党锢之祸的发生，最初只是由桓帝的老师周福和河南尹房植的争议而起，引发太学生三万多人互相赞扬推重，形成一种评议风气。他们直言深论，不避豪强，终于点燃了党人与宦官、外戚的矛盾和斗争，发生了三次党锢之祸，其危害十分严重。从此正直的人被流放，邪恶枉法的人互相勾结，汉朝的法度大乱，纲纪大乱。

陈晓鸣在《筹边失当与东汉衰亡》(载《江西师范大学学报(哲学社会科学版)》2002 年第 4 期)一文中指出，筹边失当也是东汉衰亡不可忽视的因素之一。东汉时期，政府罢边郡都尉官，罢边郡亭候吏卒，使得边郡兵力大量削减，抵御外寇能力降低。加之东汉政权罢材官、骑士，废更戍制度，使郡国无常备之兵，关隘无重兵驻守，造成战略后备力量薄弱。为弥补边防力量的不足，东汉施行“以夷制夷”的边防战略。所谓“以夷制夷”，就是联合内附的少数民族共同制御内犯的其他少数民族，这使得东汉政权不得不依靠民族兵，在作战中大量征调少数民族兵出击作战。由于长期使用“夷兵”，使兵役负担由内地人民向少数民族转移，加剧了民族矛盾。东汉政权在处理少数民族问题上，过多考虑利用，并且有意无意地挑起民族纠纷，羁縻失当使“夷兵”难以约束，往往成为汉廷的对立面。故此，到了东汉后期，入塞少数民族往往成为边患主体，“以夷制夷”逐渐走向其政策的反面，导致民族矛盾激化，酿成长期边患。同时，东汉政府放弃边防经济开发，使得边郡空虚，边境经济萧条，从而导致筹边经费日增，加重了国家财政中的军费负担，激化了阶级矛盾。内忧外患交互作用，加重了东汉政治、经济、军事危机，最终致其衰亡。

教学设计

设计一:“自神自圣”的秦始皇——专制皇权象征体系的构建

设计意图

皇帝制度是中国专制主义中央集权制度的重要组成部分，在中国存在了两千多年。秦始皇不仅创制了“皇帝”的名号，而且赋予“皇帝”以至高无上的权威，并建立了一套维护其绝对统治的运行制度。通过引导学生阅读、分析史料，使学生认识到秦始皇整合利用了中国古代的都城建设、历史传说、历史文献和传统的典章制度等诸多举措来构建专制皇权的象征体系，拉开了皇帝与“凡夫俗子”的距离，形成了一定的神秘感，使学生认识到皇帝头上的光环是秦始皇利用历史上的各种资源自我神圣化的结果，从而使学生对皇帝制度和皇帝的权威有更加深刻的认识。

设计方案

教师讲述： 秦始皇创立了皇帝制度，规定皇权至高无上，皇位世袭，皇帝独尊。为让皇权披上合法的外衣，他只有从古人那里寻找依据。周在灭掉商朝后，曾在商朝统治的中心建立了新的都城。秦始皇在国都的建设上借鉴了周朝的这一做法，把国都建设在咸阳作为新的统治秩序建立的象征。不仅如此，秦始皇还使帝王的宫室与上天的星象相对应，使世人认为他的统治就是为神明所祝福的永恒秩序。

材料一 每到十月，天象恰好与这一都城乃至整个“天朝”的布局完全吻合：这时的“银河”与渭水相应，“离宫”与阿房宫同经，“阁道”与经由牵牛桥抵达阿房的驰道交相辉映，形成一个天地人间一体化的神奇世界。

——陈江风：《天文与人文：独异的华夏天文文化观念》，北京：国际文化出版公司，1988 年，132—133 页

教师设问： 秦始皇设计都城的依据是什么？目的何在？（参考答案：依据：按天文现象设计都城。目的：让臣民产生一种神恩普照、皇帝权威万世永存的感觉）

教师讲述： 按天象设都，是秦始皇的创造，以后历代的皇宫建筑都继承了秦朝的这一做法。皇帝议政之处被想象为大地的中心、天道的原点，整个世界都围绕着它运转，居于天地之“中”的帝王自然成为宇宙节律的调控者，这无疑为皇帝的权威披上了一层神秘的外衣。另外，古人认为“王者”的权力是由上天所赏赐、由鬼神福佑，作为维系和强化“王”与天地鬼神之间联系的手段的祭祀，自然是由最高权力所掌控的。那么，秦始皇是如何利用这一传统来为自己造势的呢？

材料二 天子祭天地，诸侯祭社稷，大夫祭五祀。天子祭天下名山大川，五岳视三公，四渎视诸侯。诸侯祭名山大川之在其地者。

——李学勤主编：《十三经注疏·礼记·王制》，北京：北京大学出版社，1999 年，385 页

材料三 秦始皇的策略是唯我所用，兼收并蓄，不论是天地鬼神、山川灵怪还是日月星辰，只要有来历有说法的，全都作为祭祀的对象。

——李宪堂：《大一统专制权力之象征体系的完成：从秦皇到汉武》，载《文史哲》2010 年第 6 期

教师设问： 根据材料比较先秦和秦朝祭祀制度的区别并说明原因。（参考答案：区别：先秦时期祭祀制度等级分明，天子与诸侯祭祀有地域性差异；秦朝时期祭祀制度是兼收并蓄，统一了祭祀体系。原因：秦朝统一了天下，需要各地神灵的护佑）

教师讲述： 秦始皇在一统天下、构建专制帝王之威权的过程中，统一了全国的祭祀体

系。公元前219年，秦始皇东巡郡县，到泰山后举行封禅仪式，成为首位在泰山举行封禅大典的古代帝王。所谓封禅，本来是上古帝王在泰山顶上和泰山脚下举行的祭祀天和地的仪式，具有浓厚的巫术色彩。后来，逐渐演变成帝王在统一天下之后汇报成功的重要仪式，是上天为帝王"特地"举行的正式的授权仪式。

材料四　上自泰山阳至巅，立石颂秦始皇帝德，明其得封也。从阴道下，禅于梁父。其礼颇采太祝之祀雍上帝所用。

——(西汉)司马迁撰：《史记》卷二十八《封禅书》，北京：中华书局，1959年，1366—1367页

教师设问：上述材料反映秦始皇的封禅礼仪有何特色？目的是什么？(参考答案：特色：不遵循古礼仪，自行其是。目的：歌功颂德，宣示权力)

教师讲述：秦始皇征集了孔子的家乡鲁地的儒生七十余人，咨询封禅礼仪。后来发现他们的建议莫衷一是，且迂腐难行，便斥退儒生，自带文武大臣上泰山封禅。封禅大典分两步进行，首先劈山修路，从泰山之阳登上山顶，立纪功石，歌颂秦始皇的功德，作为封天大礼。从泰山之阴下山，在泰山脚下的一座叫梁父的小而平的山上，采用主管祭祀的太祝祭祀雍天帝的礼仪，来祭祀地神，是为禅礼。似乎在他眼里，封禅只是在履行一个简单的盖章手续而已。这样，秦始皇以千古霸主独有的蛮横，径直宣布了其统治天下的合法性和不可侵犯性。封禅成为秦始皇在上天面前举行的自我加冕大典。为他进行封禅大典奠定理论基础的是"五德终始"说，它是战国时期的阴阳家邹衍提出的一种历史观。"五德"是指木、火、土、金、水五行所代表的五种德性。"终始"指"五德"周而复始地循环运转。邹衍常常以这个学说来为历史变迁、王朝兴衰提供解释。"五德终始"说从一开始就受到正逐鹿中原的战国诸雄的欢迎，秦始皇也欣然接受了这种神秘的社会历史变迁理论。与简化封禅礼仪不同，他规规矩矩地奉行五行家们炮制的一整套繁文缛节。秦始皇平定天下后，有人上书，说黄帝得土德，夏得木德，殷得金德，周得火德，今秦变周，水德之时。

材料五　改年始，朝贺皆自十月朔。衣服旄旌节旗皆上黑。数以六为纪，符、法冠皆六寸，而舆六尺，六尺为步，乘六马。更命河曰"德水"，以为水德之始。

——(西汉)司马迁撰：《史记》卷六《秦始皇本纪》，北京：中华书局，1959年，237—238页

教师设问：上述材料反映秦始皇在哪些方面作出变化？其意图是什么？(参考答案：变化：历法、服色、数字等；意图：证实秦为水德，取代周符合"五德终始"论，赋予秦朝建立的合法性)

教师讲述：我们知道，周初统治者打着"天佑有德"的旗号革了商朝的命。秦要证明比周更"有德"实在困难，况且"德"从来不是其立国之本，"五德终始"说的出现适逢其时，成为专制皇权最坚固的精神支柱。秦始皇通过历法、服色、数字等一系列配套的辅助性措施，构成一种社会氛围，用形象的语言论证着最高权力不容置疑的合法性。

教师设问：同学们回顾一下，秦始皇通过哪些手段强化自身权威的？其目的何在？

教师引导学生小结：作为始皇帝的嬴政，不只是用"皇帝"的名号来彰显其功德，更是赋予皇帝制度丰富的内涵，人为地制造皇帝与臣民的距离感，塑造皇帝至高、至上的权威。秦始皇按照天文星象设计建造国都宫室，使地宫和天宫交相呼应，突出皇帝的权威；建立

全国统一的山川祭祀体系，以突出其完成大一统的功业；把古代封禅礼仪制度变成为自我加冕的大典；运用“五德终始”说论证其建立专制统治的合法性、正统性。总之，秦始皇运用包括天地、鬼神等多种资源，其主要目的是神化皇权，说明皇帝统治天下的合法性和神圣性。

设计二：烽火连天逐白鹿——从反秦斗争看秦朝的速亡

设计意图

秦朝末年，人心浮动，阶级矛盾尖锐，酝酿已久的全国规模的反秦斗争相继爆发，成为推翻秦朝统治的重要力量。本设计以陈胜、吴广起义，项梁、项羽反秦，刘邦反秦等众多详实鲜活的反秦斗争史实为切入点，通过史料的深入发掘，引导学生探究历史现象背后的原因，思考单个历史事件和历史发展趋势之间的联系，在培养学生判断、分析、推理能力的同时，帮助学生理解秦的衰亡是众多因素合力作用的结果，速亡的秦朝必将成为众多新建王朝反思和借鉴的重要对象。

教师讲述： 秦始皇开创了统一中国的万世伟业，然而偌大一个秦王朝，短短15年就二世而亡，是什么原因让它如此短命？在众多促使秦王朝速亡的原因中，反秦斗争对秦的打击是其中的重要因素。就让我们走进秦末反抗队伍之中，去感受那波澜壮阔的画面，去思考斗争背后的原因。

材料一 秦二世元年（公元前209年）七月，被征发赴渔阳（郡治在今北京密云西南）戍边的900名士兵在大泽乡（今安徽宿州东南）遇大雨，道路不通，不能按时抵达指定地点。而秦法规定，失期要判处斩首之刑。农民出身，在戍卒中担任屯长的陈胜和吴广，商议在“天下苦秦久矣”的社会背景下举兵反抗秦的暴政。

——张岂之主编：《中国历史·秦汉魏晋南北朝卷》，北京：高等教育出版社，2001年，32页

教师设问： 据材料可知，促使陈胜、吴广起义的直接原因是什么？（参考答案：征发戍边的士卒因大雨不能按时抵达指定地点，而秦法规定，失期要判处斩首之刑）

教师讲述： 陈胜等九百人因遇大雨失期，按秦律“失期皆斩”。可以设想一下，他们也想按期到达，“大雨”是意外，如果不“皆斩”，陈胜能有起义之想吗？那九百人能响应陈胜造反的号召吗？不能按时到达就要处死，在今天看来匪夷所思，但类似“失期皆斩”的律令在秦法中比比皆是。究其根源，是因秦统一中国后，仍实行法家思想，尤其是在法家思想指导下实施的严酷律法，主张通过轻罪而判重刑即“重刑轻罪”达到震慑作用，从而使犯罪现象减少。但事与愿违，秦之“重刑轻罪”可以说是使陈胜下定起义决心的重要原因。

材料二 他们杀掉两名秦尉官，号召同行戍卒说，大家行途遇雨，都已经不能够在规定的日期抵达戍地，而失期当斩，即使免除斩首之刑，戍边而死的往往多达十分之六七。

——张岂之主编：《中国历史·秦汉魏晋南北朝卷》，北京：高等教育出版社，2001年，32页

教师设问： 据材料可知，除失期皆斩外，促使陈胜和吴广起义的原因还有什么？（参考

答案：戍守边疆的死亡率非常高）

教师讲述：秦始皇统一中国后北伐匈奴，胜利后命蒙恬所部30万众常驻河南地[1]，同时以40万众北筑长城，加之修建骊山陵70万，戍守五岭50万，如果再算上修驰道、搞运输、修宫殿的，全国服役的人估计不下300万，而当时全国人口才约有2000万，因此要抽调大批正常的徭役非常困难。为此，秦始皇以大批谪戍作补充。当时把有罪的人派到远方防守叫谪戍，谪戍征发的主要对象是交不起税的贫苦农民，陈胜、吴广及所带九百人就属于这一类人。边地苦寒，劳役沉重，这使得社会上出现了"丁男被甲，丁女转输，苦不聊生，自经于道树，死者相望"[2]的悲惨景象。这也无怪乎陈胜发出了戍边而死往往十分之六七的悲语。为此，他发出了"王侯将相宁有种乎"[3]的豪言，毅然起义。

材料三　项梁、项羽出身于楚国旧贵族，项氏世代为楚将，封于项（河南项城东北），遂以项为氏。项梁的父亲就是楚国著名的大将项燕。项梁因犯罪，带着侄子项羽逃到吴县（江苏苏州）。公元前209年九月，陈胜、吴广起义的消息传到吴县时，项梁、项羽二人杀死会稽郡守，响应起义，得精兵8000人，项梁做了会稽郡守，项羽为裨将。

——朱绍侯、张海鹏、齐涛主编：《中国古代史》上册，福州：福建人民出版社，2000年，242页

教师设问：项梁、项羽为何会响应陈胜、吴广起义？（参考答案：项梁、项羽出身于楚国旧贵族，对秦怀有仇恨）

教师讲述：秦王嬴政吞并六国之后，废置各国的王室和封建贵族，将六国剩余贵族大部分迁移到了咸阳。但这些人出于对秦王朝灭亡自己国家的仇恨，形成了强大的复国势力，当机会来临，他们毫不犹豫举起了反秦复国的旗帜。而六国故地的人民一方面忍受着秦的暴政，另一方面出于对故国的怀念，当看到故国的旗帜重新飘扬时，也纷纷加入了反秦的队伍。同年，做过秦朝基层官吏泗水亭长的刘邦也在沛县举起了反秦的旗帜。让我们再来了解一下刘邦反秦队伍中骨干分子的出身。

材料四　萧何原为沛县主吏掾，后来升为泗水卒史。曹参原为沛狱掾。任敖为狱吏，周昌及其兄弟周苛也是泗水主史。夏侯婴原为沛厩司御，后来升为县令史。

——王绍东：《论统一后秦吏治败坏的原因及与秦朝速亡之关系》，载《咸阳师范学院学报》2007年第3期

教师设问：刘邦反秦队伍中的骨干分子出身有何特点？（参考答案：许多人都曾担任过秦朝的基层官吏）

教师讲述：秦朝在沛县的县级政府组织，变成了反秦力量汇集的大本营。究其原因，秦朝统一全国后，吏治逐渐走向败坏，使官吏逐渐由秦朝统治阶层的基石演变成了掘墓者。当官吏对秦政权丧失了信心，大批官吏尤其是低层官吏加入反秦队伍，并以他们的政治、军事斗争经验与力量强大的农民结合，秦朝的灭亡也就指日可待了。如果我们注意到这些反秦力量的分布地域，会发现这样一种现象：

---

① 河南地，河套以南之地，但并不等于今日之河套平原，因为古时黄河干流走今乌加河，而非今日之河道。

② （东汉）班固撰：《汉书》卷六十四下《严安传》，2810页，北京：中华书局，1964。

③ （西汉）司马迁撰：《史记》卷四十八《陈涉世家第十八》，1952页，北京：中华书局，1959。

材料五 从历史文献的记载看，秦始皇时代秦帝国的反抗力量主要活动于关东。……秦末大起义中十数家反秦武装力量也均崛起于关东，如贾谊《过秦论》所说，陈胜振臂一呼，"天下云集响应，赢粮而景从，山东豪杰遂并起而亡秦族矣"。从另一方面看，自陈胜起事到秦亡，起义军始终被称为"关东盗"，关中地区未曾燃起一星反抗的火花。

——张岂之主编：《中国历史·秦汉魏晋南北朝卷》，北京：高等教育出版社，2001年，33页

教师设问：依据材料概括秦朝末年各地反秦斗争的地域特征？（参考答案：都发生在关东地区，关中地区未发生反秦斗争）

教师讲述：其实，地处关中的秦国历来与关东六国保持着风俗、制度等文化方面的不同特点。相较而言，秦的文化是落后的，但秦国的文化政策比当时其他任何国家的文化政策都有成效。在这种法家强势文化的指导之下，秦国较其他各国发展都快，最早完成新体制的变法，最早强大起来，并最终实现了统一。当关中地区的秦民通过商鞅变法后一百多年的时间适应了这种文化并开始享用这种文化带来的成果时，它和关东先进文化的鸿沟并未消除，也不可能在短期内特别是通过强制手段克服。秦统一以后，统治者摒弃这些先进的文化，用相对落后的秦文化来兼并和统一先进的六国文化，并一味地使用过激的军事手段，这遭到从未受到如此严厉统治的关东六国民众和贵族的强烈不满。而当秦二世没能缓和这种不满而自身又不具备其父的威慑力时，关东地区的反秦斗争必然如火如荼地开展起来。

教师引导学生小结：秦始皇开创了统一中国的万世伟业，但其去世不久，秦朝就迅速灭亡。可见，在秦朝表面强大的背后，隐藏着众多的社会矛盾。统治者的暴政和人民隐忍的韧度，东方六国和秦国积累的仇怨，长期的战争和发展经济的背离，刑罚和道德的不同功用，中央和地方关系的处理，不同文化间鸿沟的抚平等，这些矛盾都需要秦的统治者如履薄冰地处理。但当胜利的喜悦冲昏了头脑，当理智被欲望所取代，当反抗力量汇聚成洪流，衰亡就会成为历史的必然。

设计三："天下一家"——从同姓王的兴衰看西汉中央集权的加强

设计意图

西汉政权建立之后，刘邦铲除异姓王并不是想消灭分封制，而是为其"天下一家"的愿望铺平道路。本教学设计以刘邦大封同姓王为切入点，试图通过史料分析，引导学生探究历史发展的趋势，在培养学生分析、推理能力的同时，帮助学生理解刘邦寄希望于"天下一家"，不但不能达到巩固西汉统治的目的，反而严重削弱中央集权，从而让学生认识到西汉政府削藩的必要性。

设计方案

教师讲述：秦朝灭亡之后，中国历史进入楚汉战争时期。刘邦出于军事斗争的需要，为

顾全大局，网罗人才，先后分封韩王信①、张耳、韩信、彭越、英布等一批异姓王，在他们的协助下，打败项羽，建立西汉王朝。西汉政权建立之后，刘邦为了巩固汉朝的统治，又逐个铲除异姓诸侯王。

材料一 以海内初定，子弟少，激秦孤立亡藩辅，故大封同姓，以填(镇)天下。

——(东汉)班固撰：《汉书》卷三十八《高五王传》，北京：中华书局，1964 年，2002 页

教师设问： 汉高祖刘邦铲除异姓王之后采取了什么政策？(参考答案：分封同姓王)

教师讲述： 刘邦铲除异姓王，并不是想消灭分封制，而是为其"天下一家"的愿望铺平道路。他认为秦短命而亡的原因是秦未行分封没有藩辅，于是在铲除异姓王的同时，"大封同姓，以填(镇)天下"，分封了一大批刘氏宗室子弟为诸侯王，想依靠刘氏宗族的力量，作为皇权的屏护。事实上，刘邦对个别同姓诸侯王还是心存顾虑的，如在封刘濞为吴王时，曾轻拍其背说：

材料二 汉后五十年东南有乱者，岂若邪？然天下同姓为一家也，慎无反！

——(西汉)司马迁撰：《史记》卷一百六《吴王濞列传第四十六》，北京：中华书局，1959 年，2821 页

教师设问： 刘邦的顾虑是多余的吗？请举例说明。(参考答案：顾虑并非多余，后来果然发生"七国之乱")

教师讲述： 刘邦除了寄希望于"天下同姓一家"之外，还采取了一些措施防止地方权力过大，如规定王国的傅、相由中央任命，地方封国有兵却无军队调动权，须受中央节制等。由于汉初推行黄老思想，高祖所采取的这些措施并未能起到明显的作用，随着社会经济的恢复和发展，诸侯王势力日益膨胀。

材料三 藩国大者夸(跨)州兼郡，连城数十，宫室百官同制京师，可谓矫枉过其正矣。

——(东汉)班固撰：《汉书》卷十四《诸侯王表》，北京：中华书局，1964 年，394 页

材料四 淮南王长废先帝法，不听天子诏，居处无度，出入拟于天子，擅为法令。

——(西汉)司马迁撰：《史记》卷十《孝文本纪》，北京：中华书局，1959 年，426 页

教师设问： 根据上述材料，分析部分诸侯王"不听天子诏"对西汉王朝的影响。(参考答案：诸侯王违法僭越，严重削弱了中央集权，并对皇权构成极大威胁)

教师讲述： 据统计，汉初全国共计 54 郡，中央直辖者不过 15 郡，诸侯王国就占近 40 郡；汉初约 1300 余万人，王国人口 850 余万。所以，无论是从土地面积，还是从人口数量上来看，汉初诸侯国都拥有强大的实力，出现了尾大不掉的局面。一些诸侯王甚至违法僭越，这严重削弱了中央集权，并对皇权构成极大威胁。文帝时期，中央集权与地方封国的矛盾依然尖锐，于是朝野有识之士积极寻求解决之法。其中贾谊向文帝建议：

材料五 欲天下之治安，莫若众建诸侯而少其力。力少则易使以义，国小则亡邪心。

——(东汉)班固撰：《汉书》卷四十八《贾谊传》，北京：中华书局，1964 年，2237 页

教师设问： 根据材料，分析指出贾谊提出了什么对策？(参考答案：众建诸侯而少其力)

教师讲述： 贾谊向文帝上《治安策》，提出必须削弱诸侯势力，办法就是"众建诸侯而少其力"，即令诸侯王之子孙，依次分割其父辈封地，"地尽而止"。这样，诸侯王越分越多，而各

---

① 韩王信，西汉初年异姓诸侯王，战国时期韩襄王的庶出孙子，为避免与淮阴侯韩信相混，史书多称其为韩王信。

诸侯国封地则越来越少，最终无力与中央对抗，接受中央统辖。实际上，由于文帝执行不力，其作用也是非常有限的。汉景帝时，御史大夫晁错上《削藩策》。晁错说：

材料六 今削之亦反，不削之亦反。削之，其反亟，祸小；不削，反迟，祸大。

——（西汉）司马迁撰：《史记》卷一百六《吴王濞列传第四十六》，北京：中华书局，1959 年，2825 页

教师设问：根据上述材料，概括晁错提出的建议。（参考答案：立即削藩）

教师讲述：景帝采纳了“削藩”建议，开始削夺部分有罪诸侯王的封地，划归中央直接管辖。他先削去楚王的东海郡，又削去赵王的常山郡，再夺去胶西王六个县。接着，汉廷计划削夺吴王刘濞封地。于是，以刘濞为首的七个诸侯国遂以“诛晁错，清君侧”为名，掀起叛乱。此次叛乱仅三个月即被平定，叛乱失败后，各诸侯王的势力被大大削弱。吴王刘濞被杀后，景帝想以他的侄子刘通“续吴”。景帝的主张遭到窦太后的反对，她说：

材料七 吴王，老人也，宜为宗室顺善。今乃首率七国，纷乱天下，奈何续其后！

——（西汉）司马迁撰：《史记》卷五十《楚元王世家》，北京：中华书局，1959 年，1988—1989 页

教师讲述：在窦太后的干预下，景帝决定废除吴国。七国之中，除楚国另立王以续其后外，其他六国均被废掉。这显然是对汉初以来诸侯王国的一次沉重打击。根据晁错建议而实行的削藩，在吴楚七国乱前仅仅开了个头，由于叛乱的发生，削藩不得不停了下来。吴楚七国失败后，中央政权与诸侯王国力量对比发生了重大变化，削藩的良机到来。景帝抓住时机，结合对诸侯王国的调整，大刀阔斧地全面推行削藩。

材料八 景帝中五年，令诸侯王不得复治国，天子为置吏。……

——（东汉）班固撰：《汉书》卷十九《百官公卿表》，北京：中华书局，1964 年，741 页

材料九 诸侯独得食租税，夺之权。其后诸侯贫者或乘牛车也。

——（西汉）司马迁撰：《史记》卷五十九《五宗世家》，北京：中华书局，1959 年，2104 页

教师设问：诸侯王失去了什么权力？（参考答案：失去了治国权、官吏任免权和经济特权）

教师引导学生小结：汉高祖刘邦分封同姓王，寄希望于“天下同姓一家”，但是并没有达到巩固西汉统治的目的，反而造成部分诸侯王违法僭越，严重削弱中央集权。汉文帝时期，由于削藩执行不力，地方对中央的威胁依然存在。汉景帝时期，剥夺了诸侯王的“治国”权，诸侯王不能参与政事，由天子派官员管理诸侯国，诸侯王国独立地位被取消，中央对地方的控制得到加强。同时，诸侯王又丧失了经济特权，租税收入又遭削减，诸侯王财源萎缩，其经济实力被大大削弱。此后，诸侯王财政入不敷出。随着经济的衰败，诸侯王已经不再具有同中央相对抗的物质条件，为汉武帝实施“推恩令”最终解决王国问题奠定了基础。

教学资源

资源 1：贵族政治的衰落

简言之，封建体制下原本由各级贵族独占的实际利益、符号、礼仪和价值，在各国封君和

贵族为应付封国内外的压力、拉拢平民相助的大形势下，逐渐开放给了下层的吏和平民。这不能不说是一种封建贵族制的向下扩大和延伸。

扩大和延伸终不免造成封建性质的转化。首先是周初封建下征服者与被征服者身份不可逾越的原有特质，现在因为被统治平民的加入而渐渐泯灭。春秋战国文献里常见武丁任用罪徒傅说为相之类的故事。这应该只是一种附会，但是反映出上层统治者不再以征服者自居，也不以独占统治优势为用人的考量。他们在这几百年激烈的生存竞争中，体察出一条真理：将国家交给才德优秀的人去治理，比交给世袭官位的人去治理，有更大的生存机会。从此，"唯才德是用"逐渐成为政治上晋用人才的主要原则。中国由此变成一个阶级色彩淡薄、凭个人本事竞争、相对地公平和开放的社会。这样相对公平和开放，在古代埃及、希腊、罗马或印度阶级森严的社会里都找不到。

总之，春秋战国时代的人并无意于切断历史，而是在历史中寻找面对变局的资源。用古人的话来说是"人人称说尧舜"。即使求新求变者，也多半利用旧瓶装新酒。新的名号可以创造于一日之间，旧的价值和观念却往往阴魂不散，久久不能尽褪。秦始皇创号皇帝，自周以来的天命、天子和天下观却始终支配着以皇帝为首的郡县世界，就是一例。当然逝者如斯，历史不会停滞。历史学者固宜善观其变，似亦不可无视于其不变。许多变化的因子，往往就在不变的土壤里。

——邢义田：《天下一家：皇帝、官僚与社会·序》，北京：中华书局，2011年，8—9页

资源2：有关"专制"的知识考古

"专制"一词很早就见于中国文献，《左传·昭公十九年》有"晋大夫而专制其位"[①]的说法，《韩非子·亡征》在讨论导致亡国的种种现象时指出"种类不寿，主数即世，婴儿为君，大臣专制，树羁旅以为党，数割地以待交者，可亡也"[②]。后面又说"出军命将太重，边地任守太尊，专制擅命，径为而无所请也，可亡也"[③]。的确，中国传统文献中"专制"一词并不罕见，但其含义几乎都是指大臣或太后、外戚、宦官等掌管应属于君主的职权，具体又分为受命专制与不受命专制两类，前者是合法的，后者属于擅权，并非用来描述君主，更不是指一种政治体制。现在所说的"专制主义"、"专制政体"乃是近代引入的新含义，是对西方政治学术语"despotism"的翻译，"专制君主"则出自英语"despot"一词。亦有人用"专制主义"翻译英语"absolutism"，实际是错误的，该词正确的译称是"绝对主义"或"绝对君主制"，在欧洲历史上有特定含义。

——侯旭东：《中国古代专制说的知识考古》，载《近代史研究》2008年第4期

资源3：皇帝制度与分封制的纠结

秦汉之际，皇帝制度的特质借由皇帝之"名"与"实"得以诠释。嬴政通过皇帝之"名"昭示了自己统一天下之功，也凭借"皇帝"一词所具备的神性塑造了自己作为统治者的独尊地

---

① 杨伯峻编著：《春秋左传注》，1404页，北京：中华书局，2006。

② (清)王先慎撰：《韩非子集解·亡征》，111页，北京：中华书局，2003。

③ (清)王先慎撰：《韩非子集解·亡征》，112页，北京：中华书局，2003。

位，而代表武力征服的郡县制则是整个皇帝制度的保障与基石。汉承秦制，刘邦建汉之后承袭了皇帝制度，同时基于汉初情势，在皇帝制之下复活了分封制。分封异姓王侯是一场为了赢得楚汉之争而开启的政治交易，而后以同姓宗室取代之，刘邦的主观目的是依托血脉亲情实现对天下的控管，保证刘姓王朝的存续，但分封却事实上形成了诸侯亦可南面称孤，以及天下疆土再度分裂、政治权力散落各王侯的局面，这些同皇帝制度的特质，即：皇帝独尊，天下统一，中央集权相排异。故此，我们可以理解汉初政治史的一大趋势：皇权一再压缩王侯的生存空间，而另一面，王侯无论是异姓诸侯还是刘姓宗室王侯，或受逼迫或是主动，屡次与皇权发生冲突，双方角力的最终结果则是诸侯王由"南面称孤"逐渐沉沦至"惟得衣食税租，不与政事"①。

——陈坤、胡仁智：《秦汉皇帝制度与分封制的纠结》，载《江西社会科学》2014 年第 7 期

资源 4："封建"与"郡县"之争

先秦法家诸子倡导中央集权制，又大多是封君制的受益者。如商鞅、吴起等人都是封君。商鞅一方面积极设计并推行中央集权体制，另一方面又心安理得地享有封爵、采邑，堪为这一批人的典型。法家反对亲亲分封，世卿世禄，却没有在理论上明确提出废除分封制的问题。他们的主张可以概括为任贤使能，量功分禄，控制分封规模，限制封君权力。如《韩非子》明确提出，分封"必适其赐"，封君不得"臣士卒"，"借威于城市"等。

在春秋战国时期，面对新旧制度交替、分封与郡县并存的局面，儒家大多主张重建有所革新的西周王制，而法家则主张构建一种新的制度。儒、法两种政见可以代表对立的两极，常常被后世相关争论的双方引为各自的证据。如果据此认定"封建"与"郡县"之争是儒法之争，又与历史事实不尽相合。准确的说法应当是：笃信儒家经典的人更容易走向主张实行全面的分封制，而受法家学说影响较大的人更容易走向主张实行单纯郡县制。实际上，无论其学术背景如何，绝大多数人的政见往往界乎二者之间，即在维护郡县制的同时实行适度分封。这就是说，"封建"与"郡县"之争并无明确的学派分野，不能定性为"儒法之争"。

——商爱玲、张鸿：《大国治理中的国家结构形式选择——基于封建与郡县之争的考察》，载《广西社会科学》2013 年第 8 期

资源 5：法家思想与秦帝国的兴亡

废封建，行郡县，是当时历史发展的必然趋势，是中央集权的官僚体制的内在要求。在中国古代政治中，皇权、贵族、官僚三者之间的关系是影响政治局势的三种力量，皇权更希望与官僚，而不是与贵族结合。秦帝国废封建，行郡县，弃周政，用官僚，于中国政治制度进步的历史贡献是明白无疑的。但秦朝在法家思想的指导下，废封建的措施未免操之过急，使得社会缺乏适应的阶段。由此可以说，秦帝国之兴，在于法家。秦帝国之亡，在于唯用法家。

——崔助林：《秦始皇废封建、行郡县的治国思想探析》，载《史志学刊》2015 年第 6 期

---

① （东汉）班固撰：《汉书》卷十四《诸侯王表第二》，395 页，北京：中华书局，1964。

资源 6：汉武帝选拔人才不拘一格

汉武帝为了建功立业，思贤若渴，广求贤才。最能体现武帝用人思想的是元封五年（公元前 106 年）下的《求茂才异等诏》。诏书的出发点是事功求贤——“盖有非常之功，必待非常之人。”[1]把事功置于人才之前，说明武帝求贤的目的是建立功业，而建立功业则必须罗致卓异人才。诏书次述用人应豁达大度，不拘小节，反映了武帝不拘一格、不循资历的任贤致治思想。起自州郡吏民有不少是出身低贱的贫士，只要他们具备将相之才，或不辱外交使命，即可破格提拔重用，而不问其是否为儒生。

家有大小，派有繁简，各有所长，不能取代。汉武帝虽然接受了董仲舒的建议，但在实际贯彻中并不完全照此办理。正如《史记·龟策列传》所说：“今上（武帝）即位，博开艺能之路，悉延百端之学，通一技之士咸得自效，绝伦超奇者为右，无所阿私。”“无所阿私”，总结了汉武帝对“百端之学”的宽容，而不是罢黜。

——朱子彦：《汉武帝“罢黜百家，独尊儒术”质疑》，载《上海大学学报（社会科学版）》2004 年第 6 期

资源 7：儒学成为帝国大厦的皇冠

在汉武帝统治时期，学者的职能被限制在周朝的典籍上——实际上多是儒学。到了西汉末期，超过三万名学生进入皇家学术机构，它成为一条走上仕途的主要途径。到了王莽时期，儒家信条更加受到追捧，王莽主张按照儒家圣人的智慧进行统治，并建立对上天的崇拜。到了东汉，周代遗留下来的文化经典成为帝国大厦的皇冠。

——[加]卜正民主编，[美]陆威仪著，王兴亮译：《哈佛中国史·早期中华帝国：秦与汉》（第 1 册），北京：中信出版社，2016 年，69 页

资源 8：汉通西域的影响

概括说：汉通西域，开辟“丝绸之路”，使西北边陲回到了中国怀抱，加强了西域、中亚地区和中原的经济文化联系，使汉文化传播到了西方，西方的文化也传到了中原；匈奴大部分的内徙和汉化，少部分羌人的归服和内徙，对形成多民族的国家有着重要的作用；促进了羌族荒远地区经济的发展，尤其是护羌校尉的设置，加强了汉朝与羌族的联系。

——杨东晨：《论秦汉王朝向西方开拓政策的成败与得失——兼论人才在封建王朝向西方拓土中的重要作用》，载《秦汉研究》第五辑，西安：陕西人民出版社，2011 年，109—110 页

资源 9：汉代东北地区设置郡县的作用

除此之外，汉郡的存在又是汉代东北地区民族融合的前提和保证。一如前文所论，以汉郡为中心，东北各边疆民族分布在其周围呈众星拱月之势，各民族间的居地不再泾渭分明，或者相互毗邻，或者交错杂居，或者完全融合成为一体。在这股潮流之中，汉郡县以其政治上的约束力，成为了民族融合得以顺利进行的重要因素。

---

① （东汉）班固撰：《汉书》卷六《武帝纪第六》，197 页，北京：中华书局，1964。

对汉王朝而言，将东北边疆民族与郡县制度紧密联系在一起，保证了其对东北地区的有效经营与管理，也保证了对东北边疆民族的掌控力度。而对东北边疆民族而言，接受汉郡的管辖，使他们有了与先进文化深入接触的机会，纷纷开始学习和模仿汉族来建设本民族的制度文化，汉文化为他们制度文化的发展提供了范式与参考。总而言之，郡县制度在东北地区的扩大，对东北各民族的文化交流起到了不可忽视的作用。

——李路：《汉代东北边疆民族文化和汉文化交流研究》，东北师范大学 2014 年博士论文，152 页

资源 10：天马战争对经营西域的影响

至于天马战争对于西汉经营西域的影响，正史早有形象的记载，天马战争后，“汉发使十余辈至宛西诸外国，求奇物，因风览以伐宛之威德”[①]。假设没有天马战争，特别是没有第二次天马战争，汉使到达大宛以西的机会就小得多，即使能够到达，所得也有限。“贰师将军之东，诸所过小国闻宛破，皆使其子弟从军入献，见天子，因以为质焉”[②]。联系前面所提到的匈奴对西域的控制程度，在天马战争后，西汉获得了与匈奴同样的地位。西汉的西域经营才真正进入了实质性的阶段。

——周学锋、沈莉：《两次“天马战争”的原因及对西汉经营西域的影响》，载《石河子大学学报（哲学社会科学版）》2006 年第 5 期

资源 11：秦二世的倒行逆施

秦二世以非法手段取得了皇位，担心众臣不服，宗室篡权，就听信宦官赵高的计谋，先是迫使公子扶苏、大将蒙恬自杀，接着又将“公子十二人僇死咸阳市，十公主矺死于杜”[③]。然后又对功臣下手，处死蒙毅，逼冯去疾、冯劫自杀，将李斯收捕入狱，在秦二世二年七月，“具斯五刑，论腰斩咸阳市。……而夷三族。”[④]反秦起义爆发后，大将章邯率领由郦山刑徒组成的军队，曾先后镇压了陈胜、吴广领导的起义军，击溃了项梁的军队，暂时稳定了摇摇欲坠的秦政权，这样一位功臣却因为一时作战的失利而受到秦二世的指责。在这种情况下，章邯看到了“将军有功亦诛，无功亦诛”[⑤]的后果，投降了项羽。在赵高“尽除去先帝之故臣，更置陛下之所亲信者近之”[⑥]的建议下，导致了“法令诛罚日益刻深，群臣人人自危，欲畔者众”[⑦]局面的出现。秦二世的这种倒行逆施，完全是在自毁长城。他对功臣战将的屠杀，使统治阶级内部众叛亲离，丧失了最后一点凝聚力。

——王绍东、孙志敏：《秦亡于二世的历史文化因素考察》，载《内蒙古大学学报（人文社会科学版）》2003 年第 5 期

---

① （西汉）司马迁撰：《史记》一百二十三《大宛列传第六十三》，第 10 册，3179 页，北京：中华书局，1959。
② （西汉）司马迁撰：《史记》卷一百二十三《大宛列传第六十三》，第 10 册，3178 页，北京：中华书局，1959。
③ （西汉）司马迁撰：《史记》卷八十七《李斯列传第二十七》，第 7 册，2552 页，北京：中华书局，1959。
④ （西汉）司马迁撰：《史记》卷八十七《李斯列传第二十七》，第 7 册，2562 页，北京：中华书局，1959。
⑤ （西汉）司马迁撰：《史记》卷六《秦始皇本纪第六》，第 1 册，273 页，北京：中华书局，1959。
⑥ （西汉）司马迁撰：《史记》卷八十七《李斯列传第二十七》，第 7 册，2552 页，北京：中华书局，1959。
⑦ （西汉）司马迁撰：《史记》卷八十七《李斯列传第二十七》，第 7 册，2553 页，北京：中华书局，1959。

资源 12：暴政亡秦的质疑

诚然，在中国几千年的历史长河中，秦始皇是残暴的，但也不是最残暴的；秦王朝的法网严，但也不是最严的；秦王朝的刑罚残酷，但也不是最残酷的。秦始皇迷信方士，想求仙药长生不死，而汉唐帝王中求仙佞佛，想长生不死者多矣！秦始皇焚书坑儒杀掉四百七十余人，比清朝一次连一次的文字狱远远不及，秦王朝法网虽严，盗窃不足二百二十钱，也不过只是流放罪，盗窃超过六百六十钱才黥劓为城旦，而隋文帝时，盗一文钱者，或三人同窃一瓜都要处以死刑，可见比秦代严多了。秦王朝刑法虽酷，但也没有后世那种千刀万剐的凌迟死刑以及灭九族、灭十族的刑罚残酷。秦始皇滥杀，但比起明代朱元璋滥杀功臣也相去甚远。秦二世昏庸，也赶不上晋惠帝、明正德、万历皇帝。可这些王朝并不都像秦王朝那样短命。

——张林发、唐德荣：《从〈君王论〉看暴政亡秦》，载《唐都学刊》1999 年第 2 期

资源 13：西汉后期统治者的腐朽

到了桓帝、灵帝统治时期，统治阶级更加腐朽。后宫彩女都有数千人，衣食之资日费数百金。国家财政枯竭，经常减百官俸禄，借王侯租税，以应付军国急需；桓帝还公开地卖官鬻爵，大肆聚敛。延熹四年(161 年)，“占卖关内侯、虎贲、羽林、缇骑、营士、五大夫，钱各有差”[①]。到了灵帝时期，更变本加厉，拼命搜刮。他公布卖官的价格，二千石 2000 万，四百石 400 万。卖官时既收现钱，还可赊欠，规定“其富者则先入钱，贫者到官而后倍输”[②]。不同的对象也可以有不同的价格。既然可以用钱买官，贪污就成了合法行为，官吏一到任，就尽量搜刮。政府为了多卖官，就经常调换官吏，甚至一个地方官，一个月内就调换几个人。这个刚搜刮走了，那个又来搜刮。为了刮钱，灵帝还规定，郡国向大司农、少府上交各种租税贡献时，都要先抽一分交入宫中，谓之“导行钱”。又在西园造万金堂，调发司农金钱、缯帛充积其中，作为他的私藏。他还把钱寄存在小黄门、中常侍那里，各有数千万。他老嫌钱不多，还巧立名目，任意科派，因为南宫失火，他就下令天下田每亩纳税十钱，作为“修宫钱”。官吏的升迁都要缴纳“助军钱”“修宫钱”，大郡数至二三千万。

——朱绍侯、张海鹏、齐涛：《中国古代史》上册，福州：福建人民出版社，2000 年，363—364 页

资源 14：王莽代汉

王莽是元帝皇后王政君的侄子。成帝时，王政君的兄弟王凤、王商、王音、王根等四人相继为大司马大将军，王氏封侯者前后达九人之多，朝廷中重要官吏和许多刺史、郡守，都出于王氏门下。王家势力的显赫，为王莽代汉奠定了政治基础。

成帝时期，贵族官僚骄奢淫逸，胡作非为，而王莽却“折节”向学，疏散家财，赡养儒生，博得了官吏的称赞，赢得了声誉。绥和元年(前 8 年)，王根告退，王莽继任大司马大将军，辅政一年多。哀帝即位后，王莽失势，回到封国。元寿二年(前 1 年)哀帝死，王莽复任大司马，并录尚书事，操纵了汉政权。

---

① (南朝宋)范晔撰：《后汉书》卷七《孝桓帝纪第七》，第 2 册，309 页，北京：中华书局，1965。

② (南朝宋)范晔撰：《后汉书》卷五十二《崔骃列传第四十二》，第 6 册，1731 页，北京：中华书局，1965。

王莽执政后，一方面排斥异己，穷治与平帝外家卫氏有关的吕宽之狱；另一方面又采取了一些笼络人心的措施：如封汉宗室和功臣的后裔，前后达200人左右；对于二千石以上的官吏，年老退休者，终身食原俸的三分之一；扩充太学，增加博士人数和太学生名额，给太学建万间房舍；把通晓仪礼、古书、天文、历算、乐律、兵法、医药、方技的人，邀请至京师，记述所学；又在郡、县、乡、聚，设立学校。这样就取得了一部分贵族、官僚、地主及其知识分子的拥护。

与此同时，王莽也采取了一些社会措施。如元始二年（2年），郡国发生灾害时，他献田30顷、钱百万，付给大司农以分配给贫民。王莽又废呼池苑，改设安民县（甘肃华亭县境），募民迁居新县。又在长安城中造五个里，建住宅200区，让贫民居住。这些措施得到了好评。如因王莽不受新野田而上书颂其功德者竟达48.7万人，各地方官吏也不断地向王莽献祥瑞，为其制造代汉的舆论。这样王莽就在地主官僚的拥护下，由“安汉公”到“假皇帝”，到公元8年，他自立为皇帝，改国号为“新”。

——朱绍侯、张海鹏、齐涛主编：《中国古代史》上册，福州：福建人民出版社，2000年，289—290页

资源15：秦亡之鉴

秦朝皇帝完全垄断权力，蔑视道德，秦朝灭亡后，封建皇帝和封建思想家重新对先秦时期提倡的“君道”加以重视。董仲舒提出，君主不仅应掌握最高权力，同时也应该是道德的楷模。君主只有按儒家的伦理道德来约束自己，广施仁政于民，才符合天道的要求。“君人者，国之元，发言动作，万物之枢机。枢机之发，荣辱之端也。”[①]皇帝作为最高统治者，应该按天的法则来贯穿礼仪道德，做到：“圣人法天而立道，亦博爱而亡私，布德施仁以厚之，设谊立礼以导之。”[②]为了实现道德，皇帝首先要节制自己的欲望，从秦朝灭亡的教训可以知道，皇帝一人的欲望无限膨胀，就可以把国家搞乱。汉代以后，历代思想家对“君道”说继续加以丰富和提倡，唐太宗就从秦亡中总结出这样的教训：“秦既得志，传作诈力。非但取之有异，抑亦守之不同。”[③]“秦皇帝平六国，隋炀帝富有四海，既骄且逸，一朝而败，吾亦何得自骄也。”[④]唐太宗还从秦始皇求仙药而死亡中吸取教训，贞观二年，太宗谓侍臣曰：“神仙事本是虚妄，空有其名。秦始皇非分爱好，遂为方士所诈，乃遣童男童女数千人，随其入海求神仙。方士避秦苛虐，因留不归。始皇犹海侧踯躅以待之，还之沙丘而死。……神仙不烦妄求也。”[⑤]值得注意的是，唐朝前面是一个短命的隋朝，唐太宗在总结隋朝灭亡的教训同时，仍然不忘“秦亡之鉴”，以秦始皇和二世皇帝为诫，用封建道德规范约束自己，可见秦朝速亡的教训对中国历史的长远影响。

——王绍东：《论“亡秦之鉴”对中国古代政治的影响》，载《秦汉研究》第三辑，西安：陕西人民出版社，2009年，150—152页

---

① （清）苏舆撰：《春秋繁露义证·立元神第十九》，166页，北京：中华书局，1992。
② （东汉）班固撰：《汉书》卷五十六《董仲舒传第二十六》，第8册，2515页，北京：中华书局，1964。
③ （唐）吴兢撰，骈宇骞、骈骅译：《贞观政要》卷八《辩兴亡第三十四》，222页，北京：中华书局，2009。
④ （唐）吴兢撰，骈宇骞、骈骅译：《贞观政要》卷十《灾祥第三十九》，256页，北京：中华书局，2009。
⑤ （唐）吴兢撰，骈宇骞、骈骅译：《贞观政要》卷六《慎所好第二十一》，170页，北京：中华书局，2009。

第四单元

三国两晋南北朝的民族交融与隋唐大一统的发展

学术引领

一、三国至隋唐时期的民族交融

民族交融对中华民族的形成、中国疆域的发展和中华文化的繁荣起着重要作用,因而深入了解民族交融的概况意义重大。首先我们需要了解民族交融的含义。杨须爱在《"民族交融"的科学内涵及实践意义》(载《贵州民族研究》2014 年第 2 期)一文中指出,民族交融就是不同民族杂居一处的现象不断增多,族际之间人口流动的规模和频率不断增加,心理上的亲近感不断增强,共同命运和共同利益的联系逐渐紧密,共同心理认同逐渐产生。其结果就是各民族在交往交流中共同性因素增加。

同时,不能把民族交融混淆或等同于民族融合或民族同化。刘振华在《民族融合与文化整合——论陈寅恪魏晋南北朝史研究》(载《扬州大学学报(人文社会科学版)》2001 年第 6 期)一文中指出,民族融合是指各民族间平等相处、经济文化交流、生活习惯互相影响、生产方式逐渐趋于一致,不一定使一个民族丧失本民族原有的特征,而成为先进民族的组成部分。民族融合不是民族同化。民族同化是一个经济文化落后的民族被一个经济文化先进的民族采用强制的手段,使其丧失本民族的特征,而成为先进民族的组成部分。

魏晋南北朝是中国历史上第二次民族交融时期,对于促进此时期民族交融的原因,学者有不同的分析。

(一) 三国至隋唐时期民族交融的原因

蒋福亚在《魏晋南北朝的民族交融》(载《文史知识》1999 年第 12 期)一文中指出,从东汉开始,西北边缘地区的少数民族或因被中原王朝所征服,或因自身经济发展的需要,纷纷向中原迁徙,其中主要有匈奴、羯、乌丸、氐、羌和鲜卑等。内徙各族都比汉族落后,各有各的语言习俗,发展速度也不一致,即便一族内部,也分成好多部,互相争斗。这就使十六国和北魏初年成为我国历史上最混乱、最动荡的时期。炼狱般的一百二十余年,使各族人民付出了极为高昂的代价,也打乱了昔日相对稳定的民族居住区,涤荡了诸少数民族较为严重的部落组织残余,实现了各族人民的交错杂居,为民族交融创造了条件。

有学者认为共同的文化基础是民族交融的重要条件。赵伟在《文化认同是民族交融的先决条件》(载《广西民族研究》2005 年第 1 期)一文中指出,文化是民族的灵魂,是历史传承的重要载体。在我国多民族关系的发展史中,中华文化对中华民族的形成,对我国多民族国家的建立与发展,起到了重要的凝聚作用。而在这些丰富的中华文化中,大一统的思想、儒家文化、汉语汉俗和各民族科学、文学艺术的交汇,是中华民族大交融中决定性的因素。中华民族“大一统”的政治观念是民族交融的核心;儒家文化是中华民族大交融的基础;汉语汉俗是中华民族大交融的载体;科学技术、文学艺术等方面的兼容并蓄是中华民族大交融的外化。我国各民族在长期的共处中,各民族之间在经济、文化交流和共同的斗争中,先进的优秀的东西不断为大家所认识和接受,并继续发展;落后的低劣的东西不断被抛弃和淘汰,从而使各民族之间共同的东西越来越多,有力地促进了民族关系和谐健康地发展,并最终实现各民族的共同发展和繁荣。

也有学者认为战争促进了民族交融。金观涛、刘青峰在《中国思想史》上卷(116—117 页,北京:法律出版社,2015)一书中指出,东汉灭亡经过六十多年的折腾,汉民族剩下一千万人左右;与此同时,北部半农半牧民族大举南移,充当兵员和劳动人口,史称“五胡乱华”。如董卓的军队主要来自羌族,刘备、曹操部队中有大量幽州乌桓胡骑①。晋文帝司马昭时期,归附的胡人高达八百七十万②,以至于关中百余万人口中,少数民族约占一半。不仅是关中戎狄居半,随着北方游牧、半游牧民族大举南下中原,汉族人口为避乱从中原地区向淮河、长江乃至珠江流域大量迁徙,在整个北方,汉族已经不占多数。同时,长江以南地区周边的少数民族也大量向这一地区迁移。东汉末年到南北朝数百年间,发生了中国历史上最大规模的民族大迁徙、大交融,对此后隋唐盛世及中国文化产生极大影响。

(二)三国至隋唐时期民族交融的概况

周伟洲在《试论隋唐时期西北民族融合的趋势和特点》(载《西北大学学报》1990 年第 3 期)一文中指出,隋唐与魏晋南北朝时民族交融相比,有其自身的特点。它没有魏晋南北朝时期那样频繁的民族迁徙,没有各族之间的争战、割据以及由此产生的各族之间的同化、融合的复杂性和曲折性;而是在统一政权下内地汉族统治阶级通过各种政令、措施,逐渐同化、融合周边各族,或周边各族与邻近汉族和其他民族的自然融合;汉化仍然是隋唐时期民族融合的主流。

隋唐统一时期西北或入居西北的各族逐渐融合于汉族,大致有三种形式:第一,漠北或西北诸族上层或部众归附隋、唐王朝后,被安置于京师长安或西北汉族聚居之地,而逐渐汉化者。第二,西北诸族因贸易、传教、谋生等各种原因入居内地(包括汉人聚居之河陇地区),而逐渐汉化者。第三,居于西北地区的诸族因长期与邻近汉族相处,深受汉族经济、文化的影响,而逐渐汉化者。这种形式的融合,面虽然很广,但却较为缓慢,这与隋唐统一及其统治者执行的开明的民族政策有关。

另外,周伟洲还指出了民族交融的另外两种趋势。一种是民族交融的吐蕃化趋势。唐

① (宋)范晔撰,(唐)李贤等注:《后汉书》卷八十四《列女传第七十四·董祀妻传》,第 10 册,2801 页,北京:中华书局,1973;(晋)陈寿撰,陈乃干校点:《三国志》卷三十二《蜀书·先主传第二》,第 4 册,873 页,北京:中华书局,1964。

② (唐)房玄龄等撰:《晋书》卷二《帝纪第二·太祖文帝》,第 1 册,40 页,北京:中华书局,1974。

代吐蕃北上之后，一直到13世纪蒙古族南下之前，在今四川西北、甘南、青海等地的吐谷浑、羌、党项等族有融入吐蕃的趋势，而河陇及新疆东南汉族及西域土著亦有吐蕃化之趋势。第二种趋势是回鹘化。隋唐时期西北民族交融趋势，除了汉化和吐蕃化之外，在唐末还存在着回鹘化的趋势。唐开成五年(840年)，漠北回鹘汗国为黠戛斯①所灭，回鹘部众大量西迁至今河陇、新疆和巴尔喀什湖东南之地，与当地诸族杂居，以后相继建立了西州回鹘、甘州回鹘和喀喇汗王朝三个政权，使回鹘与当地民族逐渐融合，宋元以后形成今天新疆的维吾尔族和甘肃的裕固族。隋唐时期西北民族交融的总的趋势，即这一时期西北诸族的融合主要存在着汉化、吐蕃化和回鹘化三大趋势，汉化系主流，吐蕃化次之，回鹘化仅发其端。

周伟洲在《论魏晋南北朝时期北方的民族融合》(载《社会科学战线》1990年第3期)一文中指出，魏晋南北朝时期民族交融的规律有以下五点：第一，这一时期诸族交融的前提和基础，是形成了民族间的杂居错处。第二，由于这一时期内迁各族众多，关系复杂，内迁各族交融的主流虽然仍是汉化，但在交融过程中，方式却是多种多样的，道路是曲折的。第三，这一时期的民族交融，有各族统治阶级的强迫同化，然而更多的却是各族的自然交融，甚至出现被融合民族的统治者采取强迫性的政策来使本民族交融于他族。第四，这一时期促进民族交融的诸因素中，较为突出的还有内徙诸族相继建立政权及其灭亡。第五，魏晋南北朝时期民族交融的主流是汉化，即内迁各族通过不同途径交融到汉族之中。

周伟洲又进一步阐述了魏晋南北朝时期民族交融的方式：第一，内徙诸族直接融入汉族，如内徙氐、羌大多如是。第二，先融入他族，然后随他族一起再融入汉族。如内徙柔然、高车，是先融入鲜卑，然后再与鲜卑一起汉化。第三，与内地其他族交融，形成为一种“杂胡”，然后再汉化。这种形式的交融比较特殊，是魏晋南北朝时期特有的现象。第四，内徙诸族，在徙入之前就已经融合了其他一些民族，尽管其族名未变，但与原来的族性有了差别。这种情况，其实不同程度地存在于内迁诸族之中，特别是鲜卑族中的拓跋部、乞伏部、宇文部等。内徙之后，这些民族最终仍走上汉化的道路。

但是在胡汉民族交融的过程中，汉族在少数民族统治的国家中难有归属感。谷川道雄在《隋唐帝国形成史论》(7—8页，上海：上海古籍出版社，2015)一书中指出，对作为异民族政权的五胡、北朝诸国家来说，胡族与汉族作为统治的对象在种族上是有区别的。五胡国家在原则上并没有采取蔑视并压迫汉族的措施，尤其对士大夫阶级，还采取了极为尊重的方针，但胡汉两族在与国家权力相结合的问题上存在着隔阂。从汉族士大夫的立场来说，胡族政权毕竟是异民族政权，很难说是自己的国家。北魏也不例外，如崔浩事件所显示的那样，汉族士大夫无论怎样受到君主的宠遇，种族的障碍仍旧无法克服。孝文帝的汉化政策旨在排除种族的区别，以社会身份这样一种贯穿于胡汉两个社会并具有普遍性的原理为基础建立其统治体制，但北魏国家依然维持着作为胡族国家的本质。

(三) 三国至隋唐时期民族交融的影响

民族交融影响了胡汉民族的道德生活。关健英在《民族交融过程中道德的交互影响及

① 读作 xiá jiá sī，隋朝时期西北民族名。汉作鬲昆，又作隔昆，或坚昆；南北朝至隋作护骨，或结骨、契骨、纥骨；唐朝通用的汉译名是黠戛斯，或纥扢斯。

其意义——以魏晋隋唐时期的道德生活为例》(载《伦理学研究》2013 年第 5 期)一文中指出，“五胡乱华”标志着中国北方开始了长达几百年的少数民族统治时期，对两晋南北朝的政治、经济以及社会伦理道德产生了重要的影响，甚至波及隋唐两代，尤其对唐代的社会风尚影响极大。这一时期战乱频发，为躲避战乱，大量的中原汉族人口向西北地区迁徙，大量流民促进了西北地区经济和文化的发展，也促进了这一地区的各个民族经济、文化、伦理道德的交流与互相影响。入主中原的北方少数民族主动或者被动地接受了汉民族的政治制度、生产技术以及文化和道德观念，同时又对其产生了重要的渗透和影响，促使了民族文化间的冲突与交融。各少数民族的风俗习惯、道德观念也浸润着中原地区的汉民族，如北方少数民族的烝报①婚、游牧民族开放的两性交往风俗、财婚的婚俗等，都对魏晋隋唐时期的道德生活产生重要的影响。

白翠琴在《论魏晋南北朝民族交融对汉族发展的影响》(载《民族研究》1990 年第 3 期)一文中指出，我国自古以来就是一个多民族的国家，各民族共同缔造了祖国光辉灿烂的历史和绚丽多彩的文化。汉族能成为我国的主体民族，也是根源于多民族演变发展的结果。各族间长期的杂居共处，伴随着政治、经济和文化的交流，使得彼此建立相互依存、互相促进、交叉吸收、互为渗透的关系。汉族与少数民族之间各种文化的双向传播贯穿于整个中华民族的发展史。汉民族的物质和精神文化对少数民族的发展起着重要作用。而汉民族的政治、经济、文化等社会生活的发展和进步，也都含有少数民族各种文化的积极参与。若没有对少数民族之文化精华的兼收并蓄，交融汇合，汉民族数千年的文明史将不会如此举世瞩目。魏晋南北朝时期的民族交融，不仅给汉族注进新鲜血液，使之不断壮大发展，而且还使汉族汲取了其他民族的文化精华，大大丰富了自身的物质文化和精神文化。其主要表现在以下几个方面：第一，少数民族的畜牧业生产品种、技术乃至一些农产品传入中原地区。第二，胡服、胡饼、胡床等的普遍制作和使用，对汉族衣食住行方面产生颇大影响。第三，汉族在语言、文学、艺术等方面吸收了少数民族的精华，胡歌、胡乐、胡舞、胡戏等的流行，给以汉族为主体的中原文化增添新鲜色彩。

通过魏晋南北朝时期民族大交融，许多少数民族融入了汉族，使之更加壮大发展，朝气蓬勃。同时，汉族还从许多方面吸收了少数民族的文化精华，经过融化汇合，进一步提高了自身的物质和精神文明。而其向东、向西、向南之迁徙，初步改变了以往汉族过于集中黄河流域的分布格局，有利于对江南、东北、西北的开发，并使汉族文化传播面更广泛，对少数民族的影响更为深刻。即使在黄河流域，汉族士大夫也辅助北方诸族统治者采取一些劝课农桑、治国安邦的措施，汉族人民与内迁诸族人民一起为恢复与发展社会经济作出了贡献，中原文化也得以弘扬光大。在这整个过程中，汉民族各方面的素质皆有所提高，为隋唐的兴盛发展提供了重要条件。

白翠琴在另文《论魏晋南北朝时期民族的迁徙与交融》(载《中央民族学院学报》1987 年第 1 期)中指出，魏晋时期的民族交融有深远的意义。第一，为汉民族注入新的血液，扩大了汉族的队伍，使其在我国多民族国家形成、发展与巩固过程中，更好地发挥主体民族的作用。第二，加速各族之间的文化交流，使汉文化对南方民族的影响和传播更广化和深化。同时，

---

① 所谓“烝报”，是古代北方少数民族流行的婚俗，指父(伯、叔)死，儿子娶其庶母(叔母)；兄死，弟弟娶其寡嫂。

南方诸少数民族传统的文化，也给汉文化以影响，从而丰富了祖国的文化宝库。第三，民族交融促进了南方地区的开发。南方民族大交融后，使得数百万劳动力纳入封建经济体系，其社会经济和文化习俗也必然逐步与汉人接近。因此，南方少数民族与汉族交融的过程，实际上也是共同开发南方的过程，使江南的农业有了长足的发展，手工业和商业也相应有所发展，为隋唐时期我国经济重心的南移打下基础。

总之，魏晋南北朝时期民族大迁徙和大交融，不仅促进了少数民族地区的社会发展，也给汉族的社会经济注入新鲜血液。各族人民为恢复中原地区的生产经济和开发江南地区，共同作出了贡献。同时，民族交融使汉族与少数民族之间的民族团结有了加强，使统治者赖以割据的重要依据也逐渐消失。因而，为统一的王朝再创提供了必要条件。

二、三国至隋唐时期的区域开发

魏晋南北朝时期，由于国家分裂，民族矛盾上升，战争破坏，使得经济发展尤为艰难。战乱引起大规模的人口迁移，经济格局也发生重大变化。人口大量向东北、西北、巴蜀和江、淮以南转移，使这些地区的经济开发向前迈了一大步。北方的经济在破坏之后，也得到了恢复和发展。隋唐时期是我国古代第二次大一统时期，也是经济大发展的时期。经过隋朝及唐前期几代统治者的励精图治，这一时期经济空前繁荣。

（一）三国至隋唐时期区域开发的背景

区域经济的发展和政府的政策有密切的关系。洪卫中在《六朝政府经济调控政策述论》（载《许昌学院学报》2006 年第 6 期）一文中指出，六朝时期，南方经济得以较大程度的开发，农、工、商都有了前所未有的发展，其中一个最重要的原因是六朝政府实施了较合时宜的宏观调控政策。具体表现在三个方面：第一，增加农业生产要素。农业生产要素包括土地资源、劳动力、资金、科技等。为了扩大土地面积，六朝政府实行奖励垦荒、减免赋税等政策鼓励少地或无地的农民去开垦荒地；为了增加土地上的劳动力，六朝政府采取了安置流亡人口、掳掠对峙政权的人口、奖励南渡人口等一系列的措施。第二，对豪强地主的妥协与限制。从东晋开始，在中央集权君主专制弱化的情况下，统治者对豪强士族只得采取妥协退让的态度，承认豪强士族的经济利益。但是为了维护国家利益，又不得不采取措施对豪强士族进行限制。政府采取的措施有两晋时期实行的占田制、南朝时期实行的占山制等。第三，发展商业贸易政策。六朝是豪强士族兴起并强盛至极的时期，而当时中央集权弱化。政治、经济的现实促使六朝统治者观念意识也逐渐现实化。于是，向来被抑制的商业在这一时期便被重视起来，政府采取了许多发展商业贸易的政策，如商税的减免、对外双边贸易和海外贸易的开放等。由此可知，六朝政府实施的较合时宜的经济政策，促进了南方经济的发展，从而奠定了六朝政权稳定的社会经济基础。

农业的发展是区域开发的基础。何德章在《六朝江南农业技术两题》（载《南京晓庄学院学报》2005 年第 3 期）一文中指出，北方旱作技术因人口迁移传入南方，是六朝时期南方农业生产发展的重要推动因素。北方旱作技术在南方得以发展的原因主要有三个方面：第一，南方不宜稻作的山地开发的需要。北方南下的个体流民或农户，不可能有现成的良田可供耕种，其经济力量也不可能对未开发的湖泊进行利用。所以，深入还未被圈占的山地，开垦小块土地以维生，便成为一种可能的选择。甚至一些北来的大族，在南方土著大姓业已占尽良田的背景下，也不得不深入浙东山地开垦耕地。长江流域不少的丘陵、山地，为旱作农业的发展留下了很大的空间。第二，大旱之时水稻种植难以进行时采取的救荒措施。东晋南朝政权在发生大旱，稻作因缺水难以进行时，敦促种麦，对旱作在南方的扩大也起了推动作用。第三，南迁北方人饮食习惯的影响。东晋南朝，面食流行，甚至成为朝廷规定的祭品。可以说，江南旱作一定程度的发展，与南迁者原来的饮食习俗有很大的关系。

南方区域经济的发展和南方重视商品经济的发展有关。蒋福亚在《魏晋南北朝时期的商品经济和传统市场》(载《中国经济史研究》2001 年第 3 期)一文中指出，长期以来，学术界几乎一致认为，商品货币经济和传统市场萎缩、自然经济加强，是魏晋南北朝时期的时代特征之一。而商品经济和传统市场萎缩的原因，学术界认为主要是由战乱和士族地主占统治地位及庄园经济的盛行造成的。但蒋福亚认为除战乱的后果外，其他似乎都是有讨论余地的。魏晋南北朝时期，南方始终是汉族统治者的天下，无论政治或经济，都是沿着秦汉以来的轨迹前进的。在南北两支劳动大军的努力下，在南方少数民族的贡献下，东晋南朝社会经济的发展十分明显，商品经济和传统市场与此同步，也有明显的发展。原来的州府重镇差不多都成了商业颇为发达的城市。随着商业的发展，除了秦汉以来的市租、关津税等外，东晋南朝又出现了一些新的税种，商税甚至成为了政府的重要财源。而在北方，西晋王朝崩溃后，北方成为内迁诸少数民族统治者横行的地盘。由于少数民族地区生产力和生产方式的落后，北方社会经济的恢复曲折复杂。按常理推测，此时北方的商品经济和传统市场也应该萎缩，然而实际情况并非如此。北魏孝文帝改革后，北方社会经济恢复了，商品经济和传统市场同时也进入了恢复的阶段。比如，洛阳成为当时北方首屈一指的大都会，洛阳城西有周围八里的洛阳大市，共有 10 个大商业区。而南方则继承了两汉以来的趋势，商品经济和传统市场从无到有，逐步走向了繁荣。

区域经济的开发离不开城市的发展。黄金铸在《六朝岭南政区城市发展与区域开发》(载《中国史研究》1999 年第 3 期)一文中指出，设置政区城市的地区，一般都具备一定的经济发展基础。一定时期区域内政区城市数量增长快，则区域经济发展较快。具体表现为：第一，政区城市的发展，是其所辖乡村农业经济发展的反映。城市人口一般不从事农业生产，故城市中粮食等消费品只能依靠周围乡村的供给。所以，只有某一地区的农业生产发展到一定水平，有盈余粮食供城市消费，该地区才有可能设置城市。第二，城市是手工业发展的中心，聚集了众多的手工业工匠。政区城市可以利用行政手段征调众多优秀的工匠来发展官营手工业。官营手工业生产技术高超，对农村手工业发展也会产生积极影响，从而促进该地区手工业的全面发展与进步。第三，商业依赖于城市的发展，而城市的发展也需要以商业为条件。“市”作为城市的主要组成部分和传统的商品交换场所，加强了城市内部及与其他城市之间的经济联系，使城市发展成为重要的商贸交易中心。

经济重心南移的原因众说纷纭。程民生在《关于我国古代经济重心南移的研究与思考》(载《殷都学刊》2004 年第 1 期)一文中概括为五点：第一，战争对北方的破坏和流民的南下。第二，地理环境的差异与变化。暖温带的北方地区是土质疏松的黄土高原和一马平川的黄淮海冲积平原，降水比较充沛而且基本上雨热同期，有利于先民抛荒轮作和迁徙。随着农业生产水平的提高和生产工具的改进，在地势崎岖、水道纵横的南方，人们改造和利用自然环境的能力大为提高，南方的水热条件一经开发即比北方更有利于农业生产。第三，农业经济本身的发展规律。经济重心的南移主要就是建立在江南地区精耕农业较高的发展水平之上的。第四，生产关系的落后。北方经济之所以衰落，则是由于国有制、奴隶制和农奴制的经济成分显著增加，长期缓不过气来。第五，南北方人各自的行为模式。北方人重视农业，农业的繁荣使北方成为全国的经济重心，但过度重农，使农业达到一定程度后发展速度必然减缓；过度垦殖又导致植被严重破坏，致使天灾肆虐，农业发展受阻。而南方人诸业并重，农业、林业、渔业、手工业、商业齐头并进，终于夺得经济重心的桂冠。

（二）三国至隋唐时期区域开发的表现及特点

魏晋南北朝时期，北方少数民族政权纷纷建立，带来了北方农牧格局的变化。刘壮壮、樊志民在《魏晋南北朝时期北方农牧经济格局的历史考察》（载《广西社会科学》2015 年第 7 期）一文中指出，魏晋南北朝时期，大批游牧民族进入中原，打破了战国秦汉以来形成的农牧地域分异的格局，农牧经济格局发生了巨大的变化。第一，十六国时期进入中原的游牧民族大多依然从事游牧业，畜牧经济在北方主要农区大肆扩张。这些民族在与汉族长期杂居相互影响的过程中逐渐“汉化”，尤其是北魏孝文帝实行“汉化”改革以后，大部分游牧民族与汉族相互融合，到北朝后期大多数南迁的游牧民族已经完成了“汉化”，与汉族已经难以区分。这种民族格局的变化，为北方农牧业经济格局的演变奠定了基础。第二，魏晋南北朝时期北方的畜牧业在经历了一段时期的繁荣之后，继而重新衰退，到北魏中期向南推进的游牧区和农牧交错带又逐渐向西北退缩，中原地区曾一度变为牧场的土地又恢复了农业生产。除大型官营畜牧业外，南迁的游牧民族大部分转而走上了农业化的道路。魏晋南北朝时期农牧经济格局的这种演变过程，同北方地区的自然和社会条件有着深刻的内在逻辑和紧密关系。

张旭华在《魏晋南北朝时期北方商业的曲折发展》（载《郑州大学学报（哲学社会科学版）》1998 年第 4 期）一文中指出，魏晋南北朝时期，由于北方黄河流域遭到战争的破坏，人口减少、生产废弛、市场萎缩，使北方秦汉以来商品经济发达的势头严重受挫。但这一时期商业发展也不是停滞不前的，大致经历了三起三落，即有过三次发展与高涨期，也出现过三次破坏与衰落期。第一，魏晋时期北方商业的恢复和发展。魏晋时期，是北方商业在遭受汉末战乱的严重破坏之后，逐步走上恢复与发展的第一个高涨时期。三国鼎立局面形成后，北方地区的社会秩序日趋稳定，农业生产也得到较快的恢复和发展。在农业和手工业生产发展的基础上，曹魏时的商业日渐复苏，城市经济逐渐活跃起来。而且，曹魏时期政府也采取了一些有利于商业发展的措施和政策。第二，十六国时期北方商业的破坏与重新恢复。十六国时期，由于少数民族割据势力相继入据中原，形成分裂割据的混乱局面。这次分裂割据的时间较长，对北方的经济破坏也较大。这一时期商业也不是始终停滞不前的。事实上，当时各族的割据政权出于保境安民而实施的鼓励生产、促进经济复兴的措施和政策，使各区域内的地方经济得到不同程度的恢复。第三，北朝商业的恢复和发展。北魏统一北方后，由于社会安定，经济复苏，商业也有了一定的发展。特别是北魏孝文帝改革后，北方的社会经济有了较快的发展，商业也因此出现繁荣的景象。但随着北魏政权的衰亡，北方再次陷入动乱和破坏之中。经过战乱，刚刚恢复的北方经济又遭摧残，商业的发展渐趋衰落。魏晋南北朝时期北方商业经历了一个极为艰难曲折的发展时期,但在艰难曲折中继续向前发展。

刘磐修在《魏晋南北朝时期北方农业的进与退》(载《史学月刊》2003年第2期)一文中指出,魏晋南北朝时期,社会长期动荡,政权更替频繁,游牧民族大量内迁,因此人们通常认为这一时期北方经济遭受严重摧残,农业生产处于停滞和衰退状态。但实际上北方农业发展与汉代相比有进有退。退,表现为北方人口流失导致土地荒芜;进,表现为环境的恶劣促使人们为谋求生存而在农业生产领域付出更多的劳动和探索,从而推动了北方农业生产的进步。总的来说,北方农业仍不断发展。魏晋南北朝时期北方农业发展具体表现为三个方面:第一,耕作工具与耕作技术的进步。魏晋南北朝时期牛耕得到广泛普及。这一时期北方人民发明和改进了很多生产工具,如发明畜力牵引的铁齿耙、使用绳索软套、发明短辕的蔚犁等,有利于农业的发展。第二,精耕细作的继承和发展。魏晋南北朝时期虽然北方人口流失严重,但对土地的经营并未转向粗放,指导思想上仍然主张精耕细作。第三,畜牧业的发展与北方农业经济结构的调整。魏晋南北朝时期,我国北方分布着多个少数民族,他们通过各种方式与内地发生密切联系。因此,我国北方农业中一直含有较多的畜牧业成分。魏晋南北朝时期畜牧业成分较之前代不断增加,这一变化是北方农业的一次重大经济结构调整,这一调整顺应了当时社会的发展变化。

周怀宇在《论隋唐统一对淮河流域手工业的促进》(载《安徽史学》2001年第2期)一文中指出,隋唐时期,淮河流域手工业有了很大的发展,国家的统一是其发展的重要原因。淮河流域手工业发展的具体表现为五个方面:第一,纺织业普遍兴盛和发展。隋唐时期,淮河流域的纺织业可以分为丝绸和麻葛两大类。纺织业的发展在这一时期有两大特点:一是纺织业生产比较广泛,二是纺织业技术普遍进步。第二,陶瓷业普遍发展。陶瓷在隋唐已是普遍使用的生活用品。社会需求的广泛加上国家的统一,刺激了淮河流域陶瓷业的发展。第三,淮盐的生产与开发。淮河流域是东部沿海地带主要的产盐区。隋唐时期,由于市场的不断扩大,这里逐渐成为了国家主要的产盐基地,且产品销往全国各地。第四,造船业的发展与进步。隋唐时期,淮河流域水运网络形成,与全国内河航运沟通,又与海运相接,各地经济交流迅速活跃起来。交通航运的发展,对各类舟船需求量激增,刺激了淮河流域造船业的兴盛与发展。第五,淮河流域酿造业的发展。淮河流域农业生产发达,粮食作物多,酿造业本就发达。隋唐时期,淮河流域的酿造业继续兴盛。

魏晋时期城市的大量涌现是区域经济开发的主要表现。朱和平在《试论六朝南方城市大量涌现的原因、表现及城市经济的特征》(载《中国社会经济史研究》1995年第1期)一文中指出,六朝时期的江南经济,在农业、手工业和商业等方面均已超过了北方。但由于开发历史和地理条件等原因,江南的经济发展水平,在地域上是不平衡的。六朝时的江南主要有五大经济区域。第一,以建康为中心的扬州经济区。这一地区是江南开发较早的地区,也是六朝时期的核心地带。第二,以寿春为中心的淮南经济区。该地区重要的城市有寿春、彭城和广陵等。第三,以江陵为中心的荆楚经济区。作为长江中游地区政治经济中心的江陵,是这个经济区内最大的城市。该地区重要的城市有襄阳、夏口、浔阳等。第四,以成都为中心的巴、蜀经济区内城市的普遍出现。在这个经济区内,除了中心城市成都外,其他都是中小城市。第五,以番禺为中心的岭南经济区。六朝时期,随着经济发展速度的加快,该经济区内新建的城市有三百座。六朝五个经济区内城市群中的大中城市,反映了当时城市经济的主体风貌，表明南方城市的大量产生，是附于区域内社会经济发展水平，尤其是农业生产发展水平这一基本前提的。

张剑光在《六朝隋唐五代江南城市中的产业研究》（载《上海师范大学学报（哲学社会科学版）》2016 年第 1 期）一文中指出，城市产业是城市经济发展水平的反映。六朝以来的江南城市经济，以商业为主、手工业为辅。六朝隋唐江南城市经济产业，大体有以下一些特征：第一，江南城市产业结构基本合理。江南城市的经济功能在逐渐体现，这主要归功于城市经济的发展。商业长足发展后，不再是政治性城市的依附，而是有自身独立的发展体系，商业不断展现出一些新现象。六朝隋唐时期江南城市产业结构基本合理，可以大体满足一个城市发展对经济的需要，符合当时城市发展的实际情况。第二，江南城市产业地域性明显，不同城市形成了各自的产业特色。比如江南城市商业的发展在大城市中发展较快，而小城市，特别是县城，商业的发展比较缓慢。处于江南运河沿岸、长江沿岸、钱塘江沿岸的城市，依赖于交通的发达，商业和城市的服务业发展较快。第三，江南城市产业分工与城市发展相适应。城市产业分工和城市的规模比较一致，当城市规模达到一定程度时，城市中的产业分工就越来越细化。

赵庆伟在《六朝时期珠江三角洲的经济开发》（载《东南文化》1996 年第 1 期）一文中指出，六朝时期是珠江三角洲开发史上一个比较重要的时期，在前代开发的基础上，由于大量汉人越岭南迁和六朝政府卓有成效的政策措施，珠江三角洲经济发展又向前迈进了一大步。具体表现为五个方面：第一，稻作农业的发展。六朝时期珠江三角洲的早期开发，在稻作农业方面，突出地表现为农田的开发、耕作方式的改进和水稻新品种的出现。六朝时期，冲积平原的面积逐渐扩大，为大批南迁的汉人提供了用武之地，珠江海湾沿岸地带逐步得到开发。六朝时期珠江三角洲农业水田耕作方式的改进，主要体现在生产工具的革新和施肥技术的进步等方面。早在汉代，珠江三角洲的水稻已有籼稻、粳稻等品种。从六朝文献来看，又增加了糯稻。第二，经济作物的广泛种植。经济作物方面，最值得一提的是各种亚热带水果的广泛种植，虽然其中有些品种早在秦汉时期即已被岭南劳动人民开发出来。但其在珠江三角洲得到推广普及当在六朝时期。主要的经济作物有荔枝、香蕉、橘、甘蔗等。第三，手工业生产的进步。六朝时期，珠江三角洲的手工业百花齐放，异彩纷呈。举凡造船、纺织、制瓷、食品加工诸业，与前代相比，均有一定发展。第四，海外贸易的崛起。六朝时期，珠江三角洲的经济发展，还突出地表现在广州港海外贸易的崛起。广州的海外贸易给六朝政府带来了丰厚的收入。第五，对外经济文化交流的频繁。六朝时期，东南亚及印度洋地区的许多国家，都先后同六朝政权建立友好交往关系，既主动表示尊奉的诚意，又贡献其特产。

（三）三国至隋唐时期区域开发的影响

傅兆君在《六朝城市经济的特点及其在新经济区发展中的作用》（载《学术月刊》1992 年第 11 期）一文中指出，城市是生产力发展到一定阶段的产物，城市的发展又反过来推动生产力的发展。我国古代的城市大多因政治军事需要而创建，是依托地域生产力水平而建的，所以作为区域的中心城市在社会发展中的作用也非常明显。六朝城市的兴起得益于南方区域经济的发展，得力于政治中心的南渐。农业、手工业产品的剩余与交换促进了商品经济的发展，促进了城市的兴起，并直接影响了经济重心的南移。以建康、江陵、成都、广州为中心的四大城市群经济区的兴起，不仅改变了南方原来落后的经济面貌，促成了南北抗衡的政治局面，而且大大影响了南方政治。自此以后，南方经济基本上走上了持续平稳的发展轨道。

高长虹在《隋唐时期的区域开发与城市发展》(载《华中师范大学研究生学报》2008 年第 3 期)一文中指出，城市与腹地在经济上是相互联系、相互影响和相互作用的。城市的形成和发展要受腹地的自然资源、社会经济条件的影响和制约，而腹地的经济、社会发展，也离不开城市在经济、技术等方面的帮助和支援。隋唐时期城市的发展与腹地产生了较强烈的互动关系。第一，发达的陆路交通带动中心城市与腹地经济。我国古代的城市往往是一个地区乃至全国的政治、经济和文化中心，发达的陆路交通为城市的发展提供了广阔的腹地，有利于城市与外界的政治、经济和文化交流。第二，大运河的开凿牵引沿线城市和腹地经济。大运河网贯穿了我国东部平原广大地区，保证南北两大中心的联系，保证南方的赋税和物资能够源源不断地运往京城，沟通国都长安与黄河下游南北、长江三角洲和浙东等富庶经济地区的联系，起到了支撑唐王朝和推动整个社会经济发展的重要作用。第三，海外贸易的兴起和发展联动海港城市及腹地经济。作为地区经济中心，除了有完备的港口设施外，还必须有广阔的腹地以及便捷的交通运输网络与其相联系。

三、三国至隋唐时期的制度创新

汉帝国崩解后，3 世纪初至 8 世纪中叶，中国历史经历了从魏晋南北朝大分裂到隋唐统一繁荣的过程。秦汉以来所建立的中央集权制度日臻完善，魏晋时期，士族在政治舞台上发挥的作用越来越显著，曹魏九品中正制的施行将汉代的门阀特权以法定的形式固定下来，皇权政治演化为门阀政治。隋唐在承袭前代制度的基础上进行创新，通过三省六部制的完善和科举制的实施，官僚政治取代了贵族政治，专制皇权得到巩固。

(一) 魏晋南北朝时期的制度创新

魏晋南北朝时期是中国古代的一个特殊时期，出现了地主阶级的一个特权阶层——门阀士族，并形成了士族门阀政治。而门阀制度的形成，又与曹魏时期九品中正制的实行有着极大的关系。

1. 特权阶层的兴盛——士族门阀制度

士族门阀制度也可称之为士族门第制度，是一种在政治、经济等各方面对士族进行优待的制度。它兴于曹魏、西晋，鼎盛于东晋，南朝尤其是南齐以后日渐遭到破坏，隋唐时进一步衰落。

(1) 士族门阀制度产生的背景

田余庆在《东晋门阀政治》(333—338 页，北京：北京大学出版社，2012)一书中指出，世家大族和士族的存在，都是以大田庄为物质基础。依靠宗族，大田庄经济比较容易形成，也比较容易巩固和持久。大田庄产业，一般都是山川与耕地相联的多种经营，具有比较强的自给自足性质。汉魏之际的大动乱，使北方本来比较巩固的大田庄突遭破坏，普遍发生了抛荒易主的情形。等到大乱稍息，流民渐归，田庄主抢占土地，恢复产业，又形成了一股浪潮。永嘉以后，士族南来，都求田问舍，依仗与司马氏共天下的政治势力经营产业，并以此成为支持江左百年门阀政治的物质基础。

田余庆还指出，文化条件对于获得和维持家族门户地位也有极大影响。有些地方豪强，在经济、政治上可以称霸一方，但由于缺乏学术文化修养而不为世所重，地位难以持久，更难进入士流。相反，出自寒微的读书人，由于入仕而得以逐步发展家族势力，最终跻身士流，成为名门望族。

魏俊超、杜绍顺在《试论门阀士族制度的基础》（载《华南师范大学学报（社会科学版）》1983 年第 2 期）一文中指出，魏晋南北朝时期的大土地所有制是门阀士族制度存在的经济基础，门阀士族制度的形成、发展和衰落，受着大土地所有制下人身依附关系强弱的影响。从西汉末东汉初开始，由于地主大土地所有制的发展，国家对户籍的控制不再那么强有力，半自由的、带有宗族色彩的依附农民出现。东汉时期，正是在这种依附关系较强的大土地所有制的基础上，产生出不少累世高官的世家大族。不过，在制度上，对世家大族的地位并没有明文规定，没有以法律的形式规定下来。魏晋时期，人身依附关系的强化达到了一个特定的历史阶段。世家大族对依附农民的占有，即人身依附关系，已取得法律的支持。这在阶级关系上，扩大了尊卑贵贱的等级差别，促成了世家大族的特殊地位，从而形成了以门第为依据攫取政治、经济特权的门阀士族制度。

除上述物质基础和文化条件外，钱穆在《中国历代政治得失》（36—38 页，北京：九州出版社，2012）一书中指出，中国魏晋以来门第社会起源的主要原因可以追溯到汉代的察举制。汉代察举制，要求首先进学校读书，获得补吏以后，才可以被察举。这种选拔方式骤看极合情理，然而实际施行中却存在毛病。因为古代书籍用竹帛书写，纸张很少，唐宋才开始有印刷。读书求学，便有着很大限制，读书机会很不易得。但对于一个读书家庭来说却是极为简单的。因此，当时一个读书家庭，很容易变成一个做官家庭，一个有钱有势的家庭。而察举的权力，在各地方官员手中。当一个人做到有权察举时，经他察举的，便是他的门生故吏，将来在政治上得意，有机会必然也会察举他的后人。这就造成了后来所谓的士族门第，士族门第也因此带有“郡望”①的特点。国家的政治制度，虽没有对这些家庭许下世袭特权，但他们因有家庭凭借，也就有了世袭的特权。

（2）士族门阀制度与皇权政治

田余庆在《东晋门阀政治》（324—329 页，北京：北京大学出版社，2012）一书中指出，在皇权政治格局下，一切社会力量都处在皇权控制之下，不可能与皇权平行，更不可能超越皇权。甚至东汉宦官外戚擅权，也只能视为专制皇权发展到空前强大水平而出现的皇权旁落现象。这只是对皇权的窃取，而不是对皇权的否定。西晋时期，士族在政治舞台上发挥的作用，比过去显著，但也还不足以超越皇权和司马宗室之权。直到王与马的结合发展到了江左，权力结构才发生变化，门阀士族势力得以平行于皇权或超越皇权，皇权政治演化为门阀政治。这是皇权政治的一种变态，是皇权政治在特殊条件下出现的变态。

田余庆还指出，西晋琅琊王司马睿在晋室诸王中既无威望，又无实力，更无功劳，如果不借助门阀士族的扶持，根本没有在江左立足的余地。南渡的王敦王导兄弟、东海王司马越及众多士族名士，恰好为司马睿提供了这种有分量的砝码，于是，江左门阀政治格局水到渠成。

① 郡望，是“郡”与“望”的合称。“郡”是行政区划，“望”是名门望族，“郡望”连用，即表示某一地域或范围内的名门大族。

而这些南渡的士族，同样也需要司马睿政权的保障。南渡士族是晋室臣民，因避胡羯侵凌晋室而南渡，自然不会舍弃晋室而另立新朝。他们只有奉晋室正朔，拥晋室名号，才是保全自己家族利益的最好办法。

田余庆又指出，皇权与士族并不是交融无间的。南渡士族有迫切的家族利益急待追求，他们固然要保全司马氏的皇朝，使司马皇朝能对南渡士族起庇护作用，但绝不乐意晋元帝司马睿真正发挥皇权的威力来限制他们。而从晋元帝方面来说，与士族共享权力不是他所心甘的。所以，要稳定共天下的政治秩序，要取得皇权与士族的平衡和士族之间的平衡，还需要经过一场政治倾轧和实力较量才行。于是有晋元帝重用刘隗、刁协抑制王氏兄弟之举，结果引发王敦叛乱。叛乱以"清君侧"即反对刘隗、刁协为名，得到士族普遍支持，晋元帝组织军队平叛大败。这说明士族在东晋的特殊地位和特殊权益是不容皇权侵犯的。但此后王敦再叛，欲取代司马氏而独吞江左，又以士族的共同反对而告失败，这说明司马氏皇权也不容任何一姓士族擅自废弃。因而，只有皇权与士族共治天下，平衡和秩序才能得以维持。本来只是两晋之际具体条件下形成的"王与马共天下"的暂时局面，就被皇权与士族共同接受，成为东晋一朝门阀政治的模式。此后执政的庾氏、桓氏、谢氏，背景虽各有不同，但庾与马、桓与马、谢与马共天下的格局延续多年，始终没有大的变动。

随着刘宋政权的建立，士族门阀政治日趋衰落，皇权政治逐渐复兴。但门阀士族在相当长的时间内仍是皇权依靠的重要势力，他们与新起的庶族、宗室等力量不可避免地展开了权力的争夺。徐紫钰在《门阀士族与刘宋宗室内乱》(载《许昌学院学报》2012 年第 1 期)一文中认为，东晋末年统治集团内部各阶层力量开始出现变化，最终门阀政治格局随刘宋政权的建立而打破。但门阀士族的政治能量和社会影响并未顷刻间冰消瓦解，他们在相当长的历史时期中仍然是皇权不能不依靠的重要力量。同时，门阀士族面对新的政治形势，也不得不改变历来骄傲自负的精神面貌，开始主动追求政治权力。从某种意义上说，刘裕"造宋"正是门阀士族的一道分水岭。第一，显赫于东晋不同时期的王、谢诸族，在刘裕开国之后，仍然处于新王朝的权力中心。但与东晋对士族门阀的依赖和妥协不同，刘裕从执政起，便对门阀士族阶层保持着警惕，并出台了一系列政策对其进行控制，在政治上进行打压，使其从属于皇权。第二，在政治危机和政治机遇面前，门阀士族也必须改变其原有的政治作风，以适应新的政治环境。在刘裕"造宋"及宋朝初期，世家大族与皇权之间形成一种既相互利用又彼此猜防的关系。正是与生俱来的矛盾而又复杂的关系，造成了刘宋时期统治集团内部的权力之争。可以说，在刘宋宗室内乱中，高门与寒庶、高门与皇权之间的斗争也是重要的催化剂。

(3) 门阀士族的衰落

樊树志在《国史十六讲》(94—96 页，北京：中华书局，2009)一书中指出，门阀政治的腐朽性带来了严重的弊端：一方面，高级士族凭门第而不必凭才能就可以做至公卿，于是不思进取，终日沉湎于清闲、放荡的生活而不关心政治，拒绝担任繁杂而辛苦的工作；另一方面，只要门第不垮，荣华富贵唾手可得。于是每个人都把自家的门第看得最为重要，无论怎样改朝换代，高门大族依然是高门大族，它与皇帝和官位没有关系，因此任何时候都不会考虑为皇帝而殉节，结果养成了高级士族在王朝更迭的斗争中畏葸退缩，明哲保身，甚至见风使舵，随声附和的习性。此外，高门大族的子弟由于长期纵情声色，过着骄奢淫逸的生活，使得他们愈来愈文弱，有的人玩物丧志，甚至连汉魏以来士大夫必须掌握的传统文化知识也完全荒废了，成为高级文官。

樊树志还指出，门阀政治在南朝逐渐显露颓势。士族腐朽不堪，不能担任武职，庶人出身的人便以武职为升官的阶梯。南朝的四个开国皇帝都是庶族出身，先掌握军权，而后夺取政权。庶族出身的皇帝自然是提拔庶族官员作为自己的辅佐，因为士族没有处理实际事务的能力，只能担任清闲之职享受高官厚禄。南朝虽然已经“寒人掌机要”，对门阀政治产生冲击，但是门阀政治的余威尚存，门第依然是难以逾越的屏障。直到侯景之乱①才使门阀政治受到致命一击，在败象丛生中迅速走向衰微。

宁志新、朱绍华在《门阀士族的衰落与衰亡原因》（载《河北学刊》2002年第5期）一文中认为，士族门阀衰落的原因主要有五个方面：第一，唐朝中叶国家土地所有制统治地位动摇，均田制崩溃，以至不能保证门阀士族的经济特权。第二，南北朝后期及隋唐时期商品经济的发展，使土地买卖频繁，宗族血缘纽带关系松弛，聚族而居走向分户析产，使门阀士族的经济地位不稳定。第三，隋唐时期实行的科举制取代魏晋南北朝时期盛行的九品中正制，将选人、用人大权收归中央，剥夺了门阀士族垄断地方官吏选举的政治特权。第四，魏晋隋唐时期发生的历次农民起义，以及侯景之乱、安史之乱等社会大动荡，都不同程度地打击了门阀士族。第五，北魏孝文帝迁都洛阳后，将鲜卑大姓同于汉族门阀士族大族，位列士族之首，又将地方上的强宗豪族全部编入士族，这些扩大士族范围的政府行为，都起到了削弱旧门阀士族地位的作用。

2. 选官制度的创新——九品中正制

古代中国先后实行了多种选官制度，如在两汉时期实行察举制，魏晋南北朝时期实行九品中正制，隋唐直至明清皆实行科举制度。其中，九品中正制的实施，形成了“上品无寒门，下品无势族”②的政治格局，因此九品中正制常被人们视为魏晋南北朝时期门阀政治的政治基础。

(1) 九品中正制产生的背景

日本学者宫崎市定在《科举前史——九品官人法研究》（韩昇、刘建英译，58—60页，北京：中华书局，2008）一书中指出，汉魏禅让连带引发的最大问题，是如何处置汉朝的官僚问题。东汉中央朝廷在洛阳，被封为魏王的丞相曹氏在邺又另建都城，形成一个小朝廷。当汉帝禅让帝位给魏王时，如何安抚汉朝官僚减少其对汉魏禅让的反对成为魏新政府所面临的一大问题。然而，即将建立的魏政府不可能无条件地欢迎汉朝官僚个人加入，原因有二：其一是汉朝官僚的素质问题。汉末的选举，亦即官吏的选任，直至曹操出现为止极度腐败。而曹操领导的魏国，极其严格地选拔官员。因此，魏朝廷虽小，却是由精选的官僚组成，不能大手大脚地让腐败的汉朝官吏混进来，而必须以魏国的尺度进行一次资格审查。其二是魏国担心汉朝官僚是否根深蒂固地持有反魏情感，毕竟已经延续四百多年的汉朝威望，是不可能一朝扫地的。可以说，正因为汉魏禅让在即，所以有必要对官吏铨选办法进行改革，于是划时代的九品官人法建立。

石欣民在《浅析九品中正制》（载《黑龙江史志》2010年第15期）一文中指出，选官制度作

① 侯景之乱，548年，南朝梁武帝太清二年，东魏降将侯景勾结京城守将萧正德举兵谋反，至552年，侯景兵败被杀。

② (唐)房玄龄：《晋书》卷四十五《列传第十五·刘毅传》，839页，北京：中华书局，2000。

为一种加强中央集权的手段，在我国古代社会表现得尤为明显。所以，说九品中正制的施行是为了巩固门阀士族是不准确的。石欣民认为，九品中正制创立的原因有两点：第一，出于抑制地方大族的考虑。九品中正制出现以前，两汉实行以道德行为为考核评量标准的选官制度——察举制。到东汉时，这一制度逐渐形成了由本乡名士主导的乡间品评的传统，乡间清议成为大族扩张势力的工具，极大地阻碍了专制主义中央集权的加强。为抑制大族，曹氏政权逐步加强了对选举的控制。曹操时，九品中正制的雏形显现，中正由政府委任，把私人品评变作官家品评，强迫清议与政府一致，同时使原来与政府有矛盾的大族名士与政府取得协调，政府从而控制了舆论。可见，九品中正制初创之时并非专以血统为评定依据，其最初目的是要恢复集权政治的传统，抑制名门大族。第二，基于战乱时代的权宜之计。察举制发展到东汉时期，宗族乡间所作的评判成为选举方面最主要甚至是唯一的依据。然而，三国两晋南北朝时期战争频繁，引发大量人口迁移，两汉以来的乡间品评便无法执行。但另一方面人们还是承认乡间认定这一办法的可靠性。所以一种权宜之计、折中的办法便应运而生了。在一个地区，由政府任命，在本乡之中选择出一个适当的人来主持评定的任务。这个人在本乡必素负声望，且了解士人的情况。这样，吏部擢用人才有据可查，又加强了中央集权，控制了舆论和人才选拔，削弱了世家大族与中央的对抗。因此九品中正制之所以沿用数百年之久，跟魏晋南北朝长期的人口频繁流动有很大关系。这一制度又部分地保留了东汉的旧传统，使其存在有了坚实的土壤。

(2) 九品中正制的作用

陈金凤、方潜龙在《魏晋南朝九品中正制与皇权政治》(载《临沂师范学院院报》2006 年第 1 期)一文中指出，魏晋之际，世家大族的势力日益膨胀，九品中正制逐渐成为门阀大族的工具，但这一时期发挥主导作用的还是皇权，皇权政治是保证东晋门阀制度强盛的因素，也是保证这一时期九品中正制比较顺利进行的因素。

陈金凤、方潜龙还指出，九品中正制是适应门阀制度的人才选举制度，也是门阀制度下理想式的人才选拔制度。当门阀政治盛行、皇权不振时，它能极大地促进士族门阀政治的坚固与发展。然而，一旦皇权重振、门阀士族势力受到压抑、遭受破坏，九品中正制所依赖的基础也必然随之发生动摇。南朝门阀的衰落与九品中正制的式微，除了来自军事变乱的破坏与门阀自身的日渐腐朽外，更根本的是由于皇权重振与回归，受到来自皇权的威胁与打击。

关于九品中正制与门阀政治的关系，张旭华在《试论西晋九品中正制的弊病及其作用》(载《郑州大学学报(哲学社会科学版)》1999 年第 6 期)一文中认为，西晋时期，九品中正制对加速门阀士族的形成及维护等级森严的门阀制度起到了重要作用。第一，九品中正制加速了东汉以来的世族地主向门阀士族地主的转化，是门阀士族形成的重要标志之一。魏晋南北朝的门阀士族是以家庭门第为资本的家族组织和政治集团，是身份性的大地主，他们享有的特权不仅是世袭性的，而且得到了官府有关制度和法律的保证，即具有制度化和法典化的显著特征。自东汉以来，随着察举制度的滥恶和大土地私有制的发展，地主阶级内部逐渐产生了世族地主这一阶层。世族地主虽然也享有种种特权，但与门阀士族之间尚存有一定的差距，只能视为门阀士族的前身。入晋以后，自曹魏创立的九品中正制经过演变蜕化，中正品第中已有一条明显的界限，即“上品”和“下品”。凡门第列在上品的世家大族称为“势族”，也叫门阀士族；门第列在下品的称为“寒门”，也叫寒门庶族。这样，门阀士族通过九品中正制把持了选拔官吏的权力，他们依照门第高卑制定出严格的等级界限，形成门阀政治。因此，在东汉以来的世族地主向门阀士族地主转化的历史过程中，九品中正制既是加速实现这一历史性转变的重要杠杆和催化剂，同时也是西晋门阀士族形成的重要标志之一。第二，九品中正制具有垄断性和封闭性，是巩固门阀制度的重要政治支柱。自西晋门阀士族形成以后，门阀制度也随之确立。所谓门阀制度，就是以士庶区别为主要特征的等级制度。在这一制度下，门阀士族享有法定的政治经济等特权，是地主阶级中的特权阶层。垄断性和封闭性作为西晋九品中正制的两个显著特征，前者造成门阀士族与寒门庶族的等级差别，巩固和维系了等级森严的门阀制度；后者则像一道铁幕将门阀士族紧紧封锢起来，使其享有的世袭政治特权和优越社会地位具有不可变易性和牢固的稳定性。下迨东晋南朝，士庶区别的理论已经建立，士庶等级限界已成为不可逾越的鸿沟。在新的历史条件下，九品中正制也随着时代的发展而变化，并与门阀制度紧密配合，从而呈现出有别于前代的时代特色。

（二）隋唐时期的制度创新

隋唐是中国历史上在政治制度方面的一个重大转折时期，在承袭前代制度的基础上进行了创新，具体表现在两个方面：一是中央政府组织方面，通过完善三省六部制、创立科举制，官僚政治逐渐取代了贵族政治；一是在选官制度方面，以科举制取代乡举里选制，庶族地主逐渐取代了世族地主。

1. 三省六部制——中央行政机构的创新

（1）三省六部制的演变趋势及特征

关于三省六部制的演变发展，吴洪琳在《评隋炀帝官制改革》（载《陕西师范大学学报（哲学社会科学版）》2001 年第 2 期）一文中认为，隋炀帝对官制进行的改革加强了中央集权，奠定了唐代职官制度的基础，影响至为深远。隋代官制以三省六部为核心，隋文帝虽然确立了三省制，但内史、门下两省的地位等同于诸寺监，还没有摆脱皇帝侍从、顾问、谏议的性质，算不上纯粹的国家政务机构，在制度上没有突出两省地位，不利于树立两省中枢机构的权威形象。隋炀帝官制改革最大的成就，就是对三省制的完善。第一，提升尚书省官员品阶，精简尚书省人员编制；第二，内史省增置起居舍人掌管史职，后被唐代沿袭；第三，调整门下省，将文帝时设置的给事郎从吏部移到门下省，掌管“省读奏案”①，使门下省摆脱了侍从、顾问机构的性质，成为外廷独立处理政务的国家机关。为强化门下省的职能，隋炀帝还提升门下省官员品阶，使门下省取得了与内史省同等的地位。新置的殿内省，专掌宫廷饮食、服饰、起居、行幸等原本由门下省管辖事务，使门下省的职能更加专一，同时也使负责皇帝生活起居的机构与国家政务、事务机构截然分开，标志着中国古代职官制度走向成熟完善，有利于政令的推行和国家机器的顺利运转。由于隋祚短暂，隋炀帝官制改革的效果还没有显示出来，到了唐代，这种改革后的制度才得以充分发展，并对后世产生了很大的影响。

日本学者气贺泽保规在《绚烂辉煌的世界帝国：隋唐时代》（石晓军译，169—171 页，桂林：广西师范大学出版社，2014）一书中指出，唐代的行政中枢是隋初确立的三省六部制，其中心是中书省，中书省为皇帝提供咨询，负责起草各种议案以及诏敕。对于中书省制定的各

---

① （唐）杜佑：《通典》，138 页，北京：中华书局，1982。

种议案予以审议，并拥有将原案退回重审权限的是门下省。专门负责提意见的谏官，即谏议大夫等也属于这个部门。尚书省下设六个部门，负责各方面的行政事务。三省长官都是宰相。因而，唐代统辖全国行政大权的宰相一职实行复数制，由数名宰相组成集体领导班子，没有采取一人独裁的形式。召开宰相会议的地点叫政事堂，设在宫城内的门下省。由于在门下省的背后是各种贵族势力，门下省就处于贵族势力代言人的立场。然而与皇帝的意向发生冲突的封驳并不能简单地发动，所以后来门下省的存在意义逐渐消失，政事堂会议地点改设在中书省，"中书门下"就成为政事堂的代名词。这一变化意味着中书省凌驾于门下省之上掌握了实权，也象征着贵族立场的变化，表明其已被纳入皇权支配之下。

(2) 三省六部制的作用

易中天在《易中天中华史：隋唐定局》(92—97 页，杭州：浙江文艺出版社，2015)一书中指出，从两汉到明清，皇权政治与官僚政治一直在相互较量。同样是"寓分权于分工"，两汉和宋元时期注重对相权职责的分工，隋唐更看重的是权力的制衡，把立法与执法、决策与行政分离开。相权分散到三省，更兼中书门下相互制约，皇权得到了加强。同时三省都是从宫廷独立出来而成为真正的政府部门，宰相由个人变成了集体，反倒更有力量制衡皇权。隋唐的三省六部是一个严密而精致的体系，尽可能地实现了官僚政治与皇权政治的平衡。君臣共治的理想得以提出和实践，并延续到两宋。这是既不同于两汉，也不同于魏晋南北朝的新政治。

三省六部制下皇权与相权的关系，刘后滨在《唐代中书门下体制下的三省机构与职权》(载《历史研究》2001 年第 2 期)一文中也有介绍。刘后滨认为，在中国古代帝国体制中，皇权和相权共同构成了国家权力的主体，国家权力运作方式的变化是以二者关系的变化为主线的。从魏晋南北朝以尚书省为宰相机构，到隋唐之际三省共同构成宰相权力系统，再到开元以后和北宋时期以中书门下为宰相机构，不仅是宰相机构名号的变化，而且也是君相关系和国家权力运作方式的重大转变。三省制是从尚书省宰相制到中书门下宰相制的过渡形态，中书门下宰相制并非向尚书省宰相制的简单回归，而是纳入了三省制的运作机制，使皇帝与宰相之间的权力运作更加一体化。皇帝在不断强化最高决策权的同时，逐渐走向处理国家政务的前台；宰相逐渐被纳入到政务裁决和执行部门的体系之中，更多地作为"参总庶务"的政务官而不是"坐而论道"的咨询者。

林怡在《论唐初君主专制政体中的三省分权》(载《华侨大学学报》2001 年第 1 期)一文中认为，三省制度的确立，其本质是通过分散大臣权力的方式达到确保君主"集权"的目的。这种制度对君主的臣僚起到了互相制约、互相补充、互相监督的作用，但却很难对皇权即君主的绝对权力进行监督约束和限制。为了更好地巩固君主专制政体，唐太宗提倡三省制度不但要对臣僚的权力起到互相监督制约的作用，而且也要对皇帝的欲念意志起到约束监督的作用。此项举措的实质就是李世民自觉地强化并完善了三省制度对自己的监督和约束作用，这样，三省制度不但分解了大臣的权力，也在一定程度上限制了"君主集权"为所欲为的流弊。

林怡还指出，通过完善三省制度，唐太宗自觉地发挥官僚机构的集体作用，政事"皆委百司商量，宰相筹画，于事稳便，方可奏行。岂得以一日万机，独断一人之虑也！"[①]与朝臣共议

① (唐)吴兢：《贞观政要全译·论政体第二》，叶光大等译注，28 页，贵阳：贵州人民出版社，1991。

政事，以“分权”机制达到更好地“集权”的目的，既提高了君主专制政体的效能，防止了国事决策的重大失误，也进而表明“集权”与“分权”在行政的具体程序上并非绝对的互不相容，这样的“分权”反而是君主“集权”专制政体得以巩固的有力保障。三省分立的中央管理机制，使得君主专制的中央集权相对地得到了分割：决策、审议、执行的权力分属相对独立的三个省，既抑制了大臣权力过重的现象，又防止了皇帝的主观臆断刚愎自用。这样的分权机制，使得君主专制在“君主集权”的大框架下也容纳了一定程度的“民意”或与君主意志不尽一致甚至相左的“臣意”。

2. 科举制的实施——选官用官制度的创新

刘海峰在《科举制的起源与进士科的起始》(载《历史研究》2000 年第 6 期)一文中认为，“科举”一词有广义与狭义之分。隋以前的察举取士总体而言还是以举荐为主，考试为辅，自由投考还只是个别现象而非普遍行为，决定举子及第与否的考试还不够制度化和严密化，加上宋代以后多数人将进士科的设置作为科举制起始的主要标志。因此，考虑到约定俗成，广义的科举指的是西汉至隋分科目考察甄试人才授予官职的制度，而狭义的或严格意义上的科举——进士科举，则是从隋代设立进士科之后以考试来选拔人才任予官职的制度。以“分科举人”为内涵的广义科举概念逐渐被以“进士科举”为内涵的狭义科举概念所代替，经历了漫长的演变过程，取士也由此从以推荐为主逐渐转移到以考试为主。

(1) 科举制创立的背景、条件

周怀宇在《隋朝科举制形态探赜》(载《学术月刊》2001 年第 8 期)一文中指出，科举制的推行和隋朝中央实行三省六部制密切相关。在选举中，不论由何种方式选拔的人才，最后都由中央直接任命。这样，吏部选举，不仅责任重大，而且事务繁多。各地人才汇聚京城，等候选举。由于吏部难以合理任用，不能人尽其才，显露了原有选举方式的局限性。为强化统治基础和向全国扩大统治网巩固皇权，摧毁异己的世家大族的势力，隋王朝借鉴和扬弃历史上各种选举制度，结合现实政治的需要，改造出适合自己要求的新型的选举制。科举制便在这一改造的过程中破土萌芽了。

除了现实政治变化的原因外，科举制的产生还跟现实经济、阶层、技术的变化发展有关。冯天瑜在《科举制度——中国“第五大发明”》(载《山西大学学报(哲学社会科学版)》2014 年第 1 期)一文中指出，科举制的兴起条件有以下四个方面：第一，北魏始行的均田制在隋唐时期的推行。均田制以土地国有、计口授田为原则，摧毁大族豪强的庄园经济，使一批自耕农和庶族地主得以产生，并参与分享文化和权力。这是科举制兴起的经济前提。第二，科举制强调以考试选官确定身份级别，在唐代反映了已经衰落的山东士族和江南士族的利益。这些士族通过科考获取政治地位，成为朝廷支柱力量。第三，书写、印刷等物质条件大有进步，有利于考试的实施。纸上书写答卷，为科举考试简便、直观、公开的操作提供可能。唐代手工造纸产量颇大，雕版印刷渐趋流行，为普通人读书并参加科考创造了便利条件。第四，隋唐时代的经学大一统为应考士人提供必备的教科书，规定了法定的经义文本。

(2) 科举制的实施及长期存在的原因

易中天在《易中天中华史：隋唐定局》(98—101 页，杭州：浙江文艺出版社，2015)一书中指出，科举制度是中华帝国史上第三种官员选拔制度，前两种是两汉的察举和魏晋南北朝的荐举。荐举一般指大臣向皇帝推荐人才并负连带责任的制度。相比于前两者只考察不考试的特点，科举是一定要考试的。实际上同为选拔官员，科举制度与其他方式的本质区别就在十六个字：设立科目，统一考试，公平竞争，择优录取。科举制还有一个配套政策，即考生资格的认定。这意味着帝国政府在最大限度上开放门户，门第身份变得不再重要，因此大受庶族地主知识分子的欢迎。同时，它也意味着读书人有了自我推荐的可能性，因此也有学者将科举称为“自举”。

刘海峰在《科举制长期存在原因析论》（载《厦门大学学报（哲学社会科学版）》1997 年第 4 期）一文中指出，科举制在中国历史上长期存在具有深刻的社会政治文化原因，也有其内在必然性与合理性。第一，与贤能治国、精英统治的儒家理论相符合。中国传统文化是以儒家学说为根基和核心的，历代封建统治者都将儒学作为维护统治秩序的理论依据，奉儒学为经典，尊孔子为圣人。科举制正是在学优则仕的儒家文化土壤中产生的，它将读书与做官通过考试这一中介环节巧妙地联结起来，使学优则仕的儒家理论制度化。反过来，科举制的长久实施又使读书做官的观念深入人心，进一步强化了官本位体制。由于科举取士机制与儒家政治理论十分吻合，因此在崇尚儒家文化的中国古代，有着非常适宜科举制长久生存的文化土壤。第二，标榜公平竞争，具有客观标准。中国古代独特的社会结构是家族宗法制，家长统治、任人唯亲、帮派活动、裙带关系等皆为家族宗法制的派生物。在重人情与关系的社会文化背景下，若没有可以操作的客观标准，任何立意美妙的选举制度都会被异化为植党营私、任人唯亲的工具。而科举制标榜公平竞争，及第标准依照考试成绩，在分数面前人人平等，在一定程度上体现了平等原则。因此科举制具有长久推行的社会基础和内在因素。第三，牢笼天下英才，有利于巩固统治秩序，这是科举制得以长期存在的政治因素。唐宋以后，统治者将科举作为选拔人才的首要途径，参加科举成为普通知识分子获取政治特权、经济利益和社会地位的最佳乃至唯一的渠道。

（3）科举制的影响

冯天瑜在《科举制度——中国“第五大发明”》（载《山西大学学报（哲学社会科学版）》2014 年第 1 期）一文中指出，科举制度既是一种选官制度又是一种教育制度，它自隋唐延及明清，发挥重要的社会功能。第一，科举制度以封闭式考试录取官员，具有公正性和法定性。因不计生员出身，唯才是举，从而较广泛地从社会各阶层拔选人才，扩大政权的统治基础。官员和候补官员基本上都是知识阶层的精英，普遍提高了官僚队伍的人文素质。第二，参加科举考试的主要是学校生徒，带动了学校教育的发展。自隋朝始兴至晚清诏废，科举制度实行 1318 年，其间不独汉族政权如此，辽、金、元、清等少数民族入主中原政权也实行此种制度选拔人才。以科举考试为核心，构造了完备的文官制度，成为中国文化的一大特色。第三，也是科举制最重要的功能，促成了一个不靠出身而以考试入流的官僚阶层取代世袭的贵族阶层。官员考选制削弱了世袭性、割据性的贵族政治，形成世界上较早的完备的文官制度。

科举制的推行不仅为寒门子弟进入仕途提供了途径，而且对文化的繁荣尤其是诗歌的兴盛产生很大影响。日本学者气贺泽保规在《绚烂辉煌的世界帝国：隋唐时代》（石晓军译，171—173 页，桂林：广西师范大学出版社，2014）一书中指出，在唐代进入九品官系统叫做“入流”，而“入流”存在着“恩荫”和“科举”两个主流途径。“恩荫”，即由于父亲或祖父的地位，儿子或孙子担任相应官位的途径。与此同时，自从隋文帝以来，为了广求人才而创设的人才选拔考试方式科举也已经在社会上生根落户。这样一来，出身寒门的才俊多汇集在科举这一途径中，力图凭借自身资质进入官场。而唐代科举的重点在考核儒教经典内容的明经科，以及测试文学素养的进士科。其中，进士科最为热门。进士科中有专门的考察诗赋，由此，唐诗成为正式的考试科目，作诗不仅仅是一部分诗人们的事情，而是具有了现实的意义，成为统治阶层共同的教养。所以说，在唐代诗歌的推广普及上面，科举尤其是进士科起了很大的作用。

四、三国至隋唐时期的中外交流

（一）三国至隋唐时期的中外交流概述

三国至隋唐时期是中国由分裂走向统一的时期，在这一时期中国同中亚、西亚、东南亚等地交流频繁。

古代日本早就与中国有了交往关系，但多是民间性质的交往，还没有官方的介入与参与。孙久龙在《简析古代日本对曹魏西晋王朝的朝贡》（载《贵州文史丛刊》2010 年第 4 期）一文中指出，两汉时期，古代日本通过向中原王朝朝贡，被纳入到中原王朝的册封体制之内。曹魏西晋时期，封贡关系进一步密切，古代日本频繁向中原王朝朝贡，中原王朝也首次派使者出使古代日本，这是以前两国发展史上没有的先例，开创了两国关系新的篇章。曹魏政权建立之初并没有与日本交往密切，直到控制辽东地区后，为恢复在东夷各国的影响力，更好地控制辽东和朝鲜半岛，同时为了防止东吴政权从海上与日本取得联系，使自己在两国竞争中处于不利地位，于是对日本进行册封，从形式上确立了中日之间的臣属关系。并且第一次向日本派遣了使者，促进了两国关系的发展。日本向曹魏政权朝贡，一方面得到了中原王朝的册封，加入到中原王朝册封体制之内；另一方面还得到了中原王朝的政治支持，有利于日本的发展。魏国方面通过日本的朝献，逐渐恢复了中国在东夷诸国的影响，此后魏国与东夷很多国家恢复了册封关系，进一步巩固了其在朝鲜半岛的统治。

魏晋南北朝时期是佛教盛行的时期，佛教的盛行与佛教本身的适应性及统治者的政策有关，也与中外的交流有关。聂德宁在《魏晋南北朝时期中国与东南亚的佛教文化交流》（载《南洋问题研究》2001 年第 2 期）一文中指出，魏晋南北朝时期，东南亚地区的中南半岛上出现了两个重要的古王国：扶南和林邑。魏晋南北朝约 320 余年间，扶南和林邑两国先后各 20 余次派遣使臣来到中国，大大推动了中国与东南亚地区的交流。除上述扶南国和林邑国之外，魏晋南北朝时期与中国有着频繁往来的中南半岛古国还有：在今之泰国境内的金邻国、顿逊国和狼牙修等国，以及在今之马来半岛的丹丹国和盘盘国等。魏晋南北朝时期，随着造船与航海能力的提高，海外交通的航线与范围有所扩大，开辟了横渡南中国海与印尼群岛的直接交通，东南亚当地的商人亦因此加入了对中国进行贸易往来的行列。尤其是东晋以来海上对外交通航线的扩大与贸易往来的频繁，中国与东南亚地区在物质文化方面也进行了广泛的交流。当时中国向东南亚各地输出的是代表农耕文化的青铜工具和铁制工具以及陶器和丝绸等农业、手工业产品，而从东南亚各地输入的大多是由当地天然的动植物以及矿物产品（包括珍禽异兽、奇石宝玉等）构成的奢侈品。到后来不少东南亚当地的物产已替代了西域货物成为当时中国从海外输入的主要商品。

英国学者崔瑞德(Denis Twitchett)在《剑桥中国隋唐史》(32—38 页，北京：中国社会科学出版社，1990)一书中指出，隋唐时期是中国对外交流频繁的时期。在南方和东方，各个民族国家几乎都在中国文化圈内。在南方，越南虽独立，但仍作为一个部分加入了中国的文化区，他们以中国的制度和法律进行统治，受中国文学的熏陶，使用中国文字；朝鲜在被唐朝征服后，以唐朝为样板建立国家；日本虽未被征服，但自七世纪开始便有意识按照唐的模式组织自己的国家，并数次派遣唐使学习唐朝先进的制度文化。在北方和西方，唐朝面临更常见的挑战。在这里，中国政策的基本目的为两方面：第一，保护中国人定居区不受生活在固定的草原边境以外的周边游牧民族的袭扰；第二，控制和保护通向中亚和西方的贸易路线。通往中亚和西方的各条路线对隋唐来说具有重大的意义。这些路线不仅是商品交易的路线，同时也是文化交流的路线。通过这些路线，中国的很多思想和技术传向西方。而与此同时，西方的思想文化和技术也更多地传入中国，如宗教、音乐、舞蹈、金属制作、数学、语言学等成就传入中国。隋唐时期对于各个民族发展起来的种种迥然不同的关系做了实事求是的回应：有时单纯地试图征服；有时则成立保护国，册封其领袖；有时通过和亲来确保友好关系。

武金铭在《中国隋唐五代经济史》(76—80 页，北京：人民出版社，1994)一书中指出，唐朝是当时世界头等强国，与周边邻国的经济、文化往来和贸易活动也非常频繁。唐朝设立了专门机构来管理对外贸易。唐朝时期中国与其他国家的交往日益频繁，双方交易品的种类繁多，输入品以马匹、毛皮、香料、药材、禽兽、木棉、布匹和其他奢侈品为主；输出品以丝织品、瓷器、茶叶、铜器、铁器、土特产品和杂货为主。进行对外经济交流的对象主要是西域、中亚、印度、南海及渤海地区、朝鲜半岛和日本。总之，在唐朝，中国对外经济交流非常广泛。随着经济交流的开展，中国吸收了外来的进步文化，也将自己的优秀文化传播到了外国，加强了彼此间的相互了解，建立起了正常的邦交和深厚的友谊，也促进了亚洲地区和全世界的社会进步与繁荣，对增进人类文明，做出了重要贡献。

(二) 日本遣唐使

1. 日本派遣遣隋唐使的原因

徐跃勤在《日本“遣隋唐使”动机探析》(载《山西师大学报(社会科学版)》2007 年第 3 期)一文中指出，可以从岛国心态出发分析日本派出遣隋唐使的真正动因。第一，岛国心态的日本为打破封闭和孤寂，派出遣隋唐使是发展文化的需要。日本列岛与大陆的相对隔离，一定程度上造成了日本社会早期发展的落后，也深刻地影响着日本民族的文化心理。环海封闭和狭小的岛国地理环境，造成了岛国之民特有的压抑和孤寂感，使大和民族长期保持着对外部刺激强烈的好奇心和敏感性。一种渴望打破封闭和孤独的意向，成为日本吸取外来文明成就的内在条件。隋唐时期先进的文化，为日本打破封闭和孤寂、向外联系和学习提供了外部条件。第二，岛国心态的日本为打破封闭和孤寂，派出遣隋唐使是为了满足其扩展生存空间的欲望。狭小的日本列岛，始终存在着向大陆扩展其生存空间的欲望和冲动，其原因是日本有限的空间和资源同人口增长的矛盾。日本派出遣隋唐使，不单纯是为了学习中国先进的文化，也不单纯是为了友谊，也有搜集情报以便于侵略朝鲜的因素。第三，岛国心态的日本为打破封闭和孤寂，派出遣隋唐使是外交上的需要。一方面，学习中原先进的文化、生产技术等；另一方面，通过使团成员在隋唐的活动，了解和刺探军事情报，或与隋唐政府协调关系，有利于日本的朝鲜半岛政策。

王金林在《遣唐使的使命》（载《日本研究》1998 年第 3 期）一文中指出，唐朝时期，中日两国之间有过广泛而深入的文化交流。当时日本朝廷派遣的遣唐使，被誉为构架两国友好关系和推进文化交流的渡桥。日本派遣遣唐使，是与当时日本国内形势和朝鲜半岛形势密切相关的。从派遣遣唐使的时代背景和目的考虑，可以分为四个阶段：第一阶段为 630—659 年的四次遣唐使。这期间遣使的背景，一是日本正适大化改新前后，急需吸收隋唐的先进文化制度；二是围绕朝鲜半岛问题，国际关系极度紧张的时候。日本派遣遣唐使，显然具有双重目的，一方面期望通过遣唐使，直接从唐朝吸取建立中央集权体制的种种经验，以便推进大化年间开始的政治、经济、文化的改革；另一方面则是企望通过遣唐使成员在长安的活动，了解和探察军事情报，或通过遣唐使，与唐协调半岛政策。第二阶段为 665—669 年的两次遣唐使。随着高句丽、百济的灭亡，日本的势力被逐出朝鲜半岛后，在东亚国际舞台上，日本面临着陷入偏居一隅的被孤立的危机。因此这一阶段的使命只有一个，就是尽快修复与唐的关系，在东亚国际舞台保持日本的地位。第三阶段为 702—752 年的四次遣唐使。唐朝经过近百年的发展，已成政治稳固、经济发达、文化繁荣的世界强国之一。日本也经过数十年的内治，建立了以天皇为核心的中央集权体制。因此，在此期间的遣使目的，自然把吸收先进文化放在首要地位。第四阶段为 777—838 年的三次遣唐使。当时唐朝经济日趋衰落，中央集权逐渐瓦解，对周边国家来说，唐已失去昔日的魅力。而此时，日本通过以前的多次遣唐使和留唐学生、学问僧的努力，盛唐时代的文化制度大多已输入，并经过对唐文化的吸收、消化逐渐步入创立国风文化阶段。日本开始丧失从唐朝直接学习文化的积极性，因此，这一阶段遣唐使的主要目的是迎回滞留在唐朝的日本使者、留学生和学问僧，吸收文化和朝贡贸易已降至次要地位。

关于日本于公元 894 年废止遣唐使制度的原因，孙玉巧在《遣唐使制度废止原因试析》（载《咸宁学院学报》2003 年第 2 期）一文中做了深入细致的分析。第一，唐朝的衰颓削弱了日本的学习热情，故而终止了遣唐使的派遣。“安史之乱”后，大唐帝国由盛而衰，留唐日人向日本国内报告了唐王朝中央集权体制涣散、经济衰退、文化受到严重摧残以及社会发展停滞不前的状况。而 9 世纪末期的日本，经过以前多次遣使及众多留唐学生、僧侣的努力，已将盛唐时期的律令格式等文物制度基本输入并逐步吸收，在促成其建立中央集权制封建国家的同时，形成了具有本国特色的平安文化。日本民族作为一个务实求利的民族，惯于择善而从，所以当其认为唐国力衰退且无可学之物时，在遣使方面的热情自然会消退。第二，遣使费用对日本政府财政形成的沉重压力是重要原因。遣使费用主要包括造船费用及旅途开支、对使团成员的物质奖励、献给唐朝的贡物、对留学人员的资助以及对赴日唐人的赏赐等方面。随着遣使规模不断扩大，费用不断增加，日本国内经济状况不断恶化，给遣唐使的继续派遣增加了困难。第三，渡海途中的巨大危险及唐朝动乱中的不安定因素导致了遣使的废止。当时日本的造船技术十分落后，顺风尚可逆风便难以应付，并且航海知识也较贫乏，对环岛季风缺乏了解，总在逆向季风起时出海，费时费力又危险。遣使船只还常受到海盗的侵袭，或者漂流到某不知名处为当地人杀害等。第四，遣唐使是日本历史上特有的政治制度，其最基本的特点是应时而生，因时而易。从这一制度本身来讲，它又是日本特殊历史阶段上的特殊外交政策。所以，当其使命完成时，理应终止。

2. 日本派遣遣唐使的人员构成

王勇在《从遣隋使到遣唐使》(载《郑州大学学报(哲学社会科学版)》2008 年第 5 期)一文中指出,日本早在 600 年时已经派出第一批遣隋使,并开始派遣学问僧、留学生到隋朝学习。后来日本又开始派出遣唐使,日本在构建律令制国家过程中,遣唐使肩负广泛学习唐朝的先进制度及灿烂文化的使命。从遣隋使到遣唐使,在新信息的刺激诱导下,西行求学的目标渐次扩大,人员的构成也随之变化。遣唐使团的高层由大使、副使、判官、录事(四等官)构成,遣唐使的官员,大多选拔通晓经史、擅长诗文的好学之士充任。其中有几位唐日混血儿,他们不仅精通双语,而且往往拥有先进的科技知识,加之生活在异文化交融的环境中,在当时的国际文化交流中发挥着举足轻重的作用。与遣唐使官员相比,短期的请益生①、还学僧和长期的留学生、留学僧,更是以学习先进文化为使命。

3. 日本派遣遣唐使带来的影响

孙宏在《简论日本遣唐使》(载《黑龙江社会科学》1996 年第 2 期)一文中指出,遣唐使在历史上具有重要的作用,不仅因为它规模之大、次数之多、历时之久,以及冒险、牺牲之巨为世所罕见,更因为它增进了日唐友谊和了解,促进了日本社会的发展和进步。第一,增进了日唐的友谊和了解。日本派遣遣唐使的目的,一是发展与唐的友好关系以提高自己的地位;二是学习唐朝各种先进的经验。日本在唐的留学生和学问僧,有据可查的就有 150 多人,这些人为日唐两国的交流做出了突出的贡献。第二,推动了日本社会的发展和进步。遣唐使、留学生、学问僧回到日本后,在各个领域中发挥着重要的作用。政治、思想上的改革及日本的文字、历法、医学、建筑、绘画、饮食、习俗、服饰等方面,都受到唐朝的影响。第三,促进了两国经济和文化的交流。遣唐使出使时日本政府会赏赐他们一定数量的物品,这些东西必然在唐朝市场上交易。唐朝政府也会对遣唐使节进行赏赐,遣唐成员把这些物品带到日本,丰富了他们物质和文化上的需要。而且遣唐使、留学生、学问僧归国时会携带大量拷贝的文化典籍,这便加强了两国间的文化交流。

五、三国至隋唐时期的文化创新

(一)三国至隋唐时期文化创新的背景

文化的变迁反映了时代的更迭。三国至隋唐期间,战争频繁,社会动荡,政治黑暗,提倡"仁""礼"的儒家思想显得不合时宜。统治者需要一套理论服务于政权,游离于统治阶层之外的人们需要一种精神作为自己的精神支柱。在这种情形下,一种新的文化体系应运而生。

章培恒、骆玉明在《中国文学史》上卷(291—292 页,上海:复旦大学出版社,2004)一书中认为,秦、汉所建立的高度集权的政权,出于特定的历史需要,强有力地抑制了社会的思想自由。汉代经过改造作为统治思想的儒学,在"天命"这个虚假的前提下编织起礼教的密网,从根本上削弱了人的个体意识和创造精神。直到东汉中期以后,才在多种因素的作用下趋

① 请益生,主要是指在某一领域学有专长的留学生,他们在唐朝停留时间一般较短,只是专门就某些疑难问题前来学习,具有短期进修的性质。

于衰微。而曹操的执政，又加速了这一过程。他为政求实效，思想通脱，对儒家那一套迂腐的德行学问、僵死的礼仪制度根本看不起，因而促使社会能够容纳各种非正统的思想。在曹操征求人才的令文中，甚至公然要求推举“不仁不孝”而有治国用兵之术的人，这对儒家思想无疑是沉重的打击。在此情况下，老庄哲学以一种新的面貌兴起。对儒学感到厌倦的士人，利用老庄哲学标榜“自然”和“无为而治”等基本特色，将它改造发展为新的思想工具，借以摆脱传统力量的束缚。

石峻、方立天在《论魏晋时代佛学和玄学的异同》（载《哲学研究》1980 年第 10 期）一文中指出，魏晋玄学产生的原因，可以从两方面考察：首先，社会经济、政治原因。魏晋时代是继东汉之后的曹氏（魏）和司马氏（晋）王朝，在这期间原来胚胎于东汉的门阀士族制度进一步定型了，历史进入门阀士族地主专政的年代。为了维护门阀士族的种种特权和经济利益，巩固封建统治，总结汉代统治思想——儒家礼法“名教”的得失利弊和经验教训，重新寻找和建立新的统治思想，成为统治阶级思想家面临的首要的中心课题。儒家的礼法思想在汉代现实生活中弊端丛生，不仅受到农民起义的武器批判和强烈冲击，而且受到进步思想家的尖锐揭露和猛烈抨击，以致威严扫地。其次，思想渊源方面的原因。魏晋玄学是在适应统治阶级需要的基础上，对汉代经学的继承、改造，同时也是批判地吸取道家的思想，尤其是天道无为的观点，把儒道结合起来，又以道为主，用以解释、论述儒家思想的一种新的统治思想。

曹文柱在《略论魏晋南北朝时期文化结构的更新》（载《史学集刊》2001 年第 2 期）一文中指出，作为宗教，佛、道两教虽然具有使人们排遣精神苦闷、消弭死亡恐惧的作用，但是在遇到如何规范现实世界的社会秩序和处理具体社会问题时，则又不能与儒学抗衡了。儒学的尊君、礼制等级和忠孝思想有助于维护君主的权威，其德治教化学说更是君主政治的修饰和补充。总之，儒学在理论上为解决国家形式、社会秩序、统治阶级内部权力占有与分配乃至民族关系等问题，提供了最系统的思路，并在实践上积累了丰富的经验。儒学重入世，强调治国安邦、建功立业，倡导个人对社会的责任感。这种积极向上、不断进取的文化精神，是佛、道两种宗教文化所不具备的。随着社会的不断稳定和统一趋势的形成，这种精神日益显得不可或缺。正因如此，儒学虽然式微，但仍能够生生不息，并在十六国北朝时学术地位不断上升。

赵文润在《略谈隋唐文化的渊源与特点》（载《历史教学》1998 年第 7 期）一文中指出，隋唐文化的渊源主要有三个：第一，继承和发展了秦汉魏晋南北朝时期的文化，特别是继承并发展了西魏北周和南朝梁、陈文化。第二，隋唐文化是各民族文化融合的产物，是中原文化吸收周边各族文化的精华并发扬光大的结果。第三，隋唐文化吸收了外来文化。主要指以西域为桥梁，以丝绸之路为要道的西方和印度等地区的文化，不断地传入中原。概括地说，隋唐文化的产生，既顺应了时代潮流的发展，又植根于当时特定的历史条件。在隋唐经济发展、疆域辽阔、交通便利、丝路畅通的环境中，在隋炀帝、唐太宗、武则天、唐玄宗等统治者兴办学校、提倡科举、鼓励作诗、奖掖撰史的文化氛围中，勤奋的隋唐人，继承和发展了秦汉魏晋南北朝时期的文化，吸收和融合周边各民族文化和外来文化的精华，因而超越了前人，创造出辉煌绚丽的隋唐文化。

隋唐时期文化创新离不开人文化素质的提高。勾利军、汪润元在《隋唐人文化素质高度发展的原因》（载《河南师范大学学报（哲学社会科学版）》1992 年第 4 期）一文中指出，隋唐人文化素质高度发展的社会背景，主要有五个方面：第一，人口素质是社会生产力的要素之一，人的文化素质，对于社会生产力中的科学、技术、生产工具的发展和进步，起着举足轻重的作用。一个社会的人口文化素质越高，社会的科学、技术就越发达，生产工具的变革就越迅速；而新的生产工具和科学技术，又对社会人口的文化素质规定了起码的标准，并不断提出更高的要求。第二，隋唐文化涵容百川、吞吐万象，集秦汉之雄伟博大，魏晋之飘逸潇洒，天竺之超脱思辨，诸胡之自由强悍，可谓天高海阔，气象万千。如此宽博的文化氛围，给隋唐人的想象力和创造力提供了一个任意发挥、自由驰骋的天地。第三，统治者对文化事业的尊崇和奖掖，为人才的脱颖而出提供了有利的条件。隋唐时期，上则以“野无遗贤”为标榜，求贤若渴，下则以文章诗赋相砥砺，孜孜求进，上行下效，蔚然风行，从而启源畅流，遂成隋唐一代，举国兴文，人才辈出的兴盛局面。第四，隋唐时期，由于统治者重视文化教育，各级教育机构遍布全国，从高水平的京学到各地的郡学、县学，更多的是棋布各地的私学，它们共同构成隋唐文教事业兴旺发达的繁盛局面，使人口文化素质得以大幅度提高，各类人才大量涌现。第五，滥觞于隋而确立于唐的科举制度，对于人口的文化素质的提高，还有更为深刻的意义。它造就了一种依靠自己苦读，去求得显官厚禄的价值取向，造就了一种万众向学的文化氛围，这对全民族文化素质的提高与发展，起着不可低估的促进与推动作用。

中西方文化交流对隋唐文化创新起到促进作用。陈振旺在《莫高窟隋唐图案的历史演变和文化交流》（载《深圳大学学报（人文社会科学版）》2015 年第 6 期）一文中指出，敦煌图案因佛教的传播而产生，与佛教文化有着密切的关系；此外，中西方商业往来，促成了以物为传播载体的图案装饰艺术形式也得到极大发展；西方图案的流入对于中国图案艺术的发展起着不可忽视的作用。世界上四个文化体系（中国、印度、希腊、伊斯兰）汇流的地方只有一个，那就是中国的敦煌。敦煌是古丝绸之路的咽喉，也是中西文化交流的主通道，这决定了其文化面貌上的复杂性。其以本土文化为本，跨越时空交错而成，兼收并蓄西域、印度、波斯和西亚诸国的艺术营养，体现了博大、包容的文化品格，具有不同时期不同风貌这一特有的敦煌艺术特征，精彩纷呈，隽永含蓄，意境深远。敦煌艺术在这一千多年的变迁中体现了一种涵盖四宇、海纳百川的包容精神，它是世界艺术的第一次大交融和民族艺术的世界性蕴涵的见证。

（二）三国至隋唐时期文化创新的成就

三教并行局面的出现，结束了汉武帝以来儒家独尊的地位。张荣明在《魏晋南北朝时期的思想格局和发展趋势》（载《史学月刊》2010 年第 10 期）一文中指出，魏晋南朝思想的基本状况为：儒教、道教、佛教三种不同性质的思想并存，彼此之间既相互矛盾冲突，也相互妥协交融。儒教是以传统儒家思想为主体的官方政治学说和社会意识形态，故当时的人们又称之为“名教”。名教的基本特点是秉承三纲五常，反映在政治实践中，尤其重视君臣父子秩序和忠孝道德。道教是以生命神学为本质特征的中国本土宗教，是中国本土自发产生、以生命为根本旨趣、去政治化的个人信仰体系。佛教是以生命神学为本质特征的外来宗教。佛教的精髓是相信灵魂不灭并主张生命修行，抛弃世俗社会。十六国北朝思想的基本状况是，少数民族文化与汉族文化并存，呈现出错综复杂的特征。

玄风影响下，士人个性的解放，对个人价值的追求和思想相对自由的现状促进了魏晋时期文化的新发展。章培恒、骆玉明在《中国文学史》上卷(292—293页、295页、306页，上海：复旦大学出版社，2004)一书中指出，魏晋南北朝这一股背弃儒教、提倡老庄所谓“自然”哲学的社会思潮，其根本性的内涵即是对个性价值的重视。在“任自然”这个名目下，他们所要得到的是更大的精神自由，是个人选择其生活方式的权利。他们不愿把个人看作是社会的附属品，不愿把依附于封建国家视为个人必然的义务，而强调个人的独立人格和自由意志，要求社会对此给予尊重。正是社会思想和学术文化的相对自由及多样化，尤其是对于个体价值的重视，有力地促进了魏晋南北朝时期艺术(指广义上的)的发展。文学、音乐、舞蹈、绘画、雕塑、书法乃至园林建筑等，在这一时期都发生了重大的变化。尤其是魏晋南北朝时期的文学，这是中国文学史上第一个具有文学的自觉意识、在各方面富于创新精神的时代。它为后代的文学确立了一些重要的原则，开辟了各种新的道路，提供了多样的发展可能性。没有这么一个基础，唐代文学——尤其是唐诗的进一步繁荣是不可想象的。

魏晋时期的文化创新促进了文化在各个层面的融合。曹文柱在《略论魏晋南北朝时期文化结构的更新》(载《史学集刊》2001年第2期)一文中指出，魏晋南北朝时期，文化结构变化的轨迹大体是沿着三条脉络进行的：主导文化从儒学式微转变为三教并立；胡、汉两种文化从隔膜冲突渐进到兼容杂糅；地域文化从中原一脉发展成南北分明。南北朝时期，无论在南方，还是在北方，儒、佛、道三家都通过竞争，不相上下，互为补充，形成一种并存的局面。只是南朝佛在先，北朝儒为首，三家的排序略有不同而已。以汉文化为代表的农耕文化和以胡文化为代表的草原游牧文化，是差异性很大的两种文化体系。先后入主中原的北方和西北各少数民族，虽然与汉民族有接触时间长短、程度深浅的不同，但因受生产方式和生活习惯的限制，从总体上看与汉文化还是有相当隔膜感的。不过，民族间文化的融汇合流总是双向的。在汉人同化胡人的同时，也受到了胡文化的熏陶。胡文化的精华，从最深的心理文化到制度文化以及表层的物质文化，几乎在汉文化各层面都有积淀。南北学风的差异在各个文化领域都有体现。北方佛教流行的是以修福事功又简便易行的禅宗、律学和净土等宗派。南方佛教则重视般若和涅槃类阐述佛理的经典，这是佛教徒适应南方社会特点有意识与玄学互为渗透的结果。此外，在文学艺术等方面，南方多表现出创新求异的文化精神，陶渊明的诗，王羲之的字，都充满了清丽柔美、空灵飘逸之气，与豪放悲凉的北方诗，质朴遒劲的魏碑绝不相似。

冯天瑜在《乱世裂变——魏晋南北朝文化刍议》(载《中国文化研究》1994年第4期)一文中指出，魏晋南北朝四百年间，是继春秋战国以后又一次更大规模的民族迁移和民族交融高潮，胡文化与汉文化长时间交会，在冲突中走向交融。胡文化汉化是多方面的，它不仅表现在政权结构专制化，经济方式农业化，观念意识儒学化，而且表现在昔日的胡人转而以“汉人”的姿态去对待其他胡族。胡文化虽受容于汉文化系统，但是这种加入绝非机械组合。在进入汉文化轨道的过程中，胡文化也以其固有特质对汉文化系统加以冲击、改造。蛮野但充满生气的北族精神，给高雅温文却因束缚于礼教而冷淡僵硬的汉文化带来新鲜空气。随着诸多民族整合为新汉族的进程日益深化，汉胡交会的效应逐渐显示，终于推出璀璨的隋唐文化。

赵文润在《论唐文化的胡化倾向》(载《陕西师大学报(哲学社会科学版)》1994年第4期)一文中指出，唐文化具有明显的胡化倾向，原因有四点：第一，唐代皇帝带有鲜卑族的血统，所以他们在处理同周边各族的关系上，能够视华、夷为一家，并推行各民族文化兼容并包的政策。第二，由于唐太宗等皇帝推行民族交融的政策，因而各民族酋长入居长安任职者众多，增加了各级官吏中少数民族的成分，为唐文化的胡化倾向奠定了坚实的基础。第三，唐文化的胡化倾向，是长期以来华夏文化同北方少数民族文化交融的一种必然趋势。第四，从隋唐文化的历史渊源上看，是对魏晋南北朝文化的继承和发展，具有鲜卑化倾向的、西魏北周的长安文化，是它的直接的、主要的渊源之一。

（三）三国至隋唐时期文化创新的影响

晁福林在《中国古代史》上册（402 页，北京：北京师范大学出版社，1998）一书中指出，玄学发展到西晋，已经成为一种时髦的谈资。许多士族中人其实不懂玄学为何物，不过手执麈尾，口中雌黄，附庸风雅而已。史书记载王衍既有盛才，又有美貌，加之声名狼藉，为当世人所注目。擅长玄言，只以谈《老》《庄》为事。常常拿着玉柄麈尾，手与玉柄同色。对《老》《庄》中他认为不妥的义理，随口加以更改，世人号称“口中雌黄”。王衍屡次居显要官职，后进之士，莫不仰慕仿效。被推荐登朝入仕的，第一个被称道的就是王衍。矜持清高，虚浮荒诞，遂成为一代风气。士人中的卑下者，更以无耻为放达，以肉麻为有趣，乃至脱衣服，漏丑恶，偷酒喝，挑逗女人，行同禽兽。难怪在西晋灭亡后，人们谴责玄学清谈误国！

魏晋思想文化对儒学的发展有重要推动作用，也奠定了人的理性自觉的基础。田文棠在《论魏晋思想的文化意义》（载《中国文化研究》1997 年第 1 期）一文中认为，从文化生成的角度来看，魏晋思想对中国传统文化的形成和发展具有极为重要的价值与意义。这主要是因为在特定的历史条件下，由于魏晋三大主流思想（即魏晋名理学、玄理学、佛理学）的相继肇兴，遂使中国传统文化原有的发展轨迹，无论是在文化格局方面，还是在文化基础或文化精神方面都发生了新的转换，出现了一些新的文化因素。一是文化格局的转换。魏晋时期，由于儒学日益衰落，道家、佛家又先后崛起，遂使两汉时期形成的儒术独尊的旧的文化格局被彻底打破，代之以援道入儒，佛玄双流，乃至儒释道三家相互融摄、协调发展的新的文化格局，从而成为隋唐和隋唐以后中国传统文化发展演变的基本趋势。二是文化基础的转换。哲学作为时代精神的精华必然会把特定历史条件下凝聚在传统文化中的最有意义的东西，升华为系统化的理论形态，然后再以这种系统化的理论形态作为总体的文化发展的指导思想和理论基础。从两汉到魏晋时期，作为文化基础的哲学思想，无论在哲学主题、哲学方法或哲学范畴方面都发生了一些新的变化，出现了新的转换。三是文化精神的转换。首先是人的价值的自觉。对人的才能的自觉则是魏晋时期人文精神的一重要特征。人的理性的自觉是魏晋人文精神的又一显著特征。魏晋时期的理性自觉，还表现在当时的整个社会舆论已经有了新的变化，不再完全以儒家传统的所谓德行节操去品评人物，而是以符合理性精神的概念作为评论的标准，如“颖悟”“远识”“器量”“宏放”等，已把两汉时期品藻人物所推崇的“明经笃行”“孝悌力田”等伦理道德标准置之而不顾。这说明魏晋时代的理性精神已经渗透和贯彻到各个方面。同时，也反映了整个社会意识形态领域从重“天”的观念到重“人”的观念、从重人的自觉到重理性自觉的时代性的大转变。这种转变的深刻意义在于说明中国传统文化的人文精神已经升华到一个新的高度和新的起点。

魏晋文化也影响到了士人对现世生活的态度。孔定芳在《论东晋南朝文化精神对儒家理想的叛离——兼论东晋南朝的文化特色》(载《华中师范大学学报(哲学社会科学版)》1992年第1期)一文中指出,轻事功的价值取向、重个体的人生理想、慕适意自足的生活情趣、皈依佛门、遁迹林涧的幻灭意识,构成东晋南朝文化精神的总体风貌,有以下表现:一是游离于政治,慕尚隐逸。二是游离于现世、遁入空门。三是游离于礼法,注重性情。四是游离于国家,推崇个体。东晋南朝文化精神对"修身齐家治国平天下"的儒家理想的背离,虽然导致了国家的渐趋解体,其浮华靡丽之风无疑有其弊端,但它对于儒学独尊的大胆冲决,对于个体价值的执着追求,对于文学艺术的推陈出新,为当时及后世文化思想系统输入了一股新鲜活力。

魏晋文化还对日本产生了深远影响。川本芳昭在《中华的崩溃与扩大:魏晋南北朝》(余晓潮译,303—304、319页,桂林:广西师范大学出版社,2014)一书中指出,五胡、北朝、隋唐与古代日本可以说是具有以下共同侧面的国家群:它们都是以秦汉帝国为母胎,以接受其册封的形式在魏晋南朝的体系中成长,并在突破这一体系的过程中逐渐崛起。川本芳昭还指出,日本人在此后更晚近的安土桃山时期,使用"南蛮"(原本对居住在中华世界南方的野蛮人的称呼)称呼来到日本的葡萄牙人和西班牙人。江户时期末年驱逐外来的外国人时还打出了"尊皇攘夷"的口号。从这种认识世界的观念中,可以看出受古代中国国家制度的影响而形成的思维方法,如何经过长时间的跨度仍持续对日本产生深远影响。

教学设计

设计一:从王羲之父子仕途经历看魏晋九品中正制

【设计意图】

魏晋南北朝时期是门阀政治高度发展时期,专制皇权受到极大冲击,新的政策、制度在门阀士族和专制皇权两大力量的角逐中产生,又反过来对两大力量的角逐产生影响。本教学设计通过王羲之父子的仕途经历引入九品中正制的概念,在引导学生分析九品中正制的创立背景、与门阀士族的关系等内容的基础上,探讨九品中正制在巩固专制皇权方面的作用,使学生理解九品中正制创设的主观目的与客观效果之间存在较大差异,进而让学生认识魏晋时期政治制度方面的成就与创新。通过提供史料,创设情境,让学生充分交流思考,培养学生的主动探究意识。

【设计方案】

教师讲述: 王羲之出自东晋王氏望族,《晋书》中有一段关于他次子王凝之的记载。

材料一 次凝之,亦工草隶,仕历江州刺史、左将军、会稽内史。王氏世事张氏五斗米道,凝之弥笃。孙恩之攻会稽,僚佐请为之备。凝之不从,方入靖室请祷,出语诸将佐曰:"吾已请大道,许鬼兵相助,贼自破矣。"既不设备,遂为孙恩所害。

——(唐)房玄龄等撰:《晋书》卷八十《王凝之传》,北京:中华书局,2000年,1399页

教师设问：从材料看，王凝之是一个什么样的人？（参考答案：善书法，信鬼神，没有军事指挥才能）

教师讲述：为什么这样一个不善打仗的人却被委以重任呢？他是凭借什么取得这样的官职的呢？这就必须要提到魏晋时期的选官制度——九品中正制。

材料二 九品中正制亦称九品官人法，其主要内容是，由朝廷任命的大、小中正官到所负责的地区去主持人物品评，并按一定的标准将人物分为上上、上中、上下、中上、中中、中下、下上、下中、下下九个品级，上报吏部，然后由吏部依照人物品级的状况，授以相应的职务。

——张叔宁：《士族门阀政治与九品中正制》，载《南京理工大学学报（社会科学版）》2001年第3期

材料三 （庾）亮临薨，上疏称羲之清贵有鉴裁。迁宁远将军、江州刺史。

——（唐）房玄龄等撰：《晋书》卷八十《王羲之传》，北京：中华书局，2000年，1393页

材料四 汉末丧乱，魏武始基，军中仓卒，权立九品，盖以论人才优劣，非为世族高卑。

——（南朝梁）沈约撰：《宋书》卷九十四《恩幸传第五十四》，北京：中华书局，2000年，1531页

教师设问：王羲之是如何做上江州刺史之位的？（参考答案：因为王羲之廉洁的作风、果断的政治才能，因此被庾亮向朝廷推荐）作为一种选官制度，九品中正制由谁按什么标准去选拔人才？（参考答案：由朝廷任命的大、小中正官按"人才优劣"选拔）

教师讲述：官员选举与考核制度历来是统治者为维护和巩固统治所采取的重要手段。中国古代选官制度经历了三个阶段：世官制、察举制、科举制。虽然各自遴选的标准不同，但究其实质有内在的传承性，后一种制度往往是对前一种制度的批判继承。曹魏为何要设立新的选官制度——九品中正制？九品中正制又是如何为统治者服务的？

材料五 东汉后期以来选拔人才的标准主要是德才，尤其重德，且以"孝廉"之德为上，然世道颓废，"重德"竟最终演成虚伪的与无用的道德行为，名士们都"刻情修容，依倚道艺，以就其身价"①。根本无法选举到统治者所需要的人才，这对皇权政治有害无益。特别是虚伪的德才标准也与现实的社会政治要求不相符。

——陈金凤、方潜龙：《魏晋南朝九品中正制与皇权政治》，载《临沂师范学院学报》2006年第1期

材料六 正是由于士族力量的强大，曹氏若想公然取汉室而代之，就不得不对士族妥协，作出让步。延康元年（公元220年），曹丕终于接受了陈群的建议，同意实行九品中正制，意在给士族以政治上的特权，来换取士族对自己登上皇帝宝座的同意和支持。

——张叔宁：《士族门阀政治与九品中正制》，载《南京理工大学学报（社会科学版）》2001年第3期

教师设问：曹魏为什么要改两汉以来的察举制为九品中正制？（参考答案：察举制的弊端，以道德行为为选拔标准，很难选拔出有真才实学的人；为了缓和中央政府与世家大族的矛盾，以求得世家大族对曹丕代汉称帝的支持）

---

① （南朝宋）范晔撰：《后汉书》卷八十二上《方术列传第七十二上》，1839页，北京：中华书局，2000。

在学生分析材料的基础上教师讲述：察举制选拔人才的标准主要是德才，到东汉，尤其重德，以“孝”“廉”之德为上。但随着世道颓废，“重德”结果逐渐演变为世人追逐虚伪无用的道德行为，根本无法选举到统治者所需要的人才。而操纵人才选拔的名士逐渐形成一支强大的政治势力，他们口中的褒贬往往起着决定性作用。名士在一定意义上是世家大族的代言人，因此世家大族几乎垄断了人才的评定及官吏的选拔。东汉以来形成的士族集团，犹如一株盘根错节、枝繁叶茂的大树，具有广泛的社会影响和深厚的社会基础。例如，陈群出身颍州望族，他的祖父、父亲和叔父在当时皆负盛名，其本人也是当时的士族首领。由陈群这样家世显赫的人提出实行九品中正制，并由曹丕采纳之，表明了出身寒族的曹氏集团与士族豪门之间的默契与妥协。因此，在九品中正制颁布的当年，曹丕便在士族的簇拥和支持下，废除了汉室，建立了魏国。

材料七　起家秘书郎，征西将军庾亮请为参军，累迁长史。亮临薨，上疏称羲之清贵有鉴裁。迁宁远将军、江州刺史。

——(唐)房玄龄等撰：《晋书》卷八十《王羲之传》，北京：中华书局，2000 年，1393 页

材料八　九品中正制以朝廷选用人材不尽而立，以郡中士人为评核对象，最初不拘出身地位，品评人物时比较注意人才优劣和舆论的褒贬，在相当程度上继承了曹操“唯才是举”的传统。

——胡平：《试论科举对中国古代政治制度的影响》，载《南京大学学报(哲学·人文·社会科学)》1997 年第 1 期

教师设问：推荐王羲之为江州刺史的人是谁？什么身份？(参考答案：征西将军庾亮)材料八反映出九品中正制实行之初选拔人才的标准是什么？(参考答案：不注重家世门第，主要看品行才干，即“人才优劣和舆论褒贬”)

在学生回答的基础上教师讲述：九品中正制创立之初，官员由专门的中正官推荐，中正官的品评主要有三个内容：家世——家庭出身和背景，指父祖辈的资历仕宦情况和爵位高低等；行状——个人品行才能和总评，相当于现在的品德评语；定品——确定品级，原则上依据的是行状，家世只作参考。

材料九　由于九品中正制使荐举之责不再属于中央和地方长官，而由专职举士的中正官负责，这些州郡县的大小中正官大都由世家担任，他们的阶级本性决定了他们在品评人物时不看才德，主要看出身门第，他们甚至根据族谱决定取舍，而对寒门庶族则百般挑剔，拒之门外，以至使官僚队伍里“上品无寒门，下品无势族”①。

——胡平：《试论科举对中国古代政治制度的影响》，载《南京大学学报(哲学·人文·社会科学)》1997 年第 1 期

教师设问：材料九反映出九品中正制选拔人才的标准实际发生了什么样的变化？(参考答案：从以才德为主转变为主要看出身门第)

在学生分析材料的基础上教师介绍：九品中正制问世之初，家世门第是考察、品评人物的主要标准之一，发展到后来，却成为品评人物的唯一标准。豪门士族弟子所关心的并非自

① (唐)房玄龄等撰：《晋书》卷四十五《列传第十五·刘毅传》，839 页，北京：中华书局，2000。

己的德才，而是自己的血统。中正选举只重门第，不重才能，致使寒门俊才备受压抑，仕途艰难，所谓选贤任能已完全流为空谈。于是王凝之即便没有实际军事才能也能凭借出身于望族而获得不错的官职。

材料十 从汉末起门阀制度正在滋长，现实的政权基础建立在世家大族所支配的经济结构上面，因此，所有的政治制度必须为其服务。九品中正创立时尽管有将选举权收归中央的企图，事实上却加重了大族在地方上的威权，从而巩固了门阀的统治。

——唐长孺：《魏晋南北朝史论丛》，石家庄：河北教育出版社，2000 年，113—114 页

教师设问：九品中正制以门第为选拔标准对魏晋政治产生了什么影响？（参考答案：九品中正制成为巩固门阀士族政治的工具）

教师引导学生总结：在东汉以来的世族地主向门阀士族地主转化的历史过程中，九品中正制成为加速实现这一历史性转变的重要杠杆和催化剂。西晋时期，中正官几乎全部被盘踞朝廷的士族官僚所攫取。士族为了维护自己的政治、经济特权，借助九品中正制保证其整个阶层垄断仕途。九品中正制沦为扩大士族势力、巩固门阀制度的工具。

九品中正制作为选官制度从考察方式的察举制向考试方式的科举制过渡的重要阶段，延续了察举制对士人品行的考察评判方式，是魏晋时代特殊、具体的历史环境所造就的。从九品中正制实施的结果来看，士族垄断了官员选举和考核的权力，重家世门第之风日盛，为门阀士族制度的确立铺平了道路，不利于皇权政治的巩固和发展。隋唐时期，随着士族力量的衰落和专制皇权的不断加强，九品中正制最终被科举制所取代。

设计二：从魏晋名士的时尚追求看玄学的影响

设计意图

玄学在中国古代思想发展史上处于承前启后的地位：融合了儒、道，借鉴佛教，奠定了隋唐文化繁荣的基础，并促进了宋代理学的形成。同时，它也是一种比较抽象的思想文化，玄学代表人物的各种主张玄而又玄，涉及天人关系、人生境界和治国理念，倘没有一定的人生阅历和社会经验，很难明白。要让刚刚进入高中的学生弄懂，难度极大，更遑论理解这一文化现象及其内涵。怎样才能让学生掌握这个知识点，不仅考验教师的教学艺术和智慧，也是完成本单元学习任务的关键。本设计拟从魏晋名士追求时尚潮流的角度，借助史料阅读，创设历史情境，使学生理解玄学内涵，窥探玄学影响下士人的生活状态和态度，进而分析这股思潮对社会发展的作用，引导学生正确看待玄学这一文化现象。同时通过本设计，培养学生史料运用的能力和史料实证的意识。

设计过程

教师讲述：所谓玄学，就是糅合儒、道而形成的一种新的唯心主义思想体系[①]。儒家主

① 朱绍侯：《中国古代史》中册，108 页，福州：福建人民出版社，1997。

张名教，道家主张自然。所谓名教包括等级制度、伦常秩序以及礼乐教化等，是地主阶级维护统治的根本原则和必不可少的工具①。对于自然，玄学家的理解有很大差别，但他们都认为自然是客观存在的人类社会和自然界，以及其规律和本身具有的属性。玄学的主题就是自然与名教的关系，自然与名教的关系实质上就是天人关系问题，“天就是天道，即宇宙观，人就是社会人事，即讲天道和人事及其相互关系”②。如何处理二者之间的关系，不仅成为当时玄学清谈的热门话题，也是人们身体力行的理论支撑。

一个时代有一个时代的流行时尚。魏晋南北朝时期，动荡混乱的社会现实，令士人对儒家那一套迂腐的礼仪规范、虚伪无用的纲常道德十分反感，开始崇尚道家的“自然”。他们不满足于思想上的靠近，还把道家“道法自然”付诸实践，把叛离儒教、顺性自然作为道德和行为的准则。那时期的名士毁弃礼法，崇尚自身价值，追求个性解放和自我的生活方式，成为一种时尚，士人纷纷仿效，并以此为荣。

材料一 潘岳妙有姿容，好神情。少时挟弹出洛阳道，妇人遇者，莫不连手共萦之。左太冲绝丑，亦复效岳游遨，于是群妪齐共乱唾之，委顿而返。

——（南朝宋）刘义庆原著：《世说新语》，《语文新课标必读丛书》编委会编，西安：西安交通大学出版社，2013 年，118 页

材料二 卫玠③从豫章至下都，人久闻其名，观者如堵墙。玠先有羸疾，体不堪劳，遂成病而死，时人谓“看杀卫玠”。

——（南朝宋）刘义庆原著：《世说新语》，《语文新课标必读丛书》编委会编，西安：西安交通大学出版社，2013 年，120 页

教师设问：从上面两个小故事可以看出当时社会流行什么？（参考答案：崇尚外貌俊美）

教师讲述：潘岳和卫玠是男性，形象绝佳，受到群众膜拜。和我们今天很多人的审美观一样，那也是一个“看脸”的时代。这股潮流影响到整个社会，上到当朝统治者，下到黎民百姓。因为魏晋名士认为，顺从自己的内心，追求容颜俊美，合乎自然天性，正如古人所说“食色，性也”④。追求容颜俊美在“任自然”的旗帜下，顺理成章。《世说新语》记载，曹操要去接见匈奴的使者，他觉得自己外貌丑陋，不能威震远道而来的异国人，就让崔季珪代替他。可见，在那时外貌不仅是形象问题，还关系到个人的才华与国家实力的呈现，不可不重视。这种极度崇尚外貌并提升到如此高度的现象在人类历史上很少见。

那时的士人不仅追求美貌，还酷爱服食丹药，期望能够成仙。

材料三 正是因为看到人生命的可贵，葛洪才特别看重身体的保全。其突出之处，不仅在于他重养生、求身全，更在于他将对人的生命关怀落到了实处，他在《抱朴子内篇》中提出各种养生之道，指导人们保养身体，保持健康，延续生命，为人们提供了具体可行的养生建议。

——袁济喜、杨康：《从葛洪〈抱朴子〉看魏晋士人的个体价值观》，载《中国高校社会科学》2016 年第 3 期

---

① 于占涛：《魏晋南北朝哲学》，17 页，沈阳：辽海出版社，2014。

② 于占涛：《魏晋南北朝哲学》，2 页，沈阳：辽海出版社，2014。

③ 晋朝玄学家、清谈名士，官员，中国古代四大美男之一，体弱多病。

④ 孟子撰：《孟子》，190 页，长沙：岳麓书社，2000。

教师设问：材料三反映了时人怎样的人生追求？（参考答案：注重养生，期望长生不老）

教师讲述：魏晋时期战乱不断，社会动荡不安。百姓朝不保夕，妻离子散是生活的常态，正如曹操在《蒿里行》描述的："白骨露于野，千里无鸡鸣。生民百遗一，念之断人肠。"即使是名士，因各种原因的冲击，生命无常也是常有的事，"天下多故，名士少有全者"[①]。出于对生命本能的渴望和眷恋，他们追求道家的养生之术、得道成仙之方。这些方法有修心养性、食养[②]、服丹药等，最受当时名士推崇的是服药。这种药名字叫五石散，也叫寒食散，成分主要是"石钟乳，石硫黄，白石英，紫石英，赤石脂；另外怕还配点别样的药"[③]。此药有一定的毒性，需要有其他辅助手段，非富贵之家无力承担，因而当时士人纷纷仿效，争相服用，"我们今天讲的'散步'这个词，就是那时创造的。因为吃了寒食散之后全身发热，要满地走把这个热散掉，散步就是这么来的"[④]。可见，魏晋名士所谓的顺应自然、无为无求，也只是一种故作清高的标榜，他们对生命本身的渴望就是想要有所为的信号。不过，在那个动荡的时代，齐家治国平天下的理想遥远而危险，以得道成仙掩饰对现实的失望与痛苦更加安全一点。

材料四 刘伶恒纵酒放达，或脱衣裸形在屋中，人见讥之。伶曰："我以天地为栋宇，屋室为裈衣，诸君何为入我裈中！"

——（南朝宋）刘义庆原著：《世说新语》，《语文新课标必读丛书》编委会编，西安：西安交通大学出版社，2013年，158页

材料五 汉、魏之际，天下大乱，乘时趋势者，不以道义为重。旷达之士，目击衰乱，不甘隐避，则托为放逸，而何晏、王弼等，遂开清谈之风。晋室之兴，世乱未已，向秀之徒，益尚玄风。名士达官，翕然倾响，不治世务，祖尚浮虚，故论者谓五胡之乱，由于清谈焉。

——柳诒徵：《中国文化史》，长春：吉林人民出版社，2013年，442—444页

教师设问：材料四、材料五反映了魏晋名士的什么嗜好？（参考答案：追求放纵不羁的行为和高谈阔论的清谈）

教师讲述：以刘伶为缩影的名士摒弃礼法的行为，即使在今天的人们看来，仍然令人侧目。魏晋名士的性格不可谓不张扬，行为不可谓不放纵。《世说新语》记载了很多魏晋名人的逸闻趣事，其中有些是关于他们反抗名教，展示个性的故事，是时人相互交流的谈资。清谈是当时士人的另一项爱好，"表现出东汉末年一路下来的清谈这一个特点。所谓佳事佳话，也都是清谈成分占得多"[⑤]。他们清谈的内容并不是"穷则独善其身，达则兼善天下"[⑥]的儒家抱负，而是因时势影响，感伤于报国无门、进阶无道的悲苦与无尽的失落，还有在现实重压之下的虚无之感。玄学被当成一件可以遮风避雨的外衣，成为他们逃避现实的慰藉。可见，魏晋名士清谈的内容既不清静，也不清澈，反而掺杂了对现实的种种怨念，不仅于事无补，反而助长不良习气，后人评论这是清谈误国。

魏晋名士如此背弃礼法，背离名教，并不是他们的思想已经玄学化了，或者已经是道家

---

① （唐）房玄龄等撰：《晋书》，1360页，北京：中华书局，1974。

② 即饮食养生。

③ 鲁迅：《鲁迅杂文精选》，《语文新课标必读丛书》编委会编，121页，西安：西安交通大学出版社，2013。

④ 金观涛、刘青峰：《中国思想史十讲》上卷，132页，北京：法律出版社，2015。

⑤ 钱穆：《中国史学名著》，122页，北京：生活·读书·新知三联书店，2001。

⑥ 孟子撰：《孟子》，227页，长沙：岳麓书社，2000。

思想占主导了，他们在骨子里仍然是一名儒士。“儒家伦理道德在长期封建社会中根深蒂固，成为统治的思想。封建士大夫始终维护名教，恪守礼法，不得违反清议①，成为他们思想信仰的主流。”②魏晋名士只是故作放达，其实是掩饰他们对现实的痛苦无奈。还是鲁迅总结得最好：“因为他们生于乱世，不得已，才有这样的行为，并非他们的本态。但又于此可见魏晋的破坏礼教者，实在是相信礼教到固执之极的。”③

教师设问：可是他们为何非要以这种与自己内心相反、叛逆的面目出现呢？

教师引导学生总结：在魏晋那个黑暗动荡的时代，士人政治前途渺茫，身家性命经常面临着未知的危险，有时连说话的声息都要进行调整才能避祸，在此情形下若要他们吐露真实的心声，无异于飞蛾扑火。于是，他们只好采取消极抵抗、貌似不作为的策略，委曲求全；以堕落放纵和对外在物质的追求淡化惨淡的现实；以任性和对绝对自我的追求充实空虚的灵魂，以虚无缥缈的成仙之道消解生命的无常。因而他们需要一种理论为自己的需要提供支持，玄学便在这种社会环境下应运而生。

设计三：一千年前的友好之船——遣唐使

设计意图

中国和日本是一衣带水的近邻，两国之间有着两千多年友好往来的历史。唐代中日友好往来和文化交流达到了高潮，日本陆续不断地派出遣唐使来到中国，吸收先进的政治、经济和文化成果。本设计以日本派遣遣唐使来华为切入点，通过史料的深入挖掘，引导学生探究日本派遣遣唐使来华学习的原因及废止的原因，并认识到遣唐使的派遣对于中日两国的历史发展都产生着深远的影响。

教师讲述：2004年8月在陕西西安的一个建筑工地发现了一块墓志——井真成墓志，这是目前为止发现的唯一一块日本遣唐使墓志。井真成墓志的发现，再次把遣唐使的研究推向高潮，中日学者围绕井真成的身份与经历、墓志内容及残缺字等方面进行多次的交流与讨论。为什么一块遣唐使墓志会引起中外学者极大的兴趣？日本为什么要派遣遣唐使呢？

材料一　这时（从唐高祖到唐玄宗天宝年间）的唐帝国可从三方面来概括，即强盛、文明、开放。由于具备了这三方面，使她成为东亚文明的中心，并像一个强大的光源，不断地向四周放射着巨大的能量。正是她的文明之光，吸引了追求文明的日本。

——武安隆：《遣唐使》，哈尔滨：黑龙江人民出版社，1985年，3页

材料二　……日本的前期遣唐使，是在东亚诸国错综复杂的形势下派遣的。这一期间（630—659年）的四次遣唐使的使命，是服从于当时日本对唐的双重外交政策的，即从国内的改革，建立中央集权政治体制需要出发，必须与唐保持国交关系，直接从唐输入先进的文物制度；从建立“倭本制”地域册封体制的外交利益出发，又必须站在唐的对立面，维护自己

---

① 清议是东汉以来乡里中形成的关于某个人的舆论。魏晋南北朝时期实行九品中正制，中正根据乡论清议，以品评升降人才，再由吏部录用。清议的核心内容大都以儒家道德伦理作为衡量人物行为的标准，而孝道尤其受到特别的重视。

② 周一良：《魏晋南北朝史十二讲》，54页，北京：中华书局，2016。

③ 鲁迅：《鲁迅杂文精选》，《语文新课标必读丛书》编委会编，127页，西安：西安交通大学出版社，2013。

在南部半岛的利益。

——王金林：《遣唐使的使命》，载《日本研究》1998 年第 3 期

教师设问：日本为什么要派遣遣唐使？（参考答案：强盛唐帝国的吸引；日本推进改革强化中央集权的需要；维护日本外交利益的考虑）

教师讲述：唐朝中前期社会稳定、经济繁荣、文化昌盛、对外交流频繁。在当时世界上具有重要地位，对周边各国产生了强烈的吸引力，日本派遣遣唐使就是在这种形势下开始的。另外，日本直接从唐朝吸取建立中央集权体制的种种经验，以便日本推进大化改新的诸项措施。日本正是基于以上原因，在公元 7 世纪至 9 世纪先后 19 次派遣遣唐使来到中国。

材料三 ……大化改新中颁布的班田制、租庸调制系模仿唐代的均田和租庸调制度而制定的。此后，日本又模仿唐律编成《大宝律令》《养老律令》等法典，模仿唐代官制设立二官、八省、一台的中央官制和国、郡、里的地方行政制度，军事上仿唐代府兵制设五卫府。

——张岂之主编：《中国历史·隋唐辽宋金卷》，北京：高等教育出版社，2001 年，144 页

材料四 继汉字和儒家经典的传入，佛教在 6 世纪也经由百济传入日本。……日本的乐舞、书法、绘画、工艺制作、都城规划、医药、服饰等方面均受到唐文化的巨大影响。

——张岂之主编：《中国历史·隋唐辽宋金卷》，北京：高等教育出版社，2001 年，145 页

教师设问：日本派遣遣唐使对日本社会产生了哪些影响？（参考答案：从政治、经济、文化、生活等方面推动日本社会的进步和发展）

教师讲述：遣唐使在唐朝的各种活动，在古代中日关系中起着十分重要的作用，是古代中日关系的桥梁和纽带。遣唐使不仅将居于优势地位的唐文化带回了日本，同时也将日本古代文化的某些优秀的东西带到了唐朝，可以说这种作用是双向的。遣唐使的影响远远不止于在中日之间开展的官方交流，也大大超出了中日两国的范畴，还开启了中日之间的民间往来，也对整个东亚的局势产生广泛而深远的影响。然而影响深远的遣唐使最终被废止了。

材料五 ……唐朝的衰颓削弱了日本的学习热情，故而终止了遣唐使的派发。“安史之乱”后，大唐帝国由盛而衰，留唐日人向日本国内报告了唐王朝中央集权体制涣散、经济衰退、文化受到严重摧残以及社会发展停滞不前的状况。

——孙玉巧：《遣唐使制度废止原因试析》，载《咸宁学院学报》2003 年第 2 期

材料六 ……日本为派遣遣唐使所付出的代价也是相当大的，由于航海技术的限制，人员伤亡不断，所以这种违背客观规律的制度注定是不能够持久的。……另外从文化的吸收消化来看，多年遣唐使的派遣，已经使得国内充斥着来自唐朝的各种各样的文化景致，进行吸收和消化也需要一个漫长的过程。

——霍耀林：《再论遣唐使废止原因》，载《宜春学院学报》2010 年第 1 期

教师设问：日本废止遣唐使的原因有哪些？（参考答案：唐朝后期国事颓废；派遣遣唐使风险大；学习的唐文化需要时间消化吸收）

教师引导学生总结：遣唐使的废止是有深刻的政治、经济、文化根源的，是内外几方面的原因共同作用的结果。遣唐使的废止并非意味着中日友好往来和文化交流的结束，而是民间交流逐渐代替了官方往来，两国的友好往来和文化交流不但没有受到影响，反而更趋深

入和全面。在唐代,遣唐使成为了架起中日交往的桥梁,对于两国的历史都产生了深远的影响。它有力地启示两国的后来人:和平共处和积极交往将为两国发展带来共同的利益。

教学资源

资源 1:魏晋时期商品经济的发展

综上所述,魏晋南北朝时期,确实出现过商品经济和传统市场萎缩的时段和地域,但主要是在北方,主要是三次大战乱造成的。内迁诸少数民族入主中原,将其落后的生产方式带入,既是后两次战乱的社会原因,也巨大地冲击了商品经济和传统市场。但是他们在汉族先进文明的影响下,一个个相继汉化了,尽管复杂曲折,到魏孝文帝改革时,毕竟恢复了小农经济的天下。以一家一户为生产单位的小农经济无疑十分脆弱,却又具有其生产较易恢复难于发展的特点,只要社会相当安定,他们有地可种,基本上不误农时,赋役大体承受得起,其经济便具备了恢复的可能。在有可能从事生产的时候,他们并没有放弃两汉以来的精耕细作的优良传统,农业生产并没有出现历史性的大倒退,而农业生产力的略许提高,又为其恢复提供了有利的条件。

小农为了维持其再生产和基本生活,必然和市场有着各种各样的联系,哪怕其中经济条件最差的租佃农民也是如此,长沙走马楼出土的吴国嘉禾年间租佃木简,为此提供了具有强大说服力的证据。本时期确实存在着地主用庄园经济模式配置其土地和劳动力的事实,但更多、更大量的是继承并发展了两汉以来的租佃模式,租佃关系仍占主导地位。和两汉相比,封建社会中起决定性作用的产业部门,也即农业领域,在经济结构上没有什么大的差异。退一步讲,即便是庄园经济,也和市场有着这样那样的联系,他们不断地将自己生产的或剥削、掠夺来的产品投向市场,进行交换。"闭门而为生之具以足,但家无盐进耳"①,在实际社会生活中是做不到的。

——蒋福亚:《魏晋南北朝时期的商品经济和传统市场》,载《中国经济史研究》2001 年第 3 期

资源 2:魏晋南北朝时期农业生产的恢复

汉末乱局爆发后,昔日人口最稠密、农业最兴盛的区域,多数夷为荒棘。自曹操专政之初,因农民流散,军民无食,遂广兴屯垦,贷与流民大量农具与耕牛,农事开发广及甘肃的荒地和盐地。蜀以长江上游的四川盆地为根本,农业垦殖日益进步。吴则据有长江中下游广大地盘,其农业区域经有计划的开拓,成就极为不凡。西晋禅代,承曹魏遗产,所存官牛尚有四万五千余头,旋又颁布占田制,推动农业复兴,然而不久政局动荡,内乱频仍,胡变蜂起,晋室被迫南渡,此后即倚江南为立国根本。北人相继南移,同时携来高级栽培技术,南方灌溉、贮水、防洪、运河等水利工程不断修筑,富源也不断地开发,终始江南的经济力量趋于壮盛。待到隋唐大帝国成立后,南方农业便显然驾凌北方,而成为中国经济区域的重心。

——邹纪万:《魏晋南北朝史》,北京:九州出版社,2010 年,189 页

---

① 高潮、甘华鸣:《中国韬略大典》,2803 页,北京:中国国际广播出版社,1997。

资源 3：魏晋南北朝时期商业的发展

综上所述，魏晋南北朝时期是北方经济巨大波动的时期，也是北方商业经历的一个极为艰难曲折的发展时期。但是，尽管有上述种种困难和阻力，生产力的发展仍然不依人们的主观愿望为转移，而是冲破重重障碍，在艰难曲折中继续向前发展。尤其是在北方重归统一和社会比较安定的情况下，随着社会经济的逐步恢复和重新发展，商业也会得到迅速复苏的机会又转趋兴盛，以致出现了破坏——恢复——再破坏——再恢复的循环往复规律。特别值得注意的是，在北方商业经历了“三起三落”的同时，六期时期的商业则随着江南经济持续开发，一直保持着蓬勃发展昂扬向上的勃勃生机，并形成一种持久的历史发展趋势。所以，就整体而言，魏晋南北朝时期处于不同政权、不同地域下的劳动人民在极其艰难的环境中辛勤劳作，共同促进南北方社会经济的开发，不仅为隋唐时期商业的进一步发展与繁荣奠定了基础，而且在中国古代经济发展史上谱写了新的篇章，具有承上启下的重要地位。

——张旭华：《魏晋南北朝时期北方商业的曲折发展》，载《郑州大学学报(哲学社会科学版)》1998 年第 4 期

资源 4：魏晋南北朝时期中国与东南亚地区佛教文化交流的特点

综观魏晋南北朝时期中国与东南亚地区的佛教文化交流的历史，有如下几个显著的特点。其一，这一时期中国与东南亚地区在政治、经济和文化上的交流相互交织，融为一体。其中，佛教文化成为彼此间相互往来交往的重要媒介，往来于南海的佛教僧人充当彼此各国的使节，颂扬佛祖如来、阐述佛教经义成为各自国书中的重要内容，经文、佛像及佛祖遗物的相互赠送，构成了彼此间邦交往来中的一项主要礼仪活动。可以这么说，对佛教的共同尊奉，在某种程度上构成了这一时期中国与东南亚各古王国彼此间频繁往来的重要基础。

其二，魏晋南北朝时期中国与东南亚的佛教文化交流，充分体现出了物质文化与精神文化的交流二者并行不悖、相辅相成的密切关系。随着魏晋南北朝时期东南海上对外交通的发展，许多西域及南海的僧人也纷纷搭乘商舶东来译经和布道。商业贸易的兴旺与南海交通的发达，为中外僧人的来往提供了方便。无论是东晋高僧法显的东归、西域高僧求那跋摩的东来，抑或取道南海而来的天竺僧侣以及扶南等南海诸国的沙门硕学的来华，无不藉由频繁往来于中国与南海诸国之间的商舶。由此可见，众多中外僧人得以往来其间，是与当时社会经济的发展以及中外间海上贸易的发达密切相关的。

其三，佛教为异域宗教，根据自在传译。这一时期取道南海往来于中国与印度的中外僧侣以及南海诸国的僧人所带来的大量佛教典籍与译经活动，极大地促进了佛教在当时中国的传播和推广，对当时中外间佛教文化的交流做出了重大的贡献。例如，曼陀罗自扶南国到建业，大赍梵本，远来贡献，梁武帝敕与僧伽婆罗共译之。尤其是自扶南国而来的西域高僧真谛，赍梵文经论 240 余夹至中国，全译之可有 2 万余卷。自梁武之末至陈宣帝初年，真谛在华 23 年，所出经论记传，将共 300 余卷。其所传为法相唯识之学，与北朝译《地论》诸经，同为中国佛学史上之盛事，为法相唯识之学在隋唐时期的盛行奠定了坚实的理论基础。

——聂德宁：《魏晋南北朝时期中国与东南亚的佛教文化交流》，载《南洋问题研究》2001 年第 2 期

资源 5：日本派遣遣唐使的目的

第一，日本的前期遣唐使，是在东亚诸国错综复杂的形势下派遣的。这一期间(630—659)的四次遣唐使的使命，是服从于当时日本对唐的双重外交政策的，即从国内的改革，建立中央集权政治体制需要出发，必须与唐保持国交关系，直接从唐输入先进的文物制度；从建立“倭本制”地域册封体制的外交利益出发，又必须站在唐的对立面，维护自己在南部半岛的利益。因此，这期间的遣唐使的使命也是双重的，一是直接从唐朝吸取建立中央集权体制的种种经验，以便推进大化改新开始的诸项改革；二是探察唐的军事情报，或与唐协调在朝鲜半岛的政策。

第二，中后期遣唐使的使命，由于国内、国际形势的变化，已与前期大不相同。665—669年间的两次遣使，主要是随着高句丽、百济的灭亡，新罗统一半岛，日本为防止在东亚国际舞台上受到孤立而派遣的，目的是表示同唐朝的亲和。702—752 年间的四次遣唐使，则是唐朝处于极盛时期，日本也已迁都奈良，在唐文化的影响下，奈良文化也达到繁荣期的背景下派遣的。这一时期的遣唐使把广泛、全面地吸收唐文化放在首位，因此，把这一时期的遣唐使喻为文化使节是一点也不过分的。777—838 年间的三次遣唐使是在唐朝发生“安史之乱”后派遣的。随着唐朝的日趋衰落，以及日本自身的建设已从吸收、消化唐文化阶段进入建立国风文化的平安时代，因此，对唐文化的吸引力日渐淡薄。此期间遣唐使的任务，一是劝诱、迎回尚滞留在唐的日本学者、留学生、学问僧；二是祭奠身殁唐朝的日本使节、文人、学者。

——王金林：《遣唐使的使命》，载《日本研究》1998 年第 3 期

资源 6：九品中正制的弊端

九品中正制以朝廷选用人才不尽而立，以郡中士人为评核对象，最初不拘出身地位，品评人物时比较注意人才优劣和舆论的褒贬，在相当程度上继承了曹操“唯才是举”的传统，使中小地主阶级中的贤能之士得以踏上仕途，一定程度上突破了东汉末年世家大族垄断官宦的局面。由于九品中正制是大规模军阀混战结束、三国鼎立局面形成后的产物，有其深刻的内在矛盾，行之不久，便产生了种种弊端，主要是：

1. 世家大族垄断仕途

由于九品中正制使荐举之责不再属中央和地方长官，而由专职举士的中正官负责，这些州郡县的大小中正官大都由世家担任，他们的阶级本性决定了他们在品评人物时不看才德，主要看出身门第，他们甚至根据族谱决定取舍，而对寒门庶族则百般挑剔，拒之门外，以至使官僚队伍里“上品无寒门，下品无势族”①。

2. 中正官徇私舞弊

出身世族的高官被任为中正，集选举评品于一身，他们权大势重，又缺乏约束机制，徇私枉法，贪赃行贿之事层出不穷。《魏书・阳尼传》记载，幽州中正阳尼出任渔阳太守，还未到任就“坐为中正时受乡人财货免官”②。与阳尼同时的并州中正房坚，在举人任官时，居然把

① (唐)房玄龄等撰：《晋书》卷四十五《列传第十五・刘毅传》，839 页，北京：中华书局，2000。

② (北齐)魏收撰：《魏书》卷七十二《列传第六十・阳尼传》，1083 页，北京：中华书局，2000。

自己的儿子也推举出来。像这样的人做中正，很难品评得公正和服人。

3. 扼杀社会进步的机制

豪门世族霸占了中正职官，并垄断了仕途，做官是一小部分人的特权，他们不需作什么努力就可以荣登高位，因此，这些人基本上失去了发奋进取的精神。他们担任"清要"之职，整日高谈阔论，并不处理日常各种政务，大抵都是"居官无官官之事，处事无事事之心"[①]，而那些寒门素族，命定地只能进入下品，不敢对上品有所奢望，根本被剥夺了竞争的权力，自然也就失去了奋发图强的精神，除了牢骚之外，剩下的就是颓废了。正是在这种历史条件下，广大知识分子和一些才智之士，由苦闷而颓废。因此，在魏晋南北朝三百年间很少有政治、军事、文化、学术等方面第一流的人才出现，成为中国封建社会史上人才较贫乏的时代之一，对此，与动荡的南北朝共存的九品中正制难辞其咎。

——胡平：《试论科举对中国古代政治制度的影响》，载《南京大学学报(哲学·人文·社会科学)》1997 年第 1 期

资源 7：科举制的演变

……进士科从创立一开始就不带乡举里选遗风，因而更具发展空间。取士从以推荐为主逐渐转移到以考试为主是一进步的发展趋势，因为举荐从理论上说侧重才德，但实际上却常为地方特权者所垄断和操纵，考试则偏重才能，具有客观的衡量标准。这种取士中心环节的转移，量变终将引起质变。当然，在大业元年初立进士科时，并不是就突然加大了考试的重要性，做到一切以考试成绩决定去取。常科取士中考试与推荐所占比例的轻重消长是一渐进过程，东汉左雄的阳嘉孝廉察举改制、魏晋南北朝秀孝策试、大业元年进士科的设立、唐高宗时进士加试杂文、唐玄宗开元二十四年的科举改革直至北宋推广糊名法、实行誊录制，到一切以程文定去留是科举制度演进的几个步骤或标志。

——刘海峰：《科举制的起源与进士科的起始》，载《历史研究》2000 年第 6 期

资源 8：科举制的作用与影响

科举制最重要的功能，是促成一个不靠出身而以考试入流的官僚阶层取代世袭的封建贵族阶层。

……

官员考选制削弱了世袭性、割据性的封建贵族政治，形成世界上较早的完备的文官制度。

参加科举考试的主要是学校生徒，因而此制带动了学校教育的发展。唐时学校分京师学和州县学，各级学校主要研习儒家经典，此外还学习律令和书法、算学等专门技能。因此，科举制度既是一种选官制度又是一种教育制度，它自隋唐延及明清，发挥重要的社会功能。

科举制度以封闭式考试录取官员，具有公正性和法定性。因不计生员出身，唯才是举，从而较广泛地从社会各阶层拔选人才，扩大政权的统治基础。官员和候补官员基本上都是知识阶层的精英，普遍提高了官僚队伍的人文素质。

---

① (唐)房玄龄等撰：《晋书》卷七十五《列传第四十五·刘惔传》，1324 页，北京：中华书局，2000。

……

自隋朝始兴(隋文帝开皇七年,即公元587年)至晚清诏废(清光绪三十一年,即公元1905年),科举制度实行1318年,其间不独汉族政权如此,辽、金、元、清等少数民族入主中原政权也实行此种制度选拔人才。以科举考试为核心,在学校教育、异地赴任、月给俸禄、致仕退休等方面都形成系统,构造了完备的文官制度,成为中国文化的一大特色。

与郡县制相匹配的,是从贵族世卿制向游仕制的转化,进而形成官僚制度。如果说,周代是“天子—诸侯—卿大夫”分等级次第的世袭封建贵族当政,那么,秦汉以下则是由朝廷任命的非世袭的官僚用权。

——冯天瑜:《科举制度——中国“第五大发明”》,载《山西大学学报(哲学社会科学版)》2014年第1期

资源9:三省六部制的演变与发展

唐初承魏晋南北朝余绪,尚书省位在中书、门下两省之上,尚书仆射更为群相之首,地位尤重。这样的局面维持至贞观年间开始产生变化。太宗一方面有意地减轻,以至架空仆射的职掌,一方面委派亲信重臣主持门下省工作;更又设立政事堂议政制度,从而把入唐后的三省制推向一个更完备的新阶段。

随着贞观末年仆射的悬空及仆射加同三品之衔,重新界定其参加政事堂议政时的地位,乃使政事堂内三省长官并重的新形势得以建立。政事堂本身也因而发挥着平衡三省地位及协调三省工作的效用。旧史家所谓“中书主出命,门下主封驳,尚书主奉行”①的理想三省制,就在这样的条件下操作运转。可是,由于政事堂议政制度的自身运行特点,有利于中书令的地位及重要性上升,至裴炎迁政事堂到中书省后,政事堂内三省长官并重的局面被打破,中书令已居主导地位。

开元初年,出现了中书、门下两省长官兼主行政事务以至政事堂兼管行政事务的新形势。张说奏改政事堂为中书门下,后设五房,分掌庶政,乃是将已有的三省关系及政事堂内外新局面,正式确立为制度。张说的奏改,正好宣告唐前期的三省制已经结束,而开中、晚唐以至宋代的三省六部与使职差遣交错、综合发展的新时代。

——罗永生:《唐前期三省地位的变化》,载《历史研究》1992年第2期

资源10:三省六部制的实质与作用

三省围绕着皇帝的诏敕运转,中书草诏,门下审复,尚书执行,合成一套完整有机的施政体系。另一方面,三省首长既各领本省庶政,又以宰相身份联袂入朝,在门下内省的政事堂“共议国政”②,通过政事堂会议将三个不同机构整合为一个统一的中枢体。这样,三省权能配合,既各自发挥自己的职能,又相集发挥整体功效,推动着整个国家机器的正常运转。

对于这种三位一体、相互协调的中枢体制,学术界一般归纳为“三权分立”“三省并重”③。

---

① (南宋)王应麟撰:《困学纪闻》(全校本),1478页,上海:上海古籍出版社,2008。

② (北宋)欧阳修等撰:《新唐书》卷四十六《百官志第三十六》,777页,北京:中华书局,2000。

③ 王素:《三省制略论》,189页,济南:齐鲁书社,1986。

强调“三权分立”,表面上看似乎不错,但这种归纳相当模糊,根本没有道出三省分权的实质。从我们上面对三省的职能性质和工作程序的粗略分析可知,三省分权其实有两个层次,即首先还是汉魏以来根据内外朝划分而区分的决策与行政的分职,这是最本质的分权分职,其次才是决策权内草诏制令与审复封驳的分职。更确切地说,第一层是中书、门下两省共同行使的辅助决策事权与尚书省行使的行政管理事权的分立;第二层是在此基础上,决策权又一分为二,中书主草诏制令,门下主审复封驳,成为辅助决策的两道程序。两省职事不能只论其分,而不论其合。这层关系不可忽视,不问决策与行政分职的内在实质,而笼统地把三省分权说成是鼎足而三,三权分立,或夸大其中任何一省的权力,都会离开三省制的本来涵义。

必须强调的是,制令出诏既分为两道程序,两省之间的权力平衡与制约关系相当明显,两省与尚书省之间也存在着明显的权力制衡关系。使三省互相牵制,以免出现宰相专权,是三省体制的重要内涵。但是,不能因为三省之间互相牵制就认定有所谓“三省并重”。两省“对居近密”,职事性质一致,庶几平等,但与尚书省的权力关系却不能这样看,居于内廷的两省既为辅助决策机构,内重外轻之势非常明显,这种形势自汉武帝重用“中朝官”以来就已定型,甚至一直延续到清朝南书房、军机处体制,千年大势不可逆转,也不可动摇,而决不会在君主专制体制空前强化的隋唐王朝出现例外。

——袁刚:《隋唐三省体制析论》,载《北京大学学报(哲学社会科学版)》1994 年第 1 期

资源 11:魏晋时期文化新貌

汉末士流,已重品目,声名成毁,决于片言,魏晋以来,乃弥以标格语言相尚,惟吐属则流于玄虚,举止则故为疏放,与汉之惟俊伟坚卓为重者,甚不侔矣。盖其时释教广被,颇扬脱俗之风,而老庄之说亦大盛,其因佛而崇老为反动,而厌离于世间则一致,相拒而实相扇,终乃汗漫而为清谈。渡江以后,此风弥甚,有违言者,惟一二枭雄而已。世之所尚,因有撰集,或者掇拾旧闻,或者记述近事,虽不过丛残小语,而俱为人间言动,遂脱志怪之牢笼也。

——鲁迅:《中国小说史略》,上海:上海古籍出版社,2004 年,37 页

资源 12:莫高窟敦煌图案的文化价值

敦煌图案充满异域色彩,其中融合了大量外来风格图案,即闪现着希腊建筑伟大的雕刻、犍陀罗艺术的灵光,又隐含阿拉丁神灯的神秘世界,甚至还可以触及古埃及的文化脉搏。敦煌图案蕴含独特的异域风情,外来图案题材和风格对敦煌图案的发展有着极大影响,一些经典造型元素、组织结构及设计方法,不断渗透到本土图案艺术中,在新的文化环境涵养、激发下焕发出新的生命力。敦煌图案在各个时代有着不同的形态,具有十分丰厚的文化和历史价值,我们要充分发掘其内在美学意义和精神,既要看到它的整体性,同时也要关注其与异域文化之间的交流、融合等现象。敦煌隋唐时期的纹样呈现多元姿态,动物纹饰、植物纹饰、神话佛教纹饰、几何纹饰等自由组合,融合了大量的外来纹样题材。

——陈振旺:《莫高窟隋唐图案的历史演变和文化交流》,载《深圳大学学报(人文社会科学版)》2015 年第 6 期

资源13：民族交融与文化

我国各民族在长期的共处中，各民族之间在经济、文化交流和共同的斗争中，先进的优秀的东西不断为大家所认识，所接受，并继续发展；落后的低劣的东西不断被抛弃，被淘汰，从而使各民族之间共同的东西越来越多，有力地促进了民族关系和谐健康的发展，并最终实现各民族的共同发展和繁荣。

文化是民族的灵魂，是历史传承的重要载体。博大精深的中国优秀传统文化今天依然是我们从事中华民族伟大复兴事业的取之不竭、用之不尽的宝贵资源。在实现民族复兴的道路上，我们要继承中华民族的优秀文化遗产，弘扬中华文化的“大一统”精神，吸收中华文化中积极的养分，在前人的基础上，不断巩固民族认同、国家统一的文化意识，并不断发展先进文化，为实现中华民族伟大复兴这个崇高目标而贡献力量。

——赵伟：《文化认同是民族融合的先决条件》，载《广西民族研究》2005年第1期

资源14：民族交融对诗歌的影响

隋唐之际的民族大融合，始终是双向进行的。一是少数民族的汉化，二是汉民族受到少数民族的浸染和影响。这种双向的交融，对中华民族的大融合，对各民族自身素质的提高有重要意义。一个文明程度较低的民族被先进的汉族文明吸引后，便会加速其由质而文的历程；而少数民族的尚武精神和不断的武力征服，也有利于汉民族摆脱上层社会纤弱庸俗的颓废风气，转而呼唤粗犷和刚健的气质，开始了由文返质的变化。汉民族与少数民族正是在这种似相反实相成的变化过程中，逐渐缩小了彼此之间的差别，加速了各民族的文明朝着更健康的方向发展。同时，也加快了南北诗风融合的步伐。

考察隋唐之交的诗歌，如果不了解这一时期民族斗争和融合的性质和特征，就不可能找到一个准确的视角。因为民族斗争和融合的形式不同，那么当时诗歌发展的趋势便有很大的差别。所以，我们如果不从民族大融合的角度，不从关陇集团在隋唐之交的作用着眼，就很难理解这一时期诗风转变的原因。

总之，隋唐之际的民族大融合消弭了南北地域的界限和各民族之间的隔阂，也消弭了各民族不同的文化之间的鸿沟。朝野上下恢宏的气魄，开阔的胸襟，非凡的气度，自由开放的思想，大大地开拓了人们的视野，为诗人们突破旧的藩篱，融南北诗风之长创造了有利的条件。

——张采民：《民族融合与隋唐之际诗风的嬗变》，载《南京师大学报(社会科学版)》2002年第4期

资源15：魏晋时代的贵族文化

所谓贵族文化，是以尊重学问和教养为基础的文化。即使是学问，它也并不是指类似的汉代儒学等学问，而是以老庄和《易经》中的形而上学为基础，吸纳了玄学、佛学以及史学、文学等广泛的内容为特征的文化。这种文化并非偏重于哪一个方面，只要是具有一流教养的人，都将精通当时所有艺术领域中的内容当作他们的目标。当然，他们最重要的任务是作为官僚来参与政务。因此，即使像沈约(441—513)这样的人，他在梁武帝手下担任政府高官的同时，还写作了刘宋王朝的正史《宋书》，并撰写了有关佛教的专业论文。作为诗人，他在音

律方面的贡献也为诗坛带来一股新风,他的才能在许多领域内得到充分发挥。后世的中国文人官僚的原型,在六朝时不就已经出现了吗?

——[日]兴膳宏著,李寅生译:《中国古典文化景致》,北京:中华书局,2005年,42—43页

第五单元

辽宋夏金元多民族政权并立与元朝的统一

学术引领

公元10世纪至14世纪60年代，是中国历史上又一个由大分裂走向大一统的时代。辽宋夏金元等政权先后建立、发展，它们加速了北方地区的发展进程，促进了民族交融，并不同程度地推动了我国统一多民族国家的发展，在奠定中华民族多元一体格局的历史上写下了光辉的篇章。辽宋夏金元时期也是中国古代重要的社会转型期。这一时期，经济、政治、文化、社会阶层等方面与前代相比出现了广泛而又深刻的变化，对后世产生了极其深远的影响。

一、两宋时期的新变化

（一）北宋强化中央集权

宋太祖代周建宋之时，中国正处于剧烈的社会动荡时期。唐末五代以来，藩镇割据导致专制主义中央集权统治被极大削弱。但历经长期分裂动荡的阵痛，统一趋势也逐渐加强。

1. 北宋强化中央集权的背景

唐末五代最严重的社会问题就是藩镇割据。张帆在《安史之乱与藩镇割据》(载《文史知识》2013年第5期)一文中指出，唐朝形成藩镇割据的主要原因有：第一，平定安史之乱是以招降安史部将为前提的，因此允许他们保留自己的军队和地盘，并授以节度使职务。第二，山西、陕西、甘肃、四川原有的几个军区，边防任务很重，无法撤销，只能将辖区缩小。第三，安史之乱爆发是因为“外重内轻”，边疆兵多内地兵少。由于边疆军区不能撤，要防患于未然，就得在内地增设军区以维持平衡。这就导致军区数量猛增，“外重内轻”变成了“内外皆重”。

张帆同时指出，不能把藩镇割据理解为充分和全部的割据。藩镇主要有三种类型：第一类是真正比较稳定地维持割据状态的，只有河北地区的三个藩镇。因为他们所在的地方是当年安禄山的根据地，有一定的割据基础。第二类是唐朝后期设在北部、西部和中原的藩镇，基本只能算是半割据。朝廷对他们，有时能控制，有时无法控制，因时因人而异。个别藩镇出现过几代连续割据的状况，但不是一直割据。第三类是南方的藩镇，不但不割据，反而在绝大部分时间里听命于中央，源源不断地向朝廷供给粮食财物。唐朝后期的中央财政主要是靠南方支撑的。

在唐末五代社会的剧烈动荡变化中，蕴含了走向统一集权的趋势。刘喆在《五代十国时期藩镇制的变化及特点》(载《唐史论丛》2015 年第 2 期)一文中认为，唐宋之际中央渐强而地方渐弱，州郡渐强而藩镇渐弱。唐宋时期的削藩政策实际上一脉相承，而五代十国时期则起到了承上启下的重要作用。五代藩镇割据性逐渐被削弱，中央加强了对藩镇的控制。五代时期的藩镇与唐代相比发生了很大的变化，出现了许多新特点。第一，类型的变化。五代的藩镇与安史之乱后和黄巢起义后的藩镇类型相比，在不同时期不断发生变化，大致分为两个阶段。第一阶段：后梁统治时期，大体上沿袭了唐末以来的特点，即强藩—依附型藩镇—属镇的模式。第二阶段：后唐建立以后至北宋建立之前。这一阶段的藩镇均成为统一政权统治下的属镇，分为御边型藩镇和内地型藩镇。公元 923 年，晋王李存勖建唐灭梁，将原属河东和宣武的势力范围都纳入到后唐的统治之下。统一政权的出现导致河北依附型藩镇丧失了半独立化的土壤，只能臣服于后唐统治。第二，规模的变化。与唐代相比，五代时期的藩镇在所辖支郡的数量和辖区总面积上均有不同程度的缩减，藩镇在整体上呈现出数量由少变多、面积由大变小的特点。这也是该时期各藩镇虽然均有不同程度的发展，但却始终依附于中央政府之下，不能再次形成割据势力的根本原因。第三，兵制的变化。如牙兵①的发展变化；外镇的恢复和外镇职能地位的扩张；军需体制的发展和演变；组织系统和政治功能的严重紊乱等。第四，财政的变化。表现为：两税截留比重明显提高；屯田获得更大发展；中央逐渐控制地方上的场院②；商业贸易有了更大的发展；尤其是后唐以后，节度使不允许在固定藩镇任职，财富便由流向藩镇变成流向节度使。这些变化表明藩镇割据性的逐渐丧失，节度使纷纷放弃了对本镇的经营，聚敛钱财以富己，也能够说明该时期藩镇再行割据已然是不可能之事了。第五，行政的变化。表现为：藩镇节度使和各州刺史中武人比重明显增高；司法系统带有强烈军事化色彩；中央直接干预藩镇幕府僚佐的建设，也能够反映出中央政府对各藩镇控制的强化；支郡地位上升，对藩镇的隶属关系削弱；藩镇内部监察的弱化。

刘喆进一步指出，该时期南方诸国下的藩镇变化中有相当一部分与北方藩镇变化是吻合的，但也有一些独有的不同于北方的变化：最大特点是所辖支郡数量变化，不辖或辖很少的支郡，为后来北宋采取罢支郡措施提供了经验；加强了对各镇武人的限制，如节度使家属留住京师、边州地位迅速上升。

在这一分裂向统一的过渡时期，北宋统治者的集权吸取了历史的经验教训，顺应了时代潮流。邓小南在《祖宗之法——宋代前期政治述略》(197—210 页，北京：生活·读书·新知三联书店，2006)一书中认为，宋太祖、宋太宗及其谋臣一系列重建中央集权的措施，既是鉴于五代旋兴踵逝的教训，也是在五代提供的基础上得以成功的。第一，晚唐时期的强藩重镇对于土地、人民、赋税等行政、财政事务的把持，使其中掌管相应事务的文职僚属人数日增，地位更加重要，日益完备的行政机构也逐渐形成。出类拔萃的地方士人，直接介入了藩镇的机要乃至决策过程。对于中央集权造成严重威胁的藩镇，如宣武节度等，内部逐渐发展起便于操作的集权体制。第二，晚唐宣武节度使朱温的势力被引入朝廷，具备了直接左右中央局

① 即亲兵或卫兵，是唐末和五代时期特有的一种军队名称，曾在历史上起过重要作用，宋以后消亡。
② 唐政府为了增加财政收入而设置的税务机关。

势的实力，长期困扰唐代后期政治生活的宦官专权以及士大夫中的朋党之争等严重问题，被割据中崛起的强藩代表势力以残酷野蛮的手段干脆地解决了。第三，随着强藩重镇对于中央事务的直接干预，自后梁代唐开始，割据混战中成长起来的精锐武力转而成为中央政权所倚恃之军事力量，中央武力与地方武力的对比关系发生了根本性转变。第四，五代时，禁军地位与作用日趋重要，在政权递嬗中能起决定性作用，已成为统治者心腹大患。职业军人出身、又靠禁军兵变上台的宋太祖，显然对于中央禁军的统御权问题尤其敏感。而宋太祖对于禁军统属权力的改革，无疑是继承了周世宗以来对禁军改革的趋势。周世宗时殿前军与侍卫军的并驾齐驱，宋太祖时侍卫马军与侍卫步军的分立，使禁军自两司逐渐过渡为与殿前司并立为三衙。最终，形成了枢密院有调兵之权无握兵之权、三衙统帅有握兵之重而无调兵之权的体制，消除了禁军兵变的隐患。第五，知州、通判等有效控制地方行政的制度，也是在继承五代或南方诸国制度的经验基础上设置的。

2. 北宋强化中央集权的措施

宋太祖、宋太宗在进行统一的过程中，相继实行了一系列加强中央集权的措施，对晚唐五代以来的弊政进行了改革。张岂之在《中国历史（隋唐辽宋金卷·下编：辽宋夏金）》（200—201 页，北京：高等教育出版社，2001）一书中指出，北宋建立后，鉴于唐末五代以来藩镇割据、武人跋扈、君弱臣强的局面，宋太祖、宋太宗在统一的过程中，相继实行了一系列加强中央集权的措施。第一，把节度使驻地以外领辖的支郡裁除，直属中央。由中央政府派遣的文臣出任知州、知县，并在各州府设置通判，以分知州之权。第二，取消节度使收税的权力。乾德二年（964 年），宋太祖下令根据各州情况留一部分税收作为地方必要的开支，其余州内的一切税收由通判掌握送往京师。之后，于邻近数州设“路”，各路设置转运使，将一路所属州县财赋根据各州情况留一部分作为地方必要的开支，其余全部运往京师。第三，建隆二年（961 年），宋太祖派使臣到各地，在藩镇所辖的军队中选拔禁军，使诸镇皆知兵力精锐非京师之敌，不敢有异心。969 年，解除了王彦超、武行德、郭从义等节度使的兵权，藩镇的兵权逐渐被剥夺干净。第四，在各路设提点刑狱司掌管一路的司法、刑狱，并规定凡死刑，如大辟（杀头）等刑，需报中央，由刑部复审执行，有时皇帝还派人到各地处理案件。这样司法权也收归中央。通过以上措施，收乡长、镇将之权全部归于县，收县之权全部归于州，收州之权全部归于路的行政机构监司，收监司之权全部归于朝廷。藩镇割据势力被完全清除，强化了中央集权制。

关于北宋加强中央集权的措施，何忠礼在《略论北宋前期的制度革新》（载《浙江社会科学》2011 年第 3 期）一文中概括得更为详尽完备。何忠礼认为，北宋能彻底改变唐末五代以来的混乱局面，主要归因于宋初君臣周到和完备的制度革新。第一，以枢密院、三司、参知政事分割宰相事权。第二，解除大将兵权，实施将兵分离。第三，设置监司，监督并收回州郡长官权力（宋代实行州县两级地方行政制度。州根据政治、经济等方面重要性和地位的不同，又有府、州、军、监之分，习惯上统称为州郡）。州郡之上设置路一级的派出机构。各路设转运使司，长官为转运使，掌财赋；提点刑狱使司，长官为提点刑狱，掌刑政；提举常平使司，长官为提举常平，掌常平、义仓、坊场、河渡、水利等。它们统称监司。另外，设安抚使司，长官为安抚使，掌军政。四个机构互相平行、互相监督，又共同负责对地方州郡的监督，也被称为“外台”。第四，重用士大夫，以文臣抑制武将。第五，鼓励台谏官上书言事，以加强对百官的监督。第六，对待农民起义采取剿抚两手和荒年养兵的政策。第七，提倡同而不和，严防官员结成朋党。第八，防范宗室、外戚、宦官干预朝政和交通大臣。第九，改革科举制度，皇帝亲掌取士权；严密科举条制，广泛吸引知识分子走科举入仕之路。第十，重视刑政和法制建设。

漆侠在《漆侠全集》（第九卷）（151—155 页，保定：河北大学出版社，2008）一书中指出，宋太宗对武将的防制来自宋太祖，但与宋太祖不同，宋太宗把专制主义集权制推到绝路上，使这个制度最终朝着相反的方向发展。宋太祖对武将的防制虽然有其消极的一面，但在他统治期间，对边防十分重视，无丝毫的放松。赵匡胤给边防将帅们以独立自主的军事指挥权，以及与此相适应的财权，以期边防将帅充分地或者说最大限度地发挥主观能动性。宋太宗则发展了宋太祖防制武将政策的消极因素。第一，宋太宗实行“将从中御”[①]，皇帝用赐阵图的办法，遥控千里之外瞬息即变的战场形势，剥夺了将帅独立自主的军事指挥权，以致战事一再失利。第二，剥夺将帅对部属的节制、处分之权。第三，将对武将的种种防制予以充分发挥，连边防将帅也不能养置亲兵。第四，派监军监视和牵制将帅。第五，宋太宗时期开始形成重文轻武、以文驭武的局面。总之，宋太宗时时刻刻以预防奸邪制造的内患作为他创制立法的根本所在。防内，或者说把假想敌放在内部作为第一位而加以防制，不惜捆绑将帅的手脚，不惜削弱边防力量，极大地削弱了宋的边防，以至造成“守内虚外”的严重恶果。

李合群则不认同“守内虚外”是北宋国策。他在《北宋“守内虚外”国策质疑》（载《史学月刊》2009 年第 12 期）一文中，从守内薄弱、守外强化、“守内虚外”提出者的主张等三个方面指出，北宋并未提出“守内虚外”之说，亦未照此执行。第一，“守内”薄弱。（1）守京师薄弱。宋太祖时期的武力部署是谋求京师与地方的平衡，以防止地方藩镇及朝中武将对皇权的双重威胁。驻守京师的禁军，还有外出“更戍”之任务。由京师“更戍”的禁军主要充实于河北、河东边疆二路，客观上增加了“守外”的武力。京师禁军还担当有外出御敌之使命。特别是在仁宗以后，为了对付西夏东侵，开封禁军进一步西调。京师禁军的减少是不争的事实，以至于在靖康元年（1126 年）金军兵临开封城下时，京城守御使李纲布置每面城墙上的禁军才 12000 人，四面合计 48000 人。（2）守内地薄弱。早在宋太祖时期，为了避免唐末及五代时期藩镇割据重演，即收地方精兵。虽然按照“内外相制”的原则，地方上保持与京师相当的武力，但是由于地方区域辽阔，分配到某个地点的兵力则必然是少量的。北宋地方武力之薄弱，在金人灭亡北宋的过程中得到充分的暴露，金军除了在太原遭到抵抗外，在其他地方几乎是势如破竹。第二，“守外”强化。北宋初期构筑了完备的防辽体系：设置泊塘形成阻止辽骑南下的“水上长城”；设置榆塞，大力营造林带，并禁止砍伐作为防辽的“绿色长城”；还在河北屯驻重兵。北宋中期后则重兵防御西夏，驻扎禁军、乡兵、蕃兵等重兵，如欧阳修在仁宗康定元年（1040 年）十二月曾上书提到驻守西部有四五十万之兵。同时在陕边地区修筑了众多具有防御功能的堡寨。第三，“守内虚外”四字不见于北宋文献，只出现于南宋人吕祖谦所著的《历代制度详说》一书中。吕祖谦主张守在敌境，驻屯在敌境之内，批评当时南宋只守淮南之地（即所谓的“守内”），却将淮北之地让于金人，即所谓“斥地与敌”的“虚外”做法。将

① 指枢密院三衙统兵体制，将兵权一分为三：枢密院有调兵之权，却不掌管军队；三衙掌管军队，却无调兵之权；遇有战事，由皇帝任命率臣领兵出征。最高军事指挥权只掌握在皇帝本人手中。

吕祖谦所言“守内虚外”的对象视做北宋，实属误解。

“重文轻武”历来被认为是两宋加强中央集权的重要措施。但张邦炜在《重文轻武：赵宋王朝的潜规则》(载《四川师范大学学报(社会科学版)》2015年第1期)一文中认为，宋代重文轻武只是潜规则，而非明规矩。第一，从宋代统治集团的公开言辞看，宋朝的基本国策似乎是文武并用。宋太祖最大心病在于武将策动兵变，以至黄袍加身，而文臣的威胁小于武将，宋太祖必然心存重文轻武之心。但宋太祖却不得不施行文武并重之政，主要原因有三点。其一，就时代背景而言，必须一切服从战争需要。其二，就个人因素来说，宋太祖武将秉性难移。其三，以现实状况而论，宋初学校未兴，科举未盛，士大夫群体尚待培育。因此，宋太祖只是开始注重文治，重文轻武的格局确立于宋太宗时期。第二，文臣出于国家边境战事考虑，大多并不赞同重文轻武，而是主张文武相济。同时，在庙堂之上，文臣、武将既相轻相争，又合作协同。武将的遭遇与不幸不能一概归结为文臣陷害所致，如在岳飞冤狱的鸣不平者当中，文官甚至多于武将。张邦炜认为，文臣、武官作为宋代统治集团中的两大群体，两者均非铁板一块，都不是结合紧密、不可分裂的整体。除文武相争而外，无论文臣还是武官，均不乏窝里斗。武官内斗时有发生，武官也经常参与“文臣党争”。如在秦桧专权期间，张俊、杨存中等党附秦桧，岳飞、韩世忠等则与秦桧对立。就争斗规模尤其是社会影响来说，武官内斗都不能同党争等量齐观。可见，宋代统治集团的主要争斗不是文武之争，而是参与者相当广泛的党争。张邦炜进一步指出，宋代党争双方或三方的首领都不是也不可能是武官，而是也只能是文臣。这恰恰表明宋代文臣的地位总是高于武将，武将在一定程度上处于从属地位。

对于史学界讨论的“杯酒释兵权”真伪问题，王育济在《论“杯酒释兵权”》(载《中国史研究》1996年第3期)一文中认为，“杯酒释兵权”基本是可信的，并对否定派的理由进行了批驳。第一，李焘《续资治通鉴长编》、北宋的官方档案《国史》《实录》等均确载——建隆二年(961年)七月罢免了石守信、王审琦等人的军权。第二，宋初政治的一大特色是注意政治运作的技巧和方法，尽力营造便于解决问题的气氛。“杯酒释兵权”的方式放在宋初的政治环境中考察，是极为平常的事。第三，论者怀疑“杯酒释兵权”一事“最为过硬”的理由是：建隆二年(961年)六月初二，太祖母杜太后病逝，六月初到七月初国丧期间，朝廷上不作乐，不宴饮。王育济指出，《宋会要辑稿》“礼三之一”载杜太后遗嘱表明，当时要求皇帝六月二十五日释丧服。此后七月、十月均有宴群臣于广政殿的活动，在七月举行“杯酒释兵权”这种带有君臣叙旧性质的私宴可能性很大。王育济也承认，有关“杯酒释兵权”的记载经历了一个从简到详的过程，某些细节的夸张和渲染肯定是存在的，但他认为这不应该成为否定此事真实性的理由。

3. 北宋强化中央集权的影响

北宋强化中央集权措施结束了唐末五代以来藩镇割据局面，加强了中央集权，并在许多方面对后世产生深远影响，但消极作用也很明显。何忠礼在《略论北宋前期的制度革新》(载《浙江社会科学》2011年第3期)一文中认为，应当肯定北宋制度革新的重要意义。第一，彻底结束了武人政治，保证了宋政权的长治久安。第二，有利于维护帝王与皇亲国戚之间的内部团结，以维护政权的连续性和稳定性。第三，开创了帝王与士大夫“共治”天下的局面，巩固了政权。第四，有助于两宋学术思想的繁荣，“以民为本”的儒家仁政思想获得了一定程度的贯彻，促进了社会的和谐和安定。对明清也产生了深远影响：科举制度造成了明、清的社会流动，官僚政治代替门阀制度已成为不可阻挡的历史潮流；明、清两代都继承了宋代将兵分离的政策，很少出现武人拥兵自重，割据称雄的事件。何忠礼同时指出，中央集权强化也引发了两宋社会很多弊端。第一，重文抑武政策削弱了抵御外侮的力量，迫使其不断增加军队人数，军费猛增，极大加重了对人民的剥削。第二，朝廷对官员只讲宽容而不严格执法，致使吏治腐败，刑政不明，百姓含冤受苦者多。第三，土地兼并剧烈，地租剥削沉重，农民生活日趋贫困。

艾光国在《略论北宋强化专制主义中央集权制度的利弊得失》(载《青海社会科学》1994年第6期)一文中认为，北宋集权统治所起的有利作用是短暂的，不利的方面却对北宋起着长期的决定作用。第一，集中军权。北宋采取收回禁军统帅权、培植和加强禁军、设立枢密院以分"三帅"(即"三衙"[①])兵权、"更戍法""养兵法"等措施集中军权，造成军队数量激增，太祖时禁军19.3万人，仁宗时猛增至82.6万人。军费开支庞大，军队的战斗力却每况愈下，军事实力严重下降。第二，集中政权。在中央削弱和分割宰相之权，行政、军事、财政、司法分别直属于皇帝，加强皇权专制。在地方，加强中央对地方的控制，削弱地方长官的事权。在监察制度方面，利用台谏制度加强对官吏的监控，却造成对皇帝监察的真空，且使官员不求有功，但求无过，昏碌无为。地方监督知州的通判权力过大，妨碍了地方行政职能的正常发挥。在中央与地方的官制方面采取官、职、差遣分离的办法，引起官制大混乱。政权过分集中，分散与削弱了各级机构与官员的事权，虽在较短时期内有利于维护中央集权的统治，但势必形成机构庞大，职能分散，官员众多，吏治败坏，重叠机构之间和官吏之间相互牵制，行政效率低下，使整个国家机器运转不灵。第三，集中财权。将地方赋税收入大部分收归中央，从根本上解除了藩镇割据之祸患。但造成地方财政拮据，难有作为。官吏加倍征取于民，官贪吏残的情况日趋严重，吏治更加腐败。第四，进一步发展科举制与仕进制。宋代大大增加科举取士人数，最多时竟达一千人。宋代还盛行郊祭大礼和"恩荫"制[②]。自宋真宗、仁宗起，每三年举行一次盛大的祭天地、祭祖宗的活动。每逢祭祀，大小各官，皆得恩荫，如仅北宋末年的一次祭天大典就有4000人恩荫得官。北宋还采取循资与磨勘[③]相结合的办法，来决定和调整官吏的升迁。勘验的标准并非以实绩为依据，而是以年资为主，造成有才能的士人和官吏得不到升迁，而庸懦之辈却能依例获迁。结果促成了宋代一大批士大夫饱食终日、无所事事、因循守旧的政风。宋代不仅军队(尤其是禁军)待遇优厚，官吏的待遇也倍加优厚。巨额的官俸和军饷，外加与辽、西夏作战失利后予以输纳的"岁币"，成了北宋财政无法承受的沉重负担。北宋为弥补财政收支的严重亏空，遂以增税等多种名目，拼命向人民榨取，使得广大农民铤而走险，群起反抗。与以往历代相比，北宋一朝的农民起义不仅次数多、地区广，而且贯穿整个王朝。此起彼伏的众多农民起义，乃是北宋积弊至深的必然结果，它给北宋朝廷以致命打击，促使各种矛盾愈加激化。总之，北宋集权统治在强化，国势却日趋衰弱，深深陷入难以自拔的困窘之中，终于导致靖康之变，二帝被俘，国家灭亡的可悲

---

① 宋代掌管禁军的机构。有殿前司、侍卫亲军马军司、侍卫亲军步军司，合称三衙。唐后期，习惯称藩镇的亲兵为牙(衙)兵，五代至宋的皇帝多半是由藩镇而夺得帝位，故相沿称为三衙。三衙的长官分别称为殿帅，马帅，步帅，合称三帅。

② 又称荫子、门荫、荫补、世赏，是中国古代世袭制的一种变相，是指因上辈有功而给予下辈入学为官的待遇。

③ 是古代政府通过勘察官员政绩，任命和使用官员的一种考核方式。

结局。

北宋加强集权的措施中，被诟病较多的即是“重文轻武”政策。“轻武”政策在北宋长期延续并产生深远危害。陈峰在《北宋武将群体素质的整体考察》(载《文史哲》2001年第1期)一文中指出，北宋统治政策和社会价值观都将武将排挤出政坛的主流地位，导致武将群体素质逐渐下降，最终出现靖康之变的惨剧。宋太祖在收兵的过程中，对军队将领大力整治，特别是对禁军三衙统帅防范极严。宋太祖还有意提高文臣的政治地位，武将出现了顺从迎合及保守的趋势。宋太宗时代是武将群体素质和命运明显出现逆转之时，也是所谓的“重文轻武”政策和社会风气的真正形成之时。宋太宗即位仅两个月，就亲自操持科举考试，录取500多人，规模空前。宋太宗还大规模重建昭文馆、集贤院和史馆，亲赐名为“崇文院”，以示“崇文”的决心。宋真宗继续沿袭其父的治军原则及措施。景德元年(1004年)辽军大举南攻时，宋军防线一触即溃，充分暴露了武将群体存在的问题。澶渊之盟后，当政者视议和为消弭边患的法宝，逐渐推广“以文驭武”的措施，以便文臣控制军队。如枢密院中不仅出现文臣人数超过武将的情况，而且武将也受到文官的支配。宋仁宗时期，“重文轻武”达到了顶峰，军功遭到了社会的普遍轻视，文臣完全控制了军队的指挥权，武将群体则沦为指挥系统中的配角，长期备受压制和歧视，产生了一批怯懦无能、品行低劣的将帅。中下级武官，也大都素质低下，少有作为。这些都使宋朝在战场上屡战屡败。宋神宗曾力图全面振兴武备，改变国防颓势。王安石变法期间实行“将兵法”，以增强各地武将对辖区内军队的指挥权。宋神宗还允许武官在考核词赋之后换为文资官衔，以提高将领的政治地位和素质。宋哲宗时，包括允许武臣换文资在内的鼓励军功的措施被视为弊政而废止，武将群体又一次遭到打击。宋哲宗之后，传统的驭将政策得到延续。在北宋末年，乱政之下又出现如童贯之类宦官把持军政，如高俅之流掌握禁军的现象，因此武将队伍更为混乱，群体精神面貌及素质也更为低下，最终出现靖康之变的惨剧。

宋代加强中央集权过程中，继承并完善科举制度是影响较大的措施，推动了中国选官、官僚制度发生根本变革。刘后滨在《政治制度史视野下的唐宋变革》(载《河南师范大学学报(哲学社会科学版)》2006年第2期)一文中指出，唐宋时期科举制的完善和官员考核标准的变化，极大提升了官员素质，官僚政治基本取代了贵族政治。南北朝以前贵族集团对政治具有强大影响，官吏的任命基本以门第为标准，地方佐官由长官辟举，中央与地方在具体政务运作的层面上并未完全联结为一个整体。而到北宋时期，各级政府都是由官僚而非贵族负责运转，官吏全部由中央政府按才学标准和官职资历加以任命，贵族作为一个社会阶层对帝国政治运作的影响力基本消退。同时，文官铨选制度也不断得到调整，通过官员选任、考课、迁转等各个环节上制度的完备，以保证进入到官僚队伍的士人能够随着时代变迁和自身地位的变化，不断适应现实的需要，成长为符合治国需要的合格人才。官员选任中越来越看重资历，是唐宋选官制度的一个明显趋势。其中地方历练是官员升迁资历中极为重要的方面。唐代开元年间就提出要担任中央台省官，需有在地方州县任职经历的选官原则，就是在强调地方历练，体现了官僚体制的自我完善和自我更新机制。到宋代，统治集团更加明确意识到履历经验尤其是地方历练对于提高官员综合素质的重要性。宋代选官制度中讲求资格，强调履历，其背后看重的是官员的个人经验和处理各类实际问题的能力。宋代中央的中高级官员和地方长官，大都具有长期的地方工作经验，他们依资序自州县幕职官至知县、通判、知州逐级升进。这些官员在地方积累起来的关于选举、理财、礼仪祭祀、军政边防、司法刑狱、工程建设等各方面的经历，使其在升任中高级职务的时候，成为能够适应各方面工作的通用型人才。而他们大多数人进入仕途的前提是科举及第，这又使其具有了较完备的文化素养和较高的知识水平。在此基础上，宋代的复合型官僚群体得以形成，中国帝制时代的士大夫政治进入到一个新的阶段。

李治安在《关于秦以降皇权官僚政治与贵族政治的复合建构》(载《史学月刊》2011 年第 3 期)一文中进一步指出了唐宋科举制在推动官僚政治取代贵族政治方面所起的作用。秦至清两千年的中国政治文化体制，呈现出皇帝专制之下的皇室“家天下”贵族政治与皇权官僚政治的并存复合建构。但秦以后包括皇室贵族的爵位、封国、食邑、岁禄、赐田、总兵、辅政等内容的贵族政治，大多是以皇权官僚政治的补充和辅助出现，皇权官僚政治占据主导地位。尤其是隋唐至宋朝，官僚政治因科举而逐步加强完善，贵族政治逐步被弱化和被改造。实行科举以后，科举由朝廷直接掌握，直接授予举子功名官职。由于在功名仕宦方面荟萃于京师庙堂而与家族门第相对分离，官僚政治由门第至上向科第至上演进。尤其是宋代“糊名”①“誊录”②“锁院”③和殿试实施后，进士就成为天子门生。读书人及其家族能否保持其士大夫和簪缨之门的身份地位，一概以科举为转移。士人的代际沉浮十分普遍，官僚政治内部的非身份性平等竞争增加，血缘贵族特权淡化。因此，中唐以后，除元、清二朝前期因北方民族旧俗影响而造成的特殊情况外，皇权官僚政治都得以大幅度发展完善，取得了压倒性优势。

宋朝科举制的完善推动唐宋以后基层治理最重要的力量——士绅阶层的形成。孙立平在《中国传统社会中贵族与士绅力量的消长及其对社会结构的影响》(载《天津社会科学》1992 年第 4 期)一文中指出，贵族与士绅是处于国家和民众之间的社会结构。秦统一后，中国建立了集权制的帝国，结束了贵族占支配地位的时代，士绅则成为统治阶级中最重要的力量，在乡村基层社会逐步填充贵族政治消亡所留下的真空，尤其在明清时期充分发挥了其在乡村管理中的作用。科举制的施行推动“士民”阶层的迅速发展与扩大，从而为形成作为统治阶级主体的士绅阶层创造了条件。在科举制的条件下士绅形成有如下途径：第一，科举制实行的同时，建立了大批学校，受教育人数大大增加，有些人获得较高的功名并进入官府，还有些人只获得较低的功名，仍居乡间，后一部分人即成为士绅的重要来源。第二，获得一定功名而后来居官者，在进入官府之前，他们居于乡间，也多半为士绅。第三，由于官员候补来源的扩大，以及职业官僚替补的制度化，官员退休增多，也大多成为士绅。第四，虽然从严格的意义上说，士绅地位是不能世袭的，但如果世代不断有人在朝廷中做官或成为书香门第，其子孙也可能借此取得士绅的实际地位。

(二) 北宋时期重要改革

北宋时期，一系列重要的变法革新运动推动了历史发展进程，影响较大的有庆历新政和

---

① 宋代常称为“弥封”，就是要把试卷卷首的考生姓名、籍贯和初定等第都要封住或者裁去，以防评卷官徇私作弊。

② 所有考卷密封完后由专人负责誊抄，再交给考官批改。

③ 官员在被任命为主考官、副考官等考官后便被锁于贡院之中，断绝与外界的联系，以避免出现泄露试题事件。

王安石变法。

庆历新政和王安石变法，是在北宋过度集权引发“冗官冗兵冗费”和积贫积弱现象的背景下，于北宋中期进行的两次规模较大的改革。尽管这两次改革最终都归于失败，但影响深远。

1. 庆历新政

(1) 庆历新政的背景

朱瑞熙在《新兴的官僚地主阶级的首次全面改革尝试——北宋范仲淹“庆历新政”》(载《浙江学刊》2014年第1期)一文中指出，庆历新政顺应了唐朝中期至辽、宋、夏、金、蒙元社会转型时期的历史发展趋势。第一，自唐朝中期以后，由于均田制的破坏和两税法的实行，土地私有制进一步发展。朝廷制定了严密的法规，保障私人对于土地的转移让渡的权利，使土地买卖和典当的法律更加规范化。地主阶级普遍采用将土地租给农民而收取地租的办法，放松了农民的人身束缚，租佃关系迅速发展。第二，在此基础上，宋朝的农业、手工业、商业和科学技术都取得了前所未有的新成就。第三，宋朝还形成了新的社会阶级结构，由唐朝中期以前的门阀士族、均田户、部曲(家仆)、奴客、贱民、番匠、奴婢等旧的社会阶级结构，转变为宋朝的官僚地主和佃客、乡村上户、乡村下户、差雇匠、和雇匠、人力、女使等新的社会阶级结构。第四，随着新的社会经济结构的出现，宋朝社会的整个上层建筑也都出现了相应的变革。大致在宋太祖和宋太宗时期，基本完成了政治制度和军事制度的第一次改革；科举制度的初次改革至宋真宗朝完成；在宋仁宗朝庆历年间(1041—1048年)，基本上完成了教育制度的初次改革。不过，这些改革尚有局限性，而且仅是单项制度的改革，影响有限。而庆历新政则是在贵族政治衰落背景下，新兴官僚地主阶级的首次全面政治改革，顺应了历史发展趋势，产生了深远的历史影响。

(2) 庆历新政的结果及影响

对于庆历新政的结果，朱瑞熙在《新兴的官僚地主阶级的首次全面改革尝试——北宋范仲淹“庆历新政”》(载《浙江学刊》2014年第1期)一文中认为，随着范仲淹、富弼等人的离朝，庆历新政从总体上说是失败了，他们提出的一些改革措施大部分被废罢。但也有一些措施或有一些措施的某些方面并没有完全被废罢，有的还在继续执行，有的还被进一步完善。因此，庆历新政在失败的同时，也包含了成功的因素。

陈振在《宋史》(192—194页，上海：上海人民出版社，2003)一书中指出，自庆历三年(1043年)十月实施第一项改革措施“择官长”，即严格选派转运使、提点刑狱及各州县长官以后，庆历改革就受到来自反对派多方面的攻击，甚至被攻击为拉帮结派，是朋党。范仲淹顶住压力，坚持改革。但庆历四年十二月，宋与西夏正式议和；庆历五年正月中旬，辽使到京通报辽与西夏的战事已经结束，以示对宋友好。辽、西夏对宋的威胁相继解除，宋仁宗认为天下已经太平，在正月下旬，将范仲淹、富弼和袒护他们的宰相杜衍，先后罢去宰执官职而出任地方官，短暂的改革遂告失败。“庆历新政”的十项改革只实行了六项即半途夭折，六项中除“均公田”“省徭役”两项外，其他四项改革吏治的主要措施，都先后于庆历五年间被明令废黜而恢复旧制。“省徭役”虽未明令废除，但新政期间主张合并户口稀少的县邑，以减其地人民徭役的措施也未继续认真执行，实际保留的只有对官员有利的“均公田(职田)”一项。

(3) 庆历新政失败的原因

关于庆历新政的失败原因，熊光慈在《庆历新政与王安石变法得失管窥》(载《史学月刊》2006 年第 10 期)一文中认为其败于改革面过窄。庆历新政内容中经济改革只占了两条，而政治改革占了八条，其中有五条都是整顿吏治的。这一以吏治为中心的改革，一定程度上损害了部分官僚的利益，引起他们的强烈反对，致使改革内容真正得到落实的很少。且政治方面的改革，全部是在专制政治体制内进行的，重视行政改革而忽视政体改革。

张希清在《士大夫与天子“共治天下”——范仲淹与庆历新政》(载《博览群书》2010 年第 10 期)一文中认为，“庆历新政”是士大夫与天子“共治天下”的一次实践，宋仁宗开始对改革大力支持，但是后来转变了态度，最终导致庆历新政的夭折。宋仁宗之所以转变态度的原因有两个方面。第一是广大官僚的反对。庆历新政的主要内容是吏治改革，必然触动许多官僚的既得利益。如“抑侥幸”“明黜陟”，限制了恩荫补官和庸官的升迁；又如“择官长”，派出按察使，大胆揭发各地官吏的不法行为，并要求朝廷立即罢免他们，必然引起许多官员的反对。庆历新政推行不到半年，朝廷中对新政的措施便议论纷纷，以夏竦为首的反对派更是千方百计地攻击范仲淹为首的改革派。第二是忌讳朋党影响其专制统治。朋党乃天子的一大忌讳，欧阳修、范仲淹自认是君子一党，劝谏宋仁宗远小人之党。其直言忠告不但未能消除仁宗的疑虑，反而造成了严重的后果。庆历四年十一月，仁宗下诏诫励朋党。庆历五年(1045 年)正月，右正言钱明逸按照宰相章得象等人的旨意，攻击范仲淹、富弼结党祸国。宋仁宗遂罢范仲淹参知政事和富弼枢密副使，朝中支持新政的杜衍被罢相，韩琦也被罢枢密副使，改革派官员被尽数赶出朝廷。同时，新政的各类措施也在反对声中被基本废除。

2. 王安石变法

(1) 王安石变法的原因

李华瑞对于王安石变法的原因进行了比较全面的论述，他在《王安石变法的再思考》(载《河北学刊》2008 年第 5 期)一文中指出，王安石变法既是社会矛盾激化的结果，也是士大夫崛起的产物。宋朝的社会矛盾突出地表现在三个方面：第一，统治运行机制出现问题，即“三冗”问题，并由此形成“积贫”局面。第二，民族关系出现问题。由契丹族建立的辽朝和党项族建立的西夏政权，从宋太宗年间开始给宋朝造成严重的边患危机，宋仁宗庆历以后宋朝每年要向辽、西夏纳岁币合计近百万，战场上的被动挨打和巨额战争赔款，由此形成“积弱”的局面。第三，贫富分化日益严重，赋税不均，占田不均。李华瑞同时指出，王安石变法也是北宋士大夫崛起的结果。北宋实行崇文抑武、扩大科举选官范围、大兴学校教育等政策，士大夫阶层迅速崛起，并成为北宋政治势力中与皇权共治天下的重要力量。王安石变法实际上是一场士大夫们欲实践其回到三代(夏商周)政治理想的社会变革运动。北宋士大夫的崛起表现在三个方面：一是自中唐以后经济重心南移的步伐加快，代表南方新兴的中小社会阶层利益的士人逐渐开始主导和掌控北宋政治的话语权。到宋神宗朝以后南方人士所占比重则达到百分之六十二。二是自中唐开始的儒学复兴运动到北宋中叶达到高潮，用融会贯通的儒、佛、道三家学说重新诠释儒家经典，高扬内圣外王的大旗，重建社会秩序，成为当时士大夫们的共同理想。儒学经典中的《易经》《春秋》《周礼》受到特别重视并成为显学亦是适应变革政治的需要。三是北宋中期的士大夫们遇到了“得君行道”的最佳历史机遇。宋神宗是一位很有政治抱负的君主，他一登上帝位，便谋求改变自宋真宗朝以来形成的积弱局面，向大臣们垂询治国之道。

(2) 王安石变法失败的原因

熊光慈在《庆历新政与王安石变法得失管窥》(载《史学月刊》2006 年第 10 期)一文中指出,王安石变法的失败是因为变法缺乏政治改革的支持。王安石变法的核心是经济改革,军事改革的目的是为了强国,教育改革是为整个改革选拔人才,没有直接在政治上损害官僚贵族的利益,也并未改革官僚体制,只是通过改革科举制度使一些支持变法的新人进入官僚体系。所以它遇到的阻力较庆历新政小一些。宋神宗的强力支持是王安石以经济为中心的变法能够取得阶段性成果的关键。但当改革向纵深发展时,这场缺乏政治改革支持的经济改革开始举步维艰,趋向失败,而且前期的改革成果也难以维持。

张祥浩更多从变法派内部分析其失败原因,在《王安石变法失败原因再探讨》(载《东南大学学报(哲学社会科学版)》2011 年第 4 期)一文中指出,王安石变法失败的原因除了新法在实施中走样、实践与理论相背离外,变法派人士的分裂也是一重要因素。参与王安石变法的人士,除核心人物吕惠卿、曾布外,有影响的还有与王安石同领三司条例司的韩绛,集贤校理、中书检正章惇,御史知杂事、判司农寺的邓绾等人。在变法中,迫于反对派的强大压力,王安石往往比较注重一个人的政治态度,常常以是否拥护新法为标准,而忽视了他的道德品质,这就为日后变法派的分裂造成了隐患。在变法之初,面临反对派的强势攻击时,他们尚能团结一致,坚定地支持王安石及其变法。而当变法渐至顺利,反对派人士次第遭贬时,吕惠卿、曾布、邓绾、章惇等变法派骨干人物强烈的权势欲和财货欲就暴露无遗,其内部的明争暗斗、互相倾轧就日渐厉害。这种窝里斗,终使王安石复相后在政治上无所作为,只得辞去宰相,退归金陵。

(3) 对王安石变法的评价

吕思勉在《吕著中国通史》(445 页,上海:华东师范大学出版社,1992)一书中指出,对王安石的变法的评价,旧史痛加诋毁,而现代史家则为其辩护褒扬,这些都失之偏颇。吕思勉认为,王安石所行的政事有一定功效,但引起的弊端极大。总体来看,免役法利大于弊;青苗法弊端较多;方田均税,在他手里推行有限,后人推行此法,全是徒有其名;学校、贡举并未能发挥培养、选拔人才的效果;裁汰冗兵,确是收到很大的效果,但所置的将兵,则未必精强,保甲尤其有名无实,且引起的骚扰极大。

(三) 唐宋变革说

1. “唐宋变革说”的提出与发展

唐宋之际,出现了婚姻不问阀阅、取士不问家世、家族谱牒寝废、社会风气不同于前代等现象,有学者就此提出了“唐宋变革说”。这一学术命题迄今仍具有鲜活的生命力。

最早明确提出“唐宋变革说”的是日本学者内藤湖南。他在 1910 年发表的《概括的唐宋时代观》(刘俊文主编,黄约瑟译:《日本学者研究中国史论著选译》第一卷,10—18 页,北京:中华书局,1992)一文中指出,唐和宋在文化的性质上有显著差异:唐代是中世[①]的结束,而

① 以内藤湖南和宫崎市定为代表的日本“京都学派”参照西方历史把中国历史分为上古(从原始社会到东汉时期)、中世(从秦汉至五代十国时期)、近世(宋以后,即宋元明清)三个阶段。下文涉及这一概念与此同,不再另注。

宋代则是近世的开始，其间包含了唐末至五代一段过渡期。内藤湖南从以下几个方面对此进行了论述：

第一，政治上的变化。唐宋政治上的变化主要表现为贵族政治的式微和君主独裁的出现。从六朝至唐中叶，是贵族政治最盛的时代。这种贵族政治在唐末至五代的过渡期式微，取而代之的是君主独裁政治。在这种体制下，任何人要担任高职，不能靠世家的特权，而是由天子来决定和任命。君主独裁政治在宋代以后逐渐发达，到了明清时期，形式变得完备。

第二，经济上的变化。由于唐宋处在实物经济结束期和货币经济开始期交替之际，其间货币的形式和名称等自然发生变化。货币形式先后经历了绢布、绵到铜钱再到纸币最终银币的变化；以前的钱称为两或铢，宋代废除重量的名称，而以钱的个数来表现。由此可知，当时钱的流通量非常大。

第三，学术和文学的变化。唐代中叶，开始有人怀疑旧有注疏，要建立一家之言。到了宋代，学者全部用个人见解对旧的经典作新的解释，成为一时风尚。文学亦是如此。唐中叶以后，文章以散文体为盛；随着李、杜等大家出现，诗歌也打破传统模式；唐末，词也发达起来，其结果导致宋元之间曲的发达。宋词等文学形式，不再以包含典故的古语为主，而变为以俗语自由地表现。文学曾经属于贵族，自此一变成为庶民之物。

第四，美术和音乐的变化。六朝隋唐盛行壁画，以彩色为主。从五代至宋，壁画渐改为屏障画，金碧山水衰退，墨绘日益发达。画在以前是贵族的道具，作为宏伟建筑物的装饰物之用；卷轴盛行后，画虽然并未因此而大众化，但却变为平民出身的官吏可以携带享乐的一种物品。唐代以舞乐为主，是一种服务于贵族的仪式的东西。宋代以后，随着杂剧的流行，模仿事物一类的通俗艺术兴盛，动作较为复杂，品味较古代的音乐下降，迎合了市民阶层的需要。

内藤湖南的弟子、日本学者宫崎市定在其所著《东洋的近世》（刘俊文主编，黄约瑟译：《日本学者研究中国史论著选译》第一卷，153—241页，北京：中华书局，1992）一文中，对内藤湖南的唐宋变革说做了进一步发展。

宫崎市定认为，交通发展在历史活动中起着极其重要的作用。交通给人们带来了不同地区的特产和珍宝，推动了人们开辟更为广阔的交通通道。比如说欧洲人受香料的吸引而开辟新航路。同时，宫崎市定明确指出，文化的蓄积离不开物质基础，因此要把文化集中并蓄积起来，主要依靠物质丰富的大都市来实现。如果交通频繁达到了一定程度，大商业都市便出现在交通线路上，为了保护它的发展，统治者往往把这一都市改为政治都市。

通过对比欧、亚历史的不同之处，宫崎市定还指出，东洋[①]的国民主义也影响了东洋近世的发展。宫崎市定将秦汉王朝的领土扩张与罗马帝国的称霸相比。欧洲罗马文化渗透了日耳曼世界，但汉文化对蒙古和周边地区的影响程度则较为微弱。隋唐时期，突厥、回纥等游牧民族建立起强大的国家，并出现了民族自觉，与汉地原住民族的对抗意识增强。宋代，契丹、党项、大理等周边民族政权的建立是由于他们民族意识的活跃和国民主义的勃兴。

宫崎市定在结语中比较了东洋的近世和西洋的近世。他认为，东西方历史的发展不是

① “东洋”一词产生于幕府末年，指的是以中国文化为中心的汉字文化圈，如中国、日本、韩国，与以欧美文化为代表的西洋文化相对应。

平行的，而是互相影响的。东洋的文艺复兴(宫崎市定认为发生于11世纪)比西洋的文艺复兴早三个世纪，因而对西洋的文艺复兴会产生一定的影响或启发。蒙古帝国的大征服，使中国的绘画传入西亚。西洋的文艺复兴与绘画明显地受到了东洋绘画的影响。此外，西洋的罗盘、火药、印刷术均可以在东洋找到历史源头。西洋文艺复兴虽受到东洋文艺复兴的影响，但西洋文艺复兴中也包含了东洋未有的进步，比如科学性。西洋经过革命后便位居世界之前列，将世界远远抛在身后。但是，西洋工业革命的开展，一定是有从东洋贸易中得到的资本积累。不仅如此，东洋思想对人文主义的勃兴也有影响。

2. 中国学者的研究

“唐宋变革说”激发起中国史学界对唐宋社会发展的极大兴趣。有些学者对唐宋社会做了研究后，也发表了类似的看法。

白寿彝在其主编的《中国通史》第六卷·上册，(437—477页，上海：上海人民出版社，1996)一书中指出，经济的发展促使隋唐社会发生了一些变化。

第一，是阶级关系的变化。自东汉以来逐步形成的士族门阀，到了东晋，发展到了极盛时期。南北朝以后，就开始走下坡路，隋唐时期是士族门阀的最后阶段。

第二，是民族杂居地区的汉化。隋唐时期，周边诸族内迁以后逐渐改以农业为主，兼营畜牧业、手工业、商业等。这一方面是唐政府有意引导，另一方面是受汉族影响不得不改变其原有的生活方式。这一时期，众多的胡族和外国人迁入内地，与汉族杂居，生活在共同的地域之中，经济文化互相交流，逐渐形成共同的经济生活。杂居民族在共同经济生活中，形成共同语言，通常是以多数人的语言为共同语。同时，各民族的文化、风俗也逐渐改变，慢慢地趋向一致。

第三，经济格局的变化。唐玄宗天宝末年，中原动荡，人户南迁，长江下游三角洲太湖流域获得了更大发展。唐中期以后有“扬一益二”的说法。扬州的繁荣，也带动了扬州周围长江下游三角洲太湖流域的发展，再加上人户的滋长和自然条件的优越以及农田水利的不断兴修，就使经济迅速发展，并逐步超过北方。

李华瑞在《“唐宋变革”论与唐宋之际的变革》(载《文史知识》2012年第4期)一文中指出，从唐代中叶开始至宋代，在经济、社会结构、政治、军事、文化思想以及社会生活诸多方面大致发生了以下显著的变革：

第一，唐代开元以后，均田制被破坏，土地私有制发展，成为我国经济史的重要阶段。宋代土地私有制特别是地主土地所有制得到了进一步的发展，并居于绝对的优势地位，从而奠定了租佃经济的物质基础。第二，实物经济的终结与货币经济的开始。第三，唐宋之际的城市从封闭结构逐渐走向开放。从经济上纵观中国的历史，由古代至中世是以内陆地区为中心的时代，而由宋以后至近世变为以运河地带为中心的时代，再降至晚清开始，则是以海岸为中心的时代。第四，唐中叶以来门阀世族的衰败与中古良贱身份体系的瓦解，基本是同步的。当唐宋之际门阀世族土地所有制彻底瓦解从而导致部曲奴婢劳动制解体、部曲奴婢等贱民身份大量改变之时，中古良贱身份制度也就无法继续下去了。第五，唐代是贵族政治体制的终结，而宋代是君主独裁制的开始。第六，唐型文化和宋型文化是两种不同的文化，既有联系又有区别。大体说来，唐代文化以接受外来文化为主，其文化精神及动态是复杂而进取的。入宋以后，各派思想主流如佛、道、儒诸家，已趋融合，渐成一统之局，遂有民族本位文化的理学的产生，其文化精神及动态亦转趋单纯与收敛。南宋时，道统思想既立，民族本位文化益形强固，对外来文化的吸收几达停滞状态。第七，在社会生活方面，有四个方面的显著变化。一是居室从席地跪坐转变为垂足而坐，引起礼仪和家具等一系列变化；由女真人传入的炕在北方开始逐渐普及；二是衣料开始了棉取代传统丝麻的漫长过程；三是大量用煤作为民用燃料；四是汉文的口语化以及标准语开始由洛阳话向今天北京话转变。

李华瑞最后指出，唐宋变革对宋以后至晚清在民族文化、民族性格、政治制度、社会风貌、生活环境等方面起到了与此前的中国划出分界线，接近于现代的巨大作用。

也有些学者围绕唐宋之际的变革，分别从经济、文化和社会等几个具体方面发表了自己的看法。

● 经济方面

林文勋在《商品经济与唐宋社会变革》(载《中国经济史研究》2004 年第 1 期)一文中指出，商品经济的发展是促成唐宋社会变革的主要原因。第一，商品经济赋予唐宋社会新的时代特征。唐宋时期，商品经济获得很大发展，达到一个新的历史高度，而自然经济则相应退缩。经济结构的变化必然引起社会关系和上层建筑的变化。这使得唐宋时期形成了以下时代特征：(1)土地所有制关系发生变化。中唐以来，土地买卖日渐频繁，土地国有被私有取代。(2)与商品经济相关的社会关系和法律制度发生变化。以赋税的征收为例，这时虽然传统的两税仍占主要地位，但面对商品经济的发展，统治者不得不推行和买、预买、折买、和籴、博籴等政策措施，通过市场来弥补传统赋税征收上的缺陷。(3)商品经济的变化必然引起思想文化的变化。经学、文学及艺术的自由开放、重经世致用，无疑与商品经济的开放性和求利性有关。至于平民文化和市井文化的兴盛，则更是商品经济发展的结果。第二，商品经济孕育了新的社会力量。唐宋商品经济的迅速发展，引起了财富的两极分化，而这种分化直接导致了财富力量的崛起。经济力量的增强自然会要求按照新的经济关系规范人们的社会地位，结果导致了富贵贫贱的不断转化及其分离，旧有的门阀士族和士农工商等级制不能维持，整个社会呈现出流动和分层。第三，商品经济引起了价值观念的变化。唐宋时期，随着商品经济的发展，言利的思想主张日益抬头，一批思想家对传统的价值观念进行了猛烈的批判。价值观念的这一变化和发展，最终导致了功利主义学派的兴起。这一时期，社会价值取向从注重形式转向注重实效和注重功利，它赋予社会发展以新的动力，整个社会焕发出一种新的精神生活面貌。同时，还打破了过去沉闷的思想状态，使社会具有活力并呈现开放的特征。

城市变化是社会发生深刻变化的集中表现。宁欣在《唐宋城市经济社会变迁的思考》(载《河南师范大学学报(哲学社会科学版)》2006 年第 2 期)一文中指出，由唐入宋，城市整体面貌发生了巨大变化：第一，城市的类型和职能：以政治、军事为主的传统中心城市向复合型城市转变，城市的商业、经济职能逐渐加强，有的甚至已转变为以经济商业职能为主；过去以经济商业职能为主的城市作用和地位更加突出；由于水陆交通线的发达和开辟，新兴城市大都以经济商业职能为主。第二，城市空间分布：重要的大城市分布已由北方向南方转移；城市内部空间结构已经打破坊市界限；外部空间结构则突破城墙界限向城周地区扩延；由于战争和民族矛盾造成的北方经济发展阻滞，使得南北城市的发展呈现明显的差异。第三，城市人口结构和数量：由于城市经济功能的增强，大都市政治军事性人口比重减少，经济商业服务性人口比重明显加大;传统的政治军事性人口在商品经济的刺激下,与市场发生了更多的联系;城市人口数量大幅度增长,在整个社会中的人口比重也明显增加,市民阶层初步形成。第四,人口流动的趋势:农村人口向城市转移和集中的趋势加快,人口向大城市集中的同时,新兴的工商业交通沿线城市成为人口集中和流动性人口的集散中心;这些因商品经济发展而引起的由农村向各级城市的流动、由农业人口向工商业人口的流动,是商品经济发展的内在要求使然。第五,城市网络体系:商品经济发达地区各级城市、市镇市场网络体系逐渐形成。

谢元鲁在《对唐宋社会经济制度变迁的再思考》(载《中国经济史研究》2005 年第 2 期)一文中对唐宋之际社会经济变迁的原因进行了深入的分析。他指出,从制度经济学的角度来看,唐宋社会经济发生了一些不同以往的变化:第一,从唐代中期至北宋,在土地制度、手工业和商业各个领域中出现了产权结构明晰化的长期趋势。安史之乱前后,以庄园制为代表的私人土地所有制逐渐取代均田制。唐宋之际,在手工业的许多部门中同样也是如此。唐代的铜铁业没有广泛实施官营,各地铁矿在一定条件下听任百姓开采,设盐铁使收税。在其他手工业领域中,这种情况同样存在。第二,社会商业信用新体系的逐步形成与完善化,社会资本利率的不断下降,市场交易方式的变迁等因素,使社会交易成本逐步降低。唐宋之际社会交易成本的降低,首先表现在社会商业信用的新体系逐渐形成与逐步完善化。在金融货币业方面,唐代后期,长安、扬州等商业发达城市中,已出现了"柜坊""飞钱"等新型金融元素。到北宋时期,社会商业信用体系更进一步发展,出现了种类繁多的信用票据和信用货币,主要包括如茶引、盐引等期票类交引和交子、会子、便钱等汇票类兑换券两种类型。另外,唐宋之际的市场交易方式变迁,也使得交易成本随之而下降,从而促进了商业的繁荣。第三,科举制度出身的官僚集团缺乏对规模日益增大、市场日益复杂的商品经济的管理能力。因而唐宋王朝的国家权力对社会经济部门的控制,只能限于传统的农业和少数最重要的商品,如盐、茶、酒的专卖方面。而对于新兴的商业、金融业与作坊手工业等需要进行较精密的数字化管理的经济部门,则缺乏进行管理的能力。此外,唐宋之际中央集权的衰弱与地方势力的发展,在宏观上也削弱了国家权力对工商业发展的限制。除了对市场的控制日益松弛外,唐宋之际国家权力对金融的控制力也很薄弱。首先是对货币发行的控制,这是现代国家权力控制最为严密的领域。但唐代初年即曾把铸造货币的部分权力赐给秦王、齐王等王公大臣,到开元年间,宰相张九龄与信安郡王李祎甚至建议允许民间铸造钱币。到宋代,就连货币也未能统一,形成了铜钱区、铁钱区与铜铁钱兼行区,甚至纸币的发行也是由成都民间富商首创。

谢元鲁在《唐宋制度变迁:平等与效率的历史转换》(载《文史哲》2005 年第 1 期)一文中对唐宋经济制度变迁的特点进行了总结。

谢元鲁指出,唐代前期经济制度对平等的注重,主要表现在诸如均田制、租庸调制等制度的实行上。唐代初年实行均田制,其实质是土地的所有权属于国家,官僚、地主、百姓等臣民依照一定的标准和条件,均平占有土地的制度。这种均田制的立法精神和实质,其出发点和动机是企图追求一定条件下的均平。

谢元鲁认为,唐代的经济制度重平等轻效率,宋代则不然,在经济领域对效率的注重逐渐取代了对平等的注重。宋代经济效率的提高,主要表现为土地产权逐步由国家平均分配土地的均田制向土地私有转换，出现了产权的明晰化趋势；国家权力对某些新兴经济领域控制相对薄弱。同时，经济制度和组织建立、变迁和运行所产生的社会交易成本也逐步降低，表现在社会商业信用新体系逐渐形成与完善化。宋朝对于新兴产业部门的国家控制力逐渐松弛。在工商业等流动性大、难以控制的领域开始出现经济效率方面的突破。

● 文化方面

虞云国在《唐宋变革视野中文学艺术的转型》（载《社会科学》2010 年第 9 期）一文中指出，从“唐宋变革”的视野考察这一时期文学艺术领域的发展，可以真切地勾画出这一转型从萌蘖到勃发的历史性演变。这种演变主要表现在以下四个方面：

其一，体裁形式的创新。社会经济的巨大进步是唐宋变革的根本动力，其中对文学艺术体裁变化起直接作用的因素，莫过于印刷术的发明与普及。印刷术的发展促进了文学批评、白话小说等文学体裁的繁荣。在艺术领域，宋代书法帖学的兴起就与雕版印刷业与造纸制墨业的发达直接相关；版画与年画作为新画种，也直接受惠于印刷术的普及；随着雕版印刷的发达，印染工艺也获得发展。唐宋变革期对文学艺术体裁创新影响的最大因素，则是城市经济的繁荣与城市社会的形成。城市革命满足了为数众多的市民阶层在物质层面的需要，这一阶层在精神层面的各种诉求，也必然推动市民文学和艺术的兴盛。

其二，作者与受众的变化。文学艺术作为一个时代的文化形态，其作者群体与受众群体的变化，足以折射出整个社会的深刻变动。就创作者而言，从中唐到北宋是世俗地主阶级在整个文化思想领域内全面开拓和成熟的时期。在文学艺术方面，非身份性地主士大夫也担当起这一开拓任务的主角。就文学艺术的受众群体而言，平民化倾向更为明显。更为重要的是，由于城市的繁荣与勃兴，已经形成一个包容度相当宽松的市民群体，作为文学艺术的共同受众。

其三，核心精神的嬗变。核心精神在文化模式中是最具决定力的价值系统。与中唐以前迥然不同，以新儒学为中心的宋学成为唐宋变革期文学艺术的精神核心，也深刻浸润了文学艺术的诸多层面。第一，理性精神的辐射效应。宋学主体精神就是道德理性至高无上，这一理性内涵规范了宋代文化的基本走向，也在文学艺术诸领域产生了辐射效应。第二，理想人格的感染力量。宋代崛起的士大夫阶层，上对社稷安危，下对生民利病，无不抱有舍我其谁的主体意识与深切真诚的现实关怀。他们的这种主体意识与现实关怀，必然通过文学艺术予以转达。第三，兼容态度：儒学为体与佛道为用。中唐以后，儒、佛、道渐呈合流态势，新儒学正是在这一大趋势下，摄取佛道两家的某些因素，构建起有别于传统儒学的宋学系统。因此之故，宋学在其创立过程中秉持兼容并蓄的开放姿态，颇具怀疑精神与创新活力。

其四，题材内容的更替。唐宋变革使得唐宋社会结构全面平民化，人身关系相对独立化，民族关系明确对等化，文学艺术在题材内容上的世俗化走向、个性化诉求以及民族意识的注入，无一不是这些大趋势的直接投影或间接折射。

漆侠在《唐宋之际社会经济关系的变革及其对文化思想领域所产生的影响》（载《中国经济史研究》2000 年第 1 期）一文中指出，唐中叶以来经济领域里的变革对文化思想领域产生了积极的影响，使其也相应地发生变革。

第一，儒佛道三家矛盾斗争及其相互渗透。魏晋六朝到隋唐，文化思想领域中占支配地位的先是以老庄为代表的玄学，继之以外来的佛家思想，儒家思想则大受冲击，形势岌岌可危。儒佛道三家在政治、文化思想领域里进行了长期斗争，这是三家思想的主要方面。但在儒佛道长期斗争中，三者又有其互相吸收、互相渗透和互相影响的一面。这一点，对宋代士大夫及其所建立的宋学有重要作用。

第二，儒家遇到佛道两家的严重挑战，韩愈及其弟子李翱以儒家卫道者自居，在排佛的同时，大力宣扬周孔之道。在儒家正统地位岌岌可危的情况下，韩愈的呼喊对后来宋代的儒生士大夫觉醒起着重要作用。

第三，经学一直沿袭汉儒章句之学的路子，日益陷于烦琐哲学，直到唐代无所改变。唐中叶啖助、赵匡和陆淳在对春秋经传的研治中，一扫过去遵循传注的老路，提出从大的纲领中去把握《春秋》。他们经过多年的研究，才得出这个研治《春秋》经传的重要方法。这个方法对当时经学界似乎无甚影响，但它给宋儒治经提供了极为可贵的启示，即从宏观上把握经学，而不是从章句上理解经学要旨，使经学研究达到新阶段。

漆侠最后指出，以上所说的三个方面，都发生在唐中叶。如果从经济、文化思想领域作一整体全面的考察，唐中叶是我国古代真正变革的历史时代。这个变革在其开始时，没有什么显著的影响和作用。但是一旦这些变革汇集起来，找到它适合发展的土壤，就会使涓涓细流扩展成横无际涯的汪洋大海。

● 社会方面

张岂之在《中国历史十五讲》(242—247 页，北京：北京大学出版社，2003)一书中指出，唐宋时期社会生活发生了较大的变化。这主要表现在以下几个方面：

第一，城市和市镇的发展。长安是隋唐两代政治、经济、文化发展的中心，也是发达的商业城市。北宋中期，全国 10 万人口以上的城市增至 46 处。宋代城市打破坊与市的界限，商店可以随意开设，不再采取集中的方式。早在唐代出现的在大城市周围的定期草市和墟市，到宋代已经更加普及。许多草市逐渐发展成镇市，镇市发展为城市。宋代手工业者、商人的社会地位大大提高。他们及其子弟可以进入官立学校读书，可以参加科举考试。

第二，婚姻习俗的演变。唐代婚姻形式与礼俗基本与前代相同。受士族崇尚婚姻的影响，唐代社会上层极重择婚时的门当户对。由于门阀世族的消亡和商品经济的发展，宋代在婚聘上有两个重大变化：一是择偶标准不像以前那样重门阀世族，而看重金榜题名；二是比较计较婚姻关系的物质财富。在宋代，富商娶宗室女的现象司空见惯。

第三，饮食文化的变迁。隋唐时期，人们的主要食物在南方为稻米，北方为粟麦。北部畜牧地区则以羊肉、牛肉、马肉为主食。这一时期，人们通常栽培和食用的蔬菜已达数十种。菠菜等外国蔬菜也陆续传入中国并进入当时的食谱。酒类是最重要的饮品。唐代在谷物酿制的曲酒之外，又增加了葡萄酒。隋唐以前，饮茶主要流行于南方地区，自中唐开始，饮茶风气逐渐在北方普及，并流传到塞外游牧民族地区。宋代饮食文化有很大发展。北宋统一后，首都汴京是南北饮食技术的交流中心。南宋时北方人大量南迁，汴京的饮食业也涌入杭州等地。宋朝人普遍喜欢饮酒和饮茶。在宋代城市中还有许多凉饮店，出售甘豆汤、漉梨浆、木瓜汁、沉香水、荔枝膏水等饮料。

第四，服饰的演进。隋唐时期的服饰有官服和民服、男衣和女装之分。官服等级森严，从用料到颜色都有严格的规定。宋代服饰总体来说，分为官服与民服两大类，官服又分朝服和公服，这种衣服的等级区别也很严格。民间服饰则相对宽松。庶民百姓只许穿白色衣服，后来又允许流外官、举人、庶人可穿黑色衣服。但实际生活中，民间服色五彩斑斓，根本不受约束。

第五，宗教信仰的变化。道教和佛教仍然是宋代最主要的宗教，儒家的尊祖敬天、佛教的水陆道场、道教的斋醮法事，都被作为一种生活情趣而加以接受。但随着社会的变化，民间所崇拜的神灵对象有了新的内容。中唐以前，在以荆州为中心的两湖地区受崇拜的关羽，自宋元时代开始成为全民信仰。城隍被人们奉为专门守护一座城市的神祇，对其崇拜几乎达到与社神崇拜相等的程度。福建、浙江等东南沿海地区盛行妈祖信仰。巫术仍然十分流行，施展于相宅和卜葬的风水术也风靡社会。

高德步在《唐宋变革：齐民地主经济与齐民社会的兴起》(载《学术研究》2015 年第 7 期)一文中认为，齐民社会兴起是唐宋变革的基本结果，齐民社会兴起主要表现在两个方面：

第一，汉唐时期的士庶之别和良贱之分，经唐宋变革发生了重大变化。就士庶之别来讲，秦汉时期的国家编户以自耕农和庶族地主为主，他们是没有特权的人口，这就是“齐民”。社会上还有一小部分以士族地主为主的世族贵族。他们是大地产所有者，更是拥有特权的贵族，依靠世袭特权来保证他们的经济势力。在魏晋南北朝时期，士庶之分十分严格。而到了唐中叶以后，由于均田制度崩坏，土地买卖和土地兼并导致土地的加速流转，使世族地主土地所有权的稳定性丧失。而商品货币经济的迅猛发展，使世族地主世代相袭的地产大多转入新兴的庶族地主之手。这些新兴地主没有特权，是划归“齐民”的地主，而那些世族地主由于丧失了特权也与庶族地主相近了。这样，整个地主阶级就转变为“齐民地主”阶级。就良贱之分来讲，汉唐时期国家编户仅仅是人口的一个部分。在编户齐民之外，还存在大量的奴婢和依附民，统称为贱民。中唐以后，国家臣民不分贵贱，均为编户齐民。由于世族制度瓦解，良贱制度也随之废除。这就是说，经唐宋变革，享有特权的世族贵族不存在了，奴婢、部曲等作为贱民不存在了，中国进入以“齐民”为主的社会。

第二，经唐宋变革后的社会，士农工商的等级职业制度也发生了重要变化。唐代社会除世族贵族和官私贱民外，都属于“良人”即平民，亦即士农工商。唐代令文中多次重申“四民”分业的规定。可见此时士农工商的职业划分十分严格。但是到了中唐以后，这种等级职业制度发生了变化，职业的等级差别在缩小或消弭，趋向扁平化发展。四个等级之间的流动性日益增强，到宋代，士、农、工、商都成了同等的齐民。

高德步指出，总的来看，经历唐宋变革，中国传统社会发生了重要转变，不仅士庶制度和良贱制度不存在了，而且作为等级职业制度的士农工商差别也淡化了，社会以士绅即齐民地主、自耕农、佃农和以工商业者为主的城市市民为主体，他们在数量上占据社会的绝大多数，在法律身份上是“齐民”，在经济和社会角色上也可以转换。可见，中国基本上完成了从世族社会向齐民社会的转变，形成齐民社会。

冻国栋在《唐宋历史变迁中的“四民分业”问题——兼述唐中后期城市居民的职业结构》(《暨南史学》，226—242 页，广州：暨南大学出版社，2004)一文中认为，中国传统社会中的所谓“四民分业”，亦即士、农、工、商四大群体在社会结构中的分布状况，到了唐宋时期发生了一些变化。

冻国栋指出，“士”位居四民之首，属统治阶层。在唐代，这一阶层有扩大的趋向，主要原因乃在于科举制的建立。科举制广泛地向社会各阶层开放，使之都有走上高官显职的可能。

科举制扩大了统治基础，同时也从一个侧面表明“士”阶层的扩大。农民作为古代国家赋役征发的主要来源，始终是政府严格控制的主要对象。但是，小农的经济是很不稳定的，因此，农民是一个最广大的阶层，但也是一个最不稳定的阶层。“四民”中的“工”即手工业者。魏晋南北朝时期，官府工匠有专门的匠籍，一入匠籍后，便终身不得改业。唐代工匠制度的变化在于“纳资代役”（缴纳一定量的货币代替服役）的普遍化与“和雇制”（官府出钱雇用技工、民匠从事劳役制作）的推广。这些变化，不仅意味着手工业者可以有相对较多的时间从事自己的手工业生产，同时也可以在某种条件下摆脱原有的工匠身份，走上“入仕”的道路。中晚唐时期的商人身份地位，随唐代“市籍制”①终结，较之以往也有着明显的变化。

冻国栋还指出，随着社会生产力的发展，所谓“四民分业”已无法概括行业或部门间分工的实况。特别是在城市中，工商业者人数的增长是一个基本的现实，而城市中其他的行业包括广义的“邸店”业和适应城市居民生活需要的演艺业之类正在吸纳更多的人户走向城市或新兴的市镇。此外，无法归于“四民”行业的兵士、学校中的生徒以及各地来京应试的举子和出于不同信仰的“方外”②之人也占有相当比重。

3. 对“唐宋变革说”的质疑

“唐宋变革说”有着极其广泛的影响，引起许多学者的共鸣，但是，也有学者对此提出质疑。

柳立言在《何谓“唐宋变革”?》（载《中华文史论丛》2006 年第 1 期）一文中指出，内藤湖南和宫崎市定提出“唐宋变革”的时代观有着特定的含义。

柳立言在综合研究内藤湖南和宫崎市定的观点后指出，他们的唐宋变革说是由两部分构成的：史实和史观。史实是指内藤湖南和宫崎市定指出的某些根本或革命性的巨变；史观是指不但注意到这些巨变，而且抽出它们的共同意义，提出研究者对历史发展的看法。史实与史观互相影响，一般是根据某些史实得出史观，然后以此史观解释更多的史实。无容讳言，史观带有知识甚至价值判断，会因人而异。但史实却是一种客观存在。比如，我们不能否认宋代是君主独裁制，统治阶级主要是由平民出身的既得利益者所构成，社会出现有着独特文化的市民阶级和地位大幅上升的商人阶级，工商和家庭手工业盛况空前，个人权利的观念甚为发达等，甚至还有更多大小不等的转变。依据这些史实，可以做进一步的比较研究。既要比较唐代和宋代，也要比较唐宋两代和它们以前及以后的朝代。要比较的不是词汇，而是词汇的内容。例如唐代的若干贱民到了宋代变为良民，他们原来的名称就消失了。有些却只是名称的改变，原来的内容没有变，例如某个职位消失了，但职务依然存在，只是合并到其他的职位，或取了一个新的职名。

柳立言总结指出，“唐宋变革”是一个由某些特定史实和史观所构成的概念，谈唐宋变革而不研究其中的史观（中古文化型态→近世文化型态），已是夺其魂魄，再不针对其中的史实（根本或革命性的巨变），简直是尸骨无全，徒具空名。问题不在有没有变，而在变的重要性和对后世的影响。

---

① 市籍制：对在各级市场内陈列店肆固定经营的工商业者，建立有专门的“市籍”。市籍详细登录入籍工商业者的所有财产，作为征收户税的依据。这些工商业者，身份卑贱，遭受多种限制和歧视。

② 方外：外国及少数民族。

陆扬在《唐宋变革说究竟是怎么回事》(载《东方早报·上海书评》2016年5月29日，原题《陆扬谈唐宋变革说》)一文中指出，对唐宋这段时期很多复杂的现象，学者在解释时往往贴上一个“唐宋变革”的标签，而不是在反省分析框架是否有效的前提下做深入的分析，这就逐渐形成一种方法论层面的惰性，从而使唐宋变革说这一概念失去解释的力度，甚至对未来的研究产生误导。

陆扬进一步指出，内藤湖南唐宋变革说的核心，其实是对唐宋这段历史时期统治结构和社会结构变化的性质的概括，简而言之，就是从唐到宋是一个从贵族政治转向君主独裁体制的过程。内藤湖南的观点自然不是凭空掉下来的，中外学界大都认为内藤的唐宋变革说是受西洋史的影响。托克维尔在其名著《旧制度与大革命》中的看法就和内藤的观点有相通之处。内藤把贵族制跟君主独裁对立起来的分析路径相当特殊，宋代的君主独裁就类似于法国波旁王朝的旧制度。当然托克维尔将真正的贵族制度和自由联系在一起，具有褒扬的意涵，内藤则对中国中世贵族社会并无多少好感。但内藤这个思路并不是直接从中国历史观察得来的，而是受了西洋某些特殊看法和日本的历史情形的启发以后，再与中国社会对照，然后去找证据，发现好像是这么一回事。

陆扬还指出，内藤湖南以来，日本和国际学界对唐宋变革关注的视角有两个关键点：一是从贵族社会转变为君主独裁之下的平民社会这类比较具体的论断；二是几乎所有强调唐宋变革的学者都有一个或明显或隐含的预设，即这一变化是整体性的，而且变化前后的各个层面相互间有一种对应关系。这里存在两个问题，一是社会的不同层面，其历史变化的节奏并不一样；二是不同层面之间的关联其实很复杂，比如学界常提出唐有哪些特点，宋又有哪些特点，仿佛那些特点是相互吻合、相互促进地造成了一个全盘的变化。这种分析模式其实是静态的，仿佛选取唐宋社会的某一个节点，各做一个横切面，然后比较他们的肌理，但实际上那一横切面中的各种成分，都有各自的发展脉络。

刁培俊在《“唐宋社会变革”假说的反思与区域视野下的“历史中国”》(载《学术月刊》2013年第2期)一文中指出，“唐宋变革说”并非一个完美无缺的研究范式。在这一论域之下，许多中国历史上的问题，尚有不尽切合于这一假说之处。尤其是在历史时段上不可一概而论，即并非所有事物均在“唐宋之际”发生了断裂式“变革”。

刁培俊认为，唐宋时期，并非所有一切领域都发生了所谓“变革”；即便是变化的领域，也并非毫无例外地发生在“唐宋之际”。实际上，唐宋之际有三个根本性的领域是延续和深化的：第一，从社会经济史领域着眼，在宗法一体化社会结构下，以租佃制为主的农业社会是延续和发展的，农民日出而作、日落而息的耕作方式、吃喝穿住等家庭日常生活，变化无多。第二，在政治体制方面，皇权至上的专制主义中央集权及其等级授职制总体上是走向深化的；政治系统内虽因科举大盛而产生了社会流动，但就官僚队伍的整体构成而言，由荫补入官者(官僚世袭)依然占据了整个官僚队伍的大多数，唐宋两朝并无质的区别；在“刑不上大夫”的法律规范下，有法不依、执法不严的境况以及行政运作的人情化、无序化，唐宋两朝亦无质的区别。第三，在思想文化社会领域，独尊儒术的状况也不曾在根本上发生改变。传统的儒家纲常理念，或在南北朝、唐、五代时期受少数民族影响较多，礼崩乐坏。入宋后，经过儒士们的努力，传统的儒家纲常理念基本返回到中唐以前的传统之中，并在原有基础上进一步深化，经两宋不断增多的读书识字群体的传布而更加深入民心。而佛教和道教的信仰及其在民间的传布，也与此前唐朝没有发生质的改变。再有，唐宋男女婚恋的自由度也不曾发生剧烈变化。即便是在唐宋时期确实发生变化的一些领域，也并非千篇一律，或是唐朝前后期即发生了变化（譬如从府兵制到募兵制的变革），或是唐宋之际（譬如科举制，唐朝强调门第，宋太宗朝之后才开始强调出身；中国古代经济重心的南移与政治中心的东移这一划时代的变化等）。

据此，刁培俊总结指出，作为一种学术“假说”的唐宋社会变革论并不能将所有问题囊括在内，也并不是一个完美无缺的学术命题。

黄艳在《“贵族政治”与“君主独裁”——内藤湖南“宋代近世说”中的史实问题》（载《古代文明》2014 年第 4 期）一文中，从政治演变的角度对内藤湖南的“唐宋变革说”提出了质疑。她指出，内藤湖南关于在唐宋之际由贵族政治转向君主独裁的观点与史实不符。她从四个方面对此展开了论述：

第一，六朝隋唐时期并非皆为贵族掌权。内藤湖南认为整个六朝隋唐时期都由贵族垄断着政权。黄艳则认为，六朝隋唐时期近 700 年，政治局面不断变动，“名族”“世家”的政治地位也在不断升降沉浮中。期间，非门阀贵族出身的君主及宰相比比皆是。曹魏政权的开创者曹操、曹丕父子、南朝陈的创立者陈霸先皆出身庶族；唐代先后担任宰相者共 369 人，其中无门阀者为 126 人。由此可见，六朝隋唐时期的掌权阶层，并非皆为贵族占据，与内藤所言的“贵族政治”之特征，并不吻合。

第二，“弑逆废立”[1]之事不足构成君主地位变迁的证据。内藤湖南认为，在从“中世”到“近世”的变迁中，君主地位发生了巨大变化。黄艳指出，内藤湖南所说的六朝隋唐时期君主地位不稳，“弑逆废立”频发，基本是符合历史事实的。但问题是，“弑逆废立”的主导者出身复杂，因此是无法用“贵族政治”之说来解释的。如武则天秉政时，中宗、睿宗先后被武则天所废，武则天出身却并非世族高门。黄艳还指出，内藤湖南认为“近世”弑逆废立少见，君主地位稳定的观点也忽略了较多重要史实。元朝统治时期，蒙古贵族围绕帝位而展开的争夺持续不断，诸帝多是靠武力斗争获得帝位。元代自然在内藤所说“近世”范围，但其特征却与内藤指出的基本特征相矛盾。

第三，唐代政治并非君主与贵族的协议体。内藤湖南以唐代三省制度为例，认为贵族政治时代的政治是君主与贵族的协议体。黄艳认为，唐代三省制下政务流程并不能说明政治是天子与贵族的协议体。第一，唐代三省长官并非都是贵族出身。第二，三省职权亦并未如内藤所言之强大。以门下省对皇帝制敕的“封还”为例。在唐代所有的“封还”案例中，因君主坚持己见而最终迫使门下省给事中签署同意的例子并不少见。其实唐代更常见的情况是，君主完全不经中书、门下而发布诏敕。明代封驳权也不像内藤所说几乎不存在。明代虽无门下省，但明初即设六科给事中掌封驳拾遗之制，“封还”之权不限于六科给事中，内阁对于皇帝的诏令不认可时，也有可能“封还”。

第四，关于宰相、地方官、宦官的对比不成立。内藤认为，在政治从君主与贵族的协议体变为君主独裁之后，“中世”与“近世”两个时代的宰相、地方官和宦官的地位均发生了变化。黄艳经考察史料记载后认为，唐代宰相地位并非如内藤所言般稳固。以唐太宗时期为例，太

[1] 弑逆废立：指杀害君上，实现皇位更迭。

宗在位23年，先后有12位宰相先后经历太宗罢免。明代，逐渐兴起的殿阁大学士并非如内藤所言，如同天子的秘书、代笔人。自永乐时期开始，阁臣参预军国要政逐渐成为定制。在实际政治运行中，内阁的意见也常常是皇帝不能轻易忽略的。至于地方官，六朝时期的地方州镇确实具有相当大的独立权力，但这一情况到隋朝统一以后便被改变。宦官方面，无论唐代还是明代，宦官都不属于天子家族成员。

二、辽的建立、发展和制度建设

（一）辽的建立

黄凤岐在《浅谈辽朝的建立》（载《辽宁师院学报（社会科学版）》1983年第1期）一文中认为，辽的建立是多种因素共同作用的结果。第一，从外部看，唐末突厥和回鹘都已衰微，无力东进。中原的朝廷和藩镇也忙于对付农民起义和争夺统治权力，无暇北图。这在客观上为辽的建立提供了有利的外部环境。第二，从契丹族自身看，契丹在建国以前已有约五个半世纪的发展史，在此期间，其畜牧业、手工业、种植业等多种经济形式同时发展，社会阶级结构不断分化，从而为辽的建立奠定了基础。第三，耶律阿保机为契丹建国作出了重大贡献。阿保机利用人民要求统一的愿望，打败贵族内部保守势力，统一契丹各部；并不断向汉族学习，在政治和文化领域进行一系列变革，如确定皇位世袭制，建立契丹的法律，创制契丹大字和契丹小字等。

（二）双轨行政制度

1. 双轨行政制度的内涵及发展

耶律阿保机称帝后，不断对外扩张，先后征服了奚族、乌古、黑车子室韦、鞑靼、甘州回鹘等，不久又将渤海纳入其版图。到其子耶律德光统治时期，获得幽云十六州地区。随着统治版图的不断扩大，境内民族成分也日益复杂，为有效治理，辽在“因俗而治”的理念下逐渐确立了双轨行政制度。

袁俊英、李文军在《辽代行政制度二元化原因分析》（载《辽宁工程技术大学学报（社会科学版）》2006年第2期）一文中指出，辽代的二元行政制度从萌芽到系统形成，经历了三个阶段：第一，该制度发端于辽太祖阿保机时期设置的头下军州。由于中原战乱，一些汉人纷纷逃往契丹，辽太祖收容安置了这些劳动力，并数次出兵攻掠河北藩镇，俘回大量汉人。对这些汉族人，阿保机设置州县（这些州县被称为头下军州）进行管理，并采纳汉人谋士韩延徽的建议，保留汉人原有的生活习俗和制度。第二，有规模的二元化开始于对渤海地区的治理。辽太祖晚年率兵征服渤海后，鉴于渤海地区受汉族文明影响较早，居民的汉化程度较深，对渤海原有的一套行政制度未做实质性的变动，在很大程度上予以保留。这是辽第一次大规模在其兼并地区依其本法而治。第三，辽建立起比较系统的从中央到地方的二元化行政制度，是在辽太宗取得幽云十六州以后。

刘本锋在《试论辽朝“因俗而治”的国策及意义》（载《江西教育学院学报（社会科学版）》2010年第1期）一文中从以下四方面对辽双轨行政制度的内涵进行了较为详细的阐述。

第一，双轨制的统治机构。(1)大辽皇帝一方面对汉人、渤海人行使皇权，另一方面对契丹等游牧民族又具有可汗的权威，集双重身份于一身，这是辽朝政治制度最重要的特点，影响到与之直接相关的一整套制度以及中央决策系统和行政机构的设置。(2)辽朝中央决策采取四时"捺钵"制度。所谓"捺钵"是指大辽皇帝在渔猎地区所设的行帐(行宫)，随四季而迁徙，辽帝一年四季都往返于"春水、消夏、秋山、坐冬"四时捺钵之间，契丹内外臣僚及杂役人等，北、南官各机构的主要负责人，都跟随皇帝在捺钵活动，辽的最高决策机构——北南臣僚会议就设在捺钵，其机制亦在迁徙中运作，捺钵本身就是朝廷。辽在吞并渤海和幽云十六州后，又根据渤海人和汉人土著而居、耕作为本的生产生活方式，设有"五京"：上京临潢府、中京大定府、东京辽阳府、南京析津府和西京大同府。但五京都不是政治中心，只不过是各自地区的汉族州县的行政、经济、文化中心，主要是征收赋税，收集粮草。四时捺钵与境设五京，政治与经济双轨运行，既照顾了境内蕃汉杂处的特点，同时又保证了权力最大限度地集中于辽帝。(3)南、北面双轨制官僚机构。之所以称为北面官、南面官，是因为他们的办公机关分别设在皇帝帐殿的北面和南面(契丹民族有拜日的传统，皇帝帐殿坐西朝东)。北面官掌管契丹政事，南面官管理汉人事务。北枢密院和南枢密院分别为北、南两面最高官署。从职权范围看，北面官主要管理皇帝行宫、契丹部落及属国事务；南面官主要管理幽云十六州汉人聚居地的地方行政、财经和军备后勤等事务。军政决策权主要在北枢密院。(4)地方官制也分为两大系统。契丹和北方诸部族实行部族制，汉人和渤海人聚居地沿袭后唐制度，设置州县。

第二，不同的祭典礼仪。辽朝统治者不但在政治上实行双轨制度，为了适应境内两大民族——契丹和汉族的不同文化心理，连祭典礼仪也分作两套不同的仪式，一是保留了契丹民族传统的"柴册礼"，二是模仿中原汉人礼仪在五京(以中京为多)举行汉族礼仪形式的"大册礼"。甚至君臣官服也分契丹、汉两种，皇帝与南朝汉官用汉服，太后与北班臣僚用国服。

第三，并行的法律制度。辽朝之前，契丹只有氏族和部落不成文的习惯。辽太祖时制定了适用于契丹、奚等民族的成文法。而汉人(后包括渤海人)则沿用由汉官参考唐律拟订的汉法，以契丹法治诸夷，以汉法治汉民，并行不悖。

第四，二元的选官制度。辽朝选官有两条不同渠道，北面官通过世选进行补充，南面官通过科举来选任。世选制是从具有才能的世家子弟中择优任用官吏的一种制度。不同等级的官员，从不同等级的世家选用，无论高官卑职的择任均要经过世选。辽圣宗时开始设置科举制，但只许汉人参加，契丹以及北方其他部族人不得涉足其中。

2. 双轨行政制度的形成原因

尹德蓉在《试论辽代的双轨行政制度》(载《湖北教育学院学报(哲社版)》1994年第3期)一文中指出，辽实行双轨行政制度的原因主要有以下两点：第一，契丹客观的地理环境和历史条件，决定了它必然选择北、南分制的双轨行政制度。契丹本族，地处大漠之间，多寒多风，到10世纪初仍然处于畜牧业为主的奴隶制阶段。而渤海王国(位于今东北地区)和幽云十六州(位于今华北平原)都是农业耕作区，有很发达的封建经济文化。经济文化与生产力发展水平的巨大差异迫使契丹"因俗而治"，实行两面官制。第二，汉文化对契丹的冲击及影响。阿保机时契丹已深受汉文化的影响：政治上，设头下城以汉法治汉民；经济上，学习中原先进农业和手工业技术，逐步实现了从畜牧业向半牧半农的转化；文化上，在汉字简化或增添笔划的基础上制成契丹大字。阿保机对汉文化的主动借鉴和吸收,促进了契丹社会经济的发展,壮大了实力,为以后辽太宗时的强大奠定了经济基础,也在意识形态上为“一国两制”的确立准备了条件。

李文军在《论辽代二元化的行政制度》(载《内蒙古民族大学学报》2005 年第 1 期)一文中认为,上述说法有一定的道理,但并不全面。因为地理环境和气候的作用虽然可算是因素之一,但并不能成为决定性因素和主要原因。汉文化的冲击和影响只能解释为什么汉地原有的行政系统得以保留,却不能说明二元化的行政系统必然出现。因为,汉文化对契丹长达两百余年的冲击和影响完全有可能造成另外一种结果,即辽国全境都从汉制,实行中原行政官制系统。李文军认为,决定辽行政系统二元化的真正原因在于契丹统治者对汉文化的两面性态度——既重视利用又疏远抵制。重视利用体现为:阿保机开国之后置官署、定刑法,多仿汉制。他的继承者们也很注意学习汉族先进的文化,重用汉族官员,特别是辽圣宗时期利用科举大量招募汉族知识分子入仕。疏远与抵制表现在:文化上,阿保机虽会说汉语但对自己的部属绝不讲汉话,并主持制定契丹文字以避免汉字在契丹地区的通行。习俗上,注意契丹原有习俗的保持。道宗即位后行大册礼时,北院枢密使萧革和汉官刘六符就行礼地点发生了争论。萧革认为应按契丹习惯在野外平川广地;刘六符则认为应为庙堂之雅。道宗虽首肯了刘六符的建议,而最后却实际行礼于永兴甸。政治权力的分配上,极端偏于契丹人。契丹统治者虽然任用了许多汉官(南面官),但多经理财赋与州县诉讼事务,不能参与军国机密。除此以外,契丹统治者对汉文化的抵制还体现在对汉族地区的不重视,契丹统治者虽然多次对南方用兵,但其目的却并非为了“海内一统”,甚至不是扩展统治区域,而是为了与中原王朝之间划出一个缓冲地带。契丹对汉文化的两面性态度影响了其决定国家制度建构方面的取舍。一方面,保留南面官制,任用汉族官吏,使为其所用;另一方面保持甚至加强北面官制,有意识地控制和抵制自己汉化进程。

3. 双轨行政制度的意义

冉守祖在《略论辽朝“因俗而治”的民族政策》(载《史学月刊》1993 年第 1 期)一文中认为,辽“因俗而治”的民族政策收到了良好的效果。第一,区别对待各民族,让其保留原有的生产方式和生活习惯,缓和了民族矛盾,稳定了契丹的统治。第二,大量汉人进入契丹,使汉族先进的生产技术和精神文明在契丹腹心地区广泛传播,从而加速了契丹封建化进程,促进了辽朝社会经济和文化的发展。第三,加快了民族交融。辽境内主要分布着契丹、汉、渤海、奚、室韦、女真、蒙古、回鹘及党项等民族,各民族交错杂居,为民族交融创造了条件,汉语成为北方各族人民的通行语言。民族通婚成为民族交融的一种重要形式。

宋德金在《辽朝的“因俗而治”与中国社会》(载《传统文化与现代化》1998 年第 2 期)一文中指出,辽朝“因俗而治”制度对后世特别是金、元、清都产生了重要影响。金太祖于 12 世纪初占领原辽朝领地后,便沿袭了辽朝的统治方式,在燕云地区设置汉官以统治聚居的汉人。在地方上,金也根据不同情况采用不同统治方式:在汉族和渤海地区,设置州县;在女真族地区,保留了猛安谋克官制,但有所变化。

宋德金指出,以北方民族为统治民族建成的统一大帝国元、清两朝亦是如此。蒙古人主中原,建立元朝,遇到了与辽类似的情况,而且地域更广,民族更多。为巩固统治,忽必烈采纳一些汉族士人的建议在汉族地区行汉法。与此同时,元朝对其他一些民族地区也采取因地制宜的治理方式，如设置宣慰司、宣慰司都元帅府、安抚司等。满族建立的清朝同样把"因俗而治"作为制定边疆政策的准则。雍正帝曾强调对边疆地区民族要"从俗从宜""各安其习"。辽朝"因俗而治"的理念被后世沿用，并长期作为处理统治民族与被统治民族、中央和边疆关系的基本准则。

三、西夏的建立、发展和制度建设

(一) 西夏的建立

杜建录在《西夏兴起与建都兴庆府》(载《中国古都研究(第九辑)》，1991 年)一文中认为，西夏兴起是党项族历史长期发展的结果。党项族最初游牧于青藏高原。唐初，迫于日益强大的吐蕃政权的威胁，逐渐迁徙到陇东、陕北一带。此后数百年，在中原文明的滋养下，社会经济得到迅速发展，阶级结构不断分化。与此同时，党项族善于利用外部条件，不断拓展自己的生存空间。唐末，酋长拓跋思恭参与镇压黄巢起义，因作战有功，被封为定难军节度使，赐姓李，爵号夏国公。统辖夏、绥、银、宥四州。五代十国时，夏州政权利用中原各王朝之间的矛盾和斗争，继续壮大力量，到北宋初年已有了相当雄厚的实力。在内外条件成熟的基础上，公元 982 年，党项首领李继迁开始脱离宋朝的羁縻统治，建立了自己的政权。经李德明一代的发展，到李元昊时正式建国称帝。

陈育宁在《评李元昊在西夏建立过程中的作用》(载《宁夏社会科学》1988 年第 2 期)一文中指出，李元昊在西夏立国中发挥了重要作用。李元昊继位后从多方面为立国做准备：一是控制河西走廊，实现局部统一，为西夏建国的版图奠定了基础。二是在党项族中大力树立民族意识，以取得党项族为主的统治民族的支持。三是仿照中原王朝的礼仪，设立文武百官，建立了完整的政权统治机构。四是推动军事制度的发展。在做了六年的充分准备之后，李元昊于 1038 年正式称帝，接着又凭借其杰出的政治和军事才能，巩固新生政权，从而形成与宋辽三足鼎立的局面。1039—1042 年，李元昊大举兴兵攻略宋夏边境，并在三川口、好水川和定川寨三战中大败宋军。西夏虽取得战场上的胜利，但却失去了与宋之间的边境贸易，加之连年征战使西夏社会各方面陷入困境，迫使李元昊调整策略，遣使和议。最终宋夏双方达成了庆历和议。此后不久，西夏与辽的关系陷入紧张，终于在 1044 年 10 月双方爆发了第一次贺兰山之战。李元昊运用诱敌深入的策略大败来势凶猛的辽军。战后双方讲和。

(二) 西夏的政治制度

保宏彪在《西夏政治特点》(载《宁夏人大》2015 年第 6 期)一文中指出，西夏政治制度具有竭力模仿中原政治制度的特点。李继迁时开始模仿宋朝官制，沿用左、右都押衙、蕃部指挥使等中原官职。李德明当政期间设置了行军左司马、都知兵马使等职，继续照搬宋朝官制。李元昊建国后积极效仿中原统治制度，官分文武班，包括中书、枢密、三司等，职掌与宋朝基本一致。更有甚者，李元昊还将开封府作为管理首都兴庆府的衙门名称。

吴天墀在《西夏史稿》(185 页，北京：商务印书馆，2010)一书中认为，西夏形成了蕃汉两套官制。西夏统治机构中的官长，从中书令、宰相、枢密使、御史大夫、侍中、太尉以下，都由蕃、汉人担任。还设有限于蕃人才能充任的“专授蕃职”，如有宁令、谟宁令、丁卢、祖儒、吕则等各种官称。从统治机构中划分为蕃、汉有别的两个系统，基本用意在于既保持党项贵族在政府里的主导地位，又适应汉族地主建功立业的要求，从而实行有效率的统治。

史金波在《西夏的职官制度》（载《历史研究》1994 年第 2 期）一文中指出，西夏并没有出现蕃汉两套官制体系。所谓蕃官名号可能就是西夏官品名称的蕃语（西夏语）称谓。如果说西夏有两套官制的话，那也不是蕃官系统和汉官系统之别，而是“官”与“职”两种体系。西夏的“官”区别于普通的百姓（庶人），以显其尊贵，它充分地体现着一个人的身份和地位。但西夏的“官”一般不表示担任任何实职性的职务，有些类似于中原王朝的“爵”。西夏的“职”指的是在职司中担任的职务。这些职事官根据才能、业绩而定。“官”与“职”之间既有联系又有区别。官品和职位有大体一致的对应关系，官品高的人一般职位也高。但它们又有区别，西夏有职位者并不一定有官，官和职的等级并不相当，官和职的次第先后也不一定相符。

（三）西夏的历史地位

穆鸿利在《论西夏立国及其在中外历史上的地位》（载《中央民族大学报（哲学社会科学版）》2005 年第 4 期）一文中对西夏在中国历史上的地位给予了充分肯定。第一，西夏对祖国西北地区的局部统一，为元朝的大统一奠定了基础。第二，西夏的立国对祖国西北地区的开发做出了一定的贡献，突出表现在西夏农业的发展上。西夏农业成就主要体现为以下几个方面：采用汉族比较先进的生产工具和生产技术；牛耕的普遍使用；重视和发展水利灌溉；开垦荒地；储存了大量粮食。西夏农业的发展使党项游牧经济逐步转向农耕化，农业成为主要经济部门，带来了手工业和商业的繁荣。第三，西夏通过公私贸易，加强了西北边疆同内地的经济文化交流，从而丰富了边疆、内地各族的物质文明和精神文明生活。第四，西夏文教昌盛，不仅为西夏自身培养了大批文武人才，而且也为元初统治者储备了大量有用人才，由于西夏在文教方面富有成效的努力，兴学校、设蕃学和汉学，发展科举、振兴文教，对于提高西夏境内各族以及整个中华民族的文化水平，做出了有益的贡献。

四、金的建立、发展和制度建设

（一）金的建立

栗红在《浅析金朝的建立与其内地建制》（载《黑龙江史志》2011 年第 13 期）一文中指出，女真族于 800 多年前在阿城建立了大金国，由于他们自身的强大和不堪辽、宋的压迫，开始了伐辽、建金、建制的历程。1115 年（辽天庆五年）正月，阿骨打建立了政权，国号大金，建元收国，是为历史上的大金国。建国后，援用唐、辽、宋朝的先例，采用京、路、府、州、县之类的行政区划制度。上京会宁府官衙设在大金国的前期都城内，又是金代上京路的治所。金朝设有五京十九路，“路”是金代地方最高最大的行政区，相当于现代的省。这样，金朝初步建立了地方行政制度。

（二）猛安谋克制

焦慧在《猛安谋克的兴衰》(载《社会科学辑刊》1990年第3期)一文中指出，猛安谋克是女真族的特有制度，是金朝地方政权建设的重要组成部分。猛安谋克初始于女真族古代出猎制度的生产组织，从氏族组织形式演化而来。1116年，阿骨打对猛安谋克进行了一次重大政治改革：以三百户为一谋克，十谋克为一猛安，以郡县制建置进行管理，将过去领兵打仗的千夫长猛安，百夫长谋克，改革为受封的地方领地、领户之长。这样就使得猛安谋克与地域性的村寨结合起来，形成了地方政权的雏形，由地缘政权代替了血缘的氏族组织。金初，不仅在女真本民族中置猛安谋克，并将渤海契丹、汉人归附者编入猛安谋克之中，成为猛安谋克户。金熙宗时，在中央以汉制代替女真旧制，在地方政权建设上仍保留着州县与猛安谋克并存的状况。猛安相当于防御州，职掌军务，谋克相当于县，职称抚定军户。

焦慧还指出，猛安谋克地方组织的确立，标志着它与氏族的最后决裂，在女真社会中早已产生的阶级关系和私有关系，通过这种组织形式固定下来。从猛安谋克发生、演化中不难看出，它不仅是女真族建立政权的重要生产组织，而且金朝政权建立之后，在社会中也占相当重要的地位。

宋德金在《金史》(169—171页，北京：人民出版社，2006)一书中指出，金世宗针对猛安谋克制发展过程中出现的问题和危机，进行了整顿与改革。第一，重定猛安谋克户，整顿猛安谋克组织。针对猛安谋克领户多寡不一、十分混乱的现象，1175年，世宗规定每谋克不许超过三百户，七至十谋克置一猛安。第二，新授猛安谋克官，并授予较大的权力。第三，限制猛安谋克户与汉人杂居。1162年，以猛安谋克为单位聚居，其田土与民田交错分授，相互连接。第四，整顿猛安谋克户籍与占地。世宗大定年间对猛安谋克户籍与占地的整顿，对抑制豪民冒占官田和贫富不均，起到了一定的作用。

（三）金的民族政策

刘浦江在《金朝的民族政策与民族歧视》(载《历史研究》1996年第3期)一文中指出，金朝作为北方少数民族进入中原后所建立的政权，民族歧视和民族压迫现象比较突出，其民族政策具有阶段性和非法定性等基本特点。具体来说：第一，汉族人。将汉族人分为南人(原北宋统治区域内的汉人)和汉人(原辽朝统治区域内的汉人)并加以区别对待，如在科举制度上实行“南北选”，考试内容、取士比例和官途升迁等方面都有所不同，南人地位最低，所受歧视最深。第二，渤海人。渤海人因与女真族同源于靺鞨，且世家与女真皇室保持政治联姻的关系，故有金一代地位优于其他民族。第三，契丹人。契丹作为辽的统治民族，在金统治时期始终处于不安分的状态，所以金对其政策也随着与其民族关系的变化而适时调整。由攻宋时期的同盟者关系，到正隆、大定年间的反叛者，金与契丹的关系成为金代统治后期的矛盾焦点。第四，奚人。奚人虽与契丹同源于东胡，但因奚王室与宗室耶律氏累世通婚，地位接近同族。金初关系融洽，海陵朝政治势力最为强盛，后因参与契丹人的反叛而一落千丈。总之，从金代民族政策的演变过程来看，金初民族歧视最为严重，海陵、世宗以后有很大改观，宣宗南渡后进一步缓和；但终金之世，民族歧视政策一直没有发生过根本的改变。

范树梁、贾祥恩在《金代民族政策评析》(载《内蒙古师大学报(哲学社会科学版)》1996

年第2期)一文中指出,金王朝是一个以女真族为主体、汉族人口占绝大多数的民族联合政权。金代民族政策的制定和实施,是从统治民族和统治阶级的利益出发的,具有民族压迫的特点,但从历史唯物主义的角度分析,其所行的民族政策是符合历史现实,并推动了历史发展的。第一,金代统治者能够根据不断变化的形势来调整自己的政策,使其尽可能适应不断变化了的民族格局。金朝制定民族政策的依据是维护统治民族的利益、历史的继承性和不同层次的民族情况,确立并巩固以女真为主体的多民族联合政权是其民族政策运转的轴心。如金代六部尚书共227人,女真97人、汉族108人、契丹13人、渤海9人,女真人的比例虽然不占绝对多数,但在兵、刑、工三部的比例较高,其目的在于牢握至关重要的军权、司法权和财权。第二,女真人对汉族文化积极学习的态度,提高了自身的民族自树能力。中原地区是金的政治、经济和文化中心。汉族人口占金朝人口的绝大多数,文化相对发达。金代统治者从自身的现实和长远利益出发,把学习中原文化奉为基本思想,其中,对中原的文物制度与儒家思想的学习即为一例。第三,金代实施的民族政策在推进"中华一体"民族格局的形成方面具有划时代的转轨作用。它不仅为北方民族大交融的产生奠定了新的基础,也大大推进了"中华一体"的形成,而且其交融是多向的,既有少数民族融于汉族,也有汉族融于其他少数民族以及少数民族之间的相互交融。可以说,没有金代的民族"一体",就没有元代的民族"一体",金代的民族"一体"是元代民族"一体"的先河。

五、元的建立、发展和制度建设

(一)元的制度建设

1. 行省制

李治安在《元代行省制起源与演化述论》(载《南开学报》1997年第2期)一文中指出,行省制的出现,使元代及以后的中央、地方权力结构进入了一个新的历史阶段。行省是中书省(或尚书省)宰执受派遣到地方或临时在外设置的分支机构,金朝行尚书省和蒙古国燕京等三断事官是其直接来源。忽必烈即大汗位后,定都开平和燕京,将统治中心由漠北蒙古本土移往中原汉地。世祖前期、中期多数行省是以中书省宰执临时派出处理军政事务的形式出现的,这大体是对金行尚书省旧制的袭用。陕西四川行省、西夏中兴行省、北京行省、云南行省又主要采用蒙古国时期燕京等处三断事官模式而趋于半固定化。临时处理军政事务的行省主要存在于用兵南宋和平定叛乱等场合。半固定化的行省则适用于治理中书省直辖区以外其他已征服地区。世祖统治前期和中期,蒙古统治者所面临的急迫任务,既含有以武力攻取南宋和平定海都等叛乱,又囊括如何治理已征服的西南、西北、东北地区,而且前一项任务往往又是主要的。以上特定的政治军事需要,或许就是世祖前期和中期临时处理军政事务的行省和半固定化行省并存及前者为数较多的客观原因。至元十三年全国统一以后,虽然间或有日本、安南、缅国、爪哇等若干次海外征伐及相应的征伐型行省设置,如日本行省、荆湖占城行省、征交趾行省、征缅行省等,但大规模的征服战争已基本结束,元帝国行省的主要使命逐渐转移到中书省直辖区以外广大地区的控驭治理方面。为适应这种稍有变化的政治军事需要,临时处理军政事务的行省陡然减少,而半固定化的行省不断扩充和发展,并且在世祖末成宗初逐步过渡到地方最高官府体制。

李治安在《元史十八讲》(102—103页,北京:中华书局,2016)一书中指出,“行省”原是“行中书省”或“行尚书省”的简称。从渊源看,表面上像汉地官制,实际上是蒙、汉二元体制。行省名称及官职设置,与魏晋隋唐的大行台和金朝的行尚书省十分接近。其实质内容,直接按照窝阔台以后燕京、别失八里和阿姆河三行断事官模式建立,起初是中书省临时派出,世祖末成宗初演变为地方最高官府。为控驭行省,元政府主要实行了四项重要举措。

第一,在行省内部实行群官圆署和种族交参制。行省大体是七员正官圆坐连署。每个行省内,各个种族,包括蒙古人、色目人、汉人及南人交参任用。蒙古人和色目人地位高,以形成互相牵制、分权制衡之势。

第二,行省辖区内的宣慰司、路府州县、汉军万户侯等,仍然接受朝廷吏部或枢密院的任用、迁调、考课等管理。行省虽然权力很大,但对属下官吏的管理只是辅助性的。尤其是任命和迁调大权,都掌握在吏部、中书省和枢密院手中。即使是云南、两广、福建等偏远地区,元廷也会每隔三年派官,会同行省就地迁调官员。

第三,实施以行省为重点的地方监察。元朝江南、陕西二行御史台和二十二道肃政廉访司组成的监察网,监察的重点就是行省。两个行台和诸道肃政廉访司,常常和行省官员发生抵牾冲突。元统治者就是要运用此类相互牵制与监督的做法,实现其强化统治的目的。

第四,在行省区划上以形成犬牙交错和以北制南的格局。秦汉以来,地方行政区划一般是依山川形势的自然界限或历史传统等来确定。从元代开始,行政区划主要以中央军事控制为目的,不惜打破自然地理界限以及经济区域联系,人为地造成犬牙交错和以北制南的统治格局。如河南行省,从东到西跨越将近2000里,从今连云港,沿陇海铁路线一直到潼关,黄河以南到长江以北,均由其管辖。这种以北制南、北向门户洞开和人为形格势禁的政策,在汉地诸行省颇为突出。

李治安指出,元朝对行省的控制效果基本良好。行省具有两重性,尽管后来演变成主管地方的官府,但中央派出机构的性质始终没有退化,仍然长期代表中央分驭地方。职能上主要为中央收权,兼替地方分留部分权力,所握权力大而不专,有效地加强了中央集权,协调了中央与地方的关系。

段红云在《略论元朝的统治政策对中国民族发展的意义》(载《贵州文史丛刊》2012年第4期)一文中指出,元代行省制度的建立,不仅从政治上加强了中央集权,巩固了国家统一,对中国行政区划的变革和政治体制的变迁产生了深远的影响。更为重要的是,元朝所设的十个行省当中,岭北、辽阳、甘肃、云南、湖广等都是典型的少数民族聚居区。行省制度的确立,无疑将中央政府的行政管辖范围进一步扩展到了边远地区,加强了中央和地方、中原和边疆的联系。元朝通过行省制度,在唐宋设置羁縻府州的民族地区设置了与内地相同的路、府、州、县等行政统治机构,并在这些地区驻军、屯田、征收赋税,从而加强了边疆民族地区的经济开发,增进了各族人民之间的交往,对边疆民族地区的政治、经济和文化发展起到了促进作用。

2. 科举制

朱绍侯、张海鹏、齐涛在《中国古代史》下册(132—133页,福州:福建人民出版社,2004)一书中指出,元朝选拔人才主要不由科举,所办科举次数极少。元朝总共举行科举17次,后

16 次仅登科进士 1135 人，而且进士分配名额极不公平，蒙古、色目、汉人的人口数相差极端悬殊，名额却一样。元朝科举考试每三年举行一次，分为乡试、会试、殿试三道。乡试为地方考试，于八月举行，合格者为举人。次年二月在京城举行会试。会试合格者，于会试次月参加在翰林院举行的殿试。最后将会试合格者重新厘定等次分两榜公布。考试科目无论乡试、会试，蒙古、色目人都比汉人、南人要少而简单。蒙古、色目人为一榜，汉人、南人为一榜。考试程式，汉人三场：第一场明经经疑二问，在朱熹的《四书章句集注》内出题；第二场古赋诏诰章表；第三场策。蒙古、色目人仅有第一场经问、第三场策。由此可见，元朝的科举制度打上了深深的民族等级政策的烙印。

李蓉岚在《论元朝科举对明清科举制度的影响》(载《资治文摘(管理版)》2010 年第 2 期)一文中指出，元朝科举虽然在选官上的作用不是很明显，但对中国文化的继承与发展，对理学的普及传播和教育、书院的发展，以及各少数民族文化的交融等方面都有深远影响。第一，元代科举有力地促进了民族的交往与交融。元初科举选出不少杰出人才，他们在窝阔台时期就取得了斐然的成就，有的后来成为元世祖时代的名臣或杰出人物。如张文谦、雷膺、赵良弼、刘德渊、石壁、徐文刚、董文用等。这些人在元初的文化教育、政治、经济等领域中发挥了骨干作用，也为后来忽必烈建立大一统的元朝奠定了基础。元初科举制吸收了一大批对元廷抱有敌意和不合作态度的知识分子转而为新政权服务，有效地缓和了民族矛盾。第二，元代科举考试作为一种特殊的纽带促进了儒家文化的广泛传播与发展。元朝恢复科举使各族儒士有了一条入仕的途径，虽然这扇大门开得不大，但毕竟已经打开，这不仅刺激了北方诸族的有志之士，而且也大大激发了蒙古子弟研习儒家经典的兴趣，以求学而上进的学风日渐浓厚。第三，元代科举促进了书院和教育的发展，带来了教育的繁荣。在科举复科后，书院的教学内容是根据科举取士的标准而确定的，主要是程朱所注的四书五经，也有天文、历法、算术、农业、水利、医学、兵刑、音乐等。到后期书院教育向官僚化趋势发展，与科举的联系则更加紧密，科举越来越成为书院教育的风向标了。第四，元代科举促进了地区儒学和文化的交流与交融。随着科举影响越来越大，为了方便蒙古人和色目人学习汉文化以及入仕为官，元政府开办了许多官办学校。元代科举就逐渐突破了漠北、漠南蒙古游牧文化区、西域色目文化区、汉族文化区的界限，作为一种催化剂促进了以上几种区域文化的频繁交流和相互影响、交融。使得先前相互敌视、相互分隔的不同类型的文化开始走向互补和兼容。第五，在科举制度的发展史上，元朝科举最终结束了辞赋取士，而最后确立了以经义取士的新阶段。科举考试更注重实用，一定程度上摆脱了极端的形式主义的藩篱。第六，元王朝最先把程朱理学规定为科举考试和取士的标准，程朱理学取得了科举考试的正统地位，被称为官学。以后历经明朝直至晚清，以理学开科取士维持了将近 600 年，可见，对后世影响之大。这样从元代起，程朱理学在我国思想文化界确立了绝对的统治地位。总之，元朝科举制作为一种特殊的纽带给各民族的交流与交融，提供了重要的契机，又似催化剂一样促进了元代各民族文化的交汇，对中国文化的传承与繁荣做出了应有的贡献。

3. 民族政策

朱绍侯、张海鹏、齐涛在《中国古代史》下册(133—134 页，福州：福建人民出版社，2004)一书中指出，元朝统治者为了维护蒙古贵族的特权，对各民族进行分化，让先被征服地区的人比后被征服地区的人地位高一些，人为地制造民族等级。元世祖时，把全国人分为四等：

第一等是蒙古人；第二等是色目人（指西北地区各族及中亚、东欧来中国的人）；第三等是汉人（指原金统治下的汉族和女真、契丹、渤海、高丽等族及较早被蒙古征服的四川、云南两省的人）；第四等是南人（指原南宋统治下的汉族和其他民族）。这四等人在政治待遇、法律地位、经济负担以及其他权利义务上都有种种不平等的规定。如在法律上规定，蒙古、色目和汉人犯罪后，分属不同的机构审理。蒙古人殴打汉人，汉人不得还手，只可向司法部门申诉。蒙古人打死汉人，只需打五十七下，赔付烧埋钱。在政府机关中，蒙古人任正职，汉人、南人只能充当副职。如地方上的官吏，以蒙古人充各路达鲁花赤，汉人充总管，回回人充同知，形成定制。在科举上，分进士为右、左榜，蒙古人以右为上，因而在右榜上的蒙古人、色目人都算上选，而列在左榜的汉人、南人就算低一级。当然，元朝统治者实行的民族歧视和民族压迫政策，并不是一概而论，而是区别对待，一切以巩固统治为目的。元朝统治者对各族的上层都是优容有加，极力笼络联合，以使他们为蒙古政权忠实效劳。如元世祖在取得江南后，重用南方的汉族地主。

（二）元的地位与影响

张帆在《元朝开启了“大中国”时代》（载《东方早报·上海书评》2015 年 6 月 14 日）一文中指出，元朝是中国历史上第一个，也是唯一一个由北方草原游牧民族建立的统一王朝，其统治对中国历史发展产生了深远的影响。

第一，空前的统一。日本学者杉山正明有一个提法，汉、唐的大帝国是转瞬即逝的，元朝以前的中国历史，包括汉、唐在内，本质上属于“小中国”。到了元朝，加上此前辽、金等北方民族政权的影响，中国才变成了“大中国”。就是说，在元朝以前“小中国”是常态，元朝之后“大中国”变成了常态。这种提法值得参考。明朝版图比元、清小，但总体来说，从持续和有效控制的范围而言，它并不比汉、唐差，或许还强一些。所以称元朝以下为“大中国”时代，应该没什么问题。这个“大中国”时代由元朝开启，这就是它对中国历史的第一大影响。我们强调元朝的大统一，不仅仅是版图辽阔，而且也在于统治的有效性和稳定性，或者说统治的深度。这主要表现在对边疆地区的控制上，少数民族王朝有它自身的优势，更加能够切合当地实际，因地制宜。

第二，极端的专制。周良霄指出，明清的极端专制主义皇权很大程度上是受元朝影响。专制，在狭义上就是指君主专制。中国历史上从秦朝开始就有，但在宋朝已经有所放松，元朝又把这些放松的东西收紧了。宋朝的君主专制相对来说有一些开明色彩，官僚机器和士大夫群体的自主性比较强，可以和皇帝讲道理，与皇权分庭抗礼，可到明朝却成了另外一个样子。这中间元朝的影响是很重要的。例如对臣下体罚或酷刑处死，这样的做法在宋朝已经消失，但元朝又出现了，明朝则变本加厉。还有大臣向皇帝跪着汇报工作，皇帝不说“平身”不能起来，这样的礼仪很可能也始于元朝。元朝带来了草原社会的政治观念：君臣关系就是主奴关系，而且这种关系不仅限于君臣之间，也适用于君民之间。在法理上，谁都没有人身自由，都是从属于大汗的。它的君主权力，能够伸展到的边界比宋朝远很多。

第三，制度的断裂。过去日本学者提出一个著名理论“唐宋变革论”，说中国社会在唐宋之间发生了巨大变化，这主要是从社会结构、经济发展、思想观念等方面来说的。要是从制度来看，唐宋之间倒没什么大的“变革”。制度上的“变革”主要发生在宋与金、元之间，很多具体制度都接不上，也就是制度的断裂。具体来说，唐后期到宋朝的制度，总体来看是很繁琐的。但到金朝，进行了大幅度的简化，看上去简单多了。元朝的制度比金朝乱一些，但这是元朝人自己搞乱的，不是恢复宋朝的乱。到明朝，又比较整齐。总之，宋朝那么复杂的制度被简化了很多，很多宋朝的制度名词从金、元开始消失了，这就是制度的断裂。

第四，经济的波动。评价一个时代的经济发展水平需要具体指标，而历史上的这些指标往往残缺不全，有记载的指标又不见得准确，所以很多时候只能通过一些概括性的史料进行粗略判断。总的来说，蒙元的征服战争确实给经济造成了严重破坏。当然在它统治稳定以后会有恢复，但是似乎没有恢复到很高的水平。简单说，元朝经济最好的时候，应该也没有超过宋朝。从比较重要的人口指标来看，虽然统计数据不全，但一般认为元朝的实际人口数量并未超过北宋，也没有超过南宋与金对峙时期。当然元朝的统治时间比较短，如果统治时间再长一些，也许能恢复得更好一些，但这也只能限于假设。具体而言，某些局部领域比宋朝有进步，像农业上棉花种植的推广，陶瓷方面出现青花瓷，但就整体经济水平来说均不如宋朝。从这个角度讲，可以说经济发展出现了停滞，至少是波动。

李治安在《元史十八讲》(1—6 页，北京：中华书局，2016)一书中指出，元朝有着和传统王朝不尽相同的自身特点和历史地位。具体来说：第一，元朝是首次由少数民族建立的大一统王朝。如，与汉王朝对比，元帝国带来了不少北方民族的文化习俗，包括部分较为落后的制度，同时也注入了一些新鲜因素。第二，疆域广，民族多，国祚短。就民族成分来说，元朝时期，女真人、契丹人及部分蒙古人，相继融入了汉族群体，汉人族群的成分更为兼容多样。其中，回族就是元代西域人大规模东来的聚合物。第三，蒙元世界帝国是前全球化秩序的雏形。从蒙元帝国版图的发展和延伸来看，它不仅把欧亚大陆的主要文明地区囊括在内，而且首次使东西方世界由相对隔离走向彼此间的经济贸易、文化交流的空前畅通和日趋密切。在这个意义上，也算逐步形成了一种崭新的“前全球化秩序”。第四，元朝是“唐宋变革”后的特殊历史过渡。可见，元朝在中国历史上不仅是首个由少数民族建立起来的大一统王朝，给我们带来了广袤的疆域和众多的民族，推进了新的民族交融，同时也留下了社会关系和专制主义等方面复杂沉重的遗产。

乌恩在《蒙元王朝在中国文化史上的地位和影响》(载《内蒙古日报(汉)》2006 年 8 月 10 日)一文中指出，蒙元王朝尽管存在时间较短，但对中国历史的发展却产生了极其重要的影响。

第一，推进了中国多元文化格局的进程。13 世纪初，蒙古统治者经过半个多世纪的战争，结束了中国 500 多年的分裂格局，建立了中国历史上第一个多民族统一政权，形成了有利于各民族文化交流发展的有利环境。其一，中国多民族文化并存格局得到肯定。其二，加速了各民族文化的交流。蒙元王朝的民族政策和文化政策的实施，使古代中国各民族文化的交融和发展出现了很多新的气象。如蒙古文字的产生并沿用至今。人为的文化屏蔽现象在蒙元时期被打破，中华文化多样性的现实得到了社会的普遍认可，“四海为家”“天下一家”的观念深入人心，多元一体格局在统一的环境里变为事实。

第二，兼容务实的文化政策推动了中国文化的全面发展。首先，兼容的文化氛围为中国文化的全面发展提供了良好的环境。儒家文化的社会地位进一步提高。孔子在元朝被封为“大成至圣文宣王”，使其美誉达到了无以复加的程度。其次，务实的精神推动了文化与社会实践的互动，一些关乎国计民生的科学文化在政府的扶持下得到了快速发展。

第三，开创了中国古代中西文化交流最繁荣的时代。蒙元王朝以及四大汗国等政权的产生，使13世纪之后的欧亚政治格局发生了重大的变化，东亚、中亚和西亚地区昔日林立的诸多政权顷刻间消失，欧洲的部分地区也纳入蒙古汗国的统治之下。蒙古统治者鼓励通商的开放政策，便利、安全的驿站交通，拉近了欧亚之间的距离，使各种文化之间的直接对话成为现实，缩短了欧亚大陆区域之间因发展不平衡以及由于地理空间和人为封闭造成的文明进程的差距。交流让中国认识了世界，世界也认识了中国，东西方之间的神秘面纱被揭开，世界文明史由此进入了新的时代。

乌恩指出，中华文化是中华各民族人民智慧的结晶，草原文化与黄河文化、长江文化碰撞，曾经激起过无数绚丽的火花，为中华文化绵延提供了不竭的动力。蒙元王朝作为中国历史上的一个重要断代，它不仅在中华文化史上发挥了承上启下的作用，而且在诸多的领域出现了新的飞跃，推进了中国多元一体文化的进程，开创了中国各民族文化全面交流交融的新高峰，对中华文化的繁荣与发展做出了重要的贡献。

六、辽宋夏金元时期统一多民族国家的发展

（一）辽宋夏金元时期的民族关系

侯胜一在《宋辽金时期民族关系的表现形式》（载《黑龙江史志》2014年第18期）一文中指出，宋辽金时期民族关系表现形式从大方面来看有战争形态、和平形态，这两种形态又包含了多种具体细分形态。具体来说：

第一，战争形态。首先，掠夺和征服战争。其次，因政治矛盾而产生的战争。再次，反抗民族压迫的民族起义。最后，还有反征服的民族战争、镇压民族起义等，大致属于上述几类战争的延续。

第二，和平状态。用和平的方式进行交往有利于缓解民族矛盾，促进民族间的了解，改善民族关系。因此，和平方式的交往也就成为历史上各族人民经过长期比较选择而经常大量地采用的处理民族关系的基本形态。首先，开明的民族政策。其次，和亲。再次，通贡。宋辽金时期通贡也是国家间、民族间和平交往的一种重要方式。最后，互市。

侯胜一指出，以上几种战争与和平的表现形式是宋辽金时期民族交往、民族关系表现的主要方式，除了这几种以外，还有像民族杂居、民族间的文化交流学习等多种形态。从整个中国历史来看宋辽金时期的民族关系表现形式比较丰富也比较具有代表性。这一时期民族战和穿插，民族间的交往、联系、交融加强也使得宋辽金时期成为我国古代民族交融承前启后的时代。

李锡厚在《宋辽金时期中原地区的民族融合》（载《中州学刊》2005年第9期）一文中指出，宋辽金时期是北方民族以空前规模进入中原、并加速与汉民族交融的时期。迁徙杂居、经济文化交流以及语言风俗的相互仿效，都促进了中原地区的民族交融。金亡以后，北方地区已经形成了交融北方民族文化的、与以前历史时期明显不同的民族文化，并且在此基础上形成了中原各民族共同的心理状态。第一，北方民族迁徙南下。迁徙南下，是宋辽金时期北方民族与中原汉族交融的最为重要的途径。北方民族以空前规模向中原迁徙，则发生在金

灭北宋以后。女真及契丹等族以猛安、谋克为单位大规模移驻中原屯田。第二，经济文化交流。辽宋经济发展有相当大的差距，在经济上，辽对宋存在着一定程度的依赖。这种依赖，在澶渊之盟辽获得“岁币”以后，尤为明显。有时辽在岁币之外还向宋朝借贷，宋不仅准借，而且不在下一年度的岁币额内扣还，这充分显示了宋朝的相对富裕。除了经济发展水平的明显差距之外，双方经济类型还具有明显的区别，因此辽宋之间在经济上具有一定的互补性。辽宋发展贸易不仅满足了辽朝经济生活所必需，同时也为宋朝带来了很大好处。宋辽金时期，南北文化交流也得到前所未有的发展，从而促进了中原地区的民族交融。第三，语言风俗的相互仿效。在服饰方面，契丹人对中原人也有广泛影响。语言交融，首先是北方少数民族普遍学习、应用汉语。契丹自耶律阿保机和耶律德光以来，统治者即能说汉语，而女真人进入中原后更是普遍改说汉语。不仅进入中原的北方民族普遍通汉语、识汉文，同时，宋人也以学胡语为时尚。女真歌曲也在中原传唱。

李锡厚指出，辽金长期统治北方，使得中原的汉族加速与南下的北方各民族交融。宋金对立时期，南北差异日益显现。在金境内，称汉人为“汉儿”，南宋人称金境内的“汉儿”为“番人”，正表明中原这个中国心脏地区，已经形成了交融北方民族文化的、与同时期南方文化明显不同的民族文化，并在此基础上形成了中原各民族共同的心理状态。

徐杰舜在《宋辽西夏金民族互动过程述论》(载《黑龙江民族丛刊》2005 年第 6 期)一文中指出，唐以后，中国又进入了一个大动荡、大分裂的历史时期，中国各民族又进入了一个大迁徙、大交融的历史时期。从民族互动的角度来讲，中国民族团结进入了第二次大冲突的历史时期。具体来说：

第一，在战争中的民族互动。五代十国一开始就形成了少数民族政权与汉族政权之间的碰撞和冲突。五代中后唐、后晋、后汉为西突厥沙陀族人所建；十国又与吐蕃、南诏等对抗；北宋又与契丹族的辽和党项族的西夏鼎立；南宋时先与女真族的金国南北对峙，后又与蒙古族的元朝对抗直至被元所灭，在这种对抗之中，战争成了民族互动碰撞和冲突的主旋律。

第二，在迁徙中的民族互动。政治上的动荡和分裂，军事上的冲突和战争，不可避免地造成了人口的迁徙和民族的流动。

第三，在交融中的民族互动。在历史上，民族交融不仅是一种历史现象，也是民族互动的一个重要阶段。在中国历史上，一则由于汉民族一向人口众多，入主中原的少数民族统治者，在汉族人口的汪洋大海中，从巩固统治地位出发，就不得不实行汉化政策。二则由于汉民族的经济和文化一直处于领先地位，所以按照一条永恒的历史规律，即野蛮的征服者总是被那些他们所征服的民族的较高文明所征服，所以大多数民族政权统治者必然采取积极的政策加快汉化的脚步。

魏淑霞在《辽、西夏、金民族政权的汉化探讨》(载《西夏研究》2015 年第 4 期)一文中指出，10—13 世纪是中国历史上又一个纷乱复杂、民族大交融的时代，汉民族又一次进入蜕变期，而周边的各少数民族十分活跃，纷纷建立自己的政权，尤以辽、西夏、金为代表。面对境内不同的民族、不同的生产生活方式、不同的被统治对象，游牧民族旧有的统治方式无法适应新的需要。因此，不同程度地汉化和借鉴、采用中原政治文明巩固自己的政权成为各民族政权不二的选择。

第一，统治者自身的汉化。统治者是一个政权最高权力的行使者，统治者的意志往往决定着政权的发展走向，辽、西夏、金政权的统治者分属不同的民族，但在建立政权后，在统治者内部都出现了不同程度的汉化，其中不乏醉心于汉文化的帝王。如辽政权建立于907年，辽朝的皇帝和贵族极仰慕中原文化，醉心于汉化，苦学中原之学，他们中的很多人有很高的中原文化造诣，现在辽朝流传下来的诗词歌赋多数都是以汉字写成。史料记载辽太祖耶律阿保机就曾以能说汉语自诩，他的儿子东丹王耶律倍藏书万卷，通晓音律、阴阳、医药，工于辽、汉文章，善绘画，汉人都对耶律倍的才学感叹不已。

第二，重用汉人儒士。中国历史上少数民族政权重用汉人儒士为谋士，助其政治建设与发展的事例屡见不鲜。如元昊立国，改旗易帜，设官立制，汉人儒士在西夏政权中的比例明显增多，如张元、吴昊、张陟、张绛、杨廓、杨守素、张文显、张延寿等，都是汉族人。

第三，模仿参用中原王朝典章制度治国。契丹立国后，面对新的形势，因势利导地采取了一套适合游牧经济的管理方式，即一方面在行政建制上模仿中原设都城，建立五京，设郡县；同时遵循契丹游牧民族的历史传统，为便于流动性的处理政务而采用了“四时捺钵制”，实现对境内契丹、汉人的共同管理。

第四，社会组织的汉化。契丹、党项、女真都是游牧民族，其社会基层单位是部落组织，大小不同的部落在长期的生产生活中由于民族迁徙、民族间的杂居交融、生产生活环境的改变等因素，游牧民族旧有的社会基层组织发生了变化，有逐渐汉化的倾向，但由于辽、西夏、金政权面临的具体境况不同，其社会组织的汉化程度不尽相同。辽因境内北面契丹与南部渤海、燕云一带汉人少有交叉居住，在政治上实行了南北面官制，因此，辽境内的契丹部落组织汉化程度较弱，但在汉文化的浸润下，辽在长城以北草原上出现了大量的农田、村落、城郭、矿冶、作坊以及寺院与孔庙。这或多或少地会对辽的部落组织产生影响。

（二）中华民族从多元走向一体

段红云在《略论辽宋夏金对峙时期中国民族的一体化进程》（载《广西民族大学学报（哲学社会科学版）》2012年第4期）一文中指出，五代十国之后，中国历史进入辽、宋、夏、金等民族政权政治上的分裂和军事上的对峙时期，但中国民族的一体化进程并未因此而中断。这一时期，北方游牧文化区的各民族不断南下进入中原汉族农耕文化区，促进了各游牧民族的经济发展和社会文化转型，并通过与汉族在分布上的交错杂居、经济上的互通有无、政治上的相互借鉴、文化上的相互交融，推进了中国各民族经济、政治和文化的一体化进程，对元明清时期统一多民族国家的形成和发展产生了积极的影响。第一，民族迁徙与交错杂居分布格局的形成。辽宋夏金对峙时期，大规模的汉族与北方游牧民族之间通过双向流动，进一步改变了中国民族分布的格局，一个你来我去、我来你去，我中有你、你中有我的各民族间大杂居、小聚居的分布形态进一步形成并不断发展，为这一时期各民族间的一体化进程提供了更为便利的空间。第二，劝课农桑与经济上的相互依存。为维系辽、西夏、金等民族政权的统治，各民族政权逐渐适应并在适宜农耕的区域“劝课农桑”，从而使得农业经济逐渐进入北方传统的游牧经济区域，提升了北方游牧民族经济的发展水平。在各民族经济贸易的促进下，一张全国性的市场网络逐渐发展，加速了中国各民族经济发展一体化的进程。第三，尊孔习儒与政治文化制度的趋同。以辽、西夏、金为代表的各民族政权为了维护和稳定自身的统治，在承袭自身文化传统的同时，不断学习中原的汉文化和统治制度，从而使各民族在交往过程中相互吸收比自己优秀的文化而不失其原有的个性，促进了中国民族在文化发展上多元一体格局的发展。随着北方各民族政权改革的推进和汉文化的进一步深入，少数民族统治者开始以“中国之主”自居，树立起了“海内一家”的政治理念，从而使传统意义上的“中国”观无论是在内涵还是外延上都发生了巨大的变化。

关树东在《一部描述民族历史风俗的佳作——读〈辽宋西夏金社会生活史〉》(载《社会科学管理与评论》1999 年第 2 期)一文中指出，辽宋西夏金时期是中华民族和中国社会发展变化的重要阶段。第一，宋朝结束了中原地区长期的藩镇割据局面，重建了中央集权的封建王朝；辽、西夏、金朝也在北部边疆地区实现了空前的统一，促进了边疆的开发。第二，魏晋以来的门阀士族阶层已经彻底退出历史舞台，新兴的官僚地主迅速崛起，由门阀士族和部曲、奴客、贱民、番匠、奴婢等组成的旧的社会阶级结构，到宋朝终于转变为官僚地主和佃客、乡村上户、乡村下户、差雇匠、和雇匠、人力、女使等组成的新的阶级结构。封建土地所有制和剥削方式也发生了重大变化。土地私有制进一步发展，土地买卖盛行，租佃制度成为宋朝社会普遍的经济形态。在此基础上，宋代的农业、手工业、商业和文学艺术、思想文化、科学技术都取得了前所未有的新成就。尤其是商品经济、城市社会的迅速发展，强烈地冲击着社会生活的各个方面。第三，辽宋西夏金时期，民族大迁徙形成了汉族与各兄弟民族交错杂居、你中有我、我中有你的格局，各民族之间广泛深入的经济文化交流促进了少数民族的进步，也使辽、西夏、金政权迅速接受了中原王朝的统治制度。民族交融使中华民族得到空前的发展。

李治安在《元史十八讲》(2—3 页，北京：中华书局，2016)一书中指出，元朝在鲜卑、女真等少数民族政权之后入主中原，实现了南北大统一，又展开了政治统一后进一步的民族交融。元朝时期，女真人、契丹人及部分蒙古人，相继融入了汉族群体，汉人族群的成分更为兼容多样。与此同时，数量众多的西域人，随蒙古征服进入中原和江南。据不完全统计，元朝时期东来的西域人有上百万之众，在规模和数量上都远远超过了前代。西域人、蒙古人和汉人、南人间的文化互动影响，也是前所未有的。回族就是元朝西域人大规模东来的聚合物，即元朝及以前东来的西域人等，以伊斯兰教为纽带且操汉语而汇聚成的特殊民族共同体。

李治安进一步指出，元朝是我国多民族统一国家发展的重要时期，从文化层面来看族群间的交流互动，对全面了解元代的民族关系以及多元文化秩序的整体面貌具有重要指导意义。具体来说：

第一，色目人、蒙古人的汉化与多民族士人圈的形成。色目人、蒙古人的汉化与多民族士人圈的形成，是元朝族群文化互动的重要方面，也涉及到非汉族人族群受汉文化影响的问题。元朝虽然是第一个由少数民族建立的大一统王朝，但在人口比例上，汉人、南人毕竟居多，从文化发展层次来看，汉民族的文化水平也相对先进。所以，从漠北和西域进入中原汉地的蒙古人、色目人，不可避免地要面临汉化的问题。如蒙古人在诸多方面受汉文化的影响，在取名的时候，采用汉人的字、号，或者像汉人一样取俗名、小名，但还保留着原有的蒙古名字；在道德观念上，部分蒙古人接受了汉人的习俗，少数官员主动为父母守制，一些蒙古妇女在丈夫去世后坚持守节不嫁；还有一些蒙古人的儒学造诣很高，在诗歌、元曲、书法、绘画等领域有所成就。

第二，汉人受蒙古文化的影响。在色目人、蒙古人受汉文化影响的同时，汉人也受到蒙古文化的影响。元朝汉人受蒙古文化的影响，首先表现在学习蒙古语言文字。由于蒙古征服中国历史半个多世纪，蒙古文化对汉人的影响，几乎与军事征服同步。其次是汉人使用蒙古名字。再次是汉人受蒙古婚姻、服饰等习俗的影响，如在服饰和发式方面的影响就比较显著。

总之，从地域范围、社会层次上看，汉人不同程度地接受蒙古文化，和蒙古人、色目人汉化的现象是同时并存、相互激荡的，共同构成了元朝多民族文化之间的涵化和互动的特色。

教学设计

设计一：从岳飞之死看宋朝“崇文抑武”的祖宗之法

设计意图

宋太祖和宋太宗时期逐步确立了一套以加强中央集权制度为核心的“祖宗家法”，并传至后世，对两宋政治产生了深远影响。本设计试图通过对南宋武将岳飞死因的分析，使学生了解北宋在唐末五代动荡以后逐步加强中央集权的必要性，以及对当时和后世产生的深远影响，进而理解君主专制强化下的宋代武将岳飞之死的必然。同时，通过对北宋和南宋两个不同时空中的不同历史事件、人物及相关史料的分析，使学生能回归历史现场，结合不同时代背景，多角度、有层次地深入探究和解释历史现象，并寻找历史的规律。

设计方案

教师讲述：岳飞(1103—1142 年)，字鹏举，汤阴人，绍兴十一年十二月二十九日(1142 年 1 月 28 日)以“莫须有”的谋反罪名被杀。岳飞一生不贪财、不好色、尽忠报国，并因自己高尚的人格操守和远大的志向感召而深得民心、军心和士心。但这位抗金爱国名将、伟大的民族英雄，却不是战死于抗敌战争的沙场，而是冤死于本朝人的诬陷和屠刀。通常认为其被杀的元凶是宋高宗，主要帮凶是秦桧。宋高宗为何杀岳飞？这一选择很大程度上与北宋初年的制度设计者有密切关系。

材料一

——邓小南：《宋代"祖宗之法"治国得失考》，载《人民论坛》2013 年第 16 期

教师设问： 通过这幅依据史书《宋史·赵普传》记载而绘制的国画，我们能看得出什么信息？（参考答案：宋太祖勤勉国政；宋太祖试图制定能为其后代效仿的有效制度）

教师讲述： 此后宋太祖和宋太宗相继开创了一系列以"防弊"为核心、以保证政治格局与统治秩序稳定为主要目标的制度，并作为祖宗之法传之后世。防何"弊"？如何防？我们来看材料。

材料二　宋太祖召赵普问曰："天下自唐季以来，数十年间帝王凡易十姓，兵革不息，苍生涂地，其故何也？吾欲息天下之兵，为国家建长久之计，其道何如？"赵普："唐季以来，战斗不息，国家不安者，其故非他，节镇太重，君弱臣强而已矣。今所以治之，无他奇巧也，惟稍夺其权，制其钱谷，收其精兵，则天下自安矣。"宋太祖："卿勿复言，吾已喻矣！"

——（北宋）司马光：《涑水记闻》卷一，北京：中华书局，1989 年，11 页

教师设问： 由材料可见宋朝初立时的"弊"是什么？宋初设计者如何改变这一弊政呢？（参考答案：藩镇割据；从行政、财政、军事三个方面削弱藩镇之权）

教师讲述： 在宋初统一国家的进程中，赵宋君臣继承五代以来政治制度改革的趋势，着手重建集权，从"收兵权"开始，改革中央禁军的统兵体制，建立了枢密院——三衙体制；同时，由中央逐步派遣文官担任知州、通判及转运使等，直接介入地方民政、军政、财政事务，逐步解决藩镇之患。自此，宋朝走上了"崇文抑武"的道路，并最终构成赵宋"祖宗家法"的重要内容。赵宋以后，中国历史上几乎再没有通过兵变或所谓"禅让"等方式篡取中央政权成功者；再没有严重的地方分裂割据局面发生。但过度集权，造成北宋守内虚外、积贫积弱，1127 年靖康之变，被金人灭国，偏安南方。此后，一大批致力于收复中原的武将崛起，其中最著名的将领就是岳飞。

材料三　南宋绍兴时，宋金战争已经持续了 10 余年之久，宋金战争对峙的局面逐渐形成，南宋小朝廷已无流亡之虞。赵构君臣手中有些与金讨价还价的资本，对于战争中形成的刘家军、张家军、韩家军、岳家军、吴家军，忌惮之心越来越重。认为"诸将权太重"，"天下之权不在庙堂，而在诸将"①。此时，赵构忧内之心，不减于忧外，甚至先于忧外。战争旷日持久，再打恐兵连祸结，太阿倒持，不知半壁江山落入谁家。……为了收回兵权，办法之一，就是祖宗家法：以文制武……

——李昌宪：《也谈岳飞之死》，载《安徽师范大学（人文社会科学版）》2013 年第 5 期

教师设问： 材料反映出宋高宗杀岳飞的主要原因是什么？（参考答案：认为以岳飞为代表的武将兵权太重，形成对朝廷的最大威胁）

教师讲述： 宋朝祖宗之法以"防弊"为核心。宋高宗因其特殊经历，对武将的猜忌更深、更重，对武将的防范重于其他国务，甚至重于抗金雪耻、收复中原之大业。对于政权初稳的南宋政权来说，金国无力灭宋，南宋内部的武装力量就成为了最大的祸患，根据"抑武"的祖宗家法，必须除之方能心安。

宋朝统治者在"抑武"的同时，还大肆拉拢文官阶层以扩大统治基础。这对于岳飞之死

---

① （南宋）李心传：《建炎以来系年要录》，1932 页，北京：中华书局，1988。

也产生了间接的影响。

材料四 太宗时期对于官僚操检、社会风尚的重视程度,远较太祖为甚。《宋大事记讲义》的作者吕中,在讲到太祖朝的政治时,有“我朝以儒立国”“卒成一代文明之治”的说法①。而事实上,“以儒立国”,最早也应是太宗后期的事。对于太祖规模弘阔而太宗规矩致密的特点,宋人有不少论述……

——邓小南:《祖宗之法:北宋前期政治述略》,北京:生活·读书·新知三联书店,2007年,275页

教师设问: 从材料中能看出什么信息?(宋太宗时期法度更加明确;崇文国策基本确立)

教师讲述: 宋太祖和宋太宗夺武将之权的同时,确立“以儒立国”,崇文抑武。此后宋之君主效仿祖宗之法,为巩固皇权,选择了与依附性最强的士大夫共治天下,礼遇士大夫,给以超过前代的优厚俸禄,最终形成一个追求集团利益的官僚政治体制。宋代士大夫诚有“以天下为己任”的济世精神,但其文化人格并非完美,他们还有排除异己,为维护本集团利益不惜牺牲国家大局的另一面。

材料五 历来解析岳飞之死,不出秦桧、高宗与金之媾和及陷害,论及当时士大夫在岳飞之死中所扮演的角色的却比较少。但正是士大夫对武将的夺权直接促成了岳飞最后的悲剧命运,秦桧与高宗亦不过是因人成事而已。宋自太祖、太宗确立文人政治后,士人登上权力的舞台,随着科举制度的不断扩大和完善,士大夫逐渐形成了一个休戚与共的政治利益集团,并成为宋代政治的主体,对可能威胁其利益的其他势力(主要是武人)均不遗余力地打击摧毁,而且在这一方面显得异常团结。……在对金作战中,武将地位上升,改变了北宋文武的格局,“绍兴中,武臣以军功入仕者甚多”②。诸大将亦形成军阀之态势,如有岳家军、张家军及韩家军的称呼。特别让士大夫难以容忍的是武人力量在战争中崛起,其自信得到加强,一改北宋遭文人压抑之态,如韩世忠蔑视文人,常侮辱有加,并轻薄地称之为“子曰”和“萌儿”③。充分显示了武人自信心的提高。

——张劲松:《岳飞之死与宋代文人政治的历史困境》,载《史学月刊》2008年第12期

教师设问: 材料认为岳飞之死的罪魁祸首还有谁?(参考答案:文人士大夫阶层)

教师讲述: 宋朝确立“崇文抑武”的祖宗之法,逐渐形成了皇帝与士大夫共治天下的局面。靖康之难宋室南迁后,为抵抗金人侵略,皇帝和士大夫官僚暂时放弃了对权力的垄断,不得不依靠武人来摆脱灭亡的威胁。但由于敌视武人的传统深入骨髓,加之诸大将之间的矛盾和军纪问题,士大夫对于武将的敌视态度并未因国难当头而有所减弱,反而随着武将实力增强愈加强烈。最终参知政事王次翁协助秦桧以犒赏为名,将韩世忠、岳飞、张俊三大将召到临安,以突袭的方式,解除了他们的兵权,改诸大将屯军为御前诸军。至此,高宗终于秉承祖宗家法,与官僚集团联手再次将武人置于控制之下,南宋政治也重归北宋的传统。岳飞的杰出与威望以及对媾和的反对态度,终使其成为武人失败的祭品。不杀岳飞不足以显示

---

① 《宋大事记讲义》卷三《太祖·幸太学》,四库全书影印本。

② (宋)庄绰撰:《鸡肋编》卷中,第46页,北京:中华书局,1983。

③ (宋)庄绰撰:《鸡肋编》卷下,第95页,北京:中华书局,1983。

士大夫的力量，不足以警示其他武人，因此其悲剧命运几乎是注定的。

教师设问： 岳飞被杀与宋朝祖宗家法有什么联系？（参考答案：是自北宋开国确立“崇文抑武”以维护最高统治集团利益的必然选择）

教师引导学生小结： 宋朝祖宗之法的一个重要内容是“崇文抑武”以“防弊”，并逐渐形成皇帝与士大夫共治天下、防范武人的政治格局。岳飞被杀，是赵宋王朝自宋太祖以来忌疑武将的祖宗家法恶性发展的必然结果。

设计二：婚姻观念里的唐宋变革

设计意图

婚姻关系是人类社会最重要的社会关系之一，是人类社会得以延续的一种主要途径。婚姻观念深受社会发展影响，所以，婚姻观念的变化可以折射社会的发展。唐宋时期的婚姻观念发生了重大变化，体现出不同以往的特点。通过对这一时期婚姻观念变迁的了解和探究，学生可以从另一个角度透视唐宋时期政治、经济和思想文化领域发生的变化。本设计主要使用生活化、故事化的史料创设情境。学生通过对史料的研习和探究，一方面可以更加深入地了解唐宋时期的社会特征，拓宽视野，见微知著，培养“生活即历史”的历史意识；另一方面也可以提升史料解析能力，培养史料实证意识。

教师讲述： 魏晋南北朝时期是我国门阀士族势力发展的高峰期。门阀士族为了维持自己的贵族血统，坚持“士庶不婚”“门当户对”的原则。这一原则对唐代的婚姻观念也产生了深远的影响，世人以能与士族大姓通婚为荣，即使是皇室也不例外。唐文宗(827—840年)想把真源公主、临真公主嫁给当时的北方大姓士族，却遭到拒绝。对此，唐文宗极为不满，他对宰相说：

材料一 (唐文宗)：“民间修昏[①]姻，不计官品而上[②]阀阅，我家二百年天子，顾不及崔、卢[③]耶？”

——(宋)欧阳修、宋祁等：《新唐书》卷一百七十二《于王二杜范传》，北京：中华书局，1975年，5205—5206页

教师设问： 材料一反映唐代婚姻最看重什么？反映了当时怎样的时代特点？（参考答案：门阀；门阀士族势力的影响仍然较为强大）

教师讲述： 门阀士族势力虽经隋唐以来各种政治、经济因素的冲击，但至唐代仍保有较强大的势力及影响。俗话说“皇帝的女儿不愁嫁”，从材料看，皇帝想“高攀”世家大族，结果竟然不能如愿。看来，“士庶不婚、门当户对”对婚姻观念的影响是巨大的。这种现象，到了宋代则发生了较大变化。

材料二 本朝贵人家选婿，于科场年，择过省士人，不问阴阳吉凶及其家世，谓之“榜下捉婿”。……近岁，富商庸俗与厚藏者嫁女，亦于“榜下捉婿”，厚捉钱以饵士人，使之俯就，一

---

① 昏：通“婚”。
② 上：通“尚”。
③ 崔、卢：唐代北方门阀士族。

婿至千余缗。

——(宋)朱彧撰,李伟国点校:《萍洲可谈》,北京:中华书局,2007 年,127 页

材料三 宰相富弼的女婿冯京虽是状元,但出身在商人家庭。吕蒙正、范仲淹、韩琦、王安石无疑全是声名卓著的宋朝宰辅。经查,他们四位共有女婿十人,其中居然有五人门第不足称道,以至家世难于考索。吕蒙正的大女婿孙暨、三女婿周渐、六女婿扬巽、韩琦的大女婿王景修,不仅门第无足称道,他们本人当时也仅仅是刚刚入流的八品官。正是这些小小八品芝麻官竟做了宰辅之家的乘龙快婿,与唐代宰相往往"女为王妃,男尚主"相比,差别显而易见。

——张邦炜:《试论宋代"婚姻不问阀阅"》,载《历史研究》1985 年第 6 期

教师设问: 材料二、三反映宋代"择婿"的重要标准是什么?促使这一变化的主要因素有哪些?(参考答案:科举及第者。门阀士族的衰落;科举制度的发展)

教师讲述: 到了宋代,高官显贵们择婿时考虑的首要标准就是科举及第。科举及第意味着授以官职,成为官户。官户是宋王朝的主要统治支柱,享有很大的特权。在政治上,他们可以通过恩荫使其子孙亲属为官,犯罪可以请求减刑或赎刑;经济上,官户可以免差役和劳役,交税时可免其他额外赋税负担;文化方面,按官品高低而使其子弟进入某学校,享受特殊的教育。因而与科举士人联姻,就意味着均可享受上述的荣耀和特权。因此,出现了材料二中"榜下捉婿"的极端现象。材料三中,范仲淹、王安石等人贵为宰辅,但他们的女婿大多家庭出身低微,多通过科举入仕。这些都说明,宋代婚姻已经不再重视门阀,而以科举为重。

宋代婚姻除了崇尚科举及第以外,还有另外一种现象值得我们关注。

材料四 据《宋史·向敏中传》、《续资治通鉴长编》等记载,薛居正子薛惟吉之嫠妇[1]柴氏,将携资再嫁。士大夫向敏中、张齐贤都争着求娶,后为张齐贤所得,向敏中为此记恨在心,串通薛居正孙违诏贸其居第,互相闹得不可开交。

——方建新:《宋代婚姻论财》,载《历史研究》1986 年第 3 期

教师设问: 材料四中,士大夫向敏中、张齐贤为什么要争着求娶柴氏?(参考答案:柴氏是一位富有的寡妇,"将携资再嫁")

教师讲述: 宋代商品经济的发展,深刻影响着人们的婚姻观念,财富逐渐成为婚嫁的重要依据之一。高官显贵选择富商作为婚嫁对象的现象日益普遍,有些士大夫为了贪图资财,甚至不惜娶有钱财的寡妇为妻,民间甚至发展到"以财论婚"的地步。可以说,财婚在很大程度上已成为一种社会风尚,并融入人们的潜意识之中,形成了一种社会规范和准则。这从根本上反映出商品经济的发展冲击了传统"重农抑商"的观念,使得这一时期的婚姻观念日趋世俗化和功利化。

讲到婚姻观念,不得不提贞节观念。唐代社会风气开放,思想解放,贞节观念较为淡薄,妇女改嫁现象非常常见。就连皇室成员也不例外:

材料五 公主再嫁者达二十三人,高祖女四,太宗女六,中宗女二,睿宗女二,元宗[2]女八,肃宗女一。三嫁者四人,高宗女一,中宗女一,元宗女一,肃宗女一。

——陈东原:《中国妇女生活史》,上海:上海书店,1984 年,118 页

---

① 嫠(lí)妇:即寡妇。

② 元宗:即唐玄宗。

教师讲述：公主改嫁现象频繁，人们并不认为这是可耻的不道德的行为。很多文献还记载，唐代许多公主养有男宠。由此可见，上层社会中贞节观念非常淡薄。唐代之所以有这样的风气，首先与唐代经济繁荣、社会风气开放有关；其次还与唐王朝的建立者是由关陇贵族军事集团转化而来、受儒家伦理纲常的熏陶尚浅有关。这种风气对民间的影响自然也极大，从而使得有唐一代，贞节观念淡薄，妇女改嫁之事常见。

到了宋代，虽然改嫁现象并不鲜见，但贞节观念逐渐有了变化。

材料六

唐宋两朝节妇烈女对照表

朝代	统治年限	节妇①数	烈女②数	节烈合计	倍数
隋唐	326	32	29	61	1
两宋	319	152	122	274	4.49

——整理自段塔丽：《唐代妇女地位研究》，300页，北京：人民出版社，2000

教师设问：从材料六中可以看出由隋唐到宋代，节妇烈女数发生了怎样的变化？这种现象反映了什么问题？（参考答案：显著增长。贞节观念增强）

教师讲述：两宋存续时间较隋唐稍短，但节妇烈女人数有了显著的增长。宋代理学重视传统封建礼教，强调纲常伦理，把夫为妻纲、男尊女卑的不合理现象加以肯定和强化。尤其是北宋后期，大理学家程颐"饿死事小，失节事大"的提出，成了后世妇女不得不接受的禁条，并且为之饱受苦难。随着理学的发展和深入传播，贞节观念有所加强，因此，社会上节妇烈女人数有了大幅度的增加。

教师引导学生小结：综合上述六则史料，我们可以看出，由唐入宋，婚姻观念发生了较大的转变，主要体现了以下几种趋势：由重门阀到重科举及第；财富逐渐成为婚姻关系中的重要因素；贞节观念逐渐增强。从这些转变中，我们可以看出这一时期贵族政治式微、商品经济发展以及理学思想兴起的社会状况。六则史料中有五件反映的是"小事件"。"小事件"里也有大历史。历史不总是英雄人物、丰功伟绩，它有时也会是家长里短、鸡毛蒜皮。历史就在我们身边，离我们并不遥远，我们应当善于从"小事件"中发掘大历史。

设计三：从"小中国"到"大中国"

设计意图

本教学设计首先抛出唐代"小中国"、元代"大中国"的观点，并提出中国是如何由小变大的疑问，激发学生的兴趣。然后通过展示地图、文字等不同形式的史料，引导学生层层分析，并最终得出结论：辽金元等少数民族政权不仅从疆域上拓展了中国，而且改变了传统的中

① 节妇：指夫死不改嫁而终生守节。

② 烈女：主要指殉夫而死的女子。

国观。从唐到元，“中国”实现了从内涵到外延的转变。在此过程中不仅强化了学生的时空观，培养了学生阅读史料的能力，而且提升了其历史解释的核心素养。并使其认识到契丹、党项、蒙古等北方少数民族在祖国发展史上做出了重要贡献，中华民族的历史是一部统一多民族国家的发展史。

设计方案

材料一 元朝以前的中国历史，包括汉、唐在内，本质上属于“小中国”。到了元朝，加上此前辽金等北方民族政权的影响，中国才变成了“大中国”。

——张帆：《元朝开启了“大中国”时代》，载《东方早报·上海书评》2015 年 6 月 15 日

教师设问：请找出材料中“小中国”和“大中国”分别对应的朝代。（参考答案：小中国：唐、汉等元以前的朝代；大中国：元朝）

教师讲述：为什么说唐代的中国还是“小中国”，元代却变成了“大中国”？从唐到元，中国是如何实现该转变的？

一、“中国”疆域的拓展

教师讲述：想要解答上述问题，我们首先必须了解“中国”二字在历史上的含义。葛剑雄在《到底什么是“中国”？》一文中写到，从政治上讲，“中国”往往就等同于中原王朝或者中央王朝。请根据该观点在《唐朝前期疆域和边疆各族的分布图(669 年)》《元朝疆域图(1330 年)》中分别找出唐代和元代的“中国”，并把它们标记出来。

教师讲述：通过比较二者的范围，我们可以看出唐的小和元的大。那么，从唐到元，“中国”是如何实现疆域拓展的？在此过程中，有哪些政权做出了贡献？请参照此阶段内的两幅地图来回答。建议从南北两个方位观察《北宋形势图(1111 年)》《金、南宋、西夏对峙图(1142 年)》中各主要政权的分布情况。

（参考答案：南方地区：除汉族政权以外，今天的云南处于大理的统治之下；今天的西藏是吐蕃人的范围。北方地区：首先，辽占据中国北部的大片疆域，但最终为金所灭，部分契丹后裔西逃建立了西辽；其次，女真族建立的金崛起后，先灭辽后又吞并北宋，但是也面临着日益强大的蒙古的威胁；最后，党项族建立的西夏政权长期统治着我国西部的部分地区）

教师讲述：这些政权不仅在其统治范围内实现了局部地区的统一，促进了当地的发展，而且在相互交往中彼此交融，为蒙古族建立大一统的元帝国奠定了基础。1218 年蒙古灭掉邻国西辽，1227 年征服西夏，1234 年与南宋联合灭掉金，接着又招降吐蕃，征服大理。1276 年，元军攻破临安，南宋灭亡。蒙古族凭借其所向披靡的蒙古铁骑迅速把此前分裂的各个政权连成一体，从而构建了一个疆域空前辽阔的大中国。

教师设问：回顾从唐代“小中国”到元代“大中国”的转变，我们可以发现除汉族以外还有哪些少数民族为祖国疆域的拓展做出了贡献？你能用简要的语言说明选这些民族的理由吗？你从中得出了什么认识？（参考答案：少数民族：契丹、女真、党项、蒙古等。理由：契丹等实现局部地区的小统一，蒙古在此基础上实现了大统一。认识：祖国的疆域是由多民族共同

缔造的）

教师讲述：这些少数民族政权不仅从外延上拓展了中国，而且从内涵上改变了传统的中国观。

二、"中国"内涵的丰富

教师讲述：首先让我们一起来看一下北宋以前包括北宋初年人们的中国观。

材料二 至北宋时期，石介对当时"中国"一词的概念进行了总结性的界定……在地理上，中国是指以"九州"为主的传统意义上的汉族聚居之地，大体上就是指长城以南的黄河流域和长江、珠江流域，即所谓"天地之中"，并不包括少数民族居住的地区；"中国之人"主要是知"礼乐"、服"衣冠"、从事种植农业的汉族，少数民族也不在其中。

——郑炜、崔明德：《辽金时期民族关系思想的发展与中华民族多元一体格局的形成》，载《中南民族大学学报（人文社会科学版）》2010 年第 4 期

教师讲述：根据上述材料我们可以看出，此时人们眼中的"中国"主要指的是汉族及其生活的农耕地区，不包括少数民族。但是这些观念在辽金元时期却发生了很大转变。

材料三 辽人在自称"中国"的同时，并不反对宋人称"中国"，主要表现在以下几个方面。第一，辽人自称炎黄子孙，并不否认宋人也是炎黄子孙。……第二，辽人自称"北朝"，称北宋为"南朝"，认为"南朝"、"北朝"是一家，具有"南朝"和"北朝"都是"中国"的思想认识。……第三，袭用"中原"即"中国"、"九州"即"中国"的理念，以为自己部分进入中原地区且在"九州"中国之内，应该属于中国，同时，也承认宋朝在"九州"之内，也是"中国"。

——赵永春：《"中国多元一体"与辽金史研究》，载《中央民族大学学报（哲学社会科学版）》2011 年第 3 期

材料四 金人进入中原以后，即援引"中原即中国"、"懂礼即中国"等汉儒学说和理论，自称中国，但金人并没有将宋人排除于中国之外。作为分立对峙政权，金人承认金、宋分别是各自独立的不同政权，各有自己的国号，互为外国，但作为"中国"，他们又认为金、宋都是"中国"。这就是中国古代比较宽泛的"中国"意识，或称"大中国"意识，也就是我们常说的"中国多元一体"意识。

——赵永春：《"中国多元一体"与辽金史研究》，载《中央民族大学学报（哲学社会科学版）》2011 年第 3 期

教师设问：根据材料三和材料四概括辽人和金人的中国观。（参考答案：不仅自称为中国人，而且承认宋朝也是中国人）

教师讲述：由此可以看出，辽人和金人眼中的中国已经是包含了多个民族在内的"大中国"了。而辽金的这种中国观被接下来的元所继承与发扬。

材料五 经郝经的阐发，元人的"中国观"完备形成，其要点是："中国"的疆域是元统治地区加上南宋统治的江南；"中国"的人民是：汉人和少数民族两大部分；"中国"的文化是农耕文化和草原文化两大系统；"中国"主权的行使者，可以是汉人政权，也可以是"行中国之道"的少数民族政权。

——何志虎：《"中国观"在元代的转换》，载《内蒙古师范大学学报（哲学社会科学版）》2002 年第 5 期

教师设问：比较材料五和材料二，思考元人的中国观和宋以前相比发生了什么变化？（参考答案：从单一的汉族及其生活的农耕地区变为多民族共同生活的元朝所有疆域，从“小中国”意识变为“大中国”意识）

教师引导学生小结：从唐到元，在辽、金、元等少数民族政权的推动下，“中国之域”已经从长城以南拓展到包括了今天东北、西北、西藏、云南等在内的几乎整个中国。“中国之民”已经从汉族延伸到了包括少数民族在内的多个民族。“中国之名”已经从区分少数民族与汉族的民族标记变成了少数民族与汉族共有的政治符号，成为统一多民族国家的代名词。

设计四：从蒙汉互动中追问元朝民族融合的成因

设计意图

元朝是我国历史上统一多民族国家发展的重要时期，民族间的交流与融合空前加强，是我国民族关系发展史上最夺目的一环。本教学设计从元朝蒙汉间双向互动现象入手，引入“民族”“民族交融”等概念，归纳民族的基本特征和民族交融的趋势。从元朝政治、经济、民族和文化政策等角度，分析这些制度创新在一定程度上突破了原有民族格局的界限，指出元朝民族间深度交融的制度根源，从而管窥蒙古族在统一多民族国家发展中的重要作用。以点带面，以面析点，巧妙地突出课标的主题与要求，教会学生从多角度分析某一具体历史现象的成因，从而提升学生的史料实证和家国情怀等历史学科基本素养。

设计方案

教师讲述：元朝是我国统一多民族国家发展的重要时期，民族间的交流与交融空前加强。其中，蒙汉民族间的交融尤为突出。

材料一 蒙古人受汉文化的影响，表现在诸多方面。比如取名的时候，采用汉人的字、号习惯，或者像汉人一样取俗名、小名……在道德观念上，部分蒙古人接受了汉人的习俗。

在色目人、蒙古人受汉文化影响的同时，汉人也受到蒙古文化的影响。

元代汉人受蒙古文化的影响，首先表现在学习和掌握蒙古语言文字。

汉人使用蒙古名字。

汉人受蒙古婚姻、服饰等习俗的影响。

——李治安：《元史十八讲》，北京：中华书局，2014年，188—192页

教师设问：请同学们阅读材料，概括元朝蒙汉民族间关系的基本特征。（参考答案：双向互动）

从材料可以看出，蒙古族影响汉族，汉族也影响蒙古族，元朝蒙汉民族间的关系是双向互动的。那么，是哪些原因导致元朝蒙汉民族间双向互动的呢？要解决这个问题，我们需要首先要厘清“民族”的基本特征及民族交融的内涵。

材料二 民族，是在一定历史阶段形成的有共同语言、共同地域、共同经济生活和表现为共同文化特点基础上的共同心理素质的稳定的共同体。

——夏征农、陈至立主编：《辞海（中）》，上海：上海辞书出版社，2009年，2734页

民族交融，指各民族在发展中相互接近、吸收，民族差别逐渐消失，世界各民族形成一个共同整体的过程。这是历史发展的必然趋势，其结果是民族消亡。

——夏征农、陈至立主编：《辞海(中)》，上海：上海辞书出版社，2009 年，2735 页

教师设问：阅读材料，归纳民族的基本特征和民族交融的结果。(参考答案：基本特征：共同语言、共同地域、共同经济生活和共同心理素质。结果：民族消亡)

既然民族的形成需要具备语言、地域、经济生活和心理素质等基本特征，那么，这些基本特征在一定时期内从相对封闭走向开放，就可以理解为民族间的交融。纵观元朝的历史，我们可以发现：元朝的制度创新打破了传统的统治格局，推动了民族交融。如，政治方面的"行省制"。

材料三 秦汉以来，地方行政区划一般是依据山川地形的自然界限或历史传统来确定，即所谓"山河形便"。从元朝开始，行省区划主要以中央军事控制为目的，不惜打破自然地理界限以及经济区域联系，人为地造成犬牙交错和以北制南。

——李治安：《元史十八讲》，北京：中华书局，2014 年，103 页

教师设问：阅读材料，请指出"行省制"是如何促进元朝民族交融的？(参考答案：从"山河形便"到"犬牙交错"，突破了民族间自然疆界形成的地域限制，是对传统"共同地域"的突破，有利于民族交融)

那么，共同经济生活的僵局是如何突破的？

材料四 (忽必烈)设立管理农业的政府机构。中统元年(1260 年)设劝农官，次年设劝农司，以姚枢为大司农，派劝农使到各地考察农业情况。

——朱绍侯、张海鹏、齐涛：《中国古代史》下册，福州：福建人民出版社，2004 年，142 页

教师设问：阅读材料，从民族交融的视角评析忽必烈时期的经济政策。(参考答案：游牧经济为主的蒙古族统治者推行重农的经济政策，有利于游牧经济与农耕经济的深度交融，突破了共同经济生活的民族"疆界"，推动了民族交融)

元朝是我国统一多民族国家，其民族统治政策历来备受关注。

材料五 (元朝统治者实行)不平等的民族政策和对各族上层的笼络(政策)。

——朱绍侯、张海鹏、齐涛：《中国古代史(下册)》，福州：福建人民出版社，2004 年，133 页

教师设问：阅读材料并结合所学知识，分析指出元朝民族政策对民族交融的推动作用。(参考答案：元朝对各族上层的笼络政策，客观上推动了各族下层间的互动与交流，在阶级矛盾居主导地位的社会背景下，这种作为元朝社会大多数的下层间的团结，有利于民族交融)

元朝疆域空前广阔，各种思想文化多元并存。

材料六 元代多元文化的并存融汇，的确是隋唐文化多样化的繁荣鼎盛以后的又一段值得称道的现象。文化的发展繁荣，需要开放和多样化，也需要多个子文化或子文明之间的彼此碰撞、竞争。

——李治安：《元史十八讲》，北京：中华书局，2014 年，230 页

教师设问：阅读材料并结合所学知识，分析元代多元文化并存融汇对民族交融的促进

作用。(参考答案：元朝开放多元的文化政策，有利于打破原有民族文化中相对孤立的心理状态，推动了民族间文化的交融，从而促进了民族间的深度融合)

教师小结：我们从元朝蒙汉间双向互动的具体现象可以发现，元朝民族交融不仅是双向的，而且是多边互动，这种互动是民族交融的体现。元朝空前的民族交融与元政府的政治制度、经济政策、民族政策和文化政策密切相关，面对空前广袤的疆域，元朝统治者创新了管理体制。这些创新，客观上打破了原有的相对封闭的地域、经济生活、语言和文化体系，推动了民族间的深度融合。

教学资源

资源1：唐代的贵族政治

唐代先后担任宰相者共369人，其中有门阀者为243人[①]。这意味着有三分之一左右的宰相无门阀出身，不能列为“贵族”。而且，被内藤称为“贵族政治最盛时代”[②]的唐朝前期，无门阀的宰相颇多。如唐太宗时期曾经任相的魏徵、张亮、戴胄、刘洎、李世勣、马周、张行成等人均无门阀。其中张亮甚至出身社会下层。唐玄宗朝宰相共33人，查证史籍可得庶族出身者18人，超过半数。开元名相姚崇、宋璟、张说、张九龄等，均为庶族。因此不得不说，内藤的“唐代宰相全部出自贵族阶级”[③]的说法，是一个误判。

——黄艳：《“贵族政治”与“君主独裁”——内藤湖南“宋代近世说”中的史实问题》载《古代文明》2014年第4期

资源2：唐宋官僚制度的发展

这个官职(宰相，编者注)的性质是天子的秘书和代笔，而不是和古代的宰相一样辅佐天子，分担部分或承受全部责任，只有君权才无限发达。唐代宰相全部出自贵族阶级，他们一旦得位，即使天子也不能自由动摇其权力。明朝以后，不管宰相权力有多大，若令天子不高兴，他们便会忽然受到废黜，成为平民甚至犯人。宋代恰好处在唐和明清之间，宰相尚不至像明清一样没有权力，不过即使得到权力，达于极盛，一旦失去了天子在后面支持，亦同样会变为匹夫一名。只要看北宋的寇准、丁谓，南宋的贾似道等的境遇变化，事情便一目了然。地方官亦一样。唐代各地方官大多习惯保有和君主几乎同样的权力。宋以后的地方官，不管地位如何良好，只要君主一纸命令，职位便简单的交替。宦官称为天子的仆从，但唐代宦官是天子家族中有影响力的一员，所谓“定策国老、门生天子”[④]。而明代虽然也有宦官跋扈，但他们只是在得到天子恩宠时拥有权力，恩宠衰退时势力亦随之全失。唐代和明代宦官的

---

① 华林甫：《论唐代宰相籍贯的地理分布》，载《史学月刊》1995年第3期。

② [日]内藤湖南：《概括的唐宋时代观》，载刘俊文主编、黄约瑟译：《日本学者研究中国史论著选译》第一卷，第10页，北京：中华书局，1992。

③ [日]内藤湖南：《概括的唐宋时代观》，载刘俊文主编、黄约瑟译：《日本学者研究中国史论著选译》第一卷，第13页，北京：中华书局，1992。

④ (后晋)刘昫等：《旧唐书》卷一百八十四《杨复恭》，4775页，北京：中华书局，1975。原文如下：复恭前后与守亮私书六十纸，内诉致仕之由云：“承天是隋家旧业，大侄但积粟训兵，不要进奉。吾于荆榛中援立寿王，有如此负心门生天子，既得尊位，乃废定策国老。”

差别，就是贵族政治和君主独裁政治差别的结果。

——[日]内藤湖南：《概括的唐宋时代观》，载刘俊文主编，黄约瑟译：《日本学者研究中国史论著选译》第一卷，北京：中华书局，1992 年，12—13 页

资源 3：贵族政治的衰落

贵族政治所依赖的最佳基础，应该是土地所有、民众领属和行政治理合而为一的领主制。由于春秋战国领主制的崩溃和诸子共同继承为特征的宗法制，土地所有、民众领属和行政治理合而为一的领主形态瓦解，贵族政治随之丧失了其主要基础，而后只能单单依附于皇帝“家天下”制了。相应地，土地领主所有让渡于自由买卖的自耕农和地主租佃制，民众领属让渡于皇帝中央集权国家，行政治理让渡于君主专制下的职业官僚，进而实现了土地所有、民众领属和行政治理三者的相分离。

——李治安：《关于秦以降皇权官僚政治与贵族政治的复合建构》，载《史学月刊》2011 年第 3 期

资源 4：北宋加强中央集权的背景

……唐代与五代时期的藩镇在类型、规模、军事、财政、行政等方面均发生了很大的变化，出现了许多新的特点。这些变化之所以出现，根本原因是进入五代以来藩镇的割据性逐渐被削弱，中央加强了对藩镇的控制。这种现象的出现并不是偶然的，它是由唐至宋，中央与地方关系博弈的动态反映。唐宋之际中央渐强而地方渐弱，州郡渐强而藩镇渐弱，唐宋时期的削藩政策实际上一脉相承，而五代十国时期则起到了承上启下的重要作用。

——刘喆：《五代十国时期藩镇制的变化及特点》，载《唐史论丛》2015 年第 2 期

资源 5：宋朝完善科举制的措施

宋太祖鉴于“向者登科名级，多为势家所取，致塞孤寒之路”①，造成以黄巢为代表的落第进士起兵反叛的历史教训，对前朝的科举制度进行了改革，首先是取士不讲门第，凡是粗具文墨的士人，不问贫富和出身，皆可应举。其次是废除“公荐”，以剥夺大地主、大官僚攫取科名的特权。再次是实施殿试制度，使皇帝亲自掌握取士大权。太宗、真宗两朝，继续推进这项改革主要扩大科举取士，对进士出身者从授官到升迁，与以恩荫得官者比，都要优待得多。为了防止场屋舞弊，实现公平取士，还严密科举条制，考官实行锁宿和回避制，试卷实行封弥和誊录制，士人在科举中的黜落与否，一切以程文为去留。

——何忠礼：《略论北宋前期的制度革新》，载《浙江社会科学》2011 年第 3 期

资源 6：北宋冗官局面的出现

由于集权之故，事权分割，机构重叠，相应地需要更多的官吏，为此北宋进一步发展了科举制与仕进制，扩大了科举科目与录取名额。隋唐科举考试设进士科，岁取不过三十人，最多也不过八十人。到了宋代，取士人数与日俱增，每次录取人数一般在五百人以上，最多时竟

① (宋)李焘：《续资治通鉴长编》卷十六“开宝八年二月戊辰条”，336 页，北京：中华书局，1995。

达一千人。唐代科举考试礼部录取后，只是取得了做官的资格，还需经过吏部考试合格后才能入仕做官。按照宋制，殿试后即可释褐[1]入仕。太祖时增加了由皇帝主持的"殿试"，从此，录取之权由皇帝直接掌握。太宗和后来的几代皇帝又以大批文官替代武官，科举取士名额急剧增加。太宗在位21年，由科举为官者近万人。仁宗在位41年，仅由进士得官者就有4517人。

——艾光国：《略论北宋强化专制主义中央集权制度的利弊得失》，载《青海社会科学》1994年第6期

资源7：北宋中央集权的消极影响

诚然，这个观点有一定的事实基础，因为从宋真宗朝起，宋朝的社会矛盾在以下三个方面日益突出地表现出来。首先是统治运行机制出现问题，即被当时士大夫总结和后世人发挥的"三冗"：冗官、冗兵、冗费，由此形成"积贫"局面；其次是民族关系出现问题，由契丹族建立的辽朝和党项族建立的西夏政权，从宋太宗朝起给宋朝造成严重的边患危机，宋仁宗庆历以后宋朝每年要向辽、西夏纳岁币合计近百万，战场上的被动挨打和巨额战争赔款，极大地刺激了朝野士人的自尊心，由此形成"积弱"的局面；再者是贫富分化日益严重，赋税不均，占田不均，"富者有弥望之田，贫者无卓锥之地"[2]，造成严重的社会问题。

——李华瑞：《王安石变法的再思考》，载《河北学刊》2008年第5期

资源8："守内虚外"政策的恶果

更加严重的是，将"守内虚外"政策放在当时民族矛盾作为主要矛盾的历史条件下考察，宋太宗把守内放在第一位，把防边放在第二位，与当时的客观形势是完全不相适应的。这不仅反映了宋太宗在解决民族矛盾关系上的软弱无能，而且"守内虚外"也必然结出"斥地与敌"的恶果。这是毫无疑义的。

"斥地与敌"的始作俑者不是别人，就是"守内虚外"政策的制订者宋太宗其人。太平兴国五年（980年），李继迁揭起反宋大旗，以建立以党项族为主体的独立王国。李继迁以毛乌素沙漠为依托，在银夏兴灵广阔的地域上，同宋展开了游击战运动战，宋军为之疲于奔命。经过十多年的较量，宋太宗于至道二年（996年）五路围攻李继迁主力失利，为避免两线作战，集中力量应付契丹，不得不放弃银夏兴灵诸州。这是"守内虚外"政策结下的"斥地与敌"的第一个恶果。继这一恶果之后，有景德元年（1004年）澶渊之盟，承认契丹占有幽云十六州的合法；有庆历二年（1042年）辽兴宗索取周世宗时候收复的关南十县地，宋增加银绢十万匹；有元祐元年（1086年）司马光文彦博割让安疆等四寨与西夏，而这些土地是宋神宗时候以数十万将士的鲜血为代价换取来的；有靖康元年（1126年）宋钦宗割太原、中山、河间三镇，以乞求女真贵族退兵；最后还有绍兴十一年（1141年）宋高宗秦桧当国集团向金屈膝投降，割让北中国与女真贵族。宋太宗"守内虚外"政策下的恶果，以及付出的代价，难道还算少吗？

——漆侠：《漆侠全集》第九卷，保定：河北大学出版社，2008年，158页

---

① 释褐：脱去平民衣服，喻始任官职。

② （宋）李焘：《续资治通鉴长编》卷二十七"雍熙三年秋七月甲午条"，621页，北京：中华书局，1995。

资源 9：庆历新政的积极作用

以范仲淹为首的改革派，是作为一个政治集团、政治派别或者“朋党”而出现在历史舞台之上的。这个集团并不像反对派诬蔑的那样，为少数几个人的私利而结合起来的，即所谓的“结党营私”，而是站在地主阶级广泛利益的立场上，从官僚制度改革入手，强化国家机器，加强专制统治，以维护地主阶级的长治久安。改革压缩了大官僚贵势阶层的政治特权，开阔了以中下层地主阶级为主、包括部分上层农民在内的中间阶层的政治道路，因而对这部分人最有利。改革以强化国家专政机器为目标，但这个强化包含了加强对辽夏的防御能力，在这一点上是符合广大人民的要求和愿望的；改革在发挥对内镇压作用的同时，也要发挥其抚绥的职能，以和缓社会矛盾，减轻赋税负担，从而有利于社会生产。因而庆历新政也就具有积极的进步的历史意义，值得肯定。

——漆侠：《范仲淹集团与庆历新政——读欧阳修〈朋党论〉书后》，载《历史研究》1992 年第 3 期

资源 10：王安石变法的评价

……在王安石制定和推行新法的全部过程当中，是历经保守派人物的反对、阻挠和破坏，他也为此而付出了极大的精力，奋勇与他们进行斗争的。宋神宗虽基本上对新法的推行予以支持，有时却也不免为保守派的议论所蛊惑，或被他们的鼓噪所困扰，而表示有所犹豫和动摇，但在大多数场合，却都是以恢复了理性、排除了干扰为结局。而且，不论在王安石身居相位之时，或在他退出政坛之后，即从熙宁之末到元丰八年之春，从来都不曾因变法改制而引起劳动人民的群起反对。尽管还有许多项目，并不能依照王安石的初衷而次第进行，例如他想通过保甲法而把募兵制改为民兵制，他的那个吞并西夏与契丹、恢复汉唐时期统一局面的计划等事，而每项得到实施的新法在推行之后，全都在农业生产，或政府的财政收入，或社会经济的其他方面，收到或大或小的积极效益。对于这样的一些积极效益与成果，如果一概置之不理，视若无睹，而只着眼于司马光上台后粗暴颟顸地把新法全部推翻，认为这就是新法的失败，这是既不符合史实，也不符合道理的。

——邓广铭：《北宋政治改革家王安石》，石家庄：河北教育出版社，2000 年，325—326 页

资源 11：唐宋人民地位的变化

与此同时，人民的地位亦有显著变化。中国本来不是以法治国，不承认人民的权力。但近世人民的地位和财产私有权，与贵族政治时代大异其趣。贵族时代，人民在整体贵族眼中视若奴隶。隋唐时代开始，人民从贵族手中得到解放，由国家直辖。虽然没有特别制度，让农民得到好像国家佃人一般的对待，但由于实际上政治权力在贵族手中，人民的情况有如是拥有君主的贵族团体的佃农。土地分配制度等亦与此有密切的关系，尤其是租税的性质，更显出其意义。具体地说，唐代的租庸调制，意味着人民向政府纳地租、服力役和提供生产成果。唐代中叶开始，这个制度自然崩坏，改为两税制，人民从束缚在土地上的制度中得到自由解放。他们可以用钱代实物去纳地租，不再受到土地束缚，从而开始摆脱奴隶佃农地位。

到了宋代，经过王安石的新法，人民拥有土地所有权的意义更加确实。类似青苗钱一样的低利息金融通法，亦可以理解为政府承认人民有处置土地收获的自由。另外，王安石改原有的差役为雇役，虽然受到反对者的大力攻击，但这个雇役制度最为适合当时的情况，后来司马光改王安石的新法时，以苏东坡为首的新法反对论者中反对差役复旧的人亦颇多。中国虽然完全不承认人民的参政权，但贵族阶级消灭后，君主和人民直接相对，亦是进入近世政治以后的事情。

——内藤湖南：《概括的唐宋时代观》，载刘俊文主编，黄约瑟译：《日本学者研究中国史论著选译》第一卷，北京：中华书局，1992年，13—14页

资源12：齐民社会的特点

唐宋变革是中国传统社会历史上的重要变革，实现了春秋战国以后的又一次社会转型，使中国传统社会进入齐民社会阶段。较之此前的汉唐世族地主社会，齐民社会具有社会等齐性、契约普遍性和社会流动性三个方面的进步特征：社会等齐性意味着社会特权阶级大大缩小了，社会身份趋于等齐；社会等齐性为社会"从身份到契约的转变"创造了前提条件，导致契约的普遍化，并使人们摆脱了身份的束缚，可以自由地迁徙并从事各种不同的职业，这就大大提高了社会资源的配置效率。更重要的是，齐民社会为人们提供了相对平等的发展机会和相对平等的竞争条件，亦即为人们提供了一条可以上升的途径。这就成为齐民社会较之汉唐世族地主社会进步性的基本内涵。

——高德步：《唐宋变革齐民地主经济与齐民社会的兴起》，载《学术研究》2015年第7期

资源13：唐宋社会职业结构的变化

由上所说，我们认为在唐宋历史变迁的过程中，社会的职业结构所发生的某些变化是引人注目的，最主要的变化乃在于"四民分业"界限的相对模糊以至混杂，此外则是城市居民职业的广泛性，已远非"四民"所可涵盖。但尽管如此，在当时社会所有的职业类别中，农民这一阶层仍然而且还将长期在中国古代社会中占有绝对的优势。这是古代国家的"农本"政策所使然，也是社会生产力发展的水平所制约的。工商业者在全部人口中所占比例的上升以及工商业者法律、社会地位的改观还要经历一个漫长的历史过程。

——冻国栋：《唐宋历史变迁中的"四民分业"问题——兼述唐中后期城市居民的职业结构》，载《暨南史学》，2004年

资源14：士族没落对唐宋思想文化的影响

在唐中叶以来经济关系的变动中，一个最引人注目的现象是山东士族的衰落，从历史上消失了他们的地位和影响。一个时代的思想是占统治地位的统治阶级的思想。尽管代表关陇豪族的唐太宗功业甚盛，"万国衣冠拜冕旒"①，汉唐以武功并列，但"赃唐臭汉"也是出了名

① "万国衣冠拜冕旒"出自唐朝诗人王维的古诗《和贾至舍人早朝大明宫之作》，意思是：万国的使臣都躬身朝拜皇帝。

的,“唐源流出于夷狄,故闺门失礼之事不以为异”[①]。因此占统治地位的思想是以山东士族所代表的大地主阶级的思想。自两汉博士之学随统一帝国而瓦解,遂演变为地方之学和地方家族之学。山东士族以精通礼学为其看家本领,既以之仕进,又以闺门礼法森严藻饰其门面,他们之间又结为婚姻而互相奥援,以至盘根错节,不以改朝换代而失去自己的声势。虽然经过隋末农民起义的打击,山东士族受到不小的创击,但唐初氏族的评论者仍然把崔干列为氏族的第一等,以至触发唐太宗的牢骚。虽然如此,但“新官之辈,丰财之家”者,如房玄龄、魏徵辈照样与山东士族通婚姻,以抬高自己的门第身价。经过武则天一代努力,大力提拔进士科出身的新兴大夫,既与李唐关陇集团抗争,同时也削弱山东士族的声势。然而,到唐中叶由进士科出身者组成的牛党,声势震朝野,而山东士族的代表者李德裕与之抗争,依然是平分秋色,难分轩轾。在地主士大夫们形成的党争中,一些有才干的士大夫如李商隐,既因进士科出身而为牛党,又因婚姻与山东士族有关系,被两党所不容,“斯义山(李商隐字)所以虽秉负绝代之才,复经出入李牛之党,而终于锦瑟年华,惘然觉梦者欤?此五十载词人之凄凉身世固极可哀伤,而数百年社会之压迫气流尤为可畏者也”[②]。

——漆侠:《唐宋之际社会经济关系的变革及其对文化思想领域所产生的影响》,载《中国经济史研究》2000年第1期

资源15:宋代的士人风气

宋代社会华靡之风盛,享乐意识浓,一般士大夫的生活也极其奢靡。但仍有一大批知识分子毅然肩负起重振儒家文化的重任,积极参与现实,参与政治,恪守道德规范,表现出高度的社会责任感和独立的人格意识,范仲淹、欧阳修号召士人重视名节,振作士气,“先天下之忧而忧,后天下之乐而乐”在社会上产生了深远的影响。南宋士大夫试图以“我欲仁,斯仁至矣”的个体伦理自觉来确立个人成圣成贤的道德追求。当国家危急存亡之秋,他们舍生取义,毁家纾难,临危受命。据《宋季忠义录》校订凡例所述,南宋末年抗元死节的英雄就有500多人。元代蒙古、色目人在社会上地位很高,沉湎于物欲,志在声色犬马,知识分子仕途不畅,穷困潦倒,士大夫放浪形骸,率性而行,老庄思想特别流行。他们沉湎于洒脱风流、清虚淡泊的精神境界,讲究闲适与随意。这种文化心态对后世也产生了不可低估的影响。

——张岂之:《中国历史十五讲》,北京:北京大学出版社,2003年,247页

资源16:通过辽朝国号看其国家政治的二元体制

契丹人建立的辽朝原本是一个比较纯粹的游牧国家,后来获得幽云十六州,遂兼有游牧社会与农耕社会。契丹统治者对幽云汉地实行“因俗而治”的民族政策,于是便形成了国家政治社会生活中的二元体制,这是辽朝最基本的国家特色之一。探索辽朝国号的变迁问题,应充分考虑到这种特殊国情。辽朝的汉文国号,主要是针对汉人及部分汉化程度较深的契

① (南宋)黎靖德编,王星贤点校:《朱子语类》卷一百三十六,3245页,北京:中华书局,1985。
② 陈寅恪:《唐代政治史述论稿》,93页,上海:上海古籍出版社,1989。

丹人的，由于对汉地统治的需要，汉文国号曾几度变更，或称“大契丹”，或称“大辽”，或两者并用。而辽朝的契丹文国号则是针对契丹人及其他北方民族的，从现有史料来分析，契丹人可能始终都自称他们的国家为“哈喇契丹”。汉文国号与契丹文国号的歧异，正是辽朝二元体制的一种表现。

——刘浦江：《辽朝国号考释》，载《历史研究》2001 年第 6 期

资源 17：从契丹文字看汉文化对契丹的影响

契丹文字的产生，是汉文化影响的又一结晶。阿保机以前，契丹没有文字，“刻木为约”。神州五年(920 年)正月，阿保机命耶律突不吕等始制契丹文字。契丹文字的创制，是契丹人在长期熟悉和借用汉字的基础上逐渐形成的。契丹大字采用汉字加以简化或增添制成以后，于当年 9 月颁行。契丹虽然先有大字后又有同样受汉字影响的小字，但契丹文使用范围还是很有限的。事实上，汉字在辽代是一种通行的文字。辽对外的正式公文，朝廷的诏令奏议，对中原的一切国书，对西夏的所有文件，对地方上的南北文牒，都一律是汉文。

——尹德蓉：《试论辽代的双轨行政制度》，载《湖北教育学院学报(哲学社会科学版)》1994 年第 3 期

资源 18：辽代在中国版图形成中的作用

汉代开辟了西部，但是没有进入全面的实质上的管理，而对于北部则是看作死对头，连年征战不息。辽代统一了北方以后，进行了全面的开发管理，从而确立了中国的疆域。在处理国际关系上也确立了多元的灵活的措施政策，不再用战争这唯一的解决争端的手段。其次，在我国北方进行全面开发建设，从土地农田建设到房屋建筑乃至工业以及生活的各个方面。使人民安居乐业，不再流浪奔波，像回纥、突厥等一些人群流入西亚的情形就没有再发生；打通南北，逐步实现南北平衡发展。就是普遍受到人们好评的北魏政权也不能相比，因为北魏是迁都洛阳以后实施改革和全面提高北方民族素质的政策的。现在我们眼中的南北方可以说没有多少区别，就是从辽代开始的。对于辽朝这样对中华民族有过重大贡献的民族和时代，我们应当充分肯定，充分赞美。

——黄震云：《辽代的政治文明和对中华民族发展的贡献》，载《辽金历史与考古》，2009 年

资源 19：西夏在中国印刷术史上的贡献

北宋庆历年间，毕昇发明了活字印刷。但是，迄今为止，现存最早的宋代印刷品只有雕版印本，最早的汉文活字印本是明代的。毕昇的活字印刷术，始终只是《梦溪笔谈》中的文字描述，缺乏物证。正因为如此，引起了一些国家的质疑，并开始与中国争夺活字印刷的发明权。

经过几个月的不懈研究，牛达生在这部名为《吉祥遍至口和本续》的佛经中，发现了越来越多的蹊跷之处。经书版框中栏线的四角没有衔接，汉文和西夏文混用，同一个字的笔锋形态也不尽相同，存在着错排、漏排、倒置的现象。这些有别于同时代雕版印本的现象，恰恰是活字印刷独有的特征。……1996 年，经过国家文物部门的权威鉴定，这部西夏文佛经是世界上发现的最早的木活字印本，将中国木活字印刷的使用时间从元代提前到西夏时期。西

夏，一个将近1000年前的王朝，捍卫了中国活字印刷术的发明权，彻底改变了世人对世界印刷史的认识。……无独有偶，就在牛达生探索西夏木活字印本的奥秘时，西夏泥活字印刷也被发现。

西夏占据着丝绸之路的东段，才使得活字印刷可以通过丝绸之路传向西方，从而扩大活字印刷的影响和范围。活字印刷，这一凝结着中国智慧的文明成果，通过西夏，走向了更为广阔的世界。

——唐荣尧：《神秘的西夏》，长春：时代文艺出版社，2015年，166—171页

资源20：民间通婚——西夏境内民族交融的一个缩影

西夏文写成的《碎金》中记录了120个有双关含义的汉姓，如：张王任仲季、李赵刘黎夏、田狄诸唐秦等。在大量蕃姓和汉姓中，出现了蕃汉姓同用于一个人，或党项人名冠以汉姓的现象，这应是蕃汉两族通婚后的结果。莫高窟、榆林窟西夏文题记准确记录了西夏党项姓氏中比较特殊的现象，即一个人名两个姓氏的现象。如：莫高窟第57窟的息玉那征宝，第285窟中的麻尼则嵬名乐等，息玉、那征、麻尼则、嵬名都为党项族姓氏。此外，题记中还有翟嵬名九、张讹三茂、李智尊、曹移夫等，翟为汉姓，嵬名为党项族姓，一个名字冠以一个汉姓、一个党项姓，或许这两姓有婚姻关系，另外崔、曹都是河西大姓，由此可以看出西夏时期汉族特别是河西汉族与党项族杂居相处、相互融合的关系。

——赵学东、陈爱峰：《试论西夏对汉族的政策》，载《中央民族大学学报（哲学社会科学版）》2007年第5期

资源21：元对西夏遗民的管理

西夏人对蒙古军队的顽强抵抗，仍使蒙古统治者记忆犹新，他们不能不对西夏人怀有戒备之心。于是便采取措施，把西夏遗民迁出故土，或徙居内地与汉民族杂居耕种，从事手工业；或远发边地屯垦，或遣其充军。使之不能聚集一地，以达到分而治之的目的。与此同时，蒙古统治者又把大批汉人、蒙古人、回鹘人等迁入西夏故地。一方面是为了开发这一地区，另一方面则是为了冲淡西夏遗民的成分，造成各民族间居杂处的局面，相互牵制。通过这些措施，元政府加强了对西夏故地和西夏遗民的控制、管理。

——孟楠：《元代西夏遗民的迁徙及与其他民族的融合》，载《宁夏大学学报（社会科学版）》1995年第3期

资源22：元朝货币制度的独特性

忽必烈采用兼容并包的一体化经济政策，建立统一的公共财政体系，以恢复经济实力，其中最重要的政策便是"币同制"。忽必烈认为，若出产铜铁的地区都有权自行采矿铸铜、铁钱，可能造成割据，所以应当禁用金银，发行国家掌控的纸币。元朝政府在全国范围内将纸币确定为主要的流通货币，辅以少量银元宝、铜钱、铁钱等，非常接近现代货币制度。政府颁布了《银钞相权法》、《整治钞法条画》、《至元宝钞通行条画》等多部法律，详细地规定了纸币的制作、发行、流通以及伪造的处理方法，要求将金银都集中于国库，禁止民间买卖。

——唐犀：《元代二元民族法律观念初探》，载《中国政法大学学报》2015年第4期

资源 23：宋辽交聘制度的作用

宋辽交聘制度确立后，两国名目繁多的礼尚往来与商议重大事务的需要，迫使交聘频繁，密切了两国关系。两国交聘中互赠礼品，又促进了经济交流。宋辽交聘中的使节大多从当时社会的文化精英阶层中选拔，有极高的文化素养。每次交聘，使节不仅写《语录》，而且面对异国风情，还写了大量的文学作品，如北宋苏颂两次出使辽朝，写出了《前使辽诗》30 首和《后使辽诗》28 首。大科学家沈括出使辽朝，写下了著名的《使契丹图抄》。这些作品，促进了宋代文化发展，丰富了我国文化宝库。

——贾玉英：《宋辽交聘制度论略》，载《中州学刊》2005 年第 6 期

资源 24：如何看待历史上的“议和”

对“澶渊之盟”的评价，历来存在很大的分歧。其主要原因是某些人的历史偏见，未能多角度、全方位地看问题。今天，如果我们能从多民族国家共同创造历史的眼界看问题，心平气和地评价历史，就会发现，和约既是双方战略形势演变的必然发展，又是双方战役态势呈现对峙局面的必然结果。尽管双方都有得有失，但总的说来是比较公平的。由于宋辽两个兄弟民族签订了和平条约，开始了和平交往的新局面，从而使两个民族能在安定的大环境中和平同处、协同发展，这不仅是符合民心、顺应历史发展要求的好事，同时，也为以后正确处理民族纠纷树立了典范。

——杨国宜：《“澶渊之盟”平议》，载《黄河科技大学学报》2011 年第 1 期

资源 25：政治大动荡与民族大交融的关系

中国历史发展的进程一再表明，政治上处于分裂、动荡的时期往往是中国民族交融处于大发展、大变革的时期，魏晋南北朝是这样，辽宋夏金对峙时期也是如此。这一时期，中国民族虽然在政治上处于分裂动荡的时期，但以汉民族和汉文化为主体的中国民族一体化进程并没有改变。在这场各民族间新一轮的竞争和碰撞中，各民族通过大规模的民族迁徙而加强了我中有你、你中有我的民族分布格局，通过茶马互市等经贸交流而进一步密切了北方游牧区域和中原农耕区域的联系，通过相互吸收比自己优秀的文化而促进了各民族文化的进一步交融。

总而言之，通过辽宋金夏时期各民族的碰撞和交流，以汉族和汉文化为主体的中国民族多元一体格局得到了进一步发展，为元代政治的统一和各民族间更大范围的经济文化交流奠定了基础，对中国民族的发展产生了积极的影响。

——段红云：《略论辽宋夏金对峙时期中国民族的一体化进程》，载《广西民族大学学报(哲学社会科学版)》2012 年第 4 期

资源 26：民族迁徙促进民族交融

北方民族在迁徙中互动，南方也是这样。北宋灭亡后，汉族大批南迁，使华南人口剧增。临安府(今杭州)成为南宋都城，政治重心南移。据《中国人口史》统计，长期只有几十万人口，充其量一两百万的江西地区在十一二世纪竟增至七八百万人口，13 世纪甚至增到千万

以上；四川盆地也是超过天宝年代(742—756)600多万的高峰而跃至将近千万；而福建12世纪人口竟从唐天宝以前的几十万人口，上升到400多万。另外，唐代没有哪个省区的人口密度达到每公里50人以上，而南宋1210年，就有浙、赣、闽和华北三省、山西增至每公里40人以上，江苏增至每公里30人以上，辽宁、湖南、安徽增至每公里20人以上，这样，就出现了四川到江苏的长江南岸密集人口带。在迁徙中，汉族在南方的分布更广更深了，与南方少数民族形成交错杂居的局面。

——徐杰舜：《宋辽西夏金民族互动过程述论》，载《黑龙江民族丛刊》2005年第6期

资源27：民族间交往的历史影响

契丹女真等北方民族、南方各少数民族的服饰深受汉族的影响，而中原汉族人民也以身着契丹女真服饰为时尚。契丹、党项、女真等每年从汉地引进不少米面、瓜果、茶叶等食品，其饮食结构发生了变化，尤其是迁居中原的女真族，饮食习俗与汉族已经没有什么差异。中原地区则从北方民族地区引进大量的羊。各民族与汉族交错杂居，通婚现象愈益普遍，并得到官方的认可。汉语成为各民族之间交流的工具，尽管契丹、党项、女真等民族仿效汉字创制了自己的文字，但在日常生活中，汉字的使用更为普遍。汉族的传统节日也多成为各民族共同的节日。汉族也从少数民族那里吸收了不少日常用品、风俗习惯、游艺等，丰富充实了自己的社会生活。宋朝与各个民族政权通过遣使往来、榷场贸易、发赐等形式建立了密切的交往，就是在战争状态下，各民族人民的民间往来也从未停止过。与社会生活的交融相一致，各民族之间政治、经济形态、思想意识也逐渐接近乃至一致。

——关树东：《一部描述民族历史风俗的佳作——读〈辽宋西夏金社会生活史〉》，载《社会科学管理与评论》1999年第2期

第六单元

明至清中叶中国版图的奠定、封建专制的发展与社会变动

学术引领

一、明至清中叶统一全国和经略边疆的相关举措

（一）明至清中叶的民族政策

明清时期，我国统一的多民族国家进一步巩固和发展。中央和地方的关系，尤其是同边疆地区的关系空前加强。我国辽阔的版图在清朝前期最终奠定，各民族之间形成了不可分离的关系。

1. 明朝的民族政策

明初奠定中原以后，便向边疆地区进发，力图实现全国的大统一。由于明朝各地区形式不一，明朝边防的侧重点及具体措施亦有所不同。

刘祥学在《从明朝中后期的民族政策看葡萄牙殖民者窃占澳门得逞的原因》（载《中国边疆史地研究》2000年第2期）一文中认为，明朝民族政策的总方针是：重点防御北方少数民族，对南方的两广、西南、西藏广大少数民族地区，施以“威怀”①。该方针的确立，标志着明统治者正式放弃了消灭蒙古势力的政策，已意识到蒙古问题的长期性、艰巨性和复杂性，由战略进攻转为战略防御，逐渐丧失了军事上的主动权，而把主要力量用在北部防线上，直接导致了对海防建设的忽视。在上述总方针的影响下，明朝统治者对葡萄牙殖民者的侵略本质认识不足，以致对其侵略一再忍让、姑息，最终酿成澳门被窃占的恶果。

杨绍猷在《明朝的民族政策》（田继周等：《中国历代民族政策研究》，269—304页，西宁：青海人民出版社，1993）一书中指出，明朝的民族政策主要有九种：(1)军事征讨。(2)建立军事卫所和屯田。(3)设置九边防御体系和封锁政策。(4)招降和安抚政策。(5)推行土司制度等“以夷治夷”政策和改土归流。(6)朝贡和赏赐。(7)开展互市。(8)利用宗教。(9)开设儒学，提倡贡举。明代的这些民族政策取得了如下成效：一是使用战争和招降两种政策，成功地推翻了元朝的统治。二是以抚为主，辅之以军事手段，成功地收降了西北、西南、中南和南方少数民族各部，逐步统一了该地区。三是“朝贡和赏赐”政策吸引了少数民族各部，密

① “威怀”，即以军事力量作后盾，尽量施以怀柔，以使这些地区的少数民族臣服。

切了中央和少数民族之间的政治关系，促进了经济、文化交流。四是在边疆民族地区建立军事卫所和实行屯田制度，既巩固了边疆，也开发了边疆民族地区，促进了当地经济的发展。五是开设马市和茶市，部分地满足了我国各族人民要求互市的强烈愿望，加强了各族之间的经济关系。六是兴办教育的政策，不仅提高了各族人民的文化素质，也培养和笼络了一批少数民族的有才之士。七是明朝的宗教政策适应了藏族、蒙古族、回族等普遍信教的现实，有效地防止了因宗教信仰而引起的民族问题。

陈梧桐在《论朱元璋对南方少数民族的政策》(载《江西社会科学》1995 年第 6 期)一文中认为，朱元璋对南方少数民族的政策主要有三点：(1)“威德兼施”[①]，招抚为主。(2)“因俗而治”[②]，广建土司[③]。(3)严明以驭吏、宽裕以待民。这些政策的实施，取得了很好的效果，对于加强和巩固我国多民族国家的统一，具有重大的意义。同时陈梧桐也指出，这些政策本质上还是一种以阶级压迫为基础的民族压迫政策，虽缓解了当时南方民族矛盾，但不能从根本上解决南方的民族问题。

2. 清朝的民族政策

清代是中国历史上统一的多民族国家逐步发展以至最后定型的关键时期。清朝不仅对奠定今天中国的版图做出了巨大贡献，而且近现代国家意义上的中国概念也是在清朝统治时期才出现的。今天无论汉族，还是众多少数民族，都认同自己是中国人，自己的祖国是中国。看起来这似乎无需论证。其实，中国各族人民从民族认同到对统一国家的认同经历了几千年漫长岁月的积淀与整合，在清朝统治的三百年间，才最终成为定局；而作为主导这一时期中国政治的清朝皇帝对中国的体认，以及他们的逻辑思维方式和实践行为，无疑具有举足轻重的作用。

杨学琛在《清朝的民族政策》(田继周等：《中国历代民族政策研究》，309—357 页，西宁：青海人民出版社，1993)一书中认为，清朝前期对待民族问题的总方针是勇于进取。清朝的民族政策可以分为满汉政策、蒙古政策、西北政策、回族政策和南方民族政策(包括对西藏、台湾和西南的政策)五个部分。第一，满汉政策：坚持和强调“满洲为国家之根本”[④]。一是优待满洲王公大臣官员，八旗满洲贵族世袭爵位，居要职，是清政府中最高的统治集团。二是抚恤八旗兵丁，对满洲八旗兵丁给予一定的优遇和抚恤，以保证兵源，维护八旗军队的战斗力。同时，为了巩固和壮大满族，使满洲八旗官兵成为清王朝的军事支柱，规定他们必须讲满语，必须练习骑马射箭，以保持本民族的特长、习俗，防止浸染汉民习俗而全盘汉化。三是仿明制，任用汉官、安抚汉民，剃发易服，反对满洲八旗完全汉化。四是与汉族联姻。第二，蒙古政策：优待蒙古。具体表现为：(1)封授爵职。(2)建立盟旗制度。(3)互市、赈济和岁禄。(4)下嫁公主，册封后妃，互为婚娶。(5)利用黄教[⑤]，借助达赖。(6)朝贡、从征和守法。第三，西北政策：安定西北。(1)坚决平定西北叛乱。(2)建立军政机构，直接统辖

① 《明太祖实录》，2334 页，北京：中华书局，1987。

② 《明太祖实录》，1162 页，北京：中华书局，1987。

③ 土司，官名。元朝始置。用于封授给西北、西南地区的少数民族部族首领，土司的职位可以世袭，但是袭官需要获得朝廷的批准。

④ 《清圣祖实录》(一)，439 页，北京：中华书局，1985。

⑤ 中国藏传佛教宗派，因该派僧人戴黄色僧帽，故又称黄教。

"回疆"[①]。(3)实行定贡赋制度。(4)整顿吏治。(5)促进农业、鼓励贸易,推动经济发展,实施屯田。第四,对回族的政策:以回治回。对回族上层赏赐,可以科举入仕,封官晋爵,率军出征建立功勋的委以要职;对回族下层实施民族歧视、民族压迫和制造回汉隔离政策。第五,南方民族政策。对西藏的政策是:(1)册封喇嘛教领袖达赖和班禅,世袭政教合一。(2)打击准噶尔部入侵西藏。(3)废除第巴[②],改行噶伦制[③]。(4)设置驻藏大臣。(5)创立金瓶掣签制度,颁布《钦定西藏善后章程》。在高山族地区实行的政策主要有:改社为厅;设立台湾府,后设台湾省。对西南诸族的政策:改土归流。改土归流打破了封建割据状态,使土司统治下的土民摆脱了农奴身份,土兵免除了参加各种械斗和苛役。南方各族人民一起生活、生产,加强了民族之间的交流和相互学习。

李世宇专门对康乾时期的西南民族政策进行了研究。他在《从康乾民族政策看西部开发》(载《贵州大学学报》2001年第4期)一文中认为,"守边之道,惟在修德安民,民心悦则邦本得"[④]是康、雍、乾制定边疆民族政策的指导原则。主要内容有:在中央设立理藩院;在西藏实行驻藏大臣、达赖、班禅"互参制"[⑤];在滇、黔、川、桂的苗、彝、藏等民族聚居区,推行"改土归流"[⑥];笼络西南各族上层;因俗而治,采取"因其教不易其俗,齐其政不易其宜"[⑦]的统治方针;在"乱则声讨,治则抚绥"[⑧]的原则下,以抚为主;对西南汉族地主加以笼络,强调"满汉一体"。李世宇认为,康、雍、乾的民族政策具有以下四个特点:一是在一定条件下准许各族自行处理族内事务。二是依照各民族的宗教信仰、风俗习惯进行统治。三是在保证清廷对各级地方政权直接控制的前提下,清政府所派遣的官员与各少数民族的首领基本平等。四是维护国家统一、独立和尊严,对外来侵略者始终给予打击。这些政策客观上起到了安定西南、稳定边疆和维护祖国统一的作用,有一定进步意义。

张文灿在《清朝治理新疆的民族政策评析》(载《新疆大学学报》2005年第4期)一文中从整体上对清朝治理新疆的民族政策进行了专门的研究,认为其主要包括:因俗而治的行政管理制度;招抚、任用少数民族上层的政策,利用和限制宗教的政策,民族隔离政策。

尽管清代民族政策是我国古代封建王朝民族政策的重要组成部分,是内容丰富的历史文化遗产,是各民族政治智慧的结晶,在维护国家统一、发展民族间的各种联系方面起到了很好的作用,但也有一些严重的缺陷。余梓东在《论清朝的民族政策》(载《满族研究》2005年第3期)一文中认为清代民族政策存在一些缺陷,主要有:一是部分清代民族政策具有明显激化民族矛盾的特点(如剃发易服政策)。二是清代后期民族政策创新明显减少,也缺乏积极性和主动性,不利于清政府民族事务管理水平的提高和所面临民族问题的妥善处理。

---

① 回疆,清代对新疆天山南路的通称。该地为维吾尔族、乌孜别克族所聚居,清朝对该地信仰伊斯兰教的少数民族多称为"缠回",故名。亦称"回部"。

② 第巴,西藏官名,其义为"首领"。其职权大小不同。

③ 噶伦,官名,总办西藏行政事务,受驻藏大臣及达赖喇嘛管辖。

④《承德府志》卷首一,转引自马大正主编:《中国边疆经略史》,256页,郑州:中州古籍出版社,2000。

⑤ 互参制:驻藏大臣、达赖、班禅共同管理西藏的制度。

⑥ 改土归流:明清两代在云南、贵州、四川、广西等地少数民族地区废除土司,实行流官统治的一种政治措施,旨在加强中央对边疆地区的统一管理。

⑦《清朝文献通考》卷二百九十二,"舆地二十四·西藏",1183页,上海:商务印书馆,1936。

⑧ 蒋良骐:《东华录》卷十七。

三是清代民族政策的着眼点在维护国家统一和社会稳定，但是在具体政策和措施方面，在处理少数民族和民族地区稳定与发展的关系方面，有不同程度的失衡现象。张文灿在《清朝治理新疆的民族政策评析》(载《新疆大学学报》2005 年第 4 期)一文中也指出了清朝民族政策的不足之处。他认为，清朝统治者国家和民族思想的二重性和贯彻民族政策带来的负面影响，对后来包括现代中国解决新疆民族问题留下的隐患，更应引起深刻的反思。

(二) 明清时期中国的疆域形成

关于中国的疆域形成与最终奠定的时间，以及中国历代王朝疆域与现代中国疆域的关系问题，从 20 世纪 50 年代初期至今，许多学者都在探讨。

中国疆域何时最终奠定的? 于逢春在《论中国疆域最终奠定的时空坐标》(载《中国边疆史地研究》2006 年第 1 期)一文中认为，唯有解答清帝国是否具备或何时具备近代意义上的民族国家要素，清帝国是否存在着近代意义上的国家疆域、边界与边境制度，清帝国的国家疆域、国家边界是否存在着有意识的自我认定、法理确定，清帝国的国家疆域、国家边界是否取得了国际法意义上的国家承认等问题，才能判定中国疆域最终奠定的时空坐标究竟应设定在何时与何处。基于此，于逢春把中国疆域最终奠定的时间坐标定在 1820 年，空间坐标判定在“嘉庆志”及“嘉庆图”所确定的领域。

于逢春认为，经过康熙、雍正、乾隆、嘉庆祖孙四代的开拓，中国疆域达到了内在发展的极致。一方面，中国按照自身发展的轨道滑行，国力达到了全盛。在此条件下，清朝于北方遏制了沙俄的继续南下，且运用外交手段划定了边界；于南方，运用朝贡贸易体制把欧洲列强的权利锁定在规程所允许范围内。这使得前中期的清朝对其疆域的最终奠定，能够从容地从学理与法理上自我确认。另一方面，无论是沙俄，还是西欧列强，皆是清朝以前中国历代王朝从未经历过的强劲敌手，在此情况下，外来的欧洲式的领土、主权与国际法的概念，即作为各国相互关系准则的对于领土、主权与国际法的界定，帮助清朝确立了中国领土管辖范围的明确界限，而清朝以前的中国传统王朝对于那些鞭长莫及的疆土，一直满足于模糊不清的分界线，始终处于想象之中。始修于 1811 年的“嘉庆志”及其“嘉庆图”，既承载着中国历史内在发展所能达到的空间极致，又延续着康熙帝祖孙四代超越了历代汉族帝王所固有的“天下观”之窠臼——对领土、边界、主权与边民有着清晰的界定与认知的理念。同时，还附丽着沙俄与西欧列强对清朝领土主权的国际承认。因此，将中国疆域最终奠定的空间坐标判定在“嘉庆志”及“嘉庆图”所确定的领域。1820 年，既是“嘉庆志”及“嘉庆图”所描述的中国疆域范围的最终奠定极点，也是东、西方力量对比最终逆转的临界点，更是中国国势由强转弱的最后时刻。1820 年，英、俄已经在觊觎中国西北与西南的大门。中国从此金瓯残缺，无所规复。因此，将中国疆域最终奠定的时间坐标判定在 1820 年。随着欧洲列强在全球的扩张和殖民体系的建立，“世界”面孔渐渐清楚地浮现出来，而清代统治者在接受西方近代地理学知识、吸纳欧洲式的领土主权与国际法观念和受到边疆地区的强势外来者挑战的影响下，对于国家疆域的认识和观念已大异于前代王朝。伴随着“嘉庆志”与“嘉庆图”的登场，标志着清帝国已具备近代意义上的民族国家基本要素——领土、主权与国民(臣民)意识，虽然这些要素有时还很微弱或时隐时现；清帝国已存在着近代意义上的疆域、边界与边境制度；清帝国对其疆域、边界具备有意识地自我认定、法理确定；清帝国的疆域、边界已取得了国际法意义上的国家承认。

李大龙在《试论中国疆域形成和发展的分期与特点》(载《中国边疆史地研究》2011 年第 3 期)一文中认为,中国疆域形成和发展大致经历了四个时期:第一,自然凝聚时期:从中华大地人类文明的出现,到《尼布楚条约》的签订。这一时期中国疆域的形成和发展处于自然凝聚状态。第二,疆域明晰时期:从《尼布楚条约》的签订到 1840 年鸦片战争爆发。这一时期中国疆域内部的凝聚依然存在,外部边缘逐渐清晰,疆域性质也由王朝传统疆域向近现代主权国家疆域转化。第三,列强的蚕食鲸吞时期:从鸦片战争爆发到中华人民共和国成立。这一时期,中国疆域的内部凝聚虽然依然延续,但列强的蚕食鲸吞不仅使外围藩属国彻底脱离了中国疆域凝聚的轨道,而且通过一系列不平等条约的签订,被列强鲸吞了大量的边疆地区,中国疆域呈现急剧萎缩的态势。第四,现代疆域巩固时期:中华人民共和国成立至今。这一时期中国政府为维护疆域完整做出了种种努力。中国疆域虽然尚未实现完全统一,但恢复对香港和澳门行使主权,和多数邻国的陆路边界已经划定,中国疆域进入稳定时期。

成崇德在《论清朝疆域形成与历代疆域的关系》(载《中国边疆史地研究》2005 年第 1 期)一文中,就清朝疆域形成与历代疆域的关系,从三个方面进行了探讨:第一,中国古代文明的连续性是中国疆域延续二千多年的基础。从政治史上看,和世界上其他几个古代文明(如古埃及文明、两河流域文明、古印度文明等)相比较,产生于公元前三千年代的黄河流域的夏文明一直较完整地保留着中国古代文明的传统。从文化史来看,中国古代文明的发展连续性,在整个世界史中尤其显得突出。其连续性包括语言文字发展的连续性和学术本身发展的连续性。第二,历史上活跃在中原王朝四周的少数民族对中国疆域的形成有着重要影响。首先,从中国历史的发展过程来看,经历了从统一到分裂再到统一的两个历史大循环。第一个大循环是从秦汉的统一到魏晋南北朝的分裂,再到隋唐的统一;第二个大循环是从隋唐的统一到五代宋辽金西夏的分裂,再到元明清的统一。其次,边疆民族对中国统一多民族国家的形成、广阔版图的奠定、形成具有深厚凝聚力的多元一体格局的中华民族,也做出了重要贡献。第三,地理环境是影响一个国家疆域形成的重要因素。地理条件的独特性,对中国疆域的形成影响很大。在中国这个自然区域中,各个社会集团的活动主要受到整体的影响和约束。周边地区各民族建立政权,已经具备了一定的地理条件和经济条件,但是由于东、南濒海,北有沙漠,西和西南有高山,地理条件的阻隔,向内地发展比向外发展要容易得多,因而产生了一种自然的内向性,这种自然的内向性是形成国家统一和疆域完整的条件之一。

二、明至清中叶的世界变化及其对中国的影响

(一) 中西文化碰撞与融合

14—18 世纪的欧洲发生了巨大的变化,随着新航路的开辟,中西之间开始了前所未有的碰撞与融合。

1. 中西文化碰撞与融合的背景

明清时期的欧洲发生了巨大的变化。赵毅、赵轶峰在《中国古代史》下册(394—398 页,北京:高等教育出版社,2010)一书中指出,15 世纪末,哥伦布发现新大陆;16 世纪初,麦哲

伦船队完成环球旅行，欧洲走向了殖民扩张的道路。18世纪中叶，英国对华贸易总值超过了欧洲其他国家对华贸易的总和。清王朝对外关系，不可回避的便是以英国为首的欧美殖民主义势力及这些国家的合理的和不合理的贸易要求。耶稣会士来华的时代，是中国社会已经积聚许多变动的要素但其能量却又不足以生发出社会组织和文化精神的方向性变革的时代。而这时的欧洲经过了文艺复兴和宗教改革，已经形成了文化和社会结构的重新定向，并且借助于科学技术、工业生产和贸易以及殖民主义向全世界扩展。

陈支平在《从世界发展史的视野重新认识明代历史》（载《学术月刊》2010年第6期）一文中指出，中国的明代时期是世界上"区域史"走向"世界史"的关键时期，以欧洲为核心的殖民主义势力进行着前所未有的"世界史"的扩张，而东方的中国同样显现出某种走向"世界史"的趋势，这种趋势是我们认识明代历史地位的最主要标志。万历时期，即15世纪末16世纪初，欧洲陷入经济萧条，大西洋贸易衰退，以转贩中国商品为主的太平洋贸易发展为世界市场中最活跃的部分。中国商品大量进入世界市场，在一定程度上缓和了世界市场贵金属相对过剩与生活必需品严重短缺的不平衡状态；嗜好中国精美商品刺激和影响了欧洲工业生产技艺的革新，促进了经济的发展。中国商品为17世纪西方资本主义的兴起做出了不可磨灭的贡献。

陈支平接着指出，明朝中国对"东西方碰撞交融"的积极应对，并不仅限于基层商人的层面，在文化知识的层面，同样呈现出比较开放与包容的态势。一方面，随着明代中后期社会经济特别是商品市场经济的发展，国内的文化知识界出现了诸如泰州学派及李贽等进步的思想家，他们提倡人的个性，肯定人们的物质欲望，强调独立思考的精神。这些思想反映了当时社会经济激烈变动中的下层平民的要求，特别是反映了那些从事工商业活动的城市市民的要求，在当时的社会产生了积极的影响。另一方面，伴随着世界地理大发现和新航路的开通，西方思想文化及科学技术也日渐向外传播。以欧洲耶稣会士为代表的西方知识文化阶层，与中国的传统知识分子和士大夫同样发生了碰撞与交融。

陈支平还指出，从这场"世界史"的发展进程与机遇来说，中国从17世纪下半叶开始落后于西方列强，其根本原因在于缺乏社会环境条件的配合。经过生产力的长期积累、明代中后期社会经济特别是商品市场经济的发展，其社会经济内部结构中已经萌发出某些新的冲动，从而推进了民间海上私人贸易的繁荣与海外市场的开拓。而从政治社会环境看，我们不能不承认当时确实存在着一个相对宽松、多元并在一定程度上可以包容不同思想文化思考与实践的氛围。入清之后，这种社会环境基本消失了，思想与文化的自由发展受到了极大的限制。

欧阳哲生在《盛世下的忧患——中西关系视角下的康雍乾盛世》（载《北京大学学报（哲学社会科学版）》2014年第5期）一文中指出，18世纪，欧洲通过传教士、外交使节、贸易往来，与北京保持密切的关系。但当时中欧之间的交流并不对称，欧洲对中国的了解远远超过中国对西方了解的程度。来京的西方人士通过自己的观察和研究，对中国的政治制度、经济发展、科技水平、军事实力进行评估，为西方向中国殖民开拓做知识准备。中国在当时的世界竞争中危机四伏，为19世纪出现的中西之间"大分流"埋下了隐患。

2. 中西文化碰撞与融合的阶段划分

中西文化的碰撞与融合并不是一蹴而就，而是经历若干阶段。林延清在《试论明清之际中西文化交流的分期、特点和历史作用》（载《河南大学学报（社会科学版）》2001年第5期）一文中指出，明清之际，以传教士为桥梁和纽带的中西文化交流分三个时期。此次中西文化交流是在平等的条件下进行的一种双向交流，不仅对中国社会的发展产生了十分深刻的影响，而且也促进了欧洲人全面认识中国。

从 1582 年意大利耶稣会士利玛窦入华传教起，到 1644 年明朝覆灭止，为第一阶段，是中西文化交流兴起并得到初步发展的阶段。第一，天主教在中国内地的传播有了初步的开展。第二，介绍西方科学文化活动作为传教手段，有了一定规模的开展，西方的天文学、数学、物理学、地理学和医学等全面传入中国。《崇祯历书》的编撰和西洋火枪的仿造，则是西方科技在中国成功的应用。

从 1644 年到 1722 年是中西文化交流的第二阶段，即发展和繁盛时期。第一，清政府采取宽容政策，天主教在华传播有了较快的发展。西方科学文化的传播向纵深发展，呈现出繁盛局面。清朝顺治初年，耶稣会士汤若望将历书整理后呈献给清政府，并获准颁行，称为《时宪历》。从此，中国通用西历。第二，中国学者对西学进行卓有成效的研究，“汇通中西”取得了一定的成绩。在康熙帝的组织和倡导下，中国学者梅瑴成等人编成了介绍西方数学知识的百科全书——《数理精蕴》。这部书将 17 世纪以来传入的西方数学，包括几何学、三角学、代数及算术等方面的内容，全面而又深入地展现给中国知识界，成为当时人们学习和研究西方数学的教科书。第三，耶稣会士开始主持清朝的钦天监机构，有力地促进了中西天文学者的交流和合作。

从 1723 年到 1795 年，中西文化交流进入第三阶段，即日趋衰落的阶段。在罗马教廷发出禁止天主教中国教徒祭祖尊孔的指令后，雍正皇帝推行禁止天主教在华传教政策，将各地传教的教士驱逐出境，关闭教堂，严禁中国民众信奉天主教，只允许少数有天文数学等知识的西方传教士留在京城宫廷为朝廷效力。雍正皇帝及以后的乾隆皇帝、嘉庆皇帝和道光皇帝的禁教政策，使天主教在华传教遭到沉重的打击。

3. “西学”对“中学”的冲击

明清中西方的交流主要表现在西方传教士来华传教，并在这一过程中与中国的士大夫们进行交流，对中国产生了深远的影响。

李晓丹在《17—18 世纪中西建筑文化交流》（天津大学 2004 年博士论文，31 页）一文中指出，传教士在 17—18 世纪的中西文化交流中起了非常巨大的作用，甚至可以说，此时段的中西关系是靠十字架来维系的，传教士在文化交流中起到的作用是商人们无法比拟的。他们的活动范围更为广大，不仅限于沿海地带，而且深入中国内地，遍布全国，甚至偏远地区和宫廷。明末清初，以西方传教士为主要媒介，中西双方展开了大规模的文化交流，在中国再次出现基督教建筑和西式商业建筑，但外来科技和宗教还不足以动摇中国传统文化的主体地位，对中国传统建筑文化也并未产生根本影响。建筑是物质文化的载体。基督教文化根本不能代替已渗入到中国人骨髓的儒家文化。近代中国反洋教运动时有发生，此起彼伏，教堂在中国所处的地位及其重要性同它在西方的情况大不相同，而商业建筑也大多局限于中国东南沿海一带。因此，它们对中国近代建筑的影响有一定的局限性，但毕竟在建筑领域产生了一定的影响，且揭开了 19 世纪后中国近代“中西交融”建筑思潮的序幕。

明清时期，特殊的政治思想环境为基督教的传播创造了客观的条件，利玛窦等传教士灵活的传教方式使基督教为部分士大夫所接受。陈卫平在《明清之际西学流播与中国本土思想的接应》(载《南京大学学报(哲学人文社会科学版)》2009 年第 6 期)一文中指出,明清之际传播的西学主要是天主教教义和科学技术。晚明王阳明心学大为流行,为此时来到中国的西学充当了媒介。王学打破了程朱理学对思想的垄断,创造了西学得以输入和传播的文化氛围;王学注意伦理学的自愿原则,为天主教教义的传播架设了思想桥梁;大兴讲学会的风气,对天主教的传播提供了组织形式上的借鉴。明清之际兴起的实学思潮则与西学在价值观和方法论上皆有相通之处。就此而言,西学与明清之际的思想世界的重建是有着内在关联的。然而,这一重建的蓝图没有得到实现,直到近代王学与实学再次充任西学的接应者,并且西学成了思想世界重建的引领者。由此来考察明清之际思想与中国近代思想之间的历史脉络,西学无疑是内在于明清之际以来的中国思想史的。

赵毅、赵轶峰在《中国古代史》下册(317—320 页,北京:高等教育出版社,2010)一书中指出,利玛窦尽量附会中国传统文化的概念来阐释天主教的教义。利玛窦尽量用西方科技来打动中国士大夫,然后再传播宗教观念。徐光启在和利玛窦等人接触中,感受到西方人比中国沉沦的士大夫更有令人钦佩之处。徐光启介绍西法挽救明王朝,不仅成为中西文化思想交流的一次意义重大的努力,而且推动了中国学术思想比以前更注重计量、分析和实证精神。

4. 中西文化碰撞融合的影响

西方文化的传入在中国的影响是有限的。朱绍侯、张海鹏、齐涛在《中国古代史》下册(357 页,福州:福建人民出版社,2003)一书中指出,这些西方传教士所带来的自然科学知识因受神学的限制,不可能是西方最先进的近代科学成就。但这些对当时的中国学者来说毕竟是新鲜的,必然会对他们某些传统的观念和认识产生冲击,使他们的视野有所开阔。由于当时统治上层的保守,还不能把其中有用的知识加以推广。再者,关注这些知识的还只是一些对自然科学有兴趣的开明学者,范围还相当狭小。因而,这些自然知识的实际社会作用也是很有限的。

张宗鑫在《明后期中西文化的碰撞与融合——以利玛窦为中心的考察》(山东大学 2012 年博士论文,1 页)一文中指出,在利玛窦的积极引导下,中西文化进行了实质性的碰撞,涉及中西文化的各个层面。面对明后期复杂多变的文化环境,利玛窦对中西文化作了卓有成效的调和,为中西文化在相对平等的平台上积极对话做了开创性的探索,并深刻影响了中西各自社会文化发展进程。通过利玛窦和徐光启、李之藻等士人合作翻译书籍,奠定了汉文西学科技原典的基础。尽管保守人士严守所谓"华夷之防",但在奉教士人和开明大儒的积极倡导下,大力引进西方科学仪器和科学方法,致使发展缓慢的中国科技积极变革,对中国科技知识结构和学术思想的变革起到了催化剂的作用,形成了有别于传统的格物穷理之学,一定意义上为近代西方科技顺利传入中国奠定了基础。同时,在利玛窦等耶稣会士积极努力下,中国的哲学、科技、艺术等也开始大量传入西方,改变了西方对中国模糊的认知。作为当时对中国最直接的外国观察家和研究者,以利玛窦为代表的传教士,奠定了西方早期汉学的基本研究格局,对中华帝国和儒家思想向西方世界做了客观的介绍。这对文艺复兴时期的欧洲社会有着巨大的感召力,使得欧洲社会通过中国这样一个异域形象,展现了西欧近代早期社会的文化焦虑与期待,进而以中国形象为参照,推动思想启蒙,实现西方社会的自我批判与转型。

西学的传播，并未动摇华夏中心主义，西学传播的过程也是华夏中心主义与西方中心主义斗争的过程。陈义海在《中西之“中心主义”——以明清之际中西异质文化交流为视角》（载《上海师范大学学报（哲学社会科学版）》2006 年第 5 期）一文中指出，耶稣会士输入的西方科学“启蒙”了一部分中国人，但并没有真正撼动华夏中心主义，更谈不上铲除它。在激烈碰撞过后的平静中，华夏中心主义还是稳稳地占据着中国意识形态的内核。西方传教士逐渐露出他们中心者的姿态主要是在利玛窦去世之后，并在 18 世纪初“礼仪之争”最激烈时达到高潮。

西方传教士的来华，在中国形成了不同的派别观点。陈义海在《对明清之际中西异质文化碰撞的文化思考》（苏州大学 2002 年博士论文，2 页）一文中指出，西方传教士所传来的一切，在明清之际的中国产生了广泛的影响，不同的士大夫对之有不同的反应。最典型的有两派：一派为肯定“天学”（西方宗教和科学）者，一派是反对“天学”者。以徐光启为代表的较为开明的士大夫认为东海西海，心同理同；认为西方传教士所传来的一切，有益于国计民生和民风的纯化。另一派则斥传教士为“西夷”，认为“天学”荒诞不经，乱我学脉，伤风败俗。这体现了明末相当一部分中国传统文人对西方的看法，体现了封闭的意识、落后的世界观，同时，也说明“西学”的传入对于明末清初社会是极其有价值的。明末清初在华基督教徒的活动其实质虽属传教性质，但它的意义远远超出宗教传播本身。虽然到今天为止，基督教在中国都没有像它在欧洲和美洲那样能与当地文化融合，也没有像佛教和中国文化那样成功融合，但明清间基督教与中国文化的交涉过程却是有意义的，因为它所采取的策略是符合异质文化交往规律的。尽管儒家和基督教之间的差别很明显，它们实际上是分属于两个系统的文化，尽管部分中国士大夫也相信传教士所说的中国之“天”与西方的天主是一致的纯属误读，但是，会通和适应毕竟是异质文化交往的最好的方法之一，误读在异质文化交往的初期甚至也是必要的。

（二）明至清中叶朝贡体制与对外经济政策

中西方形成了不同的贸易体系，在明清时期发生了碰撞，西方国家积极打破中国的贸易体系，在此过程中，明清两朝也在不断调整自己的对外经济政策。

1. 明至清中叶对外贸易的分类及出口货物特点

刘军在《明清时期海上商品贸易研究（1368—1840）》（东北财经大学 2009 年博士论文，3 页、159—160 页）一文中指出，明清时期的海上贸易可分为两大类：朝贡贸易和民间商业贸易。朝贡贸易在全部中国海上贸易中，只是在明代前期居重要地位。明中期之后，朝贡贸易虽然一直持续进行，但相对于民间贸易，其地位已经大大降低。民间贸易包括合法贸易和走私贸易，明清政府对民间海上贸易施加了各种限制，最严重的是在某些时期实行的禁海政策。在出口商品中，茶、丝、瓷最为重要，其次则为布、糖、药、书、钱等。从商品加工程度看，明清时期的全部出口品中，主要是农产品及其加工品，但经过加工的制成品和半制成品占绝大比例，未经任何加工的初级产品只占很小比例。当时的制成品和半成品中是手工加工的。与出口商品相比，鸦片战争前进口商品的总体加工程度低于出口商品。这反映出，在西方产业革命完成之前，中国的手工业发展水平在世界上居于领先地位。明清时期海上商品贸易中商品结构的一个重要变化是，由以奢侈品贸易为主变成了以大宗民生商品为主，形成了真正意义上的大宗商品海上贸易。一些原本属于奢侈品的商品也变成了大众消费品，例如丝、瓷在明清时期成为大宗贸易商品，茶叶到了清代也成为大宗出口商品。从贸易对象上看，在明清时期，中国的海上贸易仍主要限于与周边国家和地区的传统贸易。从进出口平衡方面看，一些中国商品的出口量不仅居世界首位，甚至居唯一的地位。中国对外国商品的需求量不大，外国对中国的茶、丝、瓷等商品的需求量却很大。

2. 朝贡体制形成原因及实践走向

朝贡贸易成为明清时期国家对外贸易的主要方式。赵毅、赵轶峰在《中国古代史》下册（317—320、394—398页，北京：高等教育出版社，2010）一书中指出，自古以来，中国对外关系的核心区域是东亚、南亚、东南亚和中亚，尤其与朝鲜、日本、越南、泰国、缅甸等有经常性的经贸往来。中国独特的自然地理环境和文化传统，使其自成一体，长期未遇到另外一种高度文明的持续性竞争，形成了开放程度有限的文明体系和自我中心的世界观念。在这种文明体系和世界性观念的指导下，中国和周边国家建立起宗主国和藩属国的关系。

庄国土在《论郑和下西洋对中国海外开拓事业的破坏——兼论朝贡制度的虚假性》（载《厦门大学学报（哲学社会科学版）》2005年第3期）一文中指出，郑和下西洋的动机，既是为了营造“天朝”的气势，也是中央集权政府打击东南沿海民间贸易和海上流民的措施。其结果是，因国库告罄而无力继续，“厚往薄来”的朝贡贸易随之烟消云散，宋元时期国人方兴未艾的海外拓殖也为之中断。中央政府对东南沿海人民的海外拓殖事业的敌视，是明清时期国人海外贸易与移民扩张的最主要障碍，它使中国多次丧失向海洋发展的机会。在古代中国与海外各国关系中，所谓“朝贡贸易与宗藩关系”（朝贡与册封），更多时候是中国朝廷的一厢情愿。双边贸易被中国典籍冠以“朝贡”名目，一方面是中国统治者好大喜功的虚骄心理和外国人为达通商目的而不计形式名分的结果，另一方面则是彼此对双方关系形式的有意无意的误解，从而使这种形式能被接受。因为在双方以官方名义交往时，需借助翻译进行，而绝大多数翻译是来贸易的商人，呈交中国朝廷的表文自然按中国官方乐于接受的措词撰写。在南洋方面认为是平等往来，在中国一方则断然认为是以小事大，以下事上。

石元蒙在《明清朝贡体制的两种实践（1840年前）》（暨南大学2004年博士论文，3页、30页）一文中指出，朝贡体制有着两种实践走向：一为“怀柔外夷”的实践，一为“保持自主性”的实践。16世纪欧洲人东来之前，朝贡体制一直实践着“怀柔外夷”的主题，并建立了远东“华夷秩序”。这一秩序可以分为三个模式：全面学习的模式、追求朝贡贸易利益的模式、既学习又挑战的模式。在朝贡体制下，中国谋求与属国建立一种自然的“礼节仪式”关系，这种“礼节仪式”具体表现为两部分：一是对在下者，即对番王及其贡使而言的朝贡礼仪；一是对在上者，即对中国而言的对番王的册封礼仪。仪式中传达着中国对天下秩序中自己和他国地位的理解，尽显上下尊卑的性质。明清时期，欧洲人东来后，中国与葡萄牙及英国于1840年前的交锋，拉开了朝贡体制“保持自主性”实践的序幕。葡萄牙和英国对朝贡体制的挑战，表现在他们向中国政府提出了四个方面的要求：居留地问题、行政管辖权问题、刑事裁判权问题、天主教传播问题。葡萄牙最终采取了屈从的姿态，中国政府因此对其要求给予了一定妥协，但最终掌握了控制权。英国则拒绝臣服，中国政府因此对其要求一应拒绝。可以说，1840年前，朝贡体制“保持自主性”实践获得了成功。

3. 西人东来下的朝贡贸易

随着新航路的开辟，西人东来，对中国对外贸易产生了重要的影响。骆昭东在《从全球经济发展的视角看明清对外贸易政策的成败》(南开大学 2010 年博士论文，1 页)一文中指出，欧洲国家建立的是一个依靠国家暴力维持商业垄断的贸易体系，在这个贸易体系中盛行的是弱肉强食、征服与被征服的原则。相反，传统中国建立的是一个依靠自身经济和文化吸引力维持的朝贡体系。朝贡体系的发展取决于政府的控制力与和平的商业贸易，这个体系所要确立的原则是"华夷关系"。中西初遇，欧洲与中国的贸易尚未大规模展开，西方国家也未在亚洲贸易中取得优势，虽然西方商人拥有国家武装力量的支持，但他们在经济上对中国商人具有很大的依赖性，所以，形成了中外商人竞争与依赖并存的局面。但是，由于明清政府对商业利益的忽视，在西方国家的武装侵略下，东南亚一些国家逐渐沦为西方的殖民地，亚洲贸易网络逐渐被西方商人控制，这为下一步西方国家打败中国商人奠定了基础。

王冬青在《明朝朝贡体系与十六世纪西人入华策略》(复旦大学 2005 年博士论文，4 页)一文中指出，面对中国执行的朝贡体系，葡萄牙通过不断的实践和探索，既有军事冲突，也有必不可少的贸易交流，还有以耶稣会士为代表的对中国礼仪文化的适应，最终获得了有限的成功。但在明朝当局来看，西欧使节来华仍然是按照朝贡关系给予接待，中国和欧洲国家之间的关系仍然是"天朝上国"与"四夷"的宗藩关系。因此，虽然参与大航海的国家进入新的历史阶段，但在和中国的接触之中不是中国去适应航海国家所推动的历史发展潮流，而是航海国家为了获得东亚的商业利润在不停地适应中国的朝贡体系。

4. 明清时期商帮衰落及闭关锁国政策

张丽、骆昭东在《从全球经济发展看明清商帮兴衰》(载《中国经济史研究》2009 年第 4 期)一文中指出，国内经济发展和商帮自身经营这些因素不足以对明清商帮的兴衰作出充分解释，还应当从国际贸易和全球经济发展的变化入手，从欧洲因海外扩张和殖民地财富获得而对中国产品需求骤增的角度，看海外市场需求与中国长途贸易扩展和明清商帮兴起之间的关系；从中国商人在海外和国内贸易中的利益丧失和中国产品在国际市场上的地位下降，看中国经济衰落与中国商帮衰落之间的关系。

戴逸在《18 世纪的中国与世界·对外关系卷》(14、47 页，沈阳：辽海出版社，1999)一书中指出，清政府的闭关锁国政策阻碍了对外贸易的发展，它所起的作用其实不只限于经济方面，更重要的是使中国与世界相隔绝，禁锢了人民的思想，抑制了社会活力。商品经济从来不单纯是经济问题，它的发展和活跃总是伴随着文化的交流、信息的交流，并在竞争中促进社会的发展。广东十三行封建性质的加强，还表现在它所积累的商业资本，一方面在腐蚀着清朝的官僚机构，一方面在巩固旧的生产方式。由于广东十三行的垄断，使得中外贸易不但不能哺育资本主义萌芽的成长，反而转向为封建王朝效劳。同时，这种封建商业资本也在严重地侵蚀着清朝的官僚机构，加速了它向腐朽衰落的转化。

（三）郑和下西洋的动因及影响

夏劲、陈茜在《中西两种科学文化背景下的郑和下西洋和地理大发现之比较》(载《自然辩证法通讯》2006 年第 4 期)一文中指出，尽管郑和航海在规模、航路和航海技术等实用科学层面上远远领先于西方，但在科学探索动机、科学精神和理论知识背景等科学文化层面上却大大逊色于西方,两种科学文化背景的差异是导致中西航海活动不同结局的深层原因。如从科学探索的动机来看,郑和下西洋主要是为了弄清航路,拓展有关造船、航海方面的知识;而西方航海家则是为了探索自然奥秘,开辟新航路,验证地圆说。从更深的层次来看,两者更体现了东西方文化背景上的差异。地理大发现体现的是个性解放、探索自然和积极冒险,体现的是对知识的实证和逻辑体系的完善,他们以科学来体现人的理性力量,在对自然的征服中实现人类自身的解放和与对象的交流。相较之下的中国,"天人合一"的观念没有把自然界对象化而作为认识对象,在本体论意义上没有主体和客体、现象世界和本质世界的二重区分,从而压制了对于外部自然世界的求知欲望,也就根本不可能产生体现科学精神和科学理性的航海活动。

王付兵在《郑和下西洋在古代中国与东南亚关系史中的地位》(载《南洋问题研究》2000年第3期)一文中指出,郑和下西洋是中国人民对世界航海事业的巨大贡献,它促进了古代中国与东南亚国家之间的友好往来、伊斯兰教在东南亚的传播、华人移入与开发东南亚,是古代中国与东南亚友好关系史的顶峰。郑和下西洋为以后中国与东南亚国家的交往确立了一些不成文的准则,至今仍影响深远,这表现在三方面:第一,礼尚往来,不以强凌弱。第二,友好相处,不损人利己。第三,互相帮助,排解纠纷。

万明在《郑和下西洋与亚洲国际贸易网的建构》(载《吉林大学社会科学学报》2004年第6期)一文中指出,西方殖民势力东来以前,15世纪初形成的亚洲国际贸易网,是当时世界上最稳定、也最为繁盛的国际贸易网之一。它的形成,与郑和下西洋密不可分。郑和使团是史无前例的大规模贸易使团,远航持续近30年,开通了海道,完成了中国对外交往从陆路向海路的重大转折,将"和番"与"取宝"结合在一起,在给区域带来和平与秩序的同时,所到之地进行互惠互利贸易,也促使国际市场繁荣,推动商业贸易兴盛,导向区域经济发展。由此东西方商路大开。郑和下西洋后,民间私人海外贸易以及移民海外热潮兴起。一种以东方的航海模式、贸易模式和国际交往模式建构起来的亚洲国际贸易网,繁盛地存在了一个世纪,直至西方殖民势力东来才有所改变。

三、明至清中叶社会各领域的巨大变化

作为中国古代历史中一个重要的社会转型时期,明清社会在诸多领域都出现了巨大的变化。万明在《晚明社会变迁的研究》(载《中国社会科学院院报》2003年1月23日)一文中指出,自明朝成化、弘治以后,晚明社会新旧交替,多元混合,表现有:一是商品经济的发展和经济社会结构由单一转向多元。在乡村,赋役货币化和农产品商品化加强,冲击了自然经济基础,改变了小农传统生活方式;人口不断增长和流动性加强,社会分工扩大,农业经济结构转向农、工、商并举的多元经济结构。在城市,市镇兴起,雇佣劳动出现,商品经济极大增长,社会关系也由人身依附关系向经济关系转变,出现新的社会分层。商业大发展还带来全国性市场的形成和社会价值观念的重塑,社会整体趋向商业化。二是儒学的平民化趋势明显,上层文化与世俗文化交融,形成文化的多彩现象。三是国家丧失了对货币的控制权和垄断权,中央集权专制国家权力由此严重削弱,政府职能部分转移至民间社会,地方权力结构发生变化。总的来看,晚明社会正在由单一农业社会结构向多元社会结构转变。

（一）社会经济结构的变迁

1．农业生产的商品化

余同元在《明清社会近代转型及转型障碍》（载《江南大学学报（人文社会科学版）》2011年第5期）一文中指出，从明代隆庆年间（1567—1572年）开始，明清社会近代转型在农业方面的重要表现是商品性农业大发展，引起农业经济和农村社会发生深刻的结构性变异。如押租制①和永佃制②导致经营权和土地所有权分离，促使新的农业生产关系和经营方式出现，解放短工条例颁布，等级雇佣向自由雇佣过渡，农业资本主义生产关系萌芽出现了。

王言锋在《中国十六—十八世纪社会心理变迁与白话短篇小说之兴衰》（上海师范大学2003年博士论文，5—6页）一文中指出，明中叶以后，由于赋役沉重，农民单纯种植粮食作物已不能维持正常的生活，便纷纷种植具有较高经济效益的经济作物或兼营其他副业。生产粮食为主的单一的农业结构开始向多种经营方向发展，导致了粮食作物生产相应减少。随着这种现象的日益加剧，许多农村中的自给自足的自然经济出现了一定的解体征兆。在农村手工业方面，由于经济作物的大量种植，一些以经济作物为原料的手工业得到较快发展，尤其是纺织行业的发展更为显著，棉纺业、丝织业成了许多家庭的主要副业。同时，政府以“班匠银”③制度替代了明初的住坐匠、轮班匠制度，完成了手工工匠制度从徭役制到税役制的转变。随着经济作物种植面积的增加和农村手工业的发展，农业与商业发生了越来越密切的联系，提高了农业的商品化程度。

传统农业经济结构的变化带来了明清时期经济中心地的分化。韩国学者吴金成在《从社会变迁视角对明中期史的再认识》（载《古代文明》2011年第4期）一文中指出，明中叶以后，随着人口的骤增和无数中小城市的形成，江南三角洲地区无法实现粮食的自给自足，不得不从外部输入稻米，于是便丧失了南宋以来的粮仓地位。与此同时，位于长江中游流域的湖广地区飞快地开垦了耕地，并将生产的粮食输往江南。从此，湖广地区逐渐成为当时的粮食生产中心，江南则发展为商业和手工业（尤其是纺织业）的中心，中国的经济中心地被分化了。

2．手工业生产的早期工业化

余同元在《明清社会近代转型及转型障碍》（载《江南大学学报（人文社会科学版）》2011年第5期）一文中指出，从明代隆庆年间（1567—1572年）开始，中国传统社会近代转型进程已正式开启，其重要表现之一是江南早期工业化与传统产业技术理论化。明代嘉庆、万历年间开始的江南早期工业化时期，形成于明代中后期，发展于清末明初，主要指以动力机器为基础的近代工业产生之前的，以商品生产为目的，以手工工具为基础，程度不同地在手工作

---

① 明清时期逐渐盛行的一种地主防止佃农欠租的制度。佃农在租佃地主土地时要向地主交纳押金并正常交纳正租，如果欠租，地主就在押金中扣除。押金不生利息，退佃时归还佃农，如押金数量不大，退佃时并不归还。地主不退押金，或者押租租佃关系尚未满期，地主不能随意换佃。

② 中国传统农业社会后期出现的一种佃农有权永久性地耕种地主土地的租佃制度。在土地占有关系上，永佃制表现为土地的所有权同耕作权的分离。通常前者称为田底，后者相应地称为田面。在典型的永佃制下，地主只能收租完粮，无权随意增租夺佃或干预佃农耕作，而佃农可退佃、转租或典卖佃权。

③ 明代手工工匠均入匠籍，分住坐和轮班两种。住坐匠为附籍于京师及附近地区者，轮班匠则住于原籍。1485年，明廷规定轮班匠可输钱代役，不愿出钱者，仍归当班。1562年以后，轮班匠一律通过输银代役，不准工匠自赴京城服役。住坐匠直至明末仍不得输银代役。

坊、手工工场或在家庭内与农业生产相结合的工业生产时期。传统产业技术的科学化则是早期工业化的核心标志，具体表现为江南传统工业技术知识的法式化、则例化、标准化、数量化、数理化和学科化。

樊树志在《明清江南市镇的"早期工业化"》(载《复旦学报(社会科学版)》2005年第4期)一文中指出，就"早期工业化"①的视角来看，明清江南市镇出现了早期工业化，丝织业、棉织业所达到的水平，更是领先于工业革命前的包括英国的欧洲。第一，自明中叶以来，江南丝织业市镇及其四乡，逐渐把养蚕缫丝以及丝织业作为主业，成为家庭经济收入的主要来源。以出产"濮绸"闻名的濮院镇，四乡农家的经营重心已由农业转移到蚕桑丝织业，即从农业转移到乡村工业，而把农田耕作看作副业。这些农家因忙于工业而无暇顾及耕地，不得不雇佣邻近的石门、桐乡农民来种"跨脚田"。这种主业与副业倒置的现象，截然不同于传统农村。农民不再把农业作为主业，而把工业作为主业，是江南市镇早期工业化的主要特征。第二，棉布业市镇也是如此。从松江府上海县乌泥泾镇起步的棉花种植与棉纺织业，导致松江府及其周边地区的早期工业化，使农业经济与农家经营发生了革命性变革。一方面，棉花种植超过了传统的稻米种植，即所谓棉作压倒稻作，嘉定一带甚至达到了"棉九稻一"，乃至专种棉花不种稻米的程度。另一方面，棉花种植以及对棉花的深加工如纺纱织布，为农家带来了巨大的经济效益，成为农家的主要经济来源。而纺纱织布业带动了市镇的染布业、踹布②业，更加具有乡村工业的特色。

樊树志还认为，早期工业化也给江南市镇带来了有别于传统社会的变革。这种变革从内部来看，主要表现在雇佣工人群体、劳动力市场的形成，以及工商业人口比重的增大。第一，随着早期工业化的发展，市镇上各种作坊林立，需要大量有一技之长的雇佣工人。如盛泽镇(包括四乡)鼎盛时期拥有人家万户，其中机工、曳花③有数千人，炼坊、染坊、踹坊等的雇佣工人又有近千人，几乎可以说至少有一半人家以此为生。庞大的雇佣工人群体，构成了劳动力市场。盛泽镇附近的黄溪市，丝织机坊闲时解雇，忙时雇佣，因此有了如同其他商品市场一样的劳动力市场。等待雇佣的工人，每天清晨聚集于固定的地点——长春桥、泰安桥的桥头，等待雇主召唤。第二，从人口结构看，江南市镇作为一个工商业中心，其人口结构不同于乡村，最大特点是工商业人口比重的增大。与此相关联的是以市镇为中心体现出来的乡村的城市化，即介于县城与乡村之间的小城市的形成。明清时期这一地区的大镇，人口都在万户以上，一些中小型市镇也有数千户人家，而且商贾辐辏，富庶繁华，这体现出中国特色的城市化模式。

3. 商业的市场化、都市化、群体化

林文勋、何伟福、张锦鹏在《中国传统社会变革的主要特征》(载《思想战线》2005年第4期)一文中指出，明清社会变革的一大特征是商品经济的发展。明清时期，商品流通空前繁荣，市场范围已突破区域性限制，全国性的统一市场逐渐形成。商人的活动已走向集团化，形成众多商帮，其经营活动具有全国性和专业化特点。许多集市发展成为市镇，城市化进程

① "早期工业化"是指发生在工业革命之前的乡村工业化。

② 也称"踏布"，对棉布整理加工的一道工序。踹匠将漂染过的棉布卷上木滚，放在石板上，上压约千斤重的凹字形大石，一人足踏大石两端，左右往来滚动，以使布质紧密光滑。

③ 在提花织机的高架上"提花"的工人。

大大加快。商品经济的主体显示出从以地主经济、个体小农为核心开始转向以作坊、企业为核心的趋向。由于明清时期，流通量最大的前两种商品是棉布和粮食，所以明清这个商品经济发展的高峰阶段可被称为“棉粮时代”。

王言锋在《中国十六—十八世纪社会心理变迁与白话短篇小说之兴衰》(上海师范大学2003年博士论文，6—7页)一文中指出，明代初期至中叶，社会商品经济获得了显著的发展，特别是在江南，商品经济更为繁荣。明中叶农业经济结构的变化直接影响了城市工商业的发展。经济作物和农村其他副业的生产为工商业提供了丰富的原料和流通的商品，加上交通便利，加强了各地间商业交流，促进了工商业的发展与繁荣。在商品利润的刺激下，商人人数激增。明中叶以后，由于工商业的发展、农产品商品化程度的提高和各地物资交流的增加，扩大了全国性或区域性商品市场。在此基础上，到嘉靖、万历时，一些无名僻陋的乡村逐渐地发展成繁荣市镇。原有的大中城市在规模上也在不断扩大，城市的主要功能也因商品经济的发展而由政治、军事性转向了以经济性为主。

市镇、城市的发展也可以呈现出明清商业繁荣发展的状况。樊树志在《晚明史：1573—1644年》(上卷，74—107页，上海：复旦大学出版社，2003)一书中指出，地理大发现后的全球经济带动了晚明的进出口贸易，源源不断流入中国的白银，不仅提供了一般等价物的银通货，为晚明社会的银本位货币体制奠定了坚实的基础，而且由于生丝、丝绸、棉布、瓷器等商品的出口持续地增长，这种“外向型”经济极大地刺激了东南沿海地区商品经济的高度成长，以及作为商品集散地的市镇的蓬勃发展。晚明时期商品经济达到新高峰的载体就是作为多层次市场的集市和市镇。集市有不定期集市、定期集市、“常市”[①]之别。不定期集市是一种较原始的集市，没有固定的集期和贸易地点。定期集市则依托于四周乡村，成为一个邻近农家定期前往赶集的固定的商品集散中心。值得注意的是，一县之内各集市的集期大体均衡分布。在商品经济发达的地区，常市的繁荣状况及规模已经超越了农村集市的初级形态而发展为一个较高层次的商品集散中心和较高层次的地理实体。如果说集市比较接近于乡村，那么在集市基础上繁荣起来的市镇就比较接近于城市。市镇上充斥着牙侩[②]、行霸，仰食于市镇的脚夫、乐人、市井流氓，从全国各地到此经商的客商及商帮，还有受雇于各类作坊的工匠，亦工亦农的周边居民，以及聚居于此的乡绅、文人等。这充分显示市镇作为基层商业中心、手工业中心和文化中心的功能。明代江南的许多市镇在规模与功能上都不亚于县城，某些特大型市镇的经济地位甚至超过了县城乃至府城，强有力地显示了市镇在乡村城市化进程中的独特作用。不少江南市镇都设置了镇城隍庙，十分引人注目。因为一般来说，城隍庙是县级以上城市的标志，镇城隍庙的出现显示了市镇的城市化程度已经为当时人们所认同。

樊树志进一步指出，在农业、手工业、商业发达，交通便利的长江三角洲地区，星罗棋布的市镇互相联系，互相依存，形成独特的市镇网络体系。各个市镇在这种市镇网络中充分发挥各级市场的作用，把村、乡与县城、府城连成一体，把地区市场与跨地区市场连成一体。大体而言，江南市镇网络以间距十二里至二十四里为常见模式。如此密布的市镇网络在促进

① 常市：每日都有的集市。
② 牙侩：为买卖双方说合的经纪人。

地区分工协作、商品集散、把地区产业纳入全国市场等方面，都有着乡村、县城或单个市镇所不具备的社会经济功能。

就江南市镇与农业经济商品化之间的关系，樊树志进一步指出，明代以后，商品经济不断向纵深发展，日益深入乡村，促使农家经营的商品化程度加深，尤其是江南的苏州府、松江府、嘉兴府、湖州府一带，从15世纪末到16世纪初以来，农业经济的商品化显著发展。这种发展由农业内部结构的变化为其提供物质基础。粮食的增产，以及玉米、番薯的引进与推广，使粮食商品化部分有所增长，使经济作物与粮食作物有了初步分工的可能。就这一地区而言，农家栽桑、养蚕、缫丝、织绢，以及植棉、纺纱、织布等原先的农家副业，逐渐取代种植粮食作物的农家正业，出现了蚕桑压倒稻作、棉作压倒稻作的新趋势。这种变化为苏杭嘉湖一带市镇的蓬勃发展提供了极大的推动力，而市镇作为商品集散地的功能，反过来又促进了农业经济商品化程度的加深。这种变革在晚明进入了高潮，构成了江南市镇迅速发展的社会背景。

张海鹏、张海瀛在《中国十大商帮》(2—3页，合肥：黄山书社出版社，1993)一书中指出，在明代以前，我国商人的经商活动多是单个的、分散的，没有出现具有特色的商人群体，也就是有"商"无"帮"。自明中期以后，由于商品流通范围的扩大，商品数量和品种的增多，在商业中具有"龙头"作用的行业在一些地区兴起，传统"抑商"政策的削弱，商人地位的提高，人们从商观念的转变，商人队伍的壮大，商业竞争的激烈，以致在商业战线上出现了前所未有的喧闹局面。最明显的是，在全国各地先后出现了不少商帮。商帮是以地域为中心，以血缘、乡谊为纽带，以"相亲相助"为宗旨，以会馆、公所为其在异乡的联络、计议之所的一种既"亲密"而又松散的自发形成的商人群体。它们是驰骋于商界的一支支劲旅，操纵着某些地区和某些行业的商业贸易。商帮的出现标志着我国古代商品经济发展到了最后阶段。

范金民在《明代地域商帮的兴起》(载《中国经济史研究》2006年第3期)一文中指出，从商帮诞生地大众经商风气的形成，社会上对地域商人的了解熟悉程度，地域商人组织或公益性事业的形成等综合因素考虑，自明中期起，各地域商帮先后形成了。具体说来，安徽(时属南直隶)的徽州商帮，山西以平阳、泽州、潞安、汾州等府州为主体的山西商帮，陕西以西安(同州)府为主体的陕西商帮，江西以抚州、吉安、南昌、临江等府为主体的江西商帮，江苏(时属南直隶)的洞庭商帮、句容商帮，已经于成化、弘治年间形成；福建的泉州商帮、漳州商帮和浙江衢州府的龙游商帮，已于正德、嘉靖年间形成；稍后的嘉靖年间，福建的福州商帮、浙江的宁波、绍兴商帮也已形成；再后的万历到明末，广东的广州商帮、潮州商帮，河南彰德府的武安商帮，山东以东齐或胶东商为主体的商帮也已形成。由此开始了中国商业史上的商帮时代，商业经营者更多地以群体的力量活跃在商业舞台和社会生活中，商业竞争很多情形下则表现为群体之间的竞争。

4. 白银的货币化

万明在《明代白银货币化与明朝兴衰》(载《明史研究论丛》2004年第1期)一文中指出，明代白银货币化是指白银在明代完成了从贵金属到真正货币，从非法货币到合法货币进而在流通领域中占据主导地位的演变过程。明朝初期强力推行钞币制度，以铜钱和纸币行世，同时禁用金银。但由于铜钱在铸造和流通方面的诸多弊病以及宝钞贬值，明王朝的钞币制度最终退出民间流通。与之相应，民间促动的白银货币化趋势强劲并影响到明朝统治阶层，在成化、弘治两朝以后出现了朝野广泛用银的现象，打破了君主垄断货币的历史局面。由于白银取之于天然矿藏且出产有限，在明朝又处于秤量阶段，在白银货币化以后，明王朝很难为所欲为地垄断控制货币，也就无法垄断和控制所有社会资源。明王朝拥有的资源更多地让位给市场，国家作用则更多地让位给社会，王朝权力的衰落不可避免，甚至导致社会失控。所以，由民间社会推动的白银货币化最终削弱了明王朝的集权统治。

万明进一步指出，明代白银货币化代表了市场经济的萌发。随着国内市场的极大扩展，中国商品走向世界，国内市场与世界市场联系起来。世界白银源源不断地流入中国，一方面推动了晚明中国的转型，社会关系从对人的依附关系向对物的依赖关系转变，中国传统社会从自然经济向货币经济转变，小农经济向市场经济转变。

关于白银货币化对当时制度产生的具体影响，万明在《明代白银货币化与制度变迁》(载《暨南史学》2003年第1期)一文中指出，明代自成、弘以后，白银货币化深刻影响了明朝财政和税收的货币化，引发了明朝一系列管理制度的变化。第一，是赋役征银由实物税向货币税转变。明朝成、弘以后，田赋、徭役、盐课、茶课、关税等方面均出现从实物交纳转向折银交纳的趋向，表明明朝国家财政收入的货币化。此外，皇室、官俸、军费、政府等开支的以银折算也表明明朝国家财政支出的货币化。第二，是赋役合一，促使中国传统社会从人丁税向财产税的转变加快。随着徭役折银的发展，明朝各地不同程度地实施了均徭[1]改革并最终汇集成为一条鞭法。这导致传统国家赋役征派基本形式和财政税收结构发生了根本性变化，推进了整个社会经济的货币化。

万明还指出，白银货币化也直接或间接引发了明朝一系列制度的崩坏，如黄册制度[2]破坏，户籍管理制度衰亡；乡村基层组织里甲性质发生变化，逐渐为保甲制所代替；粮长制被破坏，乡村社会分化加剧；军屯、商屯、民屯破坏；工匠制崩坏；开中制[3]瓦解等等。几乎所有明初制度都发生了程度不同的崩坏和演变。受白银货币化的进程影响，明朝管理制度变迁呈现出二重性。一方面，从官方文献记载来看，田赋始终是以实物粮食的“石”为单位出现，赋税也一直称为“钱粮”而不是银两，这显示出是明朝对祖宗遗留制度的继承；另一方面，成、弘以后的明代实际上已经是财政和税收全面白银化了，这是明朝制度运作和变化的主流。

赵轶峰则从国家与社会的关系的角度对白银货币化提出见解。他在《明代白银货币称量形态对国家—社会关系的含义》(载《史学月刊》2014年第7期)一文中指出，明代白银以称量形态而非铸币形态逐渐占据货币主导地位，导致赋税征收方式和国家财政运行方式发生变化，对当时的国家与社会之间的关系造成深远的影响。第一，社会经济较以前大幅度地摆脱了明政府通过货币总量和价格实现的制约，帮助社会在摆脱明前期政府滥发纸币的情况

---

① 均徭：明代三大徭役之一。因按户等人丁编排，均输徭役，故称“均徭”。明初，徭役包括里甲、正役和杂役。杂役是供地方官府役使的差役，由里按户等派遣。后因里长徇私作弊，徭役负担不均。1436年在江西创行均徭法，将经常性差役从杂役中划出，成为一种徭役制度，以后逐渐在全国推行。明代中期，因朝政腐败，官吏里胥勾结，均徭遭到破坏。1581年行一条鞭法，均徭并入田赋征收。

② 黄册制度：1381年明太祖朱元璋在里甲制度基础上建立的全国人口登记制度。登记时依据从事的职业主要分为民、军、匠三类，以户为单位，每户详列乡贯、姓名、年龄、丁口、田宅、资产等，逐一登记在册。因送给户部的一册，封面用黄纸，故称黄册。

③ 开中制：明代中央政府利用手中的食盐专卖特权，吸引商人将军需物资代为输送到边防卫所，换得盐引，然后凭盐引到指定的盐场支盐并在政府指定的范围内销售。

下依然拥有可用的货币，便利了商品交换关系的发展，推动赋税从力役和实物形态快速向货币形态转变，使社会获得了一定程度的解放。第二，国家经济权力的降低。明政府遵循帝制传统强制发行纸币却难以流通，甚至纸钞、铜钱并行体制也没有成功，连带政府发行制钱的信用也被严重撼动。这表明明政府的金融权威大大降低。此后，明政府承认了称量形态的白银作为货币行用的合法性，也就大幅度地退出了金融主导地位。于是，政府在主要货币体系运行中成了一个被动的环节和使用、收储者，而非金融调控者，落实了政府在货币金融领域严重缺位的格局。第三，政府与社会的关系变得紧张。由于称量形态的白银直接成为主导货币，明政府失去了通过货币发行调控市场的能力和利用货币流通量控制增加财政弹性的能力，因而长期陷于财政困境。为此，明政府在不得不增加财政收入的情况下只能采取公开增加赋税的方式满足政府财政需求，皇室为首的大贵族阶层也展开了从社会搜罗甚至掠夺白银的行为。这种做法直接激化了国家及统治集团与社会中下层人民的矛盾，实际动摇了社会心理中关于现行统治合法性的信念。这在万历中期以后使社会与政府形同水火，甚至导致明后期出现了社会经济繁荣而国家政治持续混乱乃至走向危机的近乎背反的格局。

（二）君主专制的强化

1. 明朝宰相制度的废除

杜婉言、方志远在《中国政治制度通史·明代卷》（白钢主编，70—73 页，北京：人民出版社，1996）一书中指出，明代中央政权机构是围绕加强皇权和加强中央对全国各级各部门的控制而设置、演变的。明初成立的中书省组织庞大，品级高、职权重，有左右丞相，均正一品；平章政事，从一品；左、右丞，正二品；参知政事，从二品等高级官员。这些官员几乎都是以勋臣担任。作为职能办事人员的有左右司、郎中、中书舍人等。六部以及总掌地方军政刑狱的行中书省都是中书省的下属机构。中书省的职权是综理机务，所有给皇帝的奏报，都要先告以中书省；一切以皇帝名义发出的诏令、谕旨，也都经中书省再下发。但是，这样一个权重震主的机构，与历代在政治制度上不断压抑相权以尊君权的总趋势是相抵牾的，也是追求大权独揽的朱元璋所忌讳的。于是，朱元璋在立国稍稳后便对中书省严密防范。一是全面控制它的工作。如在《高皇帝宝训》中，有对中书省一系列的敕谕，其内容涉及天象、议律、免地方钱粮，诛户部主事等，即包括了军政文财、外交、刑律、人事等各个方面。二是从人员上加以裁削。如将平章政事李伯升、李思齐，右丞王溥等人的实权夺去，把参知政事睢稼改为弘文馆学士，借故杀了左丞杨宪，后又借故将李善长挤出中书省。通过一系列调整，中书省主要官员被抽空了。三是从组织上将其架空。在地方上，如把行省改为上承下宣的布政使司，以去掉中书省对地方的统属关系；在中央，成立通政司，使四方奏疏可不经中书省而上达，又借元勋重臣压制中书省。洪武十一年，命奏事不经过中书省，以切断中书省与六部各司的联系。至此，中书省除了和皇帝联系外，已是完全孤立了。后来朱元璋借杀胡惟庸之机，废除中书省，提高六部官秩职权，将大都督府散为五军都督府，均直属皇帝，从制度上终止了已存在 1500 多年的丞相制度，实现了朱元璋独揽最高军政大权的愿望。

郭培贵在《明代的历史特点及其经验教训》（载《河南师范大学学报（哲学社会科学版）》2005 年第 6 期）一文中指出，明代制度建设空前完备，具有明显的全面整合前朝制度并开创新制的特点。以政治制度为例，明太祖朱元璋废除了丞相制和行省制，形成了皇权之下中央以“五府”[①]“大九卿”[②]为主体，地方以各省“三司”为主体的官制结构。明成祖后，又形成辅佐皇帝处理政事的内阁、司礼监体制，还逐渐形成了旨在统一事权以加强对地方控制的督抚制度。相比元朝，明朝的官制体系既大大简化，又体现出明显的相互制衡的特点，皇权及统治效能皆空前加强。

2. 清朝军机处的设置

高翔在《也论军机处、内阁和专制皇权——对传统说法之质疑，兼析奏折制之源起》（载《清史研究》1996年第2期）一文中指出，雍正设立军机处主要是为了完善或方便皇帝独裁，而不是为了强化皇权所采取的一项特别举措，也和当时的政治斗争尤其是皇权大小没有必然联系。雍正七、八年（1729—1730年）时，雍正的主要或潜在的政治对手均被消灭，皇权已经取得对臣僚的绝对支配地位，所以无须利用军机处来强化皇权。况且在军机处设立之前，专制皇权已臻于顶峰。保障皇权独裁权威的众多制度措施如奏折制、秘密建储等已相继推行，议政王大臣会议也在康熙三十六年（1697年）后一度变成了议政大臣会议，在此后的清朝政治中不再发挥重大作用。再结合军机处的职能和“承旨”等特点来看，军机处本身只是皇帝的一个顾问机构和秘书班子，已不能从实质上改变清廷的权力格局，只是方便了皇帝的独裁而非加强了皇帝的独裁权威。

高翔还就军机处与内阁之间的关系指出，作为中原传统政治制度象征的清代内阁主要是为了协助皇帝摆脱满洲议政传统对皇权的制约，建立以皇权为核心的官僚政治体制。所以，内阁从一开始就在权力上受到皇权的严格制约。军机处的设立也不是为了削弱内阁权力，两者之间并非对立关系。从人事上看，军机处与内阁还有着相当密切的联系。因为军机大臣多由内阁大学士担任，尤其军机大臣中的“领班”更是必须由大学士出任，甚至在1799年之前军机章京也基本由内阁成员垄断。军机处设立后，清廷权力分配更加规范和明朗，总揽军国大政的军机处相比于内阁在权力分配上占有优势地位，但内阁作为中央政府处理日常事务的地位并未动摇。军机处和内阁只是在维护皇帝独裁原则下进行了政务分工。

一般认为，清朝的奏折制是军机处设置以后的产物，极大便利了君主专制。高翔则指出，清代奏折制不是源于对明代本章制度的沿革，而是基于后金时期满洲政治的奏议传统。随着后金政权的逐步完善，以书面形式向汗（或皇帝）奏报的奏议制开始出现。后来的多尔衮和顺治不同程度地恢复或强化了奏议直达皇帝而不经过内三院（或内阁）票拟的政治传统。这一传统直接促成了奏折制的形成，既从决策程序上保证了皇帝对重大事务的独断地位，也从信息控制上防止了臣僚结党与皇权抗衡。奏折制的这种强化皇权的功能并非通过军机处才得到充分发挥的，而是在很大程度上保证了军机处的长期存在。可见，清代专制皇权的强化不是一个军机处所能办到的，它是承袭汉族儒家文化和满洲政治传统两种因素的结果。

许倬云则从明清两朝国家形态的视角对明清皇权专制提出了自己的见解。他在《历史大脉络》（133—134页，桂林：广西师范大学出版社，2009）一书中认为，明清两代的权力结构，均呈现出专制皇权最为高涨的现象。但两个朝代的差异，在于清代皇权的本质，并不仅

---

① 五府：指中、左、右、前、后五军都督府。

② 大九卿：指吏、户、礼、兵、刑、工六部和都察院、通政司、大理寺等九部门。

是汉人的皇帝，同时是满—蒙—藏三个族群的共主，这是一个两合的结构。清人初起时，第一步是统一东北的满族诸部，继而收蒙古族群为盟友，通过联姻，视同自己人。如清廷在平喀尔喀蒙古时，是与东部蒙族联合，打击西部蒙古；平准噶尔部，招抚西藏，乃是以中国内地汉人的财富与资源，建立起清朝在北亚的霸主地位。这一形式约略与唐的“天可汗”二元帝国相似，却更为彻底，也更为持久。

（三）社会思想观念的变迁

张显清在《晚明社会的时代特点》（载《河南师范大学学报（哲学社会科学版）》2005 年第 6 期）一文中指出，晚明以及明清之际的早期启蒙思潮是由早期人文主义思潮和实学思潮所组成的。晚明的早期人文主义思潮由阳明心学中的一支发展演变而成，以王艮、李贽等人为代表，强调人的觉醒，宣扬离经叛道，要求人性解放；反对礼教，要求行为自由；鼓吹人欲、私欲，要求物质利益；肯定心性无别，要求贵贱平等。这种早期人文主义思潮在汤显祖、袁宏道等人的作品以及民间通俗文学中都有集中体现，如《西游记》《金瓶梅》、“三言”“二拍”等。实学思潮主要是以黄宗羲、顾炎武、王夫之、唐甄等为代表，在政治思想上批判君主专制，主张众人共治，认为民众是天下的主体，要求对君权和政府权力加强舆论监督和制约；在经济思想上，抛弃流传久远的“重本抑末”论，提出“工商皆本”说，为工商业发展制造舆论，为工商业者改变社会地位辩护。

刘志琴在《晚明社会与中国文化近代化》（载《河北学刊》2008 年第 1 期）一文中指出，明中叶以后王学兴起，首倡者王阳明提出了“致良知”的学说，标榜“良知良能，愚夫愚妇与圣人同”[①]的命题，打破了尊卑贤愚不可逾越的界限，倡导在道德面前人人平等，引发人们对君主圣贤偶像的怀疑和责难。以异端自诩的士大夫们一反陈规旧说，指责《论语》、直斥六经，个性张扬。从学术思想到日常生活，从官员士大夫到平民百姓，激荡着一股非君、非圣，离经叛道，追新求异的时尚。在这股异端思潮中，抨击君主专制成为时代的最强音。黄宗羲和唐甄不约而同地对君权至上的弊端提出质疑和抨击，将非君思潮提升为理论思考。黄宗羲痛斥君主为“天下之大害”[②]。唐甄则揭示了君主专制的本质，明确提出抑制君主独裁的主张。这股抨击君主的思潮，无须借助文本的传播，主要是口耳相传，也不受官员和道统的规范，按照实际生活表现民众的真情实感，编成各种民歌、民谣和说唱、戏剧等，在通衢闹市演唱、传播，以致从官员到民众对皇帝非议成风。这是对既存的统治秩序及传统文化格局的抵制和消解。

王成、吴增礼在《明清政治思想的流变及其特点》（载《学习与探索》2013 年第 10 期）一文中指出，泰州学派创始人王艮“离经叛道”，认为百姓为国家之本，草莽匹夫亦应关心国家天下大事，带有强烈的平民意识，最终导引出异端思想。李贽痛恨道学的虚伪，批判了理学所谓太极为万物本源的理论；质疑孔子的圣人形象和儒家经典的神圣性，猛烈抨击“道统说”，主张学术平等，倡导个性张扬与解放；肯定私利的合理性，认为民利高于君利，巩固君权必须

---

① （明）王守仁撰，吴光等编校：《王阳明全集·传习录中·答顾东桥书》上册，56 页，上海：上海古籍出版社，2011。
② （清）黄宗羲撰：《黄宗羲全集》第 1 册，3 页，杭州：浙江古籍出版社，1985。

以安民为先。黄宗羲提出"天下为主君为客"①的思想,将儒家传统的民本思想推向了认识的顶峰。王夫之的"不以天下私一人"②说,揭去了君权神圣化的神秘面纱,严重冲击了君权原本不容置疑的合法性基础。

李明伟在《综合与凝滞：清前期中华传统文化的集大成发展》(载《新视野》2010 年第 1 期)一文中指出,明朝中叶,随着资本主义萌芽的滋长和市民阶层的不断成熟和壮大,传统社会的内部格局及利益结构发生了明显变化,中国面临一个走向经世致用、思想解放、个性自由的绝好契机。清前期一些学者对传统正宗文化和宋明理学开展的论战,对个性发展与灵性情欲的提倡,闪烁着近世思想解放的光彩。第一,思想界再次高扬起批判和"变通"的旗帜,对旧道统和统治阶级所提倡的正统思想宋明理学进行了批判,发出了时代的呐喊。在文学领域,文学家们更是对现实社会进行了直接的批判。在绘画与工艺创作中,画家开始注重表现自己的主观世界。第二,知识界学风出现转变。18 世纪后期,清朝学者在研究文史、地理的过程中,逐渐把眼光转到经济与社会问题上来,清朝传统学术开始向经世致用转变。随着西方资本主义势力扩张,知识分子更急欲开眼看世界,一改乾嘉学者钻故纸堆的学术风气。

(四) 社会生活方式与社会风俗的变迁

1. 消费型生活方式的出现

王言锋在《中国十六—十八世纪社会心理变迁与白话短篇小说之兴衰》(上海师范大学 2003 年博士论文,5 页)一文中指出,由于商品经济的发展和重商思潮的兴起,明初至明中叶的社会生活方式发生了一定的变化。传统的封闭、保守、自给自足的生活方式为新的具有商品化倾向的生活方式所代替。由于金钱在商品经济和社会生活中越来越显示出重要的作用,社会上也形成了尚利好货的价值观和奢靡淫逸的社会风气。在消费观上,越来越多的人倾向奢侈品、追求僭越礼制、求新尚奇的消费。消费方式由自给自足占主导地位的消费转向商业性占主导地位的消费,形成了新的消费格局。由于消费生活的改变,加上社会余暇的增多和市民文化教育的普及,广大市民对于娱乐消费包括文化娱乐消费的需求增强了。此外,由于人生处境的变化和社会世俗生活的影响,文人士子在趣味上也出现了世俗化倾向,成为通俗文艺的接受者与创作者。

2. 纷繁变化的社会风俗

陈宝良在《明代社会风俗的历史转向》(载《中州学刊》2005 年第 2 期)一文中指出,明中叶以后,社会风俗出现了一个历史转向。第一,民风从俭朴向奢侈转变。传统观念中的"生活"一词的内涵不再只是耕织,而是扩大到了商业买卖。明朝人已经将商业买卖视为一种谋生的合法手段,甚至是致富的手段,于是在"生活"一词之外,在小说中出现了"生意"一词。在商业化的冲击下,人们也不再视节俭为惟一的美德,而是尽自己的财力生活,追求奢侈。第二,士风从淳厚向薄恶转变。自明中期以后,初学后生略晓文艺便眼空四海;部分士人表里不一,阴险奸诈;获得官职的士人更是张扬无忌,出入都是明轿高轩。第三,时尚的出现及

---

① (清)黄宗羲撰:《黄宗羲全集》第 1 册,2 页,杭州：浙江古籍出版社,1985。

② (清)王夫之著,王伯祥点校:《思问录;俟解;黄书;噩梦》,117 页,北京：中华书局,2009。

流行。读书的士人无不鲜衣美食，浮谈怪说，消费时光，而将农工视为村鄙；妇女开始傅粉簪花，袖手游乐，而将勤俭看成是一种羞辱；官员更是盛从丰供，繁文缛节，奔逐世态，而将教养视为迂腐。总的来看，明正德(1506—1521年)以前，纤俭、稚质、安卑、守成是社会风尚的最大特质；正德以后，风尚颓靡，生活侈美，出现了一股追求艳丽、慕尚新异的风潮。明代风俗的演变从某种程度上印证了明代社会变迁的基本特征。

段江波、朱贻庭在《试论明清社会的变迁及其商业伦理的发育》(载《江苏社会科学》2001年第6期)一文中指出，明中叶以来，商人产生和代表的社会经济因素及价值观念逐渐对传统的等级社会秩序造成明显的冲击。第一，重商习气形成，商人的社会价值观已经冲垮传统儒家价值观的"重义轻利"等传统观念。第二，士商关系变化，士人弃儒从贾普遍化，传统职业观中士人科举为上的观念开始动摇。士人经商也反映了传统观念中儒士不屑于营贾观念的突破，甚至，明清早期启蒙思想家还自觉为商品经济活动辩护。

随着社会转型和风俗的多变，明代社会的价值标准也发生了鲜明的变化。方志远在《明代多元化社会的形成与历史启示》(载《光明日报》2011年7月7日)一文中指出，明朝在经历了明成祖的"靖难"和短暂的"仁宣之治"后，逐渐进入到多元化社会，表现在：社会价值标准由单一的官本位向仕途、财富、精神文化多元标准演变；北京集政治、经济、文化多元中心于一体的地位受到严峻挑战，苏州—南京上升为新的文化中心，苏州、松江等成为大的经济中心，经济中心和文化中心相互依托，与政治中心分庭抗礼；由政府意志主导社会思潮，演变成思想家、文学家及小说戏剧所表现的价值观构成多元化的社会思潮等等。

方志远指出，明代从洪武至正统时期(1368—1449年)，科举作为唯一进入仕途的道路，使得"仕途"成为民众公认的最基本的社会价值标准。正统至成化时期(1436—1487年)，随着社会经济的复苏，社会财富开始积累，城市趋向繁荣，人们对物质财富的占有欲变得强烈起来，国家权力对民众的控制也开始松懈，于是出现了第二种价值标准——财富。这种价值标准的发生及被社会逐渐认同，成为明代社会经济发展特别是商品经济发展的重要动力。正是在这种价值标准的推动下，徽商、晋商、江右商等"十大商帮"以及其他地域性商人活跃起来，并影响中国五百年的经济社会发展。在这个过程中，当国家财政和国家救济发生困难时，明朝政府向"富人"寻求帮助，并授予"义民""冠带荣身"等荣誉称号，以及给予国子监的入学资格作为奖励或交换。这既可以视为国家承认私人财产合法化的标志，也可视为社会财富得到国家和社会认可的重要契机。成化至正德时期(1465—1521年)，国家的长治久安和经济的持续发展，文化消费需求逐渐加强，人们对精神上的享受有了更多的追求。于是，第三种价值体系开始出现，即"文化"。不少读书人通过诗文、书画、民歌时曲、通俗小说，不少能工巧匠、名医名卜，以及精通或粗通堪舆、占卜、房中术等术数的人们，通过技艺获得社会地位、政治身份或经济收益。而成化、弘治、正德三朝产生的"传奉官"①，弘治、正德、嘉靖年间产生的"山人"②，成为显示这一社会价值标准的典型现象。值得一提的是，在仕途、财富、文化依次成为社会价值体系的同时，北京、苏松杭嘉湖及其周边地区，依次成为政治、经

① 传奉官：不经吏部，不经选拔、廷推和部议等选官过程，由皇帝直接任命的官吏。这一举措往往成为皇帝、嫔妃及太监卖官鬻爵的手段。

② 山人：一般指隐士高人或与世无争的高人。到了嘉靖和万历年间，"山人"已经成为了"丑陋"的代名词。他们往往沽名钓誉，四处游走，以"隐"入仕。

济、文化中心。明代的多元化社会开始形成。

(五)社会阶层关系的变迁

1. 市民阶层的发展

余同元在《明清社会近代转型及转型障碍》(载《江南大学学报(人文社会科学版)》2011年第5期)一文中指出,在阶级关系方面,晚明社会基本矛盾和主要阶级关系虽未发生根本变化,但已出现了具有近代资本主义劳资关系萌芽性质,农业雇工经营者与农业雇工之间以经济契约为纽带建立起新型的农业雇佣关系,工商业城镇的发展和城镇人口的增加导致中国历史上的市民阶层开始出现。

郭培贵在《明代的历史特点及其经验教训》(载《河南师范大学学报(哲学社会科学版)》2005年第6期)一文中指出,明代是一个表现出明显"转型"趋向的时代,突出表现之一是阶级结构发生了新的变化,社会流动加快。明代时期,非贵族地主的数量及其在地主阶级中所占比重都空前提高;除作为主体的缙绅地主外,在经济发达地区还出现了少量的经营地主。市民阶层也伴随着工商业和城市的空前繁荣而兴起。与此同时,普通平民的身份地位也比前代进一步提高。社会流动速度空前加快,学校和科举几乎成为非贵族地主乃至平民获得政治身份并进入官绅阶层的唯一途径,尤其是以科举考试博取身份特权,再以身份特权谋取经济利益,成为社会流动的主要方式。

2. 富民阶层的崛起

林文勋、何伟福、张锦鹏在《中国传统社会变革的主要特征》(载《思想战线》2005年第4期)一文中指出,明清社会变革的一个重要特征是形成了"富民社会"。唐宋之后,历元、明、清时期,社会生产力和商品经济更高程度的发展,带来财富分化和社会分层的加剧,一批富民[①]乘势而起,成为社会经济关系和阶级关系的核心。富民阶层的形成和崛起,极大地改变了社会的经济关系、阶级结构以及政治结构,并引起了整个社会价值观念的变化。明代粮长制的出现、明清"士绅社会"的形成乃至宗族势力的发展等现象都与之相关。

林文勋、杨瑞璟在《宋元明清的"富民"阶层与社会结构》(载《思想战线》2014年第6期)一文中指出,中唐以来,随着商品经济发展、土地产权制度的变化以及社会流动的加剧,富民阶层兴起并引起了社会结构的重大变迁。宋代以后,富民阶层成为社会经济关系和阶级关系的核心。这突出表现为:第一,富民阶层始终是宋元明清的社会基础。这从宋元明清以来的保富论中可窥一斑。如黄宗羲主张"重民"[②],要求限制君权,呼吁保护富民的私有财产。丘濬指出富民与小民的依存关系并由此突出富民的重要性。王夫之则认为富民关乎国计民生,反对一味抑制富民。第二,国家与富民的关系是社会治理的核心。富民与国家之间的博弈关系在赋税改革中体现出来。明初朱元璋一方面迁徙富户,对豪横富民予以打击,同时鼓励移民垦田,以均平赋税;另一方面则任用富民为粮长,作为社会基层管理的力量。甚至,富

---

① 富民:中唐以来特别是宋代以来崛起的一个新的社会阶层,又称"富室""富姓""望族""兼并之家"等。主要以农业为致富的途径,也包括了以工商等其他途径致富。其显著特征是没有政治特权,仅仅占有财富和拥有良好的文化教育,依然属于"民"的范畴。

② (清)黄宗羲撰:《黄宗羲全集》(第1册),2—3页,杭州:浙江古籍出版社,1985。根据日本学者沟口雄三的研究,黄宗羲"重民"中的"民"不是一般的农民,而是地主、工商业者等富民阶层。

民还可以影响明清官府的改革。嘉靖时，明廷进行清丈田土等改革，因遭到富民官绅的强烈反对而敷衍了事。万历年间，张居正清丈土地的改革在过程中一样遭到富民、贵族、官绅的反对。反之，某些改革举措也影响了富民阶层的发展。张居正推行一条鞭法，简便了赋税征收程序，某种程度上有利于富民阶层的成长。清代赋役政策基本沿袭明一条鞭法而来。乾隆年间停止人丁编审，对人户自由流动不大干涉，促进了工商业的繁荣，富民阶层的力量也进一步扩大。第三，富民是国家乡村控制的主要依靠力量。明代的乡村基层制度，除明初的粮长制外，又于洪武十四年(1381 年)正式设立乡村基层组织——里甲。其中的里长就是富民，职责主要是催征钱粮等。明中后期，里甲制难以推行，于是地方官员又开始推行保甲法。保甲长的选任主要是由富民担任，主要职责为缉捕奸盗、维护治安等。清代乡村组织基本沿袭明代而来，也是由富民在其中发挥重要作用。当时国家之所以依靠富民对乡村社会实施控制，不仅是因为富民能够有坚实的经济基础承担起各种相应的费用开支，而且还因为富民在乡村社会中具有很强的号召力。由于富民阶层的崛起，从唐宋特别是宋代开始，乡村社会的自治能力得到很大的提高，国家的乡村控制呈现出乡村自治的特征和趋势。

3. 流氓、无赖阶层化

韩国学者吴金成在《从社会变迁视角对明中期史的再认识》(载《古代文明》2011 年第 4 期)一文中指出，明中叶以后，中国全境同时出现了诸多社会变化。其中，绅士[①]和无赖[②]的阶层化就是一个重要表现。从明中叶起，绅士和无赖开始实质性成为社会的支配阶层。随着明朝对乡村秩序的重构，绅士替代逐渐走向解体的里甲制秩序中的里长、里老人的一部分功能，成为维持乡村秩序，辅佐国家统治的重要角色。随着里甲制的急剧解体和农村人口的大量流散，无赖作为一个阶层成为支配“地下社会”的前近代“黑社会”的主人。至此，明中期之后的中国社会，中间隔着农村“小农民”和“市民”，社会的一极是支配者绅士层，另一对极则是所谓的“无赖”层。

四、明至清中叶中国社会面临的危机

(一) 明至清中叶经济发展面临的困境

1. 明清经济的内向化阻碍了经济发展

樊卫国在《论明清经济演进的内向化倾向》(载《上海社会科学院学术季刊》2002 年第 2 期)一文中指出，16 世纪上半叶至 19 世纪上半叶是资本主义全球化的发轫阶段。这一时期正值中国的明清时代，与资本主义经济的世界扩张不同，中国经济出现了内向化演进的趋势。正是这两种不同的运动态势，导致了中外经济迥然不同的结果。樊卫国从以下几个方面阐述了明中叶至清中叶中国社会和经济落伍于世界和西方的主要原因：第一，明清政府对外贸的限制，扼制了中国东南沿海地区与海外通商贸易，阻止了从世界市场积累利润和形成工业化初始资本。第二，简单的商品经济、有限的市场经济始终不能引起生产社会化发展

① 绅士：以科举制、学校制、捐纳制等为媒介出现的，所有政治和社会上的支配阶层的总称。

② 无赖：平时不遵守本分，且不从事正常生计，只是依靠组织大小团伙，以欺诈、威胁、暴力等不法手段牟取利益而生活的人。

的变革。对海外市场的限制和漠视，使明清时期的商品经济得不到一个新的市场发展空间。第三，人口与资源关系失衡，内向化模式只能造成内部周期性震荡，大规模农民战争的爆发导致大规模的社会经济破坏。第四，失去了吸收西方工业革命成果，追赶发达国家的有利时机。中国由于闭关自守，西方工业革命的成果丝毫没有引起清廷的重视，西方的先进科技扩散被愚蠢地阻隔于中国大地之外，失去了缩小中西差距、追赶发达国家的有利时机。第五，内向化发展使古老的中国渐渐丧失了民族的世界竞争能力。在自我封闭中，中国国家和社会丧失了可贵的外部压力，民族国家意识萌生困难，更遑论国家竞争意识。第六，丧失了极宝贵的全球化发轫中参与世界市场、世界经济合作的机会。总之，在经济全球化的发轫初期，由于中国明清时期的经济变迁出现了内向化演进的倾向，中国错过了融入世界的一段绝佳的时期，辉煌的乾隆盛世正是中国落伍于世界的最后转折点。

2. 新经济因素在明清时期发展缓慢

章开沅在《中国经济史》(164—166 页，北京：高等教育出版社，2002)一书中指出，中国在明代中后期出现了新的经济因素，且进入清代以后还有一定幅度的增长。但是，总体而言，其发展是十分缓慢的。导致新的经济因素发展迟缓的原因概括起来，主要有以下几个方面：第一，在自然经济体系中，广大农民为了缴纳沉重的租赋和维持家庭最低限度的生活需要，不得不耕织并重。第二，一些工场主(包括其工场内已经出现了新的经济因素的工场主)也常常购置土地，而不把资金用以扩大再生产，严重地妨碍了新经济因素的成长。第三，明中叶以后，中国人口数量有较大增长，特别是进入清朝，中国的人口更出现了爆炸性的发展。人口的急剧增长给社会经济造成了巨大的负担。尽管明清时期的社会生产力有了显著的提高，但人均的占有水平却仍然十分低下。因此，这就限制了社会生产力出现质的飞跃。第四，从政策上分析，历代王朝大多沿袭重农抑商和闭关锁国的政策，清代政府的商业政策虽然已有放宽的趋势，但对于手工业、商业和商业性农业仍课以重税。在对外贸易上更是禁令重重，狭小的国内市场严重阻碍了新的经济因素的正常发展。第五，清代自然经济仍很牢固，官营手工业的势力还很强大。而各工商业和商业城市，又普遍建立了清政府保护和支持的会馆和公所，它限制了私人铺坊的开设和发展。其结果是加强了自然经济体系，阻碍了新的经济因素的正常发展，中国原有的社会状态、社会结构等得以不断延续，新的经济因素始终没有取得实质性的突破。

3. 通货膨胀对清代社会的危害

戴逸在《18 世纪的中国与世界：社会卷》(56—64 页，沈阳：辽海出版社，1999)一书中指出，18 世纪的中国在经济发展、社会生活、统治集团各个方面引起更为广泛、更为深刻持续震荡的，是物价和通货膨胀问题。中国物价持续上涨，这种现象在 18 世纪引起了朝野上下以至来华外国人的广泛关注。18 世纪中叶，米价腾贵已成为严重的社会问题，以至乾隆帝在 1747 年特降旨令各省督抚陈奏原因和对策。从康熙晚期开始的物价上涨，并不限于米谷，而是百物腾贵，无不价增。进入 19 世纪，物价上涨对社会的严重影响愈益显著，有识之士则开始从全国性的物价长期趋势来概括这一前所罕见的社会经济现象。从乾隆中期以后，通货膨胀的负面影响已严重到令统治者无法坐视的程度。18 世纪中期以后，官方直接垄断的与国计民生攸关的几大经济支柱——滇铜、漕运和盐业最先受到成本日益上涨的强烈冲击。其原因是多方面的，物价上涨则是最关紧要。18 世纪中国的通货膨胀，社会各阶层、各集团感受不一，而由于物价上涨受到最大损害的社会集团莫过于国家公职人员了，因为尽管18世纪价格总水平上涨了300%，但文武官员以至满汉兵丁的廉俸粮饷百年间却几乎维持原额不变。总之，与18世纪中叶以米贵为突出征象的物价问题相比，18世纪晚期至19世纪初的物价上涨，显然已从所谓加重民众负担逐渐发展到成为影响国家经济命脉及根本体制的严重问题了。

（二）明至清中叶的对外政策与交流

1. 明清保守的对外政策及危害

史志宏在《明及清前期保守主义的海外贸易政策》（载《中国经济史研究》2004年第2期）一文中指出，拥有悠久而辉煌历史的华夏文明从16世纪起实行的与世界发展大势相悖的海外贸易政策，导致了近代中国的落伍。明代的海外贸易政策，可以说是禁多于放，限制、防范多于鼓励、支持。早期的朝贡贸易政治外交色彩重于经济色彩，基本是得不偿失的赔本买卖，于国家经济发展并无多大好处。明中期以后，朝贡贸易的政治色彩有所减弱，外番货品免税政策渐改为按例抽分。这一改革一般被看作明代对外贸易政策的一个进步，问题是实行不久就又迎来了嘉靖时期的海禁，使正常的中外贸易受到极大影响。明后期有限度地开放海禁，官私对外贸易得到一定发展空间的局面并未维持多久。17世纪中期，随着明王朝的灭亡和清王朝的继之而起便戛然而止了。清初统治者出于维护新王朝安全的政治需要，实行了比明代更为严厉的海禁，一度几乎完全断绝中外正常贸易往来。综观清王朝从入关到鸦片战争前约200年间的海外贸易政策，可以说除去康熙中期以后短短30余年相对开放外，绝大部分时间都处在闭关、半闭关状态。与明代相比，清前期的对外态度显然更加封闭、保守。

南炳文在《试论明代中国应对西欧殖民者的得与失》（载《南开学报（哲学社会科学版）》2005年第1期）一文中指出，15世纪至16世纪明朝遇到了如何应对即将急剧强大起来的西欧殖民者的问题。明朝采取了一些应对措施：第一，凡是遇到与西欧殖民者有关的事端，明朝免不了要向其人查问来历等情况，或者查阅中国文献，寻找有无有关记载，但基本上仅限于此。第二，关于效法西欧殖民者发展海外贸易，明朝政府做到了有限度地容许私人海外贸易自发进行，而没有主动予以帮助。第三，关于学习欧洲科学技术的先进内容，明朝不重视学习西方的语言，这使得中国人不能直接阅读西方的文献，当时的译书选择完全掌握在以传教为主要目标的西方传教士手中。这无疑使得当时中国对西方科学技术的学习受到了很大的局限，限制了学习的范围，影响了学习的系统和全面。第四，关于发展能与西方殖民者相抗衡的国防力量，明朝想得不多，甚至可说是基本未想。对于加强国防力量，明朝不可说不重视，不过其主观考虑的具体针对目标主要是境内可能出现的反叛势力以及正在为敌或将来可能为敌的周边少数民族和邻近国家，一般没把西方殖民者考虑在内。明朝应对的失误使当时中国的发展速度低于西欧殖民者，国力对比朝着有利于后者的方向演变。

乔瑞雪在《从多元视角解析清朝闭关锁国政策的产生根源》（载《内蒙古大学学报（哲学社会科学版）》2011年第3期）一文中指出，清朝的锁国政策，对中国民众而言，是一场长期的灾难；就国家前途而言，是作茧自缚。乔瑞雪主要从三个方面阐述闭关锁国政策的危害：第一，严重阻碍了社会进步。康熙年间，东南沿海一带商人每年从海外贸易赚回白银不下千万两，直接刺激了我国东南地区资本主义生产关系萌芽的发展。锁国政策摧残了早期中国资本主义生产关系的萌芽，严重阻碍了中国社会的进步。第二，激化了社会矛盾。清朝坚持闭关自守、锁国愚民的政策，隔绝中外民众的往来，结果把中国东南沿海人民逼上了水泊梁山的境地。第三，阻碍了中西文化技术的交流。自16世纪开始，当时来华的西方耶稣教士直接带来了他们的先进思想、科学方法、价值观念。国内一些有远见的人士积极主张引进西方先进的科技文化，但清政府对耶稣会士的来华却严加限制和打击。清政府对待西方先进科学技术的这种态度，严重阻碍了中国向世界学习先进的文化思想和科学技术。总之，清朝的闭关锁国政策对近代中国影响深远，它限制了中国海外市场的开拓，阻碍了资本主义萌芽在中国的发展。同时，它隔绝了中外文化和科技的交流，使得中国与西方科技水平的差距越来越大，并最终导致清王朝的灭亡。

2. 明清时期中西对外贸易体系的差异

骆昭东在《15—18世纪中西国际贸易体系之差异与“大分流”》（载《湖北经济学院学报》2009年第6期）一文中指出，由于15—18世纪西方和中国社会面临不同的发展环境，形成了资本主义世界贸易体系和传统中国的朝贡贸易体系，这两种体系在构筑的思想、国家与商人的关系以及两种体系得以建立和维持的方式等方面存在差异。正是这种差异，导致西欧能够在国际贸易中获利，而传统中国失去发展的机遇，最终出现了中西社会的大分流。骆昭东通过比较这两种体系的不同，来解释中西大分流的原因：第一，贸易体系差异的根源。西方国家注重如何在竞争中谋求生存，注重商业利益；而中国更加关注通过国际关系怀柔远人，增加统治者的权威与合法性，商业利益并不重要。第二，构筑两种贸易体系的不同思想。西方国家强调竞争中谋求生存之道，其政策目标在于国家强大。传统中国的贸易秩序注重将重农抑商政策延伸到国际贸易中，更加关注国际贸易的政治性与华夷秩序的构建。第三，两种体系中国家与商人的关系。欧洲各国把其他国家当作竞争对手来看待，贸易是各国增强国家势力的重要途径。中国政府则采取抑商政策，忽视商业利益，不支持商人，不保护商人。第四，建立和维持贸易体系的方式。西方贸易体系是依靠军事与暴力形成的体系，带有征服与被征服、剥削与被剥削、掠夺与被掠夺的不平等性质。传统中国建立的华夷秩序则是一种和平的贸易关系。正是由于这两种贸易体系的不同，最终帮助西方国家建立了世界殖民体系，走上工业化的道路；而中国的贸易秩序却不能帮助商人扩展海外贸易，最终中西经济发展出现了大分流。

3. 清朝对外贸易中对中外商人采取的不同政策

陈尚胜在《论清朝前期国际贸易政策中内外商待遇的不公平问题——对清朝对外政策具有排外性观点的质疑》（载《文史哲》2009年第2期）一文中指出，清朝政策并不具有排外性。从本质上看，清朝在海外贸易方面对本国商人与外国商人采取不同待遇的政策取向，是重农抑商和怀柔远人两种传统观念的反映。从清朝对于本国商人的出海贸易政策看，康熙帝在统一台湾之后虽然开放了对本国商民的海禁，认为商业贸易可以裕民利国，但后来却在政治上把与外国有联系的本国商业势力视为有害力量，特别是他执政的后期。由此可见，清朝最高统治者已从政治上把本国海商视为一种潜在的不安定因素。显然，清朝统治者在制订本国商人出海贸易政策以及制订具体管理制度时的指导思想，依据的是传统的重农抑商观念。在制订外商来华贸易政策方面，清朝采取禁止本国海商前往南洋贸易的措施，却仍是本着怀柔远人的方针，维持了西方商人的来华贸易政策。由此可见，怀柔远人仍是清朝处理外商来华贸易事务的指导思想。政策构成的理念的不同，导致了中外商人在清朝海外贸易政策待遇上的巨大差异。

（三）明至清中叶的社会阶层变化与人口危机

1. 明朝的贫富分化

林金树在《明代中后期农村的贫富两极分化》（载《河南师范大学学报（哲学社会科学版）》2005 年第 6 期）一文中指出，从明代中后期开始，随着生产力的空前发展、商品经济的空前繁荣，人们的私有观念亦空前强烈，农村贫富两极分化空前迅速。这种社会现象对整个社会产生了严重的影响。明代农村贫富两极分化，首先表现在争夺土地上，以地权分化为其主要内容。这种分化通过权势占夺和私人买卖（自愿或强迫）两条途径得到实现。明代初年，国家立法严厉，实行锄强扶弱、抑富扶贫政策，防止两极分化。同时，令民垦荒和见丁授田，限制土地多占，使相当一部分无田的贫者因此获得土地。到了明代中后期，农村贫富两极分化的趋向又为之一变。争霸社会财富的主要势力，由内廷皇族集团转为外廷官僚集团，由中央转向地方，在皇族系统的兼并势头受到限制之后，以缙绅为代表的各地官豪势要趁机而起，大肆争夺土地，积聚财富。这种分化扩大了贫困群体，激化了人际关系，加剧了社会矛盾，明王朝也从此陷入无法摆脱的危机之中。

2. 清朝的人口危机

张岂之在《中国历史・元明清卷》（353—355 页，北京：高等教育出版社，2001）一书中指出，康熙帝在其统治的后期，已经明显地感到庞大的人口对社会形成的压力。在日益严重的人口增长压力下，康雍乾三帝采取了多种措施。但总的来看，植根于传统农业社会的经济思想和人口政策的鼓励垦荒、劝民力田、兴修水利、崇俭绌奢等种种举措，显然构成了清廷人口政策的主体。从雍乾到嘉道，这一百数十年间人口剧增对经济和社会的影响还有所不同。大致从康熙晚期到乾隆后期近一个世纪时间里，人口的适度增长对经济繁荣和人口资源的合理配置，主要起到了积极的正面作用。但经济增长的动力主要源于人口倍增和耕地大量垦辟，其后果并未从质量上根本改变产业结构和城乡人口结构，加以制度上的原因，康乾盛世中国的经济增长，愈到后来愈显露出后继无力的疲软态势。正是由于这个原因，人口问题非但没有解决，伴随着经济增长而急剧增加的人口使统治者陷入了更深的忧虑。从乾隆后期到道光二十年半个多世纪，人口剧增的负面作用开始显露出来，以土地为主的自然资源无法承载日益过剩的人口，以致康乾盛世还没有落下帷幕，酝酿已久的社会危机便爆发开来。人口增长过快，直接造成全国范围内的人口大规模流迁。由于中国各地区人口的分布极不均衡，在经济发达较早的腹地，人多地少的矛盾更为尖锐。造成这种不均衡状态的原因，既有政治方面的，也有经济方面的，但客观上却使经济较发达地区的人口与土地的矛盾比边疆少数民族地区更为突出，并由此引发出新的问题，即人口的长时间、大规模的流迁。清代的人口流迁与历史上曾发生过的类似情形有着本质的不同。在清代，主要出于经济原因，人们为寻找可以耕种的土地而大量迁移。人口稠密区的劳动者，由于生活压力，被迫离开地少人多的故乡，迁往土旷人稀的边疆及少数民族地区，在那里定居生活，繁衍后代。人口的长时间大规模流动，严重冲击着社会旧有的制度和统治。人口压力与阶级矛盾相交织，使得嘉道时期的中国社会更加动荡不定。

（四）明至清中叶的思想文化变化

1. 明清商业思想发展的困境

张海英在《明清商业思想发展及其转型困境》（载《社会科学》2010 年第 2 期）一文中指出，明清时期，随着社会经济的发展，经商、行商风气日盛，大量商书刊行，凸显商人意识的觉醒与商业思想的发展。但由于明清商业思想发展境遇的先天不足，使其并没有完全成为一种独立的思想意识引起人们的特别关注，最终在传统社会面临转型的特殊时期，商业思想的发展也陷入转型困境。张海英主要从传统伦理文化的影响、思想遗产的局限、制度缺陷的制约三个方面阐述明清商业思想发展的困境：第一，传统伦理文化的影响。明中后期开始，伴随着商品经济的日益发展，传统的重义轻利的义利观发生了很大变化，但总体而言，社会风气导向仍然是传统伦理中的以义为重，利为轻，反对见利忘义，这一传统的义利观对明清时期的商人具有深刻的影响。第二，思想遗产的局限。明清商书所倡导的经营思想方面，大多将视点着重在经商能力的培养和个人品德的要求上。而对于商人应如何使用财富，则很少触及，从这个意义上讲，明清商书中所体现的商业思想，对于社会转型过程中繁荣商业的理论创新意义便受到很大的局限。第三，制度缺陷的制约。纵观中国古代，历朝政府始终缺乏完整的保护商人利益的法律制度，这一点到明清时期也未有大的改观。上述问题不可避免地带来了明清商业思想发展境遇的先天不足，令其陷入转型困境，最终也限制了明清时期的商人们在经济转折时期的创业意识。

2. 晚明的奢侈之风与新思潮被扼杀

樊树志在《晚明大变局》（208—225 页，北京：中华书局，2015）一书中指出，明中叶以来，江南经济进入高度成长时期，农工商各业蓬勃发展，各层次市场的形成及市场经济的活跃，十分引人注目。全国乃至海外市场对江南的优质丝绸与棉布的需求日益增长，进一步刺激了江南经济与社会的繁荣。伴随着经济的繁荣，社会风气逐渐由俭入奢，奢侈风尚逐渐弥漫于苏松杭嘉湖诸府所属各县各市镇。对于奢侈现象出现的原因，樊树志认为是农工商各业发达，市场经济繁荣，社会生活富裕所带来的必然结果。江南地区的奢侈风尚源于苏州，通过频繁地往返各地的商人为媒介，很快向各地散播，各地都把苏州当作时髦中心，纷纷仿效，以苏州时尚为时尚。这种情况大体从明中叶开始显现，到万历年间日趋明显，以后愈演愈烈，直到清朝前期依然如此。中国传统思想一向是批评奢侈风尚的，以为社会习俗由俭入奢不是一件好事情，这是从道德层面思考的结果。樊树志认为如果从经济层面来思考就会得到不同的结论。晚明的江南，经济突飞猛进，蚕桑丝织业与棉纺织业由农家副业一跃而为主业，这与工业革命以前的欧洲有着相似之处。社会日渐富裕，人们的思想观念发生了变化。正德、嘉靖间松江府上海县人陆楫便是这种思潮的代表者，他批判正统的禁奢观念，以深邃的目光论证奢侈风尚的经济意义。当然，江南市镇的奢侈并没有导致资本主义，却名副其实地使传统经济转型为市场经济。欧洲 17、18 世纪的奢侈，与此前中国江南的奢侈，内容不尽相同，但本质是一致的。奢侈是消费观念的更新，是伴随经济繁荣而衍生的新的消费方式，人们在消费社会财富的同时，刺激了社会财富更大规模的增长。

刘志琴在《晚明社会与中国文化近代化》(载《河北学刊》2008 年第 1 期)一文中指出，晚明处于时代转折期，其不同于汉、唐、宋的是，在社会母胎内部不可抑制地涌现出异己的文化因素并形成社会性浪潮，而且，伴随着新兴的经济现象，不断地撞击传统经济秩序，侵蚀传统伦理统治。在 16、17 世纪的中国，最为现实的问题是，高压在民众头上的磐石不是神权，而是政权，是君主专制及其意识形态，不撼动这高压在民众精神上的磐石，就不足以构成启蒙思想的主潮。对君主专制构成威胁的就是抨击君主的思潮，它主要是口耳相传，不受官员和道统的规范，按照实际生活表现民众的真情实感，编成各种民歌、民谣和说唱、戏剧等，在闹市演唱、传播，像这样从官员到民众纷纷出动，抨击君主，这是对既存的秩序及传统文化格局的抵制和消解，启蒙思潮无疑正是从这解构的裂隙中获得蓬勃滋长。但清初定鼎以后，首先从出书与印书着手，发布了一系列禁令，封杀文本传播的源头。在这样严酷的迫害下，活跃在晚明社会的一股追新求异的时尚，也就烟散云消，那种离经叛道的启蒙思潮就此偃旗息鼓。毫无疑问，从古代社会向近代社会的文化转型，是以民主和民权思想的建树，实现文化核心的转换，没有结构性的变动，不足以完成文化转型的使命。晚明启蒙思想与现代意识接轨，必须转换文化的结构与核心，从以伦理为本位转换为以民权为本位，才能发生全新的作用。

3. 清代的思想文化专制与传统文化的衰落

张岂之主编的《中国历史・元明清卷》(290—292 页，北京：高等教育出版社，2001)一书中指出，清廷在文化统制上采取两手政策，一方面讲求文治，推行文教，维系世风人心；另一方面则排斥异端思想，镇压、取缔各种不利于其统治的言论和行为。禁书和文字狱，就是统治者实行文化专制政策的极端表现。禁书，即查缴、禁毁不利于清统治的书籍。康熙、雍正时期，禁书已时有发生。到乾隆年间，统治者利用《四库全书》开馆征书、编书的机会，在全国范围内强制推行了一场大规模的禁书活动。这场波及全国的大规模禁书活动，自 1775 年正式开始至 1793 年十月结束，其间断断续续，前后历时 19 年之久。这场禁书运动不仅给中国古代尤其是宋代以后的典籍带来了无可弥补的损失，也给当时整个社会的思想文化造成了极为深重的劫难。文字狱，即以文字作品定罪的案件。清代的文字狱肇始于顺治康熙时期，发生在 1663 年的庄廷龙《明史》案，是清廷制造的最早的一起文字狱大案。雍正中期以后，文字狱打击的重点再次转向汉族知识分子的民族思想和民族气节。文字狱发展到高峰是在乾隆时期，当时不仅以文字定罪的范围大大超过康雍时期，而且案件多达一百余起，数量增至前两朝合计数字的数倍以上。乾隆帝重点打击汉族知识分子的民族思想和反清意识，残酷镇压时人对专制皇权权威的冒犯，甚至严厉禁止所谓“非分”的言论文字。许多文字狱都罗织苛细，定罪严酷，使众多无辜的汉族知识分子和普通的下层民众成为专制制度的牺牲品。清统治者为控制思想，巩固统治而实行的文化高压政策，极大地扼杀了知识界和全社会的活力及创造性。

李明伟在《综合与凝滞：清前期中华传统文化的集大成发展》(载《新视野》2010 年第 1 期)一文中指出，清朝传统文化的集大成发展，预示着传统文化体系发展的终结，中华传统文化高度发达后呈现出僵滞与衰落的趋势。第一，传统文化的创造主体走向衰落。无论是统治集团还是民间学者，都失去了文化创新的精神。第二，传统文化的内容失去了创新。传统文化的集大成却没有带来文化的创新，传统文化在专制主义压制下再也创作不出新东西，最终只能走向僵化与没落。第三，传统文化的创造手法开始式微。清朝前期，中华传统文化与科技已经达到其发展的末势，在创造手法上很难出现创新模式。总之，清前期，传统学术虽盛极一时，流弊却日益显现，中华国学进入到一个从旧有内容到形式都出现了生命力衰微的充满悲剧色彩的时代。

（五）明清易代与中国的近代社会转型

1. 明清易代对中国近代化的阻碍

毛佩琦在《明清易代与中国近代化的迟滞》（载《河北学刊》2008 年第 1 期）一文中指出，明清易代是中国近代化迟滞以及中国从先进走向落后的转折点。第一，明代中晚期，传统经济充分发展，新的经济因素大量涌现。就明朝中后期的情况而言，中国社会已经明显表露出向近代转型的征兆。但是，长期战乱和明清易代改变了这种局面。战乱与清初由关外带来的落后的生产方式使中国社会经济一度严重倒退，经过近百年的积聚才得以逐步恢复和发展，当经济又达到或超过明代后期的发展水平时，中国已经与西方拉开了距离。第二，在科学技术上，明朝同样也处于近代化的前沿。但到了清代，情况迅速发生了逆转。与明代后期科学技术的开放态势不同，清代的科学技术面临严重的政治高压干预。第三，明廷对接纳外国人与外国文化是开明的，然而，明朝对外态度的开明并未给清初统治者带来任何反思，反而使后继者更加保守和封闭。第四，明朝末年，西方殖民主义势力相继东来，中西之间开始了在军事上的较量。尽管明朝已经开始衰败了，但西方殖民者的势力尚不足以与中国的总体实力相抗衡。在对外战争中，与明朝占有的绝对优势相比，清朝似乎显得有些吃力。在清廷固步自封、裹足不前之时，西方在各个领域均呈现出近代化的气息。

余同元在《明清社会近代转型及转型障碍》（载《江南大学学报（人文社会科学版）》2011 年第 5 期）一文中指出，从明代隆庆年间开始，以边禁、海禁、银禁三禁开放为标志的中国传统社会近代转型进程已正式开启。至少江南区域社会已经出现从农业社会向早期工业化社会转型。但整个转型在清代曲折迂回，其关键原因来自于当时内外环境的特殊性和农牧社会整合的缓慢性。从世界史或全球史的立场看，明初中国专制王朝国力的鼎盛时期正是欧洲黑暗的中世纪，西方透露出的资本主义曙光与明中叶以后中国社会新旧交替的冲动几乎同时。西方国家的兴起，英国资产阶级革命的成功，正是中国的明清之际。此时西方文明赶上东方文明，而中国从先进逐渐走向落后。所以说，明清易代是中国近代化迟滞以及中国从先进走向落后的转折点。关于明清社会转型的障碍及其曲折缓慢原因，近来学者们观点集中在清王朝专制制度与统治的落后性、经济结构单一性与思想观念保守性以及明清社会思想文化逐渐僵化保守，这些被看作是明清社会近代转型的重大障碍。余同元认为，明清时期，中国社会内外环境特殊性与民族融合的漫长性是明清社会近代转型曲折缓慢的关键原因。

2. 晚明社会转型失败

张显清在《晚明社会的时代特点》（载《河南师范大学学报（哲学社会科学版）》2005 年第 6 期）一文中指出，晚明社会的时代特点，概括起来讲，就是中国传统封建社会高度成熟，并开始起步由传统的封建社会向新的近代社会转型，晚明恰是转型的起点。在社会结构方面，由农业转向工商业者增多，城乡人口流动加快，自由雇佣劳动者队伍扩大，市民阶层出现。

在政治方面，封建君主专制控制力减弱，超经济强制和封建宗法关系松弛，东林党、复社等近代政党雏形出现，向公众领域扩展。在社会习俗方面，由崇尚节俭朴实转向崇尚消费和奢华。在思想文化方面，出现早期启蒙思想，或出现近代思潮萌芽。但是，明末农民大起义推翻了腐朽的明王朝后，它并没有能够巩固胜利成果。紧接着，清朝乘机而入，进行了半个世纪的征服战争。政治腐败及由其酿成的明末社会大动荡以及清初的民族压迫，使明中后期形成的商品经济空前发展的良好势头受到巨大打击和挫折。

（六）明清两代衰落原因探析

1. 土地兼并

张岂之在《中国历史·元明清卷》(172—173页，北京：高等教育出版社，2001)一书中指出，明代社会的农业生产经过长期积累，在万历时期达到高峰。伴随着农业经济的高度繁荣，拥有各种特权的大地主阶层兼并土地的现象日益加剧，严重激化了社会矛盾。随着皇族地主集团规模的不断膨胀，其在明后期对土地的贪欲达到空前程度。明中期，皇庄的设置主要在京畿和北方，而到明后期，连远离京师的南直隶(约当今江苏、安徽地区)长江沿岸也都密布皇庄，这些皇庄每年征收的大部分收入基本上被皇室挥霍掉。皇族地主集团抢占民田，直接后果就是民田数量锐减，不但使国家正常税收锐减，而且激化了农民与皇族的矛盾。除了皇族地主集团大量兼并土地外，官僚大地主对土地的兼并这时也异常激烈。官僚地主不仅在本乡本土占田，而且跨省越县设立寄庄田，在许多地方寄庄田占地比例极大。土地高度集中到皇族地主和官僚大地主手中，造成明后期大土地所有制的恶性发展，其直接后果就是，一般农民若不破产沦为佃户，就得承受沉重的赋税转嫁带来的负担。一般地主无法享受特权优免，也深受赋税转嫁之害，因需求不遂而倾家荡产者比比皆是。包括普通地主、一般官吏、生员以及广大农民阶层，与主要代表皇族、官绅大地主利益的政府、国家之间，因大土地所有制的恶性发展，产生了难以调和的矛盾。

2. 社会基层自治

郭垍在《导致明朝衰亡的两个因素：财政体制与社会基层自治》(载《现代财经》2010年第2期)一文中指出，明代封闭的财政和管制体系是其最终失败的直接原因，然而其具有自治特点的乡村保甲制度与宗法制度是冻结社会经济发展并且使财政逐步恶化的根本原因。中国古代社会的官僚政权只到县级，县以下基本上实行乡村自治。官府对乡镇的基本要求，与朝廷对地方官员的并无不同，主要是两条：保证完粮纳税和确保地方太平。至于农村具体的生活状况，官府并不过问。反过来，百姓对国家发生什么事通常也并不关心、不知情。因此，所谓乡村自治，其实可以被理解为一种政治承包，在乡村实行双重领导：保甲制度与宗法制度。前者乃是官僚机构的终端，主要责任就是那两条：完粮纳税与确保治安；而后者则负责管理社区的一切事务。中国古代基层社会是自治社会，但同时也是自律社会，其最突出的特点是意识形态上的高度同一。无论南北，指导乡村自治的都是儒家道德规范，各族的族规家法的来源与国法是同一个，其基本精神完全一致。这种地方自治并未带来思想自由与生活方式的多元化，反倒成了维护国家形式上的统一必不可缺的一种手段，维持了中国几千年统一的精神上的大一统，同时也阻碍了社会经济的发展，使得虽然出现了资本主义萌芽的明朝无法进入资本主义社会。由于吏治腐败导致的脱离宗法社会的游民增加和税收减少的双重效应促使明朝走向失败和灭亡。

3. 自然灾害

张祥稳在《天灾视角下的乾隆盛世衰落缘由探略》(载《中国农史》2013年第6期)一文中指出,天灾严重威胁着乾隆朝的民众生命财产安全、国家粮食安全和财政安全,影响着民心的向背及社会稳定等,引发了多方位和深层次的社会危机,是乾隆盛世衰落的主因之一。张祥稳从乾隆时期的灾害对农业经济、国家财政、社会稳定、民生和吏治等所造成的重大负面影响,阐述乾隆盛世衰落的原因。第一,农业经济的主体粮食种植业的严重破坏。乾隆时期,天灾使粮食种植业损失惨重。对于人口庞大的小农社会来说,其导致的最直接的严重后果至少有:普遍的粮食短缺,危及全社会的粮食安全;灾区经济恢复举步维艰;物价的普遍上涨;民心的向背。第二,灾民生命财产的损失及其基本生存条件的恶化。乾隆时期,由于小农经济和落后科技水平条件下的社会灾害抗救能力先天不足,天灾造成了人口的严重伤亡和财产的巨大损失。同时,由于社会财富多集中在富人阶层,一旦天灾降临,劫后余生的灾民基本生存条件严重缺失。而灾民基本生存条件的恶化,必定使他们丧失了维持生计的最基本条件,从而为流民遍野和灾民反抗统治阶级的斗争提供了必要的社会条件。第三,荒政的实施使国库日虚并进一步暴露了吏治的败坏。面对天灾,乾隆多措并举,试图救民于水火。他把救灾当作一项基本国策加以实施,且救灾费用的主体来源于国库。但荒政的实施不仅所费甚巨、没有给灾民带来多少实惠,反而使日甚一日的吏治败坏问题在民众面前充分暴露。第四,灾民转化为流民现象的日益普遍及其反抗斗争。在安土重迁观念根深蒂固的乾隆时期,因灾导致的日益普遍、严重的流民现象,必然产生诸多社会问题,尤其是危及灾后生产、生活和社会秩序重建,迫使政府增加人力、财力、物力保障民生和加强社会控制,因而不可避免地削弱了国力。总之,乾隆时期,频繁、严重的自然灾害,引发了多方位和深层次的社会危机。乾隆盛世正是伴随着严重天灾的频繁侵袭以及在由此引发、暴露的各种社会矛盾的猛烈撞击之下,于乾末嘉初退出了历史的舞台。

4. 西方殖民者东来

南炳文在《明清时期古代中国社会的终结及其教训》(载《河南师范大学学报(哲学社会科学版)》2005年第6期)一文中指出,由于独特的地理环境,中国产生了以天朝上国自居的意识,古代中国社会处于缓慢但不断提高的循环之中。如果没有意外,这种循环会重复到古代中国社会发生巨变的时期。但是,这种循环尚未进行到其尽头就遇到了意外,也就是西方殖民者的东来。中国由明朝时期处于世界先进国家之列到19世纪中期彻底沦为被列强欺凌的半殖民地国家。明清时期除了明清之际56年(自1627年明末农民起义爆发至1683年清朝统一台湾)基本处于大战乱外,其余的400余年大体维持了和平统一的局面。和平环境的长期延续,有利于生产力的提高。到明代已在经济发达地区出现资本主义性质的雇佣劳动生产关系。这种新因素在明清之际的战乱中遭到了严重摧折,而到清代中期,随着社会经济的恢复与发展,它重新恢复,并有缓慢的发展。这说明明清时期中国社会经济的发展水平已明显地超越了前代。但是,从总体上看,明清时期的中国,其生产力的发展水平仍旧不高,生产活动主要靠人的体力劳动。若不发生特殊情况,中国要迈出古代农业社会的门槛进入近代社会的范畴,说不定还需若干个改朝换代的循环。正当明清处于上述情形之时,发生了西方殖民者的东来这一重大事变。从历史实际来看,在明朝时期,西方殖民者的东来似乎对中国影响不大。但西欧国家毕竟走上了发展的快车道，其发展速度要远远高于当时的中国，两者对比，形势向着有利于西欧国家而不利于中国的方向转化。清朝时期，中国转向劣势的速度空前加快；19世纪中叶，终于彻底落后于西方，1840年鸦片战争的失败，宣告了中国旧有的发展程序被打断。至此，古代中国社会的演变遂告终结。

（七）明至清中叶的中国与西方

何芳川在《世界历史上的大清帝国》（载《史学理论研究》2004年第1期）一文中指出，康雍乾盛世时期，近代资本主义和西方资产阶级已经开始进入历史舞台的中央，开始压倒包括古代中华文明在内的世界上一切前近代类型的文明。如此一来，康雍乾盛世在中国历史上看则无疑为盛，从世界历史上看则可能是衰，或者渐入衰境的一个动态过程。在社会经济发展方面，18世纪末，即康雍乾盛世之末，其总产量与亩产量均远远超过中国历史上的任何朝代，同世界当时先进国家相比也不逊色。然而，在英国以圈地运动这一原始资本积累的手段为杠杆，农业生产率迅速提高。这就是说，大清盛世不能为产业革命创造任何生长的空间。在政治生活方面，以军机处的创立为代表的行政体制的变革，进一步强化与完善了中国的专制主义中央集权制的封建政治制度。它压制直至窒息了国内一切新鲜的进步的思想、政治活动，成为社会进步的障碍。当康熙大帝励精图治、大清盛世正在全面展开的时候，英国资产阶级通过1688年的光荣革命，已经巩固了自己的政权；而当乾隆皇帝为政日渐弛怠昏庸，社会危机四伏，盛世已成一具美丽的外壳时，攻占巴士底狱的炮火和莱克星顿的枪声，报道着从西欧到北美大陆世界资产阶级政治大革命时代的来临。作为一个由少数民族入主中原而建立的封建王朝，清朝统治者在推行文化专制主义的时候，带有更大的残酷与野蛮色彩。文字狱几乎是与大清盛世相终始，但在18世纪的法国启蒙运动中已涌现出孟德斯鸠、伏尔泰、狄德罗、卢梭等一大批优秀的思想家，他们的不朽著述，凝炼了自由、平等、博爱等近代资产阶级上升时期的进步思想，至今仍给人类文明的进步以丰富的启迪。在对外关系方面，大清王朝在前代的传承与基础上继续经略华夷秩序，使其更加一以贯之，更加成熟与完备。正是在康雍乾时期，西方殖民主义第二次大潮，即产业革命所造成的大机器生产产品的洪流已基本酝酿完毕。1757年，当乾隆皇帝正在四十余岁的盛年，英国开始了对印度次大陆的殖民征服历程。19世纪中叶，大清帝国终于以鸦片战争为转折点，急剧下滑，并走向衰亡。在这一下滑与衰亡的过程中，外部世界、即西方殖民列强加上后来的日本，成为一种扭转、催化的原发力量。

赵铁峰在《世界大变迁与明清中国——对现代早期东西方历史进程的再思考》（载《社会科学辑刊》2015年第6期）一文中指出，通过对15世纪至18世纪这一时期欧洲所发生的结构性变迁与同一时期中国所发生的相对应领域的推演进行比较，说明在世界历史上的现代早期进程中，中国与欧洲的社会历史演进虽然存在相似性和一定程度的关联性，但从基本结构与趋势角度而言，却有很大的差异。第一，郑和下西洋时期的欧亚陆上帝国。从1405年到1433年，明朝政府主导的这场远洋航行，是一次伟大的壮举。更具有世界冒险精神的欧洲人在郑和下西洋停止以后的年代里逐渐主导了国际贸易，并且将其规模扩展到全球范围。第二，西欧霸权兴起的节点与历史轨迹。在西方工业化和帝国主义扩张加剧的时代，中国的清朝正处于中国帝制历史上的最后一个繁荣期。但到18世纪末，清朝皇室与官僚腐败、社会动荡、人口压力严重、军队丧失战斗力，国家控制力全面衰退。这时，更为强盛的英国，开始通过在东印度种植的鸦片输入中国来改变与中国的贸易关系。清朝政府在19世纪中叶尝试禁绝鸦片，结果爆发了鸦片战争。中国战败，西方殖民者终于跨出了直接进入中国内地的步伐。第三，现代早期的中欧比较。明清时代的中国，一方面与西方的变局甚至逐步主导了世界历史演变的主流趋势相互关联，另一方面又与这场变局的核心区相对分离。从这场带来人类历史根本转变的大变局的结果向前回溯，中国不是这场变局的主动者，甚至不是积极参与者，所以才有19世纪中叶以后中西方直接撞击时感受的亘古未有的大震荡。总之，明清时代的中国并没有孤立于现代化的世界大变革之外，但欧洲是人类历史上这一次大变革的主要推动者。同一时期中国所发生的社会变动与欧洲的变动之间，有关联，有相似处，但总体而言不在同一轨道上。

曹大为在《明清农耕文明的鼎盛及其在世界工业文明潮流中的殒落》(载《史学理论研究》2002年第4期)一文中指出，与欧洲新兴资产阶级颠覆旧结构以及俄、日通过调整改革相继跨入工业文明轨道的模式不同，清朝采取了修补复制旧结构的对策。明中后期工业文明因素的发育，许多方面比欧洲、日、俄等国更为优越，不过向工业文明转轨属于总体结构性变迁。明清高度成熟的农耕母体具有极富韧性的自我整合机制，不断包容扭曲涵化异质变革因素、修补完善自身的体制，成为桎梏近代化因素发展的巨大障碍。清前期治国者并未顺应工业文明萌动的趋向，而是立足于承袭两千多年农耕文明运势的惯习。为维护满族贵族统治而采取的一系列措施使专制集权体制极度膨胀，使政治层面和思想文化领域的近代化因素难以发育，在遏制资本主义生产关系萌芽成长，阻碍社会变革等方面带来严重恶果。农耕文明的辉煌毕竟远远不能和西方资产阶级在不到一百年的阶级统治中所创造的巨大的生产力相比。在康乾盛世顶峰，中西兴衰易位的大局便已铸定。乾隆末年，土地兼并和政治腐败等周期性痼疾再次复发，直至跌入衰败低谷的清中期。自明中后期以来两个多世纪，距康乾盛世仅一百来年的时间，便陡然发生天翻地覆的逆转，这是农耕文明和工业文明较量的必然结局。

教学设计

设计一：从传教士东来看中西文化的碰撞与融合

设计意图

明清时期，西方世界发生了巨大变化，必然也对中国产生重大影响。西方文化、科技的引入对明清时期中国的科技、文化以及儒家思想都产生了重大的冲击，并产生了新的因素和气象，迎合了明清时期儒学变革的需要。但由于东西方政策的原因，这种交流未能持续。本设计通过分析部分传教士在融入中国过程中采用的传教方式，帮助学生理解中西文化出现碰撞和交流的过程和影响以及受到阻碍的原因。西方传教士与中国士大夫的交流，加速了中西文化的碰撞与融合。

设计方案

教师讲述： 明清时期，西方传教士开始来到东方，其中以利玛窦为主要代表，利玛窦向西方描述了他眼中的中国。

材料一 中国偶像崇拜这个三首巨蟒较之莱恩纳湖的怪蟒更为恐怖，它数千年来不遭反抗地暴虐统治着亿万人的灵魂，动辄要把他们打入地狱的深渊，而我们耶稣会本着自身的宗旨，奋起与之战斗，跨越千山万水，穿过许多王国，从遥远的国度来此拯救不幸的灵魂，使之免遭永恒的天谴。我们耶稣会坚信上帝的慈悲和许诺，不为艰难险阻所吓倒，而我们进入这个帝国，原本极其危险而困难，因为中华帝国严严实实对外国人封闭，而且人口众多，他们个个都要维护自己的错误。其实，没有任何尘世力量或地狱力量抵挡得住圣十字的王国和武器。

——陈义海：《对明清之际中西异质文化碰撞的文化思考》，苏州大学2002年博士论文，转引自裴化行《利玛窦神父传》，9页

教师设问： 通过史料我们可以看出，利玛窦眼中的中国是怎样的呢？他到中国的目的是什么？（参考答案：封闭、人口众多，自负。传播宗教信仰）

教师讲述： 因为利玛窦是写给欧洲人看的，所以就毫不讳言他对作为异教文化的中国文化的看法；同时，由此也可以看出一个坚定的乃至狂热的传教士的内心世界。一方面他相信中国人是生活在错误之中，另一方面他坚信自己的宗教教义无坚不摧。面对传承千年的儒家思想，利玛窦是通过何种方式来传播他的宗教信仰并融入中国社会的呢？

材料二 为了适应中国的习俗，利玛窦等传教士不仅取了中国姓名，而且还仿效中国人文雅的习俗，在本名之外再取一个字号，即所谓的“尊名”，以适应在中国社会中维持高雅的身份。

——陈登：《利玛窦伦理思想研究——兼论利玛窦对中西文化的汇通》，湖南师范大学2002年博士论文，175页

教师设问： 利玛窦是如何融入中国的呢？（参考答案：入乡随俗，适应中国的规则）

教师讲述： 利玛窦通过入乡随俗的方式，适应中国的规则，迅速地赢得了中国士大夫的理解和尊重，比较顺利地传播天主教的思想。西方思想的传播必然对中国固有的传统思想产生冲击。当时的明王朝在文化层面有哪些应对呢？

材料三 明代时期中国对外“东西方碰撞交融”的积极应对，并不仅限于基层商人的层面；在文化知识的层面，同样呈现出比较开放与包容的态势。一方面，随着明代中后期社会经济特别是商品市场经济的发展，国内的文化知识界出现了诸如泰州学派及李贽等进步的思想家，他们提倡人的个性，肯定人们的物质欲望，强调独立思考的精神。这些思想反映了当时社会经济激烈变动中的下层平民的要求，特别是反映了那些从事工商业活动的城市市民的要求，在当时的社会产生了积极的影响。另一方面，伴随着世界地理大发现和新航路的开通，西方思想文化及科学技术也日渐向外传播。以欧洲耶稣会士为代表的西方知识文化阶层，与中国的传统知识分子和士大夫同样发生了碰撞与交融。

——陈支平：《从世界发展史的视野重新认识明代历史》，载《学术月刊》2010年第6期

教师设问：依据材料，面对西方文化的碰撞，中国有哪些积极应对呢？（参考答案：明王朝的士大夫们采取了开放包容的态度；进步思想家倡导与西方进行交流，提倡个性；下层平民和城市市民阶层对新事物保持着浓厚的兴趣）

教师讲述：随着明朝中后期商品经济的发展，对儒学开始新的改造，明王朝的士大夫们对于西方思想多采取了开放包容的态度，认为西方的技术能够与儒学相结合，挽救时弊；进步思想家倡导与西方进行交流，提倡个性，比如当时的李贽倡导人基本的物质需求，改变僵化的儒家教条，改变传统的夷夏观念。下层平民和城市市民阶层随着商品经济的发展，对新事物保持着浓厚的兴趣。

18世纪，欧洲通过传教士、贸易往来与北京保持联系，但当时中欧之间的交流并不对称，欧洲对中国的了解远远超过中国对西方了解。来京的西方人士通过自己的观察和研究，对中国的政治制度、经济发展、科技水平、军事实力进行评估，为西方向中国殖民开拓做知识准备。而中国人却很少了解欧洲。

材料四　当罗马教廷质询卜弥格“何以不多带中国侍从俱来？”这一疑问时，卜弥格解答原因有三：其一，“盖因华人体质不强，不适于长途旅行。当时被指派随行者甚众，仅有两人愿往；而此两人中之一人因病止于中途，别一人在道数濒于死”；其二，“中国人之自尊心，使之自负其政治、其学识、其财富皆优于他国；则其不愿声称求救他国可知也。是故不愿遣华人赴欧洲”；其三，“中国商人不甚解葡萄牙语，如何能用此种语言与之交谈国事”。

——欧阳哲生：《盛世下的忧患——中西关系视角下的康雍乾盛世》，载《北京大学学报(哲学社会科学版)》2014年第5期

教师设问：根据材料说明，明清时代中国人不赴欧洲的原因？（参考答案：身体不健、自尊心强、不通西语）

教师讲述：对于为什么中国人不去欧洲，传教士给出了他们所谓的理由，比如身体不健、自负心强、不通西语，这是阻止国人远赴欧洲的三大障碍。从其描述来看，自尊心强恐怕是主要原因，也就是所谓以中国为中心。

教师继续讲述：明清时期，特殊的政治思想环境为基督教的传播创造了客观条件，利玛窦等传教士灵活的传教方式使基督教为部分士大夫所接受。明清之际传播的西学主要是天主教教义和科学技术。晚明王阳明心学大为流行，为恰在其时来到中国的西学充当了媒介。王学打破了程朱理学对思想的垄断，创造了西学得以输入和传播的文化氛围；王学大兴讲学会的风气，为天主教的传播提供了组织形式上的借鉴。明清之际兴起的实学思潮则与西学在价值观和方法论上皆有相通之处。但西方传教士因为礼仪问题而最终中断了交流。

材料五　1704年，教皇克雷芒十一世(Clement XI)发布了包括禁止中国教徒用“天”或“天主”称呼上帝，以及禁止祭祀孔子以及祖先等在内的七条禁约。1715年，克雷芒十一世又发布了著名的“自登基之日”(the Bull Exilladie)通谕，再次重申了以前的禁令，规定所有传教士必须宣誓服从，否则将被逐出教会。1721年(康熙六十年)，康熙皇帝在看到罗马教廷特使嘉乐带来的“自登基之日”禁约后说：“览此条约，只可说得西洋等小人如何言得中国之大理。况西洋等人无一通汉书者，说言议论，令人可笑者多。今见来臣条约，竟与和尚道士异端小教相同。彼此乱言者，莫过如此。以后不必西洋人在中国行教，禁止可也，免得多

事。钦此。”

——邹雅艳：《13—18 世纪西方中国形象演变》，南开大学 2012 年博士论文，221 页

教师设问：根据材料，分析传教士交流中断的原因。（参考答案：教皇不了解中国的国情，盲目下达禁令；清王朝为维护国家利益，禁止传教）

教师讲述：为了维护所谓的宗教的纯洁性，教皇采取了强硬态度，试图把教廷的决定强加给中国政府和在华传教士。而在中国政府这方面，康熙皇帝开始是以友善的态度来对待传教士，规定他们只要不危害国家安全，就可以从事正常的传教活动。而随着罗马教廷态度不断强硬，无视中国和皇帝本人的尊严，导致康熙最终失去了耐心，决定下令禁教。

教师引导学生小结：明清时期，在中西交流的过程中，传教士扮演了重要角色。其中以利玛窦为首的西方传教士为了传播基督教，采取“入乡随俗”的方式，赢得了中国士大夫的好感。随着中国商品经济的发展，中国的士大夫们对西方传教士采取积极的态度，加以吸收和利用。教皇为保证宗教的纯洁性，武断地否定了入华传教士采取的传教方式，导致西方传教士的传教陷入困境，并导致最终失败。

设计二：重商好货——从“三言二拍”看明代社会观念的变迁

设计意图

一定时期的文学作品在一定程度上能够反映当时的社会面貌。明清社会变迁历来是史学研究的焦点并取得一系列的成果，对理解近代中国社会转型具有直接且深刻的意义。本教学设计主要通过展示明代通俗小说“三言二拍”中三个具体的故事情境及相关研究成果，引导学生结合相关史实，增强学生对明代历史的阶段特征的把握；通过史料分析和有效的设问，让学生深刻理解明代社会观念变迁的某些重要表现，增进学生对明代社会变迁的历史理解，明晰近代中国社会转型的历史因素，渗透历史学科的核心素养。

设计方案

教师讲述：文学既是一定历史时期经济、政治的产物，又是对前代思想文化继承和发展的结果。“三言”“二拍”，尤其是“三言”，作为拟话本①，故事题材多采自唐宋传奇、宋元话本，但其中又多有改造和创新。比如流传已久的白蛇故事，当我们沿着历史的轨迹去探寻源流的时候，便会发现，随着明代社会经济等领域的诸多变化，白蛇故事中的主人公的身份也在悄悄地演变。

比如，在冯梦龙所编的《警世通言》中，讲述白蛇故事的《白娘子永镇雷峰塔》②对主角许宣是这样描述的。

---

① 拟话本是指宋元时代产生的中国古典小说的一种，体裁与话本相似，都是首尾有诗，中间以诗词为点缀，辞句多俚俗。今多指明代文人模拟宋元话本而写的白话小说，如冯梦龙《三言》中的一部分和凌濛初的《二拍》等。

② （明）冯梦龙编撰，马冰点校：《警世通言》卷二十八，300—321 页，北京：中华书局，2002。

材料一　绍兴年间，杭州临安府过军桥黑珠巷内，有一个官家，姓李名仁。见做南廊阁子库募事官，又为邵太尉管钱粮。家中妻子，有一个兄弟许宣，排行小乙，他爹曾开生药店，自幼父母双亡，却在表叔李將仕家生药铺做主管，年方二十二岁。

——冯天瑜：《明清文化史札记》，上海：上海人民出版社，2006 年，45 页

教师设问：材料中许宣是什么身份？（参考答案：经营药铺的商人）

教师讲述：《白娘子永镇雷峰塔》中关于白蛇的故事，最早见于唐人小说《白蛇记》，南宋时的话本《西湖三塔记》又有了许多改变。明末冯梦龙改编时，不仅内容与唐宋传奇有本质的差异（由恐怖的神怪故事变为反对礼教、追求婚恋自由的故事），而且主人公身份也已经发生变化。在唐人小说中，类似《白娘子永镇雷峰塔》中许宣这样角色的李黄是盐铁使之子，南宋话本中的同样角色奚宣赞为南宋奚统制之子。在唐宋传奇、宋元话本里，故事的主人公不是仕宦之子，便是将门之后，而到了明代拟话本里，主人公却一变而为“生药铺主管”了。这绝不是个例。

材料二　据粗略统计，在“三言”“二拍”近两百篇作品里，以市民为主人公或涉及市民的作品约近七十篇。其中，《喻世明言》十一篇，《警世通言》十三篇，《醒世恒言》九篇，约占四分之一；此类作品在“二拍”中所占比例更大，《初刻拍案惊奇》十六篇，《二刻拍案惊奇》十八篇，几近二分之一。作品以如此铺张的笔墨描写“市井细民”，在中国古典文学中是罕见其匹的。

——冯天瑜：《明清文化史札记》，上海：上海人民出版社，2006 年，44—45 页

教师设问：材料反映了什么历史现象？为什么会出现这种现象？（参考答案：市民成为明代文学的新主角。城市商品经济发展，市民阶层力量壮大）

教师引导学生分析：在中国古代，士、农、工、商之间的区分颇为严格，以农为本的文化观念是传统文化的根本，商业自古以来就被视为末业，商人则作为“四民”之末往往不受人尊敬。随着城市商品经济的繁荣，四民界限逐渐淡化，新的市民阶层形成，并迅速成为一支社会力量。

教师讲述：商品经济发展和市民阶层的壮大，还带来了明中叶以后社会价值观念的变迁。《警世通言》中的《宋小官团圆破毡笠》[①]篇就折射了这一历史现象。

材料三　这篇小说描写了宋金和他的妻子刘宜春的悲欢离合。商人刘有才最初选择宋金作他的女婿只是贪他是个好劳力，“看他一表人才，又会写，又会算，招得这般女婿，须不辱了门面”[②]。这种“门面观”已不是看等级，而是看人的使用价值。后来，当宋金一病不起，失去使用价值时，刘有才便在行船途中将他抛弃于荒野，只道扔掉了一个累赘，从此再不相见。谁知宋金后来偶然发财，成为家资万贯的富商，当宋金化名钱员外再来向刘家求婚时，刘有才“求之不得”，殊不知钱员外正是被他抛弃于荒野的宋小官人。发了财的宋金终于和他的妻子团圆了。小说虽然对刘家夫妇的势利眼予以辛辣讽刺，作品的立意是赞扬刘宜春“从一而终”的坚贞，但我们从另一个侧面看到了金钱在市民婚姻关系中的决定性作用。

——冯天瑜：《明清文化史札记》，上海：上海人民出版社，2006 年，64—65 页

---

① （明）冯梦龙编撰，马冰点校：《警世通言》卷二十二，215—229 页，北京：中华书局，2002。

② （明）冯梦龙编撰，马冰点校：《警世通言》卷二十二，221 页，北京：中华书局，2002。

教师设问：材料从一个侧面反映当时社会出现了怎样的婚姻观念？（参考答案：重视金钱在婚姻中的作用）

教师讲述："三言""二拍"中的一些篇章，表现了明代中后期人们在择婚配偶时，开始重新估价人的价值，把金钱作为调和婚姻中的矛盾的新砝码。于是就出现了像《宋小官团圆破毡笠》中最后的大团圆结局。

材料四 波斯商人玛宝哈接待张大这伙客商，"包办酒席几十桌"，"主人家先折过这一番款待，然后发货讲价的。"但在客人入席之前，主人家还有一道手续："主人家手执着一副法浪菊花盘盏，拱一拱手道：'请列位货单一看，好定坐席。'"看来主人家在热情大方地接待客商的同时，规矩还是比较多的，而且这规矩也很有特色："元来波斯胡以利为重，只看货单上有奇珍宝值得上万者，就送在先席。余者看货轻重，挨次坐去，不论年纪，不论尊卑，一向做下的规矩。"对这个"规矩"，客商们显得很适应："船上众人，货物贵的贱的，多的少的，你知我知，各自心照，差不多领了酒杯，各自坐了。"①

——宋东映：《明代商业文化与通俗小说——以三言二拍为视角》，湖南师范大学2010年硕士学位论文，62页

教师设问：材料中的商人们定座位所依据的"规矩"是什么？（参考答案：以财富多少别等级的观念）

教师讲述：虽然这个故事主要说的是波斯商人玛宝哈，但我们依然可以从中看到，当时的客商们都接受了这种按财产多少安排座位的规则，说明当时社会观念已经发生了一些变化。

教师引导学生小结：总的来看，无论是市民通俗小说中的主人公身份变化，还是以金钱作为婚姻新砝码，抑或是按财产多寡来排座次等，都在说明明中叶以后的社会呈现出"重商""好货"的社会风气，商人的社会地位也得到了相应的提高，市民阶层也得到了壮大。这些变化一定程度上可以作为明代社会悄然孕育社会转型新因素的例证。

设计三：有实无名——从"无籍之徒"看其对明代社会秩序的影响

设计意图

所谓"无籍之徒"，专指那些没有在户籍上登记而游荡于社会中，为了维持生计或满足私欲，不惜违背法律条例的相关规定在社会上为非作歹的流氓、无赖阶层。作为社会中的一个特殊阶层，无籍之徒与明代社会秩序的关系密不可分。本设计以无籍之徒为视角，引导学生分析相关史料，认识到明代无籍之徒形成的原因；在探究无籍之徒带来的社会危害问题的过程中，能够恰当地运用史料对所探究问题进行论述；在此基础上，培养学生的人文情怀并加强对社会现实问题的关注。

① （明）凌濛初编著，冉休丹点校：《初刻拍案惊奇》卷一，1—16页，北京：中华书局，2001。

设计方案

教师讲述：宋代著名民谣说“欲得官，杀人放火受招安；欲得富，赶着行在（即皇帝住所）卖酒醋”。这首民谣生动阐释了世人如何在政治和商业中发迹，那就是假借皇权的庇护，利用流氓手段为非作歹。宋朝的这首民谣也是对明朝中后期世人内心的真实写照和当时“无籍之徒”泛滥的间接描述。明代中后期的“无籍之徒”曾极度猖獗，数量以万计，活跃在社会生活的各个领域，甚至跃上政治舞台，与皇权狼狈为奸。

材料一　有明一代，如据一些官书作个约略的统计，则王府庄田可用顷亩计算的部分大约是213000多顷，勋戚贵族庄田可用顷亩计算的部分，大约是263000余顷左右。又如以景泰至成化这几十年为例，王府庄田比洪武宣德时增加了5.7倍，勋戚贵族庄田比洪武宣德时增加4.7倍。

——李洵：《下学集》，北京：中国社会科学出版社，1995年，87页

材料二　把农民从土地上赶走，除了剥夺其土地这一重要原因之外，还有繁苛的赋役。

——李洵：《下学集》，北京：中国社会科学出版社，1995年，88页

材料三　除了外在原因导致了农民的流亡外，其内在原因是中国农业经营的土地规模较小，经不住天灾人祸摧残。

——王学泰：《游民文化与中国社会》，北京：学苑出版社，1999年，72页

材料四　中国自古就重视人口蕃衍，这与中国人的宗教观念有关，人们把“有后”看成自己的延续，所谓“不孝有三，无后为大”。

——王学泰：《游民文化与中国社会》，北京：学苑出版社，1999年，74页

教师设问：“无籍之徒”产生的原因是什么？（参考答案：土地兼并导致农民丧失土地；繁重的赋役；小农经济抵御自然灾害能力弱；人地矛盾尖锐）

教师讲述：到了明中后期，“无籍之徒”的队伍不断壮大。“无籍之徒”没有家庭，他们不被社会尊重，很少有固定财产。他们没有文化素养，为社会舆论所不容。所以，“无籍之徒”行为乖张，甚至为了达到目的而不择手段，让人防不胜防。到明中后期之后，他们的活动愈发无所遮拦。

材料五　近年以来，各处有等无籍之徒，投托权豪势要之家，充为家人伴当，恣肆强虐良善。

——刘海年、杨一凡总主编：《中国珍稀法律典籍集成（乙编第四册）：皇明条法事类纂》卷三十二，北京：科学出版社，1994年，249页

材料六　今后在京城内外附近关厢市镇去处，有等无籍军民人等，不务本等生业，三五成群，白昼在街撒泼、殴打平人、抢夺财物。

——刘海年、杨一凡总主编：《中国珍稀法律典籍集成（乙编第四册）：皇明条法事类纂》卷三十四，北京：科学出版社，1994年，345页

材料七　内一件：宛、大二县，多有玩法之徒，诈称各衙门差来人役说事，挟要准行。

——刘海年、杨一凡总主编：《中国珍稀法律典籍集成（乙编第四册）：皇明条法事类纂》卷四十四，北京：科学出版社，1994年，771页

教师设问：“无籍之徒”主要参与哪些活动？（参考答案：与官吏、权豪勾结；抢夺、盗窃

民众财物；冒名作弊）

教师讲述： 除了上述几种作恶手段之外，“无籍之徒”为了达到目的，还会采取其他一些手段，如收受贿赂、教唆词讼、搅扰商税等。到了明代，“无籍之徒”的组织日趋增多，并且愈发严密化，这些游手无赖的人，多属于流氓犯罪分子，他们一无所有，既没有固定的职业，又没有或者不愿以正当手段谋生，他们用暴力与骗术从老百姓那里掠取或榨取金钱。他们不仅是寄存者，而且毒化了社会气氛，给善良的人们造成危害，对社会所造成的影响逐渐深化。

材料八 武臣自总戎以下，即为副将及参将，体貌素崇，与司道同列。近来多结卒及游棍滥居之，日以轻貌。

——（明）沈德符：《万历野获编》卷十九《台省·按臣笞将领》，北京：中华书局，1997年，495页

材料九 谓京城有号风流汉子者，专以嫖赌致钱，充花酒费。

——（明）沈德符：《万历野获编》卷二十《禁嫖赌饮酒》，北京：中华书局，1997年，516页

材料十 驿递是明代交通的主要措施，除了有公文传递的政治功能之外，也是明代经济的生命线。但这些驿递，也往往被一些流氓所把持。

——陈宝良：《中国流氓史》，上海：上海人民出版社，2008年，385页

教师设问：“无籍之徒”对社会有哪些危害？（参考答案：破坏军纪；败坏社会风气；扰乱社会经济秩序）

教师讲述：“无籍之徒”大多来自社会下层，他们领导或参与集体行动，虽然是出于对社会的不满，以维护本阶层的利益，但是他们却失掉宗法礼教的束缚，在行动中无所不用其极，这不仅不会维护本阶层的利益，反而冲击了社会原本相对安定的状态，令许多善良无辜的人受害。

教师引导学生小结： 在封建统治者的剥削以及自然灾害的破坏下，“无籍之徒”大量产生。明代中后期，“无籍之徒”活跃在社会生活的各个领域。伴随着“无籍之徒”的急剧膨胀，为了生存，他们采取了各种非法手段，抛开宗法礼教、挣脱封建伦常，采取了种种为社会舆论所鄙视的行为，这毒化了社会气氛，给善良的人们造成危害，严重腐化了当时的社会秩序。

设计四：从自我认定到国际法认可：清代中国疆域的最终奠定

设计意图

清朝是中国历史上统一的多民族国家逐步发展以至最后定型的关键时期。清朝不仅对奠定今天中国的版图做出了巨大贡献，而且近现代国家意义上的中国概念也是在清朝统治时期才出现的。在清朝，中国疆域也经历了一个由自我认定到国际法认可的过程。本教学设计有助于学生进一步认识到，国家统一是中华民族伟大复兴的前提，中华人民共和国成立后虽为维护疆域完整做出了种种努力，但我们却是联合国五个常任理事国里面唯一一个尚未实现统一的国家，进而使学生意识到清代中国疆域最终奠定的重要性。这个设计在培养

学生的时空素养方面能起到很好的作用。

设计方案

教师设问：仔细观察《隋唐疆域图》《清朝前期疆域图》和《中华人民共和国疆域图》。根据疆域的变化，你能得出什么认识？（参考答案：我国现在的疆域和清朝疆域大体相似，说明清朝前期我国疆域版图的最终奠定）

教师讲述：中国的疆域是在历史上形成的，有一个发展、变化、逐渐形成的过程。隋朝的疆域东到大海，西到今新疆且末县和罗布泊一带，北达今蒙古南部地区，东北到今辽宁西部地区，西南到今云南、贵州、四川地区，南抵越南北部和海南岛地区。隋朝的版图奠定，是整个隋唐时期统一大业的开端，它促进了中国社会经济的发展，这就为唐朝恢复和扩大对西域和北疆地区的管辖、对边疆各少数民族的经略打下了坚实基础①。隋朝的疆域和今天我国的疆域还是有很大不同的，但是清朝的疆域和今天疆域基本相似，清朝前期，我国疆域西跨葱岭，西北达巴尔喀什湖，北接西伯利亚，东北至黑龙江以北的外兴安岭和库页岛，东临太平洋，东南到台湾及其附属岛屿钓鱼岛、赤尾屿等，南至南海诸岛，成为亚洲最大的国家②。由此可知，清朝前期，我国统一多民族国家版图奠定。那么，清朝前期统治者采取了哪些举措来取得这一彪炳千秋的成就？

材料一 清朝立国后，多次采取有力的军事行动，致力于恢复和捍卫疆土的安全，并取得良好的效果。清初，称明代瓦剌为“厄鲁特蒙古”，以后成为西蒙古诸部的统称。在厄鲁特蒙古诸部中，以噶尔丹为首领的准噶尔最为强盛。准噶尔先后征服南疆的回部，进兵青海笼络西藏，侵扰甘肃地区。准噶尔部控制的地域，地跨葱岭东西两地与天山南北，东抵哈密，西及中亚，成为清朝经营西北边疆的劲敌。公元 1696 年康熙帝率军亲征，平定了噶尔丹发动的叛乱。公元 1720 年，康熙帝又派兵进入西藏，驱逐了准噶尔的势力。清朝统治者还与内外蒙古上层长期联姻，积极传播佛教，利用上层联络和文化影响的作用，促进了内外蒙古与内地的相互了解，解决了长期以来中原王朝受游牧势力南下威胁的问题。自贝加尔湖以东，外兴安岭以南的黑龙江流域，也归入清朝的版图。

——方铁：《试论历代王朝的疆域与边疆》，载《文山学院学报》2016 年第 2 期

教师设问：依据材料，指出清朝立国后采取哪些民族政策巩固统一的多民族国家？有何作用？（参考答案：武力平叛、满蒙联姻、文化渗透等。加强了边疆与内地的经济文化交流，巩固了统一的多民族国家）

教师讲述：17 世纪中叶至 18 世纪中叶，是清朝实现全国统一的重要时期，从整个中国古代历史来说，也是一个统一的多民族国家完成其古代发展过程中的最后阶段。清朝采取多种形式统一边疆，有的地区以和平的方式统一，如喀尔喀蒙古部的归附；有的地区是继承明制，继续施政，如对西藏的治理；还有的地区是消除割据完成统一，如平定“三藩”之乱、平定准噶尔叛乱等。当有分裂势力试图破坏国家统一时，清朝统治者就会采取果断措施来保

---

① 马大正主编：《中国边疆经略史》，104 页，郑州：中州古籍出版社，2000。

② 课程教材研究所、历史课程教材研究开发中心编著：义务教育课程标准实验教科书（彩版）《中国历史》七年级下册，112 页，北京：人民教育出版社，2014。

证疆域的完整。国家的统一促进了各民族政治、经济、文化的发展，加强了边疆与内地交流与联系，增强了中华民族的凝聚力和向心力，巩固了统一多民族国家版图的最终形成。那么，清朝的国家疆域、国家边界是否存在着有意识的自我认定、法理确定？清朝的国家疆域、国家边界是否取得了国际法意义上的国家承认呢？

材料二 经过康熙、雍正、乾隆、嘉庆祖孙四代的开拓，中国疆域达到了内在发展的极致。同时，中国按照自身发展的轨道滑行，国力达到了全盛。……在此条件下，清朝于北方遏制了沙俄的继续南下，且运用外交手段划定了边界；于南方，运用朝贡贸易体制把欧洲列强的权利锁定在规程所允许范围内。……这使得前中期的清朝对其疆域的最终奠定，能够从容地从学理与法理上自我确认。另一方面，无论是沙俄，还是西欧列强，皆是清朝以前中国历代王朝从未经历过的强劲敌手，在此情况下，外来的欧洲式的领土、主权与国际法的概念，即作为各国相互关系准则的对于领土、主权与国际法的界定，帮助清朝确立了中国领土管辖范围的明确界限，而清朝以前的中国传统王朝对于那些鞭长莫及的疆土，一直满足于模糊不清的分界线，始终处于想象之中。

——于逢春：《论中国疆域最终奠定的时空坐标》，载《中国边疆史地研究》2006 年第 1 期

教师设问： 依据材料，概括清朝统治者采取了怎样的对外措施使“中国疆域达到了内在发展的极致”？有何意义？（参考答案：北方：外交手段；南方：朝贡贸易体系。清朝前期中国疆域最终奠定，在国际上得到列强的承认）

教师讲述： 随着欧洲列强在全球的扩张和殖民体系的建立，“世界”面孔渐渐清楚地浮现出来，而清代统治者在接受西方近代地理学知识、吸纳欧洲式的领土主权与国际法观念和受到边疆地区的强势外来者挑战的影响下，对于国家疆域的认识和观念已大异于前代王朝。随着康熙二十八年(1689 年)《尼布楚条约》的签订，标志着清帝国已具备近代意义上的民族国家基本要素——领土、主权与国民(臣民)意识，虽然这些要素有时还很微弱或时隐时现；清帝国已存在着近代意义上的疆域、边界与边境制度；清帝国对其疆域、边界具备有意识地自我认定、法理确定；清帝国的疆域、边界已取得了国际法意义上的国家承认。那么，清朝前期中国的疆域能最终奠定受哪些因素的影响？

材料三 中国疆域的发展变化表明中国作为统一的多民族国家立足于世界民族之林的深厚力量和悠久历史。中国作为一个政治实体，在其发展过程中，政治上曾出现过种种的动荡和危机，周以后，朝代更替，民族相争，但是商征服夏又继承夏，周征服商又继承商。从夏、商、周到秦、汉、三国、两晋南北朝、唐、五代、宋、元、明、清，历代相沿基本不变，并未发生政治史上的断裂现象。政治史上的连续性在疆域上表现持续的稳定性。

——成崇德：《清代前期边疆通论(上)》，载《清史研究》1996 年第 3 期

材料四 在中国几千年的历史过程中，许多原先分散孤立存在的民族单位，经过不断的接触、混杂和融合，不断出现的分裂和消亡，逐渐形成一个我中有你、你中有我的多元统一体。

——成崇德：《清代前期边疆通论(上)》，载《清史研究》1996 年第 3 期

材料五 地理环境对任何一个国家或民族的疆域形成都会有很大的影响。中国古代文明在政治史和文化史上的连续性以及多民族统一和联合的趋势及疆域范围，也受到客观条

件，即地理环境的影响。

——成崇德：《清代前期边疆通论（上）》，载《清史研究》1996年第3期

材料六 且自古中国一统之世，幅员不能广远，其中有不向化者，则斥之为夷狄。如三代以上之有苗、荆楚、玁狁，即今湖南、湖北、山西之地也，在今日而目为夷狄可乎？至于汉、唐、宋全盛之时，北狄、西戎世为边患，从未能臣服而有其地，是以有此疆彼界之分。自我朝入主中土，君临天下，并蒙古极边诸部落俱归版图，是中国之疆土开拓广远，乃中国臣民之大幸，何得尚有华夷中外之分论哉！

——雍正：《大义觉迷录》，载中国社会科学院历史研究所清史研究室编《清史资料》第4卷，中华书局，1983年，3—5页

教师设问： 依据材料指出，清朝前期中国的疆域能最终奠定受哪些因素的影响？（参考答案：中国古代文明的连续性是中国疆域延续2000多年的基础；历史上活跃在中原王朝四周的少数民族对中国疆域的形成有着重要影响；地理环境是影响一个国家疆域形成的重要因素；清朝的民族政策）

教师讲述： 首先，中国历代疆域虽有时变动较大，但变动在本质上都是朝代的分合或更替的问题，即使像元代和清代两度出现以少数民族为最高统治者的皇朝，但这些皇朝和汉族为最高统治者的皇朝一样，在本质上都是各族上层统治者的联合政权。中国古代政治史的连续性和中国疆域的拓展变化是一致的。其次，中国历史上的各个民族对中国政治史和文化史的连续性及疆域的延续性基本保持着向心力。牟复礼曾说，中央集权的政治秩序必须伸展到整个中国文明的广阔疆域，必须包纳所有作为中国文明的分子的全体子民，不论其属于哪一个民族，这种观念即使在中国或异族的统治者互相争斗的时候，也从未受到过挑战。中国国家的政治形式，也从未受到过来自内部或者外部的否定或严重挑战[①]。第三，地理条件的独特性，对中国疆域的形成影响很大。在中国这个自然区域中，各个社会集团的活动主要受到整体的影响和约束。周边地区各民族建立政权，已经具备了一定的地理条件和经济条件，但是由于东、南濒海，北有沙漠，西和西南有高山，地理条件的阻隔，向内地发展比向外发展要容易得多，因而产生了一种自然的内向性，这种自然的内向性是形成国家统一和疆域完整的条件之一。最后，清代前期，清朝以传统的大一统观念作为其统一边疆的指导思想，比起前朝，贡献就在于：作为一个边疆民族，为了达到统治全中国的目的，接受并极力倡导"大一统"的思想观念，并在全国各民族当中广泛传扬，使这一观念成为其完成统一事业的思想基础。

教师引导学生小结： 在中国历史上，"边疆"是一个在很长的历史时期形成的概念。它最初只是泛指相对于中原地区的"四夷"，其地域并不确定。以后由于中国疆域的逐步拓展，边疆的概念才逐渐明确，至清代，一个清晰完整的中国边疆展现在世界面前，并给中国和世界的历史带来巨大的影响。本教学设计就是从古代不同时期疆域版图的变化来说明清朝前期我国疆域版图的最终奠定；从清朝统一后采取的民族政策的角度，引导学生感悟民族政策与疆域形成之间的关系；从清朝前期抵抗列强侵略中国的史实，来说明清朝的疆域、边界已取得了国际法意义上的国家承认。同时，补充史料，拓展学生视野，以分析清朝前期中国的

① 吉尔伯特·罗兹曼主编：《中国的现代化》（中译本），第60页，南京：江苏人民出版社，1995。

疆域能最终奠定的影响因素。

教学资源

资源 1：明朝民族政策的总方针

如果说，南方各族与北方蒙古族对明朝统治都有威胁的话，蒙古族造成的是根本性威胁，统治者常谓之“腹心之害”。南方各族由于力量分散，政治目标不明确，只能造成局部威胁，统治者谓之“肌肤之害”。对“腹心之害”，明朝自然要格外重视，部署主要的力量加以防范。在统治者看来，蒙古贵族常怀“窥塞入寇之意”①，“西北胡戎世为中国患，不可不谨备耳”②。可见，在现实的威胁面前，明朝统治者不自觉地把北方的蒙古以及西北各族，列为主要的防范对象。很自然，其民族政策总方针的一个基本内容，就是重点防御北方蒙古等少数民族。

——刘祥学：《论明朝民族政策总方针及其对边防的影响》，载《湖北民族学院学报(哲学社会科学版)》2004 年第 2 期

资源 2：明朝建立九边重镇的原因

明代北部边防上的劲敌，主要为蒙古诸部。国初，随着元王朝的灭亡，蒙古势力遭到毁灭性的打击。元顺帝带着部分残余势力从大都退至上都(开平，今内蒙古自治区正蓝旗东)，仅是苟延残喘。朱元璋诏谕：“海外诸蛮夷小国，阻山越海，僻在一隅，彼不为中国患者，朕决不伐之。惟西北胡戎世为中国患，不可不谨备之耳”③。因此，致力于北部边防的建设和巩固，采取积极的防御措施，派大军扫荡漠北，将元顺帝由上都赶到应昌(辽宁克什克腾旗西达来诺尔附近)。又于洪武二十年出兵捕鱼儿海(内蒙古自治区新巴尔虎左旗西南，即今贝尔湖)，杀元太尉蛮子，赶走了元主脱古思帖木儿，从此以后，蒙古势力益趋衰微。同时，将北边防线设在明代长城以北的辽东、大宁、开平、东胜到嘉峪关一线，遍立都司卫所，驻扎重兵，屯田戍守，东西连防，通为一边。

但是，被赶到漠北的蒙古势力很快又恢复发展起来，构成对明王朝的严重威胁。永乐皇帝五次亲征漠北，企图肃清沙漠，但战功些微，劳民伤财，连他自己也死于征战途中。更为严重的是将大宁都司迁到保定，放弃大宁给蒙古兀良哈三卫，从此，洪武时苦心经营的东西联守的防御体系被打破了。至正统土木之变后，明蒙之间的战争，大不隔年，小不逾月。开平、东胜相继丢失。成化时，东边蒙古孛来，兀良哈侵扰辽东，西边鞑靼毛里孩攻打山、陕各地，占领河套，使明西北大门敞开。此后，鞑靼小王子不时进攻宣府、大同，战争愈演愈烈。继小王子而起的俺答部盘据宣大边外，联络蒙古诸部，拥兵数十万，向明边镇发起了空前强大的攻势。嘉靖二十年、二十一年，俺答两度攻入山西，大掠晋北，深入沁、汾、襄及太原附近④。明边军长年东西调守，来回抗战，明初通为一边的防御体系荡然无存，屯田生产被迫停止，边

---

① 《明太祖实录》卷八十，3 页，北京：中华书局，1987。

② 《明太祖宝训》卷六《驭夷狄》，486 页，上海：上海书店，1982。

③ 《明太祖宝训》卷六《驭夷狄》，486 页，上海：上海书店，1982。

④ 《明史纪事本末》卷五十八《议复河套》，893 页，北京：中华书局，1977。

军一面打仗，一面重新修筑边墙。在这样的情况下，明王朝不得不采取“分地守御”的政策，将明初的一边分为九边，划区设防，消极抵抗。

——余同元：《明代九边述论》，载《安徽师范大学学报（哲学社会科学版）》1989年第2期

资源3：清朝政府管理新疆的民族政策

清朝政府对新疆，在怀柔与镇压相结合的基础上，实行军府制，即清政府在新疆设立军事长官，统管地方的军事和行政。乾隆在1756年（乾隆二十一年）对厄鲁特各部下谕：“准噶尔内乱频仍，各部人众咸失生业。朕为一统天下之君，怀保众生，无分中外，特发大军往定伊犁。方欲施恩立制，永安侧反……”①为了在新疆实行军府制，乾隆对进行分裂、叛乱的民族和部落坚决镇压，强迫建立军府制。此后，清政府又平定了新疆大小和卓木的叛乱，使新疆的局势逐渐平息下来。1762年（乾隆二十七年）清政府在新疆正式设置“总统伊犁等处将军”，作为统治新疆的最高军政长官，统辖巴尔喀什湖东、南部和天山南北广大地区。另外，还在哈密、吐鲁番继续保留由王、公管理扎萨克制；在南疆实行伯克制；在汉、回聚居的东部地区实行州县制。从此，清朝在新疆实现了一种以军府制为主体的多元化管理的军政建制，从而巩固和加强了清中央政府对新疆的统治。

——刘先照、周朱流：《试论清王朝的民族政策》，载《西北民族研究》1988年第2期

资源4：清朝政府管理西藏的民族政策

乾隆十六年（1751）三月二十八日，清政府批准策楞等呈奏《酌定西藏善后章程》，共计十条。该章程对西藏地方政府的政治体制做了较大幅度的改革，对达赖喇嘛及驻藏大臣权限也做出较明确的规定。例如该章程第一条规定西藏地方执政官噶伦四人，三俗一僧；第二条规定噶伦办事，俱于噶厦（噶伦办事机构）公所会办，裁革自颇罗鼐以来的私放人员；第三条：各处“管理地方教养百姓的喋巴等官”，由噶伦禀报达赖喇嘛和驻藏大臣补放，各寺堪布喇嘛，仍由达赖喇嘛选派；第六条：遵照旧例，全藏人民的差役，仍由达赖“均定”，取消颇罗鼐等人私自加派和私给的“免差文书”；第十条：达木蒙古，每佐领各派10人“驻藏备差，其头目十一人，改称固山达”“所属择授佐领，骁骑校各八人”，归驻藏大臣统辖②。

《酌定西藏善后章程》出书后数十年，清政府治藏政策的布置基本上就是以此章程为依据的，直到乾隆五十七年（1792），清政府命福康安驱逐入侵西藏的廓尔喀部后，制定了《钦定章程》，才对《酌定西藏善后章程》的基本内容进行了修改，从而使清廷治藏政策最终成熟和完善。

——陈玮：《清王朝前期西藏政策的演进及其特点》，载《西藏研究》1995年第2期

资源5：清代的和亲政策与前代的不同

在我国历史上，和亲活动出现很早，一直为各代封建统治阶级所沿用，曾进行过许多次

① 《清史稿》卷五二三，14483页，北京：中华书局，1977。
② 《清高宗实录》卷三百八十五，15—18页，北京：中华书局，1985。

规模大小不等的民族间通婚活动，其中又以汉唐为最著。但是，无论汉祖唐宗，他们从事和亲时所希冀的，几乎都是借以消除双方之间的对立状态，求得中原王朝与边疆少数民族之间的和平相处。以缔结姻亲的方式达到和睦相处的目的，这就是人们通常赋予“和亲”二字的基本含义。汉高祖刘邦是汉代和亲活动的创始人，他之所以与匈奴和亲，是因为“当是时，冒顿单于兵疆(强)，控弦四十万骑，数苦北边，帝患之”①。因向奉春君刘敬征求对策，接受了他的和亲建议。历史上有名的唐蕃和亲也不例外，正如会盟碑文所写“彼此不为寇敌，不举兵革。不相侵谋封境”，“再续慈亲之情，重申邻好之义”②。双方强调的仍是和睦相处问题。即使在个别情况下达成过政治性盟约，也是两个独立政权之间的暂时协议。

清则不然。满蒙联姻从它产生之初就明确地服务于一个目的：与对方结成政治性联盟，进而将蒙古造成一支清朝在政治斗争中可以直接借助的力量。早在努尔哈赤时代，满洲贵族每与一支蒙古部落接近或通婚，都要继以政治性盟约来约束对方。天命中，努尔哈赤曾先后数次与科尔沁和喀尔喀五部贝勒举行盟誓，反复重申要“相与盟好，合谋并力”对付明王朝及察哈尔，将它们纳入自己的行动轨道。皇太极将伊文所行概括为“申以盟誓，重以婚姻”③，视如圭臬，奉行有加。入关以后，满洲贵族和蒙古王公之间更是形成了一种具有特殊君臣身份的政治联盟关系，蒙古王公地位的升降，爵号的封削，联姻关系是连续发展，还是就此中止等等，无一不以王公额附对清廷效忠的程度为转移。难怪清人议论说，科尔沁“土谢图亲王、达尔汉亲王、卓里克图亲王、札萨克图郡王四爵，俸币视他部独增，非惟礼崇姻戚，抑以其功冠焉”④。确实点明了关键所在。因此，严格说来，和亲与联姻在性质上应当有所区别，不加分析地将清代的满蒙联姻与前代和亲相提并论是不妥当的。

——华立：《清代的满蒙联姻》，载《民族研究》1983 年第 2 期

资源 6：利玛窦行贿传教

利玛窦新抵澳门，携自鸣钟一架来，总督陈某欲得钟，致书罗明坚，延之至肇庆，嘱携钟与俱，一五八二年十二月十八日明坚偕巴范济神甫，又修士一人，中国青年数人，于十二月二十七日抵肇庆，得许居东关某佛寺，是为中国内地之耶稣会第一会所。

——王冬青：《明朝朝贡体系与十六世纪西人入华策略》，复旦大学 2005 年博士论文，转引自《在华耶稣会士列传及书目》，26 页

资源 7：明清之际士大夫对西学的认识

徐光启称颂西方传教士是“实心、实行、实学”(《泰西水法·序》)。李之藻说西学是“真修实学”(《请译西洋历法等书疏》)。方以智认为西学具有“详于质测”的实证精神(《物理小识·自序》)。

——陈卫平：《明清之际西学流播与中国本土思想的接应》，载《南京大学学报(哲学人文社会科学版)》2009 年第 6 期

---

① (宋)王钦若等编纂，周勋初等校订：《册府元龟》卷九百七十八，外臣部，和亲一，11317 页，南京：凤凰出版社，2006。
② 引自王尧：《唐蕃会盟碑疏释》，载《历史研究》1980 年第 4 期。
③《清太宗实录》卷一，20 页，北京：中华书局，1985。
④ 祁韵士：《皇朝藩部要略》卷二，内蒙古要略二，台湾：成文出版社，1968。

资源 8：中西文化交流的本质特性

17—18 世纪的中西文化交流是一种平等双向式的交流方式，但这种“平等”却不是建立在双方理解基础上，而是在“不得已”条件下的平等方式。这是因为：第一，尽管资本主义的本性就是残酷的扩张，但从 16—17 世纪近一个世纪的时间，西方内部连年战争，无暇自顾，一时间还无力抽身，况且中国当时所具有的综合国力也使殖民者认识到：中国难以以武力征服；其次，西方在其崛起之后固执地所持“西方中心论”的傲慢理论，使他们从内心深处不可能情愿与中国进行平等交流；第二，14 世纪以后的中国虽然仍处于封建制度的严厉统治之下，但其社会经济发展水平并不低于世界其他任何国家，这是西方学者也肯定的事实，博大精深的中国文化在当时世界处于领先地位，其文化本身也是非常自信的；长期以来高度文明的中国在与亚洲国家交往中，养成“华夷大防”的自大观念，“大国”的自尊很难放下，矜持地不愿屈尊与其他国家平起平坐。虽然其间也不乏有识之士对对方文化和科技表现出欣赏和推崇，但总的来说，前一种观念还是占了上风。因此，鉴于双方的势均力敌，彼此不得不在某种程度上做出让步，这样就在表面上的“平等”状态下埋藏下了种种危机。即使是认同中国文化的利玛窦，受宗教价值观念的影响，《利玛窦札记》原名取为《基督教远征中国史》，这本身就暴露出耶稣会士来中国的初衷就是想以“宗教来征服中国”的。入华传教士在中国传教的种种行为也反映出其妄图通过文化向中国渗透的野心，部分耶稣会士和方几各会士以及多明我会士因为不尊重中国文化，固执地认为“西方文化优越”，在日后不可避免地发生了“礼仪之争”。第三，地处地球东西两端的这两种异质文明的巨大差异以及遥远的神秘感使彼此相互吸引，也造成彼此理解上的困难。传播媒介的不发达和资料的缺乏也造成某种理解上的误区。当时西方对中国的认识，一方面通过从中国输入的商品，如绘画，瓷器等艺术品、工艺品认识中国；另一方面通过商人和传教士的描述。通过中间媒介，商品不会发生变化，而文化由于其本身所具有的特殊性，通过媒介传播就会发生或大或小的变形。所以，西方人对中国的认识就受到扮演文化使者的商人以及传教士的眼界、观点的局限，甚至连对中国文化理解较为深刻的钱伯斯也只到过中国南方沿海地区。因此，早期的中西文化交流受到局限，双方的相互交流是在对彼此一知半解的状态下进行的。

——李晓丹：《17—18 世纪中西建筑文化交流》，天津大学 2004 年博士论文，19—20 页

资源 9：传教士不全面介绍西方科技的原因

从伽利略到牛顿的科学体系，以及培根、笛卡尔的思想方法等均未能传入中国。而哥白尼的“日心说”也由于传教士的隐瞒，而迟迟未能在中国得到全面、准确的介绍。直到 18 世纪中叶，传教士还在继续宣传已过时的托勒密和第谷、布拉赫的天文“地心”体系。

——林延清：《试论明清之际中西文化交流的分期、特点和历史作用》，载《河南大学学报(社会科学版)》2001 年第 5 期

资源 10：白银对明朝的影响

这些白银究竟对明朝造成了怎样的影响？在西班牙白银流入以前，明朝经济已经经历

了一次商业大繁荣，这意味着许多人从此过上了令他人艳羡不已的富裕生活。如果把明代财富的急剧增长归功于这些从南美洲流入的白银，无异于本末倒置。明朝本身的繁荣首先吸引了欧洲买家，使他们情愿用自己手中的大量贵金属换取明朝的商品。另一方面，来自马尼拉、澳门还有日本——后者在一段时间内的白银产量与前者持平——的白银总量是惊人的，这导致明代在万历后期货币泛滥。由于这种商业财富超过了其他创收来源，商人在炫耀性消费方面已跃居士人之上，哪怕后者的文化造诣仍无法超越。传统四民社会以士为首、以商为末的秩序也随之反转。在文人雅士中间，白银也许被视为俗物，但每个人都渴望拥有它。

——[加]卜正民(Timothy Brook)主编，潘玮琳译：《哈佛中国史·挣扎的帝国：元与明》，北京：中信出版社，2016年，222页

资源11：白银货币化与明朝专制统治的关系

白银货币化的重要意义即在于，它标志着君主垄断货币一统天下的结束。中国自春秋战国以后就开始了铸币的历史，造币权一直掌握在君主手里，此后一脉相传，由王朝代表的国家全面控制货币的铸造或发行，为此历朝历代都严禁民间私铸。到了明朝，由于白银的货币化，白银成为主要货币，又由于白银是贵金属，取之于天然矿藏，在明朝处于秤量阶段，银矿出产有限[①]，在白银货币化以后，国家将再也不能像以往那样，为所欲为地垄断控制货币，也就是垄断和控制所有社会资源，与此同时，国家与社会的作用也存在一种此消彼长的过程。因此，白银货币化这一重大转变，不仅具有货币史上的重要意义，还意味着国家垄断货币权的丧失殆尽，更由此引发国家权力的削弱以及这种至关重要的削弱而导致的社会失控，几乎伴随明朝始终。

……

一般来说，以往史学界对明朝初年加强中央集权君主专制政治的研究论述颇多，认为明朝是一个中央集权专制主义强化的王朝。然而，从白银货币化，也即货币经济发展的视角，我们看到的历史事实恰巧是相反的一面。明朝建立之初，推行宝钞货币制度，但是事与愿违，王朝的钞币制度没有能够确立下来，货币制度始终没有确立在王朝的目标上，这对于王朝统治来说具有致命的意义。事实上成、弘以后，代表民间社会发展的白银占据了流通领域的主导地位，因此，明朝国家与社会的关系遂产生了以往朝代前所未有的变化，明朝统治在白银货币化过程中是被削弱而不是被强化了，由此王朝拥有的资源更多地让位给市场，国家作用则更多地让位给社会，市场经济崛起新的契机在此时出现，王朝权力的衰落不可避免。在白银货币化与明朝的兴衰之间，存在着明显的关联。

——万明：《明代白银货币化与明朝兴衰》，载《明史研究论丛》，2004年

资源12：满洲政治传统是清代皇权强化的内在因素

清代的军机处和内阁并不是两个相互对立的权力系统，二者在权力分配上不存在此消彼长的对应关系，而是在维护皇帝独裁权威，完善独裁体制原则指导下进行的政务分工，当

① 参见梁方仲：《梁方仲经济史论文集》，90—131页，北京：中华书局，1989。

然，新的分工体制反过来也微妙地改变着清廷内部复杂的权力关系。而奏折制源于关外政治传统的事实则告诉人们：清代专制皇权的强化并非仅仅是汉族儒家文化作用的结果，尤其不是军机处这样一个简单的办事班子所能办到的。应该看到，清朝政府是以满洲贵族为主体的政治实体，如果这一政权本身不存在有利于皇权进一步加强的因素，单纯儒家学说也不可能造就出“乾纲独断”的独裁局面。事实上，在入关前的满洲传统政治中早已存在着大量有助于强化皇权的内在因素，例如：满族重视主奴差别，严格尊卑贵贱，强调笃诚事上等在实际政治生活中都极易转化为忠君敬上的政治教义。热衷于强化皇权的雍正帝对此知之甚悉，故他反复强调“我满洲人等纯一笃实忠孝廉节之行”远胜于“汉人之文艺，蒙古之经典。”①而对皇帝独裁至关重要的奏折制不过是基于关外政治传统的一种能动工具罢了。

——高翔：《也论军机处、内阁和专制皇权——对传统说法之质疑，兼析奏折制之源起》，载《清史研究》1996 年第 2 期

资源 13：明代社会风俗从俭朴向奢侈的转变

自明代中期以后，传统的观念已开始面临挑战。首先，“生活”的内涵已不仅仅是耕织，而是扩大到了商业买卖。明朝人已经将商业买卖视为一种“治生”的合法手段，甚至是致富的手段，于是在“生活”一词之外，在小说中出现了“生意”一词。传统的观念仅是将“力农”视作“勤”，而经商买卖仍是归于“游惰”之列，明朝人却已不再将经商视作游惰，而是视为一种治生的正常手段。于是，就将做买卖之事也视为“生理”②，即使是在皇帝下发的劝农力农的诏谕中，也是鼓励农民在农闲时间，去忙一些其他的“生理”。明代的江南已经出现了一股“勤啬好殖”的风气。这股风气，当然不排除尚有传统的因素，如坚信“勤俭自能生财，不在贪利”③。但在这种观念中，也不能不看到一些新的变化，这就是在对待佃户的态度上，就讲究“处之有道”④，而道则反映在事上，也就是在对待佃户的行为上。正是有了这样的观念，我们就不难理解为什么晚明有如此之多的学者或经营性地主主张善待佃户。在这股勤啬好殖风气的影响下，不但一般民众借此维持一种基本富裕的生活，而且一些士大夫也藉此致富。

——陈宝良：《明代社会风俗的历史转向》，载《中州学刊》2005 年第 2 期

资源 14：市民阶层开始由社会的边缘走向社会的中心

明代中叶，土地兼并加剧，赋税徭役繁重，封建统治失控日趋严重，于是封建传统农业经济相对萎缩，商品经济得到了前所未有的发展。与宋代城市经济的繁荣只是限于几个大中城市不同，明代中叶以后的商品经济浪潮已经突破了大中城市的局限，在全国范围内发展起来。在江南，新兴的中小城市、市镇星罗棋布，更有为数不少的乡村正在走向都市化或半都市化；大量的农村人口脱离了农业，涌入城市，成为城市居民。同时还有越来越多的官僚士大夫和文人常居城市，或投身于商品买卖；而亦官亦商、亦儒亦商、亦农亦商的人也不为少数。他们积极参预到城市生活中，壮大了市民阶层。市民阶层人员变得庞大复杂起来，它包

① 《清世宗实录》卷二二，361 页，北京：中华书局，1985。
② 生理：做买卖。
③ （明）李乐撰：《见闻杂记》卷一，57 页，上海：上海古籍出版社，1986。
④ 同上。

括了商人、店员、贩夫、手工业者、游民、士卒，下级官吏、下层文人、妓女等各色人物。随着城市人口剧增，千户以上的市镇比比皆是。总之，明中叶以后的市民阶层无论在人数上、区域分布上都远远胜于宋代；而市民人数的增多是市民力量壮大、登上社会舞台的前提。加上随着商品经济的不断发展和城市的日益繁荣，工商业者已日益成为一支不可缺少的社会力量，影响着社会的经济、政治和文化生活。于是市民阶层开始由社会的边缘走向社会的中心。

——王言锋：《中国十六—十八世纪社会心理变迁与白话短篇小说之兴衰》，上海师范大学 2003 年博士论文，12 页

资源 15：明清时期中国没有产生文艺复兴的原因

那么，当时传播到中国的西方文化为什么也没有造成文化变革的冲击力或魅力呢？这主要是因为，文艺复兴以后在欧洲蓬勃兴起的新文化精神主要激荡在欧洲文化体系的内部，当时从欧洲传入中国的文化并不是文艺复兴带来的新文化，而是基督教文化，尤其是在 16、17 世纪间，向中国传播欧洲文化的主要是天主教耶稣会士，他们虽然具有可观的科学知识和个人道德修养，却是欧洲文化内部的保守主义者，他们所传播的东西，虽然包含许多新颖的科学知识，却主要是宗教信仰，这对于已经拥有信仰理念的中国知识精英说来，还不构成一种足以促成全面文化反省的新文化。欧洲古典文明的曾经中断，在这场文化变革中成为一种新的财富，而明清时代的中国，文艺复兴无从谈起。

——赵轶峰：《世界大变迁与明清中国——对现代早期东西方历史进程的再思考》，载《社会科学辑刊》2015 年第 6 期

资源 16：西方殖民者东来对中国的影响

从历史实际来看，在明朝时期，西方殖民者的东来似乎对中国影响不大。其时中国是一个广土众民、历史悠久、文明发达的大国，其生产力水平、经济发达程度、科技成就、综合国力，相比于东来的西方各国都不逊色，甚至更为先进，至少是在某些领域互有短长。这使西来各国无法用强力征服中国；其通过贸易从中国搜求财富的目的也实现得极不顺利，甚至遭到很大挫折。因当时欧洲尚未出现工业革命，生产技术并不比中国高明，他们拿不出大量物美价廉的制品以与中国人交换，而中国精美的纺织和陶瓷制品等，都能以比较低廉的价格大量出口欧洲，从而使中国在与欧洲人的相互贸易中，总是处于顺差地位；为弥补差价，欧洲人只好拿出大量银元交给中国人，明末海澄月港一船船银元的不断进口，就反映了这一现实。

——南炳文：《明清时期古代中国社会的终结及其教训》，载《河南师范大学学报（哲学社会科学版）》2005 年第 6 期

资源 17：明清商业发展两大缺陷

（1）商业资本没有和制造业结合起来。与宋相比，明清的版图更辽阔，商人活动的范围更大。商人经营和贩运的商品主要是各地的土特产和一部分手工业品。虽然明清时兴起一些手工业中心，但与此同时，农民的家庭生产多样化程度也在提高，特别是传统棉织技术普及后耕织结合的程度加强。自然经济得到新的生产技术的支持而更趋稳固。那些手工业专

业地区的产品长途贩运并不具有很强的竞争力，销量并不大，在农村更没有销路。这就限制了商业资本对制造业投资的兴趣，阻碍了商业资本向产业资本的转化。相反由于土地租佃收益的稳定性和米价的上涨趋势使许多商人乐于把商业赢利投向土地。商业资本在拒绝向工业资本转化的同时却与封建农业结合起来了。

(2) 特许经营和官商制度破坏了市场机制的正常发挥。明清时期的官商制度比唐宋时期进一步发展。明清民间商人虽富有，但最能累积巨额财富的却是盐商、茶商、洋商、票号、铜商等特许商人，他们凭借着特权独占市场可以获得远比普通商人高的利润。如盐商、票号最富者有资产数千万两。清代广东的"十三行"行商靠垄断外贸，其商业利润也十分惊人，巨富者家产达二三千万。江南的一些丝商、盐商依靠与官府的关系敛财暴富。另外在传统社会，朝廷皇室和军队是最大的集团消费者，承接他们的生意是商人提高社会地位和迅速致富的重要途径。特许经营和官商制度扭曲了市场规律，形成了恶劣的经营导向，商人们并不把发展的希望寄托于市场开拓和由此而增加对科技发明生产创新的兴趣；而在于谋取流通领域的超经济特权，其经营注意力始终游离于生产领域之外。官商以政治特权攫取厚利，其不仅不会措意于科技创新而且也不注重于经营，赢利的大部分用于奢华靡侈的生活消费。在明清的专制体制下，市场和市场主体始终都得不到独立自由的发展空间。

——樊卫国：《论明清经济演进的内向化倾向》，载《上海社会科学院学术季刊》2002 年第 2 期

资源 18：明代经济领域变化对社会分层的影响较小

明代经济领域发生了许多大的变化，包括商品货币关系空前发展，赋税体制中也发生了货币形态赋税大幅度增加而直接力役形态赋税减少以及人丁等杂项赋役大量归并到土地赋税中的情况，甚至国家财政体制也大幅度地由实物财政为主向货币财政为主转变。这些都在一般意义上扩大了社会成员的社会活动空间和流动性。但是，这些变化虽然肯定地影响着社会成员的处境和日常生活，但所有社会成员生存于其中的基本社会分层结构本身却变化微小。我们需要区分社会成员地位身份变动与社会组织结构本身的变动。如果一个庶民上升到缙绅，而缙绅阶层是有饱和度的，那么这种变化只是当事人身份与处境的变化，并不改变社会的组织方式；一个农民经商致富，他的社会处境大为改善，但从社会分层体系角度看，他还在庶民阶层，其权利地位没有改变，社会组织方式也没有改变。由于社会权利在很大程度上是通过法权关系界定的，所以经济领域的变化需要达到更为深刻的程度，迫使帝制体系发生关于社会组织方式的调整，才会造成社会分层体系的根本变化。从这种意义上说，明代中国社会的组织方式还相当完整地处于帝制体系提控之下，明朝作为一个政权的衰落，也没有带动整个社会的转型。

——赵轶峰：《身份与权利：明代社会层级性结构探析》，载《求是学刊》2014 年第 5 期

资源 19：明朝应对国际交往不足的原因

明朝之应对和处理全球性国际交往，有些不当之处，究其根本原因在于其对当时出现的将有深远影响的最新动向，即由于世界海上航路大开、各地区相对封闭的局面被打破、西方

殖民者已经开始走向全世界搜求财富，重视相当不足；如前所说，明朝之犯下这个历史性的错误，由于是在这个新动向刚刚出现、其深远影响尚未充分显现之时，因而在一定意义上说是可以原谅的，但从高标准办好国家事务的角度讲，其教训还是应该提出的，这个教训就是一个国家要想永远处于主动地位，永远立于不败之地，必须时刻注意将会发生深远影响的最新动向，在其刚刚出现之时就要觉察到，就要以清醒的头脑对之进行深入的分析，就要研究正确对待的详尽方案并付之实施。

——南炳文：《试论明代中国应对西欧殖民者的得与失》，载《南开学报（哲学社会科学版）》2005 年第 1 期

后记

本书是教育部基础教育课程教材发展中心何成刚主持编写的“历史课标解析与史料研习丛书”中的一册。具体分工如下：

邓通（安徽省淮北市濉溪中学）、柯志强（安徽省铜陵市第五中学）编写“第一单元　早期中华文明”；梁松（安徽省淮北市实验高级中学）、付欣（安徽省淮北市实验高级中学）编写“第二单元　春秋战国时期的政治、社会及思想变动”；邵中技（安徽省淮北市实验高级中学）、张晓静（安徽省淮北市实验高级中学）、谭睿凤（安徽省淮北市第十二中学）、王承娟（安徽省淮北市濉溪中学）编写“第三单元　秦汉大一统国家的建立与巩固”；黄秋瑾（安徽省淮北市实验高级中学）、周庆（安徽省芜湖市繁昌县第一中学）、姜雅莉（安徽省淮北市濉溪中学）编写“第四单元　三国两晋南北朝的民族交融与隋唐大一统的发展”；苏峰（安徽省蚌埠市怀远县第一中学）、钱玉亭（浙江省杭州学军中学）、盛刚（安徽省六安中学）、谭玲玲（安徽省淮北市濉溪中学）编写“第五单元　辽宋夏金元多民族政权并立与元朝的统一”；李广元（安徽省淮北市濉溪中学）、田磊（安徽省淮北市第一中学）、许铁军（安徽省淮北市第十二中学）、陈朋朋（安徽省淮北市实验高级中学）编写“第六单元　明至清中叶中国版图的奠定、封建专制的发展与社会变动”。

赵剑峰（安徽省淮北市第一中学）、苏峰、何成刚共同确定了本书的写作思路，参与了全书的修改完善和统稿定稿工作。

本书亦是赵剑峰、李广元主持的安徽省教育科学研究项目2017年度重点项目“基于高中历史新课标的历史教学研究”（项目编号：JKZ1705）的部分成果。感谢为本书间接提供大量史学研究成果的专家、学者。感谢西安市未央区教师进修学校何崇宪老师参与了书稿的审读与修改工作。感谢《中学历史教学参考》《历史教学》《历史教学问题》《中学历史教学》等刊物为部分研究成果发表提供的专业支持。感谢复旦大学出版社王卫东先生和朱建宝先生为本书出版付出的劳动。

图书在版编目(CIP)数据

历史课标解析与史料研习·中国古代史/赵剑峰,苏峰,何成刚主编.—上海:
复旦大学出版社,2018.6(2022.7 重印)
ISBN 978-7-309-13257-1

Ⅰ.历… Ⅱ.①赵…②苏…③何… Ⅲ.中国史课-教学研究-高中 Ⅳ.G633.512

中国版本图书馆 CIP 数据核字(2017)第 224914 号

历史课标解析与史料研习·中国古代史
赵剑峰 苏 峰 何成刚 主编
责任编辑/朱建宝

复旦大学出版社有限公司出版发行
上海市国权路 579 号 邮编:200433
网址:fupnet@fudanpress.com http://www.fudanpress.com
门市零售:86-21-65102580 团体订购:86-21-65104505
出版部电话:86-21-65642845
江苏句容市排印厂

开本 787×1092 1/16 印张 16.75 字数 377 千
2022 年 7 月第 1 版第 6 次印刷

ISBN 978-7-309-13257-1/G·1764
定价:45.00 元

如有印装质量问题,请向复旦大学出版社有限公司出版部调换。
版权所有 侵权必究